中國戰時
首都檔案文獻 　黨派活動

鄭洪泉、常雲平 主編

崧燁文化

前　言

　　「中國戰時首都檔案文獻」是一套中國抗日戰爭時期首都——重慶的歷史資料叢書，由《中國戰時首都檔案文獻·戰時政治》《中國戰時首都檔案文獻·戰時經濟》《中國戰時首都檔案文獻·戰時文化》《中國戰時首都檔案文獻·戰時教育》《中國戰時首都檔案文獻·戰時科技（上、下）》《中國戰時首都檔案文獻·戰時外交（上、下）》《中國戰時首都檔案文獻·戰時交通》《中國戰時首都檔案文獻·反轟炸（上、下）》和《中國戰時首都檔案文獻·黨派活動》共 9 卷 12 冊專題歷史資料組成。這套叢書是在重慶師範大學歷史與社會學院前身即重慶師範學院歷史系與重慶市檔案館編研處合作建立的「中國抗戰陪都史課題組」於 1996 年編纂的「中華民國抗戰陪都史料叢編」的基礎上，經過西南師範大學出版社大力支持，重慶雙安文化傳播有限公司積極參與，由重慶師範大學歷史與社會學院會同重慶市檔案館、重慶圖書館等單位的專家學者用五年多的時間，重新進行了大量歷史資料的搜集、增補、整合、編輯而成。

　　本叢書各卷史料以 1937 年 11 月（國民政府移駐重慶）至 1946 年 5 月（國民政府還都南京）作為中華民國抗戰首都史的時限。我們認為：開展中國抗戰首都史的研究，有助於推動中國抗日戰爭史、國民政府史以及近代重慶地方史、城市史的研究，以豐富中國現代史、中華民國史的研究內容。而這套史料叢書的編成是原「中國抗戰陪都史課題組」和現今繼續參與這套歷史資料編纂任務的重慶師範大學歷史與社會學院以及校外專家學者的一項研究成果。這套史料叢書從「中國抗戰陪都史課題組」成立到最後編纂完成正式出版，前後經歷了三十多年的時間，也算是我們為中國抗戰首都歷史（或中國抗戰「陪都史」）、中國抗戰大後方史這一新興的史學研究領域提供全面、系統、翔實的史料基礎工作盡了一份力。

1986年，四川省哲學社會科學研究規劃辦公室批准重慶師範學院歷史系申報的「中國抗戰陪都史」研究課題，列為四川省「第七個五年計劃」哲學和社會科學研究重點課題，這也是學校當時唯一獲准的省級重點科研專案。為此成立了以重慶師範學院重慶地方史研究室主任鄭洪泉為組長的「中國抗戰陪都史課題組」。為了順利地開展這項研究工作，課題組與重慶市檔案館編研處合作，共同進行研究，由鄭洪泉和重慶市檔案館編研處處長黃立人共同擔任課題組負責人。雙方通力合作，確定了研究方向，決定從搜集、整理史料著手，編纂一套中國戰時首都史料，以便在此基礎上開展中國戰時首都歷史的研究，編寫中國抗戰陪都史專著。為了編纂中國戰時首都史料，課題組規劃了11個方面的選題，立即組織人力在重慶圖書館、重慶市檔案館和南京中國第二歷史檔案館等處開展了規模較大的史料搜集和整理工作。由於所需搜集和整理的史料涉及時限長、範圍廣、工作量大，本課題組截至1990年「七五」計畫結束時尚未能完成此項史料編纂任務，後經四川省哲學社會科學研究規劃辦公室同意，准予本課題延長至「八五」計畫期間繼續進行。經過10多年的努力，課題組終於在1996年12月底初步完成「中華民國抗戰陪都史料叢編」的編纂任務。這套史料叢書包括《國府遷都明定陪都勝利還都》《戰時動員》《軍事機構與軍事活動》《轟炸與反轟炸》《外交活動》《黨派活動》《戰時經濟》《戰時交通》《戰時科技》《戰時教育》《戰時社會》共11卷。由於需要對各卷史料進行進一步編輯加工，同時也由於當時重慶師範學院科研經費拮据，所以這套史料叢書未能爭取在本課題結題時正式出版。此後因課題組負責人鄭洪泉退休，而另一負責人黃立人不幸病故，出版問題被擱置下來。直到2007年，重慶師範大學校領導重新提出「中華民國抗戰陪都史料叢編」的出版問題，並將這套叢書列入學校哲學社會科學研究基金資助項目。以此為契機，經過重慶師範大學和重慶市檔案館原「中國抗戰陪都史課題組」同志共同努力，重慶雙安文化傳播有限公司積極協調，選擇這套叢書11卷史料形成《國府遷渝明定陪都勝利還都》《戰時動員》《戰時社會》《戰時工業》與《戰時金融》共5卷，於2008年1月內部出版，叢書名改為「中華民國戰時首都檔案文獻」。

　　「中華民國戰時首都檔案文獻」出版後，產生了較大的社會影響。2009年5月，中國國民黨領導人率領該黨訪問團在重慶訪問期間，於5月27日下午，在國務院和重慶有關領導人陪同下來重慶師範大學大學城新校區參觀，臨別之際，重慶師範大學校方向中國國民黨訪問團贈送了一套「中華民國戰時首都檔案文獻」，對方欣然接受並表示很大興趣。當晚，在與中共重慶市委領導人會談的過程中，中國國民黨訪問團

領導人表示：重慶是他嚮往已久的都市，抗戰時期是國民政府的陪都，今天下午到重慶師範大學參訪時獲知了國民政府在抗戰時期的許多珍貴史料，並說臺北國民黨黨史館也有許多珍貴史料，將來雙方可以互相交流。重慶市委統戰部獲悉這一情況後，向重慶師範大學索要了幾套「中華民國戰時首都檔案文獻」，分別贈送給先後來渝參訪的臺灣知名人士。2012年，這套叢書獲得重慶市人民政府社會科學優秀成果三等獎。

　　2012年，在重慶師範大學歷史與社會學院的支持下，西南師範大學出版社將重慶師範大學和重慶市檔案館原「中國抗戰陪都史課題組」編纂的「中華民國抗戰陪都史料叢編」更名為「中國戰時首都檔案文獻」，申報國家出版基金專案獲得批准，由西南師範大學出版社籌畫將叢書全部正式出版。

　　為此，在重慶師範大學黨委和行政的領導下，歷史與社會學院組織了一個由學院院長常雲平負責、已退休原課題組組長鄭洪泉參與的專門的工作班子，與西南師範大學出版社進行叢書的編輯和出版事宜。同時建立了由重慶師範大學、重慶市檔案館、重慶圖書館、西南師範大學出版社和重慶雙安文化傳播有限公司等單位的有關領導、專家學者組成的「中國戰時首都檔案文獻」叢書編委會，以統籌、協調和推動叢書的出版工作。

　　由於《國府遷渝·明定陪都·勝利還都》《戰時動員》《戰時社會》《戰時工業》與《戰時金融》，已被收入「中國抗戰大後方歷史文化叢書」系列中，故在「中國戰時首都檔案文獻」正式出版時，沒有將這5卷史料收入在內。這5卷史料是前述原「中國抗戰陪都史課題組」於1996年初步完成的「中華民國抗戰陪都史料叢編」11卷史料的不可分割的重要組成部分，且已經由重慶師範學院科研處於當年寫進報送四川省哲學社會科學研究規劃辦公室的結題報告之中。2012年「中華民國戰時首都檔案文獻」獲得重慶市人民政府社會科學優秀成果三等獎，更有力地證明這套叢書是原「中國抗戰陪都史課題組」的科研成果。

　　「中國戰時首都檔案文獻」工作班子會同重慶市檔案館、重慶圖書館等單位的專家學者，以1996年初步完成的「中華民國抗戰陪都史料叢編」11卷史料為基礎，針對新的情況，對各卷史料進行了較大的整合，對《黨派活動》《戰時交通》《戰時教育》《戰時科技》和《戰時外交》等資料進行了重新調整補充和編纂。對《轟炸與反轟炸》史料進行了重新調整和增補，形成1卷《反轟炸》專題史料，另外新編纂了《戰時政治》和《戰時經濟》2卷新史料。在增補、重編和新編史料的過程中，增添了新近從國外搜集到的檔案文獻資料。這樣就在相當程度上彌補了由於「中華民國戰時首都檔案文

獻」5 卷史料未能列入本叢書所造成的內容上的缺失。呈現在讀者面前的這套 9 卷 12 冊的「中國戰時首都檔案文獻」就是這樣完成的。

以上是對「中國戰時首都檔案文獻」的由來所做的說明。

為了使讀者對本書的編纂價值和編纂思路有一個大體瞭解，特將本課題組成員在編纂過程中撰寫的《中國抗戰陪都史初探》《論國民政府遷都重慶的意義與作用》《關於「陪都」史研究的幾個問題》《試論蔣介石與四川抗日根據地的策定》等幾篇論文編入本叢書《戰時政治》後，以供參考。

凡　例

1.《中國戰時首都檔案文獻·黨派活動》所輯檔案文獻一般一事為一題；同屬一事而彼此間緊密聯繫的多個資料，亦為一題。

2. 所輯檔案文獻其原有標題，根據需要略做更動；少數無標題者，為編者所擬。

3. 檔案文獻的出處均以註腳注明，凡未注明者，即此資料來自重慶市檔案館。

4. 所輯檔案文獻凡因殘缺、脫落、汙損而沒有辦法辨認的字，以「□」示之。少數原文發表時，為新聞檢察機關檢扣的文字，也以「□」代之。

5. 對檔案文獻中今天看來的「錯別字」，不妨礙對原檔案文獻內容的理解，原則上不做更動。只對明顯的錯別字和漏字做了訂正和增補，以「（　）」楷體標明。修正衍文用「（　）」楷體注明。文中「（　）」內字體與正文一致者，表明為原檔案資料所有。

6. 原檔案文獻本身的刪節，以「……」標明，係編者刪節則用「〈　〉」楷體標明。此外，原稿的缺失部分，也用「〈　〉」楷體注明。原檔案文獻系新聞消息，其出處以「〔　〕」楷體標明。

7. 原檔案文獻中的數位的表示方法，除標題全書為阿拉伯數字以外，原則上保持原貌。

8. 檔案文獻中的「同左」「同右」「如左」「如右」等，因當時系豎行文，故「左」或「次」，即「下」，「右」即「上」或「前」，表中的「　」即「同上」或「同前」。

目　錄

前言

凡例

第一章　遷都重慶期間的中國國民黨 001

一、中央黨部 001
1. 抗戰期中遷都重慶之中央黨部秘書處（1937年11月—1946年4月） 001
2. 抗戰時期中央執監委員名單（1936年11月—1945年5月） 004

二、在重慶召開的中央全會和全國代表大會 007
1. 五屆五中全會（1939年1月21日—30日） 007
2. 五屆六中全會（1939年11月12日—20日） 009
3. 五屆七中全會（1940年7月1日—8日） 013
4. 五屆八中全會（1941年3月24日—4月2日） 015
5. 五屆九中全會（1941年12月15日—23日） 020
6. 五屆十中全會（1942年11月12日—27日） 024
7. 五屆十一中全會（1943年9月6日—13日） 029
8. 五屆十二中全會（1944年5月20日—26日） 035
9. 第六次全國代表大會（1945年5月5日—21日） 039
10. 六屆一中全會（1945年5月28日—31日） 048
11. 六屆二中全會（1946年3月1日—17日） 050

三、對其他黨派與無黨派人士的監視與防範 055
1. 軍統局渝特區打入各黨派發展情報組織的情況（1939年） 055

1

2. 軍統局渝特區1940年工作計畫大綱（節錄）（1939年） 056
3. 教育部秘書處為嚴查並防範共黨活動致四川省立教育學院密函（1939年9月1日） 056
4. 國民政府軍事委員會政治部巴字第2422號密令（1940年5月4日） 057
5. 中國國民黨中央黨部致各省黨部密令（1940年9月9日） 058
6. 中國國民黨中央組織部渝字第13313號通令（1940年7月） 058
7. 行政院關於對共產黨動向嚴加注意的訓令衛字第10268號（1941年2月17日） 059
8. 重慶衛戍總司令部關於五一勞動節施行秘密戒嚴的密代電（1941年4月24日） 059
9. 重慶市警察局第八分局奉令偵防第十八集團軍辦事處人員行動的呈文
   （1941年5月28日8時） 059
10. 重慶市政府轉飭警察局查禁晉察冀日報的密令（1941年9月4日） 060
11. 重慶市警察局奉轉林彪來渝飭屬知照的訓令行治字第3549號（1942年9月6日） 060
12. 重慶衛戍總司令部臨時會議防止共產黨活動辦法案（節錄）（1943年） 061
13. 重慶市警察局監視奸偽工作報告（節錄）（1944年） 061
14. 軍統渝特區關於各黨派負責人召開座談會的情報（1944年11月15日） 062
15. 軍統渝特區關於1944年11月13日至15日周恩來活動情況的情報（1944年11月16日）
   062
16. 軍統渝特區關於董必武、黃炎培活動情況的情報（1944年11月29日） 063
17. 軍統渝特區關於張瀾活動情況的情報（1945年7月13日） 063
18. 軍統渝特區關於上清寺特園動態的情報（1945年7月20日） 063
19. 軍統渝特區關於沈鈞儒活動情況的情報（1945年7月20日） 064
20. 軍統渝特區關於青年黨左舜生等活動情況的情報（1945年7月20日） 064
21. 軍統渝特區關於民盟活動情況的情報（1945年9月25日） 065

第二章 中共中央駐渝代表機構及其活動 066

一、中共中央南方局暨中共代表團 066

1. 周恩來、葉劍英關於重慶辦事處作為全國交通聯絡中心給中共中央的建議電
   （1938年11月12日） 066
2. 中共中央書記處關於南方局領導成員的決定（1939年1月5日） 066
3. 中共中央書記處關於同意周恩來等六同志為南方局常委的指示（1939年1月13日） 067
4. 中共中央南方局關於組織分工等問題致中央書記處電（1939年1月16日） 067
5. 南方局關於內部工作佈置給中共中央書記處的報告電（節錄）（1940年10月22日） 068
6. 中共中央關於王若飛主持工作委員會問題給林伯渠、董必武、王若飛的指示
   （1944年11月7日） 068

7. 中共中央政治局關於由周恩來等七人組成代表團赴重慶與國民黨談判和重慶局委員人選等問題的決議（1945年12月15日）..069

二、團結抗日的綱領與方針..069

1. 中國共產黨中央委員會為抗戰兩周年紀念對時局宣言（1939年7月7日）..................069
2. 中國共產黨與統一戰線（1939年8月4日）..072
3. 中共中央統戰部關於統戰物件問題的指示（1940年11月2日）..........................078
4. 周恩來關於國共合作中我之鬥爭方針問題向毛澤東的請示（1942年9月14日）........078
5. 周恩來：關於憲政與團結問題（1944年3月12日）..079
6. 中共中央對目前時局宣言（1945年8月25日）..083

三、維護國共合作的舉措..084

1. 陳紹禹、周恩來等就蔣介石在談判中提出國共兩黨組成一個大黨問題給中共中央的報告（1938年12月13日）..084
2. 周恩來關於與蔣介石談判情況及意見向中共中央的報告（1939年1月21日）........085
3. 中共中央致國民黨蔣總裁暨五中全會電（1939年1月24日）..............................085
4. 周恩來關於一個大黨問題給蔣介石的覆信（1939年1月25日）..........................086
5. 中共中央關於國民黨五中全會問題的指示（1939年2月25日）..........................088
6. 中共中央關於與國民黨共同進行反汪運動給南方局的指示（1939年5月28日）........088
7. 周恩來關於平江慘案致陳誠的抗議電（1939年7月2日）..................................089
8. 中共中央關於為擊破國民黨反共進攻所提十二條談判條件給周恩來、葉劍英的指示（1940年12月1日）..090
9. 毛澤東、朱德關於向蔣介石交涉新四軍北移路線致周恩來、葉劍英電（1940年12月25日）..090
10. 周恩來關於和蔣介石談話情況給毛澤東並中央書記處的報告（1940年12月26日）......091
11. 周恩來、葉劍英關於同國民黨交涉情況給毛澤東的報告（1941年1月13日）........092
12. 中共中央關於對付蔣介石一·一七命令的方針給周恩來的指示（1941年1月25日）......092
13. 中共參政員為抗議皖南事變拒絕出席二屆一次參政會之函電（1941年2月－3月）......093
14. 周恩來關於同蔣介石談判問題給中共中央的報告（1941年3月15日）................096
15. 中共中央關於同蔣介石談判問題給周恩來的指示（1941年3月15日）................097
16. 周恩來關於同蔣介石交談的幾個問題給中共中央的報告（1941年3月25日）........097
17. 毛澤東關於國共繼續團結抗日問題致周恩來電（1941年4月26日）....................098
18. 南方局關於國共關係的報告提綱（1942年12月12日）..................................098
19. 周恩來關於共產國際解散後國民黨對我的方針和我們目前對策問題致毛澤東電（1943年6月4日）..102
20. 毛澤東關於迅速傳佈「七一」紀念論文等檔給董必武的指示（1943年7月6日）......103

3

21. 毛澤東關於目前宣傳方針問題致董必武電（1943年7月21日）..................103
22. 毛澤東、周恩來關於發動反對中國法西斯運動給董必武的指示（1943年8月11日）......104

四、戰時首都國民參政會提案 105

1. 擁護蔣委員長和國民政府，加緊民主團結，堅持持久戰，爭取最後勝利案
   （1938年10月—11月） 105
2. 陳紹禹等提關於克服困難，渡過難關，持久抗戰，爭取勝利問題案（1938年10月—11月）
  105
3. 林祖涵等提嚴懲漢奸傀儡民族叛徒，以打擊日寇以華制華之詭計，而促進抗戰勝利案
   （1938年10月—11月） 108
4. 吳玉章等提加強國民外交，推動歐美友邦人士，敦促各該國政府，對日寇侵略者實施經濟
   制裁案（1938年10月—11月） 109
5. 林祖涵等提擁護蔣委員長嚴斥近衛聲明並以此作為今後抗戰國策之唯一標準案
   （1939年2月） 110
6. 董必武等提加強民權主義的實施發揚民氣以利抗戰案（1939年4月） 111
7. 我們對於過去參政會工作和目前對時局的意見（1939年9月8日） 112
8. 董必武等提擁護抗戰到底反對妥協投降聲討汪逆肅清汪派活動以鞏固團結爭取最後勝利案
   （1939年9月） 116
9. 秦邦憲等提加強敵後遊擊活動以粉碎敵寇以戰養戰之陰謀案（1939年9月） 117
10. 陳紹禹等提請政府明令保障各抗日黨派合法地位案（1939年11月） 118
11. 中共中央關於第三屆參政會提案問題給南方局的指示（1939年1月27日） 119
12. 中共中央關於第四屆參政會的指示——關於憲政運動的第一次指示
    （1939年10月2日） 120
13. 中共中央關於推進憲政運動的第二次指示（1939年12月1日） 121
14. 中共中央關於對國民黨第五屆參政會的對策問題給博古等同志的指示
    （1940年2月21日） 122
15. 毛澤東批示同意的周恩來關於揭破國民黨參政會的陰謀問題給毛主席的信
    （1943年8月19日） 123
16. 董必武關於我退出參政會後國民黨狼狽情形致毛澤東、周恩來電
    （1943年10月23日） 124
17. 中共中央關於憲政問題的指示（1944年3月1日） 125
18. 董必武關於參政會的報告（1944年9月24日） 125

第三章　各民主黨派 136

一、統一建國同志會 - 中國民主政團同盟 - 中國民主同盟 136

1. 統一建國同志會信約（1939 年 11 月）.. 136
2. 中國民主政團同盟成立宣言（1941 年 10 月 10 日）............................ 137
3. 中國民主政團同盟對時局主張綱領（1941 年 10 月 10 日）...................... 138
4. 中國民主政團同盟的成立宣言（1941 年 10 月 16 日）.......................... 139
5. 中國民主政團同盟主席張瀾致蔣介石書（節錄）（1943 年 7 月 16 日）........... 140
6. 中國民主同盟對抗戰最後階段的政治主張（1944 年 10 月 10 日）................ 140
7. 中國民主同盟對蔣介石新年文告發表時局宣言（1945 年 1 月 15 日）............. 142
8. 中國民主同盟對時局宣言（1945 年 7 月 28 日）............................... 144
9. 中國民主同盟主席張瀾在外國記者招待會上的講話（1945 年 8 月 3 日）.......... 145
10. 中國民主同盟綱領（1945 年 10 月）... 148
11. 中國民主同盟臨時全國代表大會宣言（1945 年 10 月 16 日）................... 151
12. 中國民主同盟發言人發表反對內戰的談話（1945 年 11 月 2 日）................ 153
13. 張瀾複李璜信（1946 年 4 月 13 日）.. 155
14. 中國民主同盟調整盟內黨派問題施行辦法（1946 年 4 月 28 日）................ 155
15. 中國民主同盟盟員規約（1946 年 4 月 28 日）................................ 157

二、中國第三黨 161

1. 軍統局渝特區關於第三黨情況的報告（1939 年）.............................. 161
2. 董必武談中國第三黨（1945 年 3 月）....................................... 162
3. 中國第三黨抗戰結束後對時局宣言（1945 年 11 月 12 日）..................... 164

三、中國青年黨 165

1. 中國青年黨致國民黨書（1938 年 4 月 21 日）................................ 165
2. 中國青年黨史略（1938 年）... 166
3. 軍統局渝特區關於中國青年黨情況的報告（1939 年）.......................... 168
4. 國民黨中統局關於中國青年黨四川省支部籌畫防共的情報（1940 年 2 月）........ 171
5. 我們為何而奮鬥（節錄）（1942 年 12 月 2 日）............................... 171
6. 董必武談中國青年黨（1945 年 3 月）....................................... 172
7. 中國青年黨發表對時局主張（1945 年 10 月 7 日）............................ 174
8. 中國青年党第十屆全代會在重慶舉行（1945 年 12 月）........................ 175
9. 中國青年黨政治綱領（1945 年 12 月）...................................... 176

5

四、中國國家社會黨 182
1. 國家社會黨代表張君勱致蔣介石、汪精衛信（1938年4月13日）..................182
2. 軍統局渝特區關於國社黨情況的報告（1939年）..................184
3. 董必武談中國國家社會黨（1945年3月）..................185

五、三民主義同志聯合會 187
1. 三民主義同志聯合會政治主張（1945年10月28日）..................187
2. 三民主義同志聯合會第一次全體大會決議案（1945年10月28日）..................192
3. 三民主義同志聯合會對政治協商會議之意見（1946年1月26日）..................195
4. 三民主義同志聯合會對時局意見（1946年4月25日）..................202

六、民主建國會 203
1. 民主建國會政綱（1945年12月16日）..................203
2. 民主建國會組織原則（1945年12月16日）..................208
3. 民主建國會章程（1945年12月16日）..................208
4. 民主建國會成立宣言（1946年12月16日）..................212
5. 民主建國會成立大會記錄（1945年12月16日）..................215
6. 民主建國會向政治協商會議提供初步意見（1946年1月7日）..................218
7. 民主建國會招待政治協商會議代表紀要（1946年1月8日）..................220
8. 民主建國會向政治協商會議提供第二次意見（1946年1月26日）..................224

七、九三學社 226
1. 九三學社籌備會對政治協商會議之意見（1946年1月18日）..................226
2. 九三學社的成立（1946年5月6日）..................227
3. 反內戰宣言（1946年9月3日）..................229

第四章　國共兩黨在重慶的重大談判 231

一、1940年6月至8月的兩黨談判 231
1. 中國共產黨六月提案（1940年6月）..................231
2. 中國國民黨七月複案（1940年7月2日）..................232
3. 中國國民黨七月提案（1940年7月16日擬定，20日發出，21日送到）..................234
4. 中國共產黨八月複案 236
5. 周恩來關於調整作戰區域及遊擊部隊辦法之提議三項（1940年9月）..................237

二、1942年10月至1943年3月的兩黨談判 237
1. 毛澤東關於國共合作中我之鬥爭方針問題給周恩來的指示（1942年9月8日）..................237

2. 毛澤東致蔣介石信（1942年12月1日）..238
3. 何應欽呈報蔣介石關於1942年12月24日林彪周恩來向張治中所提要求四項之原文及研究意見（1942年12月31日）..238
4. 周恩來關於向張治中提交中共四點意見致毛澤東並中央書記處電（1943年1月）..........240
5. 何應欽簽呈蔣介石與中共談話要點草案（1943年4月2日）..241
6. 蔣介石致毛澤東信（1943年6月）..242

三、1944年5月至9月的兩黨談判..242
1. 毛澤東關於國共關係問題給董必武的電報（1944年2月4日）..242
2. 國民黨中央秘書處為林伯渠來渝發給出席中央常務委員會會議人員的極機密特件——林伯渠來渝後我方應付對策（1944年3月）..243
3. 陳佈雷草擬對林伯渠來渝談判所採取的根本態度（1944年3月14日）..244
4. 蔣介石為準備對付林伯渠來渝談判的訓詞（1944年3月15日）..245
5. 林祖涵關於國共談判的報告（1944年9月15日）..247
6. 張治中關於國共談判的報告（1944年9月15日）..251

四、1944年11月至1945年2月的兩黨談判..259
1. 中國共產黨中央委員會主席毛澤東致美國總統羅斯福函（1944年11月10日）..........259
2. 國民政府代表王世杰提出的修正國共協議三條（1944年11月21日）..260
3. 中國共產黨的復案（此件未注明日期）..261
4. 周恩來與赫爾利會談要點（1944年11月13日晨9時）..262
5. 周恩來與赫爾利談話記錄（1944年11月21日上午11時半）..263
6. 周恩來、董必武與赫爾利談話記錄（1944年11月21日下午4時半）..265
7. 周恩來、董必武與王世杰談話記錄（1944年11月22日上午11時）..266
8. 周恩來、董必武與蔣主席談話的要點（1944年11月22日下午5時半）..269
9. 周恩來和赫爾利的談話（1944年12月2日上午7時45分）..270
10. 周恩來致赫爾利信（1944年12月28日）..271
11. 周恩來由延安抵渝向記者發表重要談話（1945年1月24日）..272

五、1945年7月至10月的兩黨談判及10月至11月的繼續談判..273
1. 中共與赴延六參政員會談記錄（1945年7月4日）..273
2. 蔣介石、毛澤東往來電文六件（1945年8月）..274
3. 中共中央關於同國民黨進行和平談判的通知（1945年8月26日）..276
4. 美國駐華大使赫爾利離渝赴延迎接毛澤東時發表的聲明（1945年8月27日）..............277
5. 毛澤東在重慶機場向記者的談話（1945年8月28日）..277
6.《新華日報》關於蔣介石歡宴毛澤東的報導（1945年8月30日）..278

7. 1945年9月2日至10月5日國共兩黨代表談判實錄（節錄） 278
8. 中共中央關於毛澤東赴渝期間國共兩黨談判情況的通知（1945年9月） 281
9. 蔣介石提出對中共談判要點（1945年9月4日） 282
10. 同國民黨談判期間中共中央與赴渝代表團的往來電文（1945年9月） 283
11. 國民黨對九月三日中共提案之複案（9月5日） 286
12. 政府與中共代表會談紀要（1945年10月10日） 288
13. 中共中央關於雙十協定後我黨任務與方針的指示（1945年10月12日） 290
14. 《大公報》關於毛澤東飛返延安的報導（1945年10月12日） 291
15. 雙十協定簽訂後國共雙方代表繼續會談記錄（1945年10月20日－11月17日） 292
16. 雙十協定簽訂後政府與中共代表繼續會談協定 310
17. 國共兩黨繼續談判期間中共中央與周恩來、王若飛往來電文（1945年10月—11月） ...311
18. 王世傑日記摘抄（1945年8月—11月） 314

六、1945年12月至1946年1月的兩黨談判 317

1. 中共中央給董必武、王若飛的指示（1945年12月1日） 317
2. 中共代表致國民黨代表信（節錄）（1945年12月27日） 317
3. 國民黨政府代表複文（1945年12月31日） 318
4. 政府代表與中共代表關於停止國內軍事衝突及恢復交通的協議（1946年1月5日） 318
5. 政府代表與中共代表關於停止國內軍事衝突及恢復交通的命令和聲明
   （1946年1月10日） 319
6. 中國共產黨中央委員會關於停止國內軍事衝突的通告（1946年1月10日） 320
7. 政府代表與中共代表關於建立軍事調處執行部的協議（1946年1月10日） 320
8. 三人會議就軍事調處執行部的組織機構問題致蔣介石備忘錄（1946年1月10日） 322
9. 行政院關於轉發軍委會在國共兩黨商定停止衝突恢復交通辦法後頒發的命令給重慶市政府的訓令（1946年1月15日） 322
10. 重慶市參議會籲請國共兩黨停止內戰給重慶市政府的快郵代電（1946年2月11日） 323

第五章　政治協商會議 328

一、召開政協會議辦法和會員名單 328

1. 行政院秘書處轉發召開政治協商會議辦法及會員名單給重慶市政府函
   （1946年1月17日） 328
2. 政治協商會議分組人員名單（1946年1月16日） 329
3. 政治協商會議綜合委員會委員名單（1946年1月24日） 330

4. 政協憲草審議委員會各方委員及會外專家名單（1946年2月8日） ………………330

二、政治協商會議召開經過 …………………………………………………………331

1. 《新華日報》關於政治協商會議開幕式的報導（1946年1月11日） …………331
2. 蔣介石在政治協商會議開幕式上的開幕詞（1946年1月10日） ………………332
3. 中國共產黨代表周恩來在開幕式上致詞（1946年1月10日） …………………334
4. 中國民主同盟代表張瀾在開幕式上致詞（1946年1月10日） …………………336
5. 中國青年黨代表曾琦在開幕式上致詞（1946年1月10日） ……………………337
6. 社會賢達代表邵從恩在開幕式上致詞（1946年1月10日） ……………………337
7. 政治協商會議決議案（1946年1月31日通過） …………………………………339
8. 《新華日報》關於政治協商會議閉幕式的報導（1946年2月1日） ……………347
9. 蔣介石在政協會議閉幕式上的閉幕詞（1946年1月31日） ……………………348
10. 中國共產黨代表周恩來在政協會議閉幕式上致詞（1946年1月31日） ………351
11. 中國民主同盟代表張君勱在政協會議閉幕式上致詞（1946年1月31日） ……351
12. 中國青年黨代表曾琦在政協會議閉幕式上致詞（1946年1月31日） …………352
13. 社會賢達代表莫德惠在政協會議閉幕式上致詞（1946年1月31日） …………353

三、圍繞政治協商會議召開發生的流血事件 …………………………………………354

1. 《新華日報》關於大批特務搗亂滄白堂政協會場的報導（1946年1月17日） …354
2. 《新華日報》關於大批特務再次搗亂滄白堂會場並施行恐嚇的報導（1946年1月18日） 355
3. 《新華日報》關於特務在滄白堂門前包圍毆打兩青年的報導（1946年1月19日） …355
4. 《新華日報》關於特務在滄白堂會場搗亂並亂扔石子傷人的報導（1946年1月20日） ……356
5. 《新華日報》關於國民黨軍警憲特非法搜查政協代表黃炎培住宅的報導
   （1946年1月27日） ………………………………………………………………357
6. 軍統渝組就中共及民盟將舉行政協和平勝利大會給渝特區的情報（1946年2月6日） …358
7. 國民黨重慶市黨部為對付慶祝大會特召開第20次臨時執委會會議記錄
   （1946年2月8日） ………………………………………………………………358
8. 軍統渝組就中共及民盟在較場口召開慶祝政協勝利大會給渝特區的情報
   （1946年2月9日） ………………………………………………………………360
9. 軍統渝組就市黨部緊急會議指示對付慶祝大會辦法給渝特區的情報（1946年2月9日） 360
10. 軍統渝組就慶祝大會情形給渝特區的情報（一）（1946年2月10日） …………360
11. 軍統渝組就慶祝大會情形給渝特區的情報（二）（1946年2月10日） …………361
12. 軍統渝組就《民主報》散會號外給渝特區的情報（1946年2月10日） …………362
13. 《新華日報》關於特務、暴徒破壞陪都各界慶祝政協成功大會，毆打郭沫若、李公樸等多
    人的報導（1946年2月11日） ……………………………………………………363
14. 《民主報》關於「較場口事件」中的受傷者的報導（1946年2月11日） ………364

15.《國民公報》關於陪都各界慶祝政協會議成功大會被暴徒搗亂經過的報導
（1946 年 2 月 11 日）..365
16. 陪都各界慶祝政治協商會議成功大會緊急啟事（1946 年 2 月 12 日）..........367
17. 陪都各界伸張正義聯合會為較場口血案緊急啟事（1946 年 2 月 15 日）........367

四、反對國民黨六屆二中全會撕毀政協決議 368
1. 中共中央情報部關於國民黨各派系對政協反映及我之對策的指示（1946年2月6日）...368
2. 中國共產黨中央委員會發言人就堅持政協會議一切決議發表談話（1946年3月18日）...369
3. 周恩來在中外記者招待會上關於國民黨二中全會的談話（1946年3月18日）...............369
4. 中國民主同盟主席張瀾就國民黨二中全會決議發表談話（1946年3月20日）................373

第一章　遷都重慶期間的中國國民黨

一、中央黨部

1. 抗戰期中遷都重慶之中央黨部秘書處[1]（1937年11月－1946年4月）

一、前言

中央黨部秘書處於民國二十六年十一月遷移重慶，假上清花園內辦公處，迄三十四年十月起分批復員還都。八年間，秘書長凡三易，職員由70餘人增至270餘人。舉行臨時全國代表大會及全國代表大會各一次，中央執行委員會全體會議共十次。敵機狂炸重慶，園屋先後五度被炸，落彈六枚，人員無恙，最可欣幸也。

二、遷移經過

政府決定遷移重慶，秘書處亦奉命於二十六年十一月十六日離京去渝。全處職員原有170餘人，遷移前，經決定疏散，留70餘人，由秘書長葉楚傖率領，搭江新輪沿江西上，在漢口換民豐輪入川，同月三十日抵渝。覓定渝簡馬路（後改稱國府路）上清花園為辦公室，十二月五日正式開始辦公。二十九年敵機狂炸重慶時期在遷建區小灣鄉間設辦公處，移一部分公事在鄉間處理，而重心仍在上清花園。上清花園原有沿馬路三層樓房一所30餘間，嗣後不敷應用，在園內逐漸添建大禮堂、會客室、圖書館、飯廳大樓等房屋共五棟，40餘間。園內景色，頗多改觀。

三、組織與人事

關於組織方面中央執行委員會，自二十七年四月起，改設下列各部會，共計14個單位。

秘書處、組織部、宣傳部、社會部、海外部、訓練委員會、黨務委員會、撫恤委員會、

---

[1] 摘自《中國國民黨歷次全國代表大會及中央全會資料》。

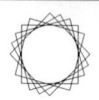

黨史資料編纂委員會、革命債務調查委員會、革命勳績審查委員會、華僑捐款保管委員會、三民主義青年團、政治委員會。

自三十四年五月六屆中央執行委員會第一次全體會議以後，中央組織略有變更，計設 14 部會如下：

秘書處、組織部、宣傳委員會、海外部、訓練委員會、財務委員會、黨務委員會、農工運動委員會、婦女運動委員會、文化運動委員會、黨史資料編纂委員會、撫恤委員會、革命勳績審查委員會、政治委員會。

關於人事方面二十五年十一月第五次全國代表大會選舉中央執行委員 120 人、候補中央執行委員 60 人、中央監察委員 50 人、候補中央監察委員 30 人。

二十七年三月臨時全國代表大會選舉蔣中正為本黨總裁，執監委員仍舊。三十四年五月第六次全國代表大會選舉：中央執行委員 222 人、候補中央執行委員 90 人、中央監察委員 104 人、候補中央監察委員 44 人。

中央執行委員會常務委員改選情形如下：

二十七年四月五屆四中全會推選：丁惟汾、居正、于右任、戴傳賢、孔祥熙、孫科、閻錫山、馮玉祥、葉楚傖、鄒魯、陳果夫、何應欽、李文范、白崇禧、陳公博。

二十八年十一月五屆六全會推選：蔣總裁、孫科、居正、戴傳賢、于右任、王法勤、丁惟汾、鄒魯、孔祥熙、馮玉祥、閻錫山、陳果夫、李文范、何應欽、白崇禧、陳濟棠、陳樹人、張厲生、王泉笙、鄧家彥。

三十一年十一月五屆十中全會選舉：蔣總裁、孫科、居正、戴傳賢、于右任、陳果夫、何應欽、孔祥熙、張厲生、白崇禧、宋子文、鄒魯、葉楚傖、丁惟汾、李文范、馮玉祥、陳濟棠、吳忠信、潘公展、鄧家彥。

三十四年五月六屆一中全會選舉：于右任、居正、孫科、戴傳賢、陳果夫、陳誠、何應欽、葉楚傖、鄒魯、吳鐵城、宋子文、丁惟汾、白崇禧、馮玉祥、陳佈雷、李文范、潘公展、張厲生、朱家驊、張治中、程潛、陳立夫、段錫朋、張道藩、陳濟棠。

三十五年三月六屆二中全會選舉：于右任、孫科、戴傳賢、居正、陳果夫、陳誠、白崇禧、鄒魯、何應欽、梁寒操、宋慶齡、陳立夫、朱家驊、吳鐵城、賀衷寒、穀正綱、張道藩、張治中、張厲生、李文范、宋子文、段錫朋、劉健群、丁惟汾、潘公展、朱霽青、蕭同茲、賴璉、陳佈雷、田昆山、蕭靜、白雲梯、王亟江、麥斯武德、鄧文儀、柳克述。

本處秘書長副秘書長更迭情形：

秘書長：
葉楚傖　二十五年十一月任命
朱家驊　二十七年四月任命
葉楚傖　二十八年十一月任命
吳鐵城　三十年三月任命

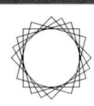

副秘書長：

甘乃光　　二十七年四月任命
狄　膺　　三十一年十二月任命
鄭彥棻　　三十四年六月任命

秘書處分設機要、文書、人事、會計、總務五處辦事，八年間該項組織未曾稍變，而人員時有增減，二十六年遷至重慶時有職員七十餘人，二十七年五月起增至一百人，迄三十一年起，業務開展，人員逐漸增加，至復員前計有二百八十餘人，還都後復縮編至一百人。

四、重要決議

歷屆全國代表大會及每次全體會議均有重要決議，分誌如下：

二十七年三月臨時全國代表大會通過：中國國民黨抗戰建國綱領、非常時期經濟方案、戰時各級教育實施方案綱要、推行兵役制度案。

二十七年四月五屆四中全會通過：改進黨務與調整黨政關係、三民主義青年團組織要旨、國民參政會組織條例。

二十八年一月五屆五中全會通過：設置國防最高委員會、頒布國民精神總動員綱領、第二期戰時行政計畫與財政金融計畫。

二十八年十一月五屆六中全會通過：二十九年十一月十二日召開國民大會，推總裁兼行政院院長。

二十九年七月五屆七中全會通過：設立中央設計局、設立中央黨政工作考核委員會。

三十年三月五屆八中全會通過：戰時三年建設計畫、動員財力擴大生產實行經濟統制案、各省田賦暫歸中央接管案。加強國內各民族及宗教間融洽團結施政綱要。

三十年十二月五屆九中全會通過：加強國家總動員實施綱要、增進行政效能厲行法治制度案、確定戰時經濟基本方針、確定社會救濟制度。

三十一年十一月五屆十中全會通過：黨務改進案、積極建設西北案、策進役政案、加強戰時財政案、加強管制物價案。

三十二年九月五屆十一中全會通過：憲政實施總報告決議案、戰後工業建設綱領、確定戰後獎勵外資發展實業方針、戰後社會救濟原則、修改國民政府組織法。

三十三年五月五屆十二中全會通過：加強管制物價方案緊急措施、確定中央與地方行政關係、加強推行地方自治、改進出版檢查制度。

三十四年五月第六次全國代表大會通過：促進憲政實施之各種必要措施案、戰後社會安全初步設施綱領、工業建設綱領實施原則、農業政策綱領、土地政策綱領。

三十四年五月六屆一中全會通過：水利建設綱領。

三十五年三月六屆二中全會通過：政治協商會議報告之決議、加速經濟復員緊急措施辦法。

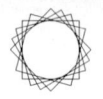

五、復員經過

三十四年八月敵人投降後，本處職員分批復員還都，第一批五人，於十月離渝赴京，從事一切復員之布置，第二批三百餘人，中有一部分職員眷屬，於三十五年四月間分次搭機返京。第三批五百餘人連同工友及全部眷屬，於五月搭輪返京，末批二十餘人，則於七月間由陸路乘汽車回京。

2. 抗戰時期中央執監委員名單[①]（1936年11月－1945年5月）

一、五屆中央執監委員（1936年11月）

中央執行委員120人

蔣中正、汪兆銘、胡漢民、戴傳賢、閻錫山、馮玉祥、于右任、孫科、吳鐵城、葉楚傖、何應欽、朱培德、鄒魯、居正、陳果夫、何成濬、陳立夫、石瑛、孔祥熙、丁惟汾、張學良、宋子文、白崇禧、劉峙、顧祝同、朱家驊、楊傑、馬超俊、張治忠、曾擴情、賀衷寒、蔣鼎文、方覺慧、陳濟棠、黃慕松、錢大鈞、韓複榘、何健、曾養甫、劉蘆隱、陳誠、周佛海、徐恩曾、洪蘭友、余井塘、陳策、邵元冲、張道藩、陳佈雷、方治、陳公博、梁寒操、李宗黃、劉紀文、徐源泉、潘公展、王法勤、柏文蔚、王陸一、張群、劉維熾、吳醒亞、丁超五、趙戴文、蔣伯誠、顧孟余、甘乃光、陳繼承、蕭吉珊、王以哲、李文范、張厲生、周伯敏、王伯齡、苗培成、劉健群、穀正綱、梅公任、餘漢謀、鄭占南、王漱芳、朱紹良、林翼中、穀正倫、傅作義、吳忠信、王祺、黃旭初、戴愧生、於學忠、陳肇英、張冲、蕭同茲、周啟剛、麥斯武德、衛立煌、洪陸東、焦易堂、李生達、田昆山、羅桑堅贊、貢覺仲尼、樂景濤、李揚敬、唐有壬、王泉笙、繆培南、王均、熊式輝、夏鬥寅、鹿鐘麟、王伯群、徐堪、傅秉常、劉湘、陳紹寬、陳儀、彭學沛、茅祖權、沈鴻烈。

候補中央執行委員60人

吳開先、薛篤弼、葉秀峰、賴璉、穀正鼎、陳調元、俞飛鵬、經亨頤、蕭錚、吳挹峰、陳樹人、李品仙、鄧家彥、林豐、朱霽青、時子周、陳慶雲、王用賓、劉健緒、傅汝霖、張強、王正廷、黃季陸、唐生智、黃實、餘俊賢、李任仁、宋慶齡、曾仲鳴、張定瑤、吳保豐、羅家倫、趙棣華、李敬齋、楊永泰、羅翼群、尼瑪鄂特索爾、馬鴻逵、謝作民、段錫朋、陳泮嶺、王懋功、楊愛源、陳訪先、李嗣璁、程潛、張鈁、鄭亦同、張貞、陳知本、陳耀垣、趙丕廉、諾那、王昆侖、趙允義、區芳浦、程天固、詹菊似、石敬亭、吳經熊。

中央監察委員50人

林森、張繼、蔡元培、吳敬恒、張人傑、楊虎、邵力子、李宗仁、謝持、楊虎城、王寵惠、許

[①] 摘自《中國國民黨歷次全國代表大會及中央全會資料》。

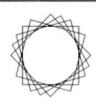

宗智、張發奎、陳璧君、恩克巴圖、柳亞子、蔣作賓、褚民誼、程天放、胡宗南、香翰屏、黃紹竑、宋哲元、商震、邵華、李煜瀛、李烈鈞、孫連仲、薛岳、劉鎮華、龍雲、李福林、龐炳勳、麥煥章、林雲陔、蕭佛成、賀耀祖、王子壯、覃振、姚大海、章（張）嘉、熊克武、安欽、秦德純、盛世才、王秉鈞、司倫、王樹翰、徐永昌、張任民。

候補中央監察委員 30 人

魯蕩平、雷震、歐陽格、王世傑、劉文島、李次溫、何思源、劉守中、譚道源、彭國鈞、閻亦有、鄧青陽、張默君、狄膺、唐紹儀、楊庶堪、馬麟、郭泰祺、崔廣秀、彭雲超、何世禎、胡文燧、李綺庵、蕭忠貞、孫鏡亞、陳嘉祐、溥桐、黃麟書、陸幼剛、楊熙績。

二、六屆中央執監委員（1945 年 5 月）

中央執行委員 222 名

于右任、何應欽、葉楚傖、居正、孫科、陳誠、戴傳賢、吳鐵城、鄒魯、宋子文、丁惟汾、白崇禧、陳果夫、張治中、梁寒操、陳立夫、陳佈雷、朱家驊、胡宗南、馮玉祥、朱紹良、賀衷寒、顧祝同、錢大鈞、何成濬、馬超俊、宋慶齡、程潛、閻錫山、張厲生、穀正倫、傅作義、谷正綱、麥斯武德、劉健群、楊傑、蔣鼎文、段錫朋、鹿鐘麟、余井塘、潘公展、甘乃光、陳繼承、焦易堂、李文范、吳忠信、於學忠、狄膺、方覺惠、劉維熾、王正廷、劉峙、曾擴情、周伯敏、余漢謀、黃旭初、黃季陸、方治、張群、衛立煌、薛篤弼、穀正鼎、張道藩、蕭同茲、陳策、俞飛鵬、陳慶雲、陳樹人、徐源泉、柏文蔚、丁超五、熊式輝、傅秉常、洪蘭友、林翼中、沈鴻烈、曾養甫、周啟剛、李品仙、蔣伯誠、陳紹寬、羅家倫、馬鴻逵、鄧家彥、劉紀文、賴璉、何健、彭學沛、陳儀、劉建緒、李宗黃、朱霽青、李揚敬、洪陸東、顧孟余、繆培南、李任仁、戴愧生、陳濟棠、張強、羅桑堅贊、唐生智、吳保豐、陳肇英、王泉笙、苗培成、茅祖權、夏斗寅、吳挹峰、葉秀峰、楊愛源、蕭吉珊、趙允義、時子周、餘俊賢、黃實、吳開先、蕭錚、孔祥熙、徐堪、田昆山、傅汝霖、梅公任、林蔚、王東源、羅卓英、駱美奐、蔣宋美齡、桂永清、宋希濂、關麟征、康澤、黃宇人、顧維鈞、翁文灝、吳紹澍、周至柔、張鎮、黃仲翔、王耀武、鄧文儀、鄭介民、王啟江、陳石泉、孫蔚如、馬元放、顧希平、朱懷冰、俞鴻鈞、李惟果、劉瑤章、李默庵、湯恩伯、鄭彥棻、鄧寶珊、馮欽哉、胡健中、盧漢、王纘緒、李翼中、範予遂、樓桐蓀、龐鏡塘、袁守謙、李中襄、張之江、梅貽琦、萬福麟、白雲梯、甘家馨、鄧飛黃、陳劍如、向傳義、鄧錫侯、夏威、陳希豪、柳克述、張維、項定榮、燕化棠、吳尚鷹、沙克都爾、紮布、韓振聲、潘公弼、彭昭賢、劉季洪、程思遠、齊世英、李書華、達理紮雅、許紹棣、楊端六、董顯光、王宗山、方青儒、郭懺、王陵基、李大超、陳雪屏、張廷休、魏道明、李漢魂、徐箴、陳聯芬、林學淵、羅霞天、陸福廷、周異斌、劉文輝、呂雲章、沈慧蓮、梅友卓、李培基、龔自知、歐陽駒、陸崇仁、熱振、張嘉璈、張國燾、陳國礎、陳訪先、王懋功。

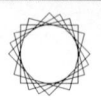

候補中央執行委員 90 名

張鈁、張貞、羅翼群、石敬亭、趙棣華、張耀垣、謝作民、鄭亦同、程天固、吳經熊、陳泮嶺、趙丕廉、區芳浦、詹菊似、高桂滋、馬占山、李士珍、毛邦初、宋宜山、鄭洞國、黃鎮球、張九如、李玉堂、周兆棠、馬紹武、杜聿明、鄒志奮、馬星野、王星舟、胡秋原、王芃生、胡次威、伍智梅、吳鑄人、陳逸雪、李文齋、何輯五、張平群、何浩若、劉戡、鄧龍光、白海風、羅時實、韋永成、傅啟學、劉斐、張清源、譚伯羽、吳國楨、黃正清、王俊、郭寄嶠、程中行、李覺、錢昌照、于望德、傅岩、馬繼周、滿楚克紮布、唐縱、羅貢華、任卓宣、胡瑛、孫越奇、鄒作華、李樸生、徐景唐、梁敦厚、劉攻芸、葛覃、郝任夫、倪文亞、張寶樹、劉多荃、許惠東、楊繼增、徐象樞、王雋英、呂曉道、李先良、刑森洲、高宗禹、薩本棟、杜鎮遠、潘文華、王若僖、葉汎、彭善、潘秀仁、張靜愚。

中央監察委員 104 名

吳敬恒、張繼、王寵惠、李宗仁、邵力子、張發奎、王世傑、張人傑、商震、孫連仲、賀耀祖、秦德純、王子壯、雷震、程天放、楊虎、李烈鈞、黃紹竑、徐永昌、聞亦有、何思源、薛岳、熊克武、張知本、覃振、林雲陔、李敬齋、章（張）嘉、劉文島、李福林、張任民、張默君、香翰屏、王秉鈞、李煜瀛、姚大海、譚道源、鄧青陽、彭國鈞、邵華、龍雲、魯蕩平、李嗣璁、許崇智、李次溫、胡庶華、鈕永建、黃少谷、李延年、吳奇偉、祝紹周、張伯苓、上官雲相、馮治安、劉茂恩、堯樂博士、許孝炎、蔣夢麟、張礪生、楊森、林蔚、李永新、曾萬鍾（鐘）、何柱國、蔣光鼐、王星拱、馬鴻賓、曹浩森、馬步芳、萬耀煌、雷殷、周岩、周震鱗、朱經農、謝冠生、范漢傑、王靖國、李明揚、馬法五、張邦翰、唐式遵、賈景德、吳南軒、李夢庚、李培炎、李樹森、吳鼎昌、林彬、袁雍、李肇甫、李濟深、張維楨、霍揆彰、劉伯群、劉尚清、王憲章、宋述樵、陳方、崔震華、沈宗濂、羅良、郭泰祺、黃麟書、陸幼剛。

候補中央監察委員 44 名

胡文燦、孫鏡亞、李綺庵、崔廣秀、楊熙績、穆罕默德·伊敏、孫震、熊斌、李鐵軍、格桑澤仁、劉汝明、鍾（鐘）天心、劉蘅靜、喜饒嘉措、黃建中、卓衡之、王德溥、何聯奎、王子弦、毛炳文、趙蘭坪、陳焯、迪魯瓦、劉鼎和、黃天爵、陳固亭、王仲廉、張伯謹、章益、陳大慶、錢用和、張軫、葉溯中、周福成、祝秀俠、趙仲容、曾以鼎、劉廉克、陳紹賢、韓德勤、余成勳、張篤倫、丁德隆、劉成燦。

總裁　蔣中正

二、在重慶召開的中央全會和全國代表大會

1. 五屆五中全會[①]（1939年1月21日—30日）

一、五屆五中全會經過[②]

中國國民黨第五屆中央執行委員會第五次全體會議於（1939年）1月21日開會，30日閉會，共開預備會一次，大會七次。到會中央執監委員共155人，較前三次全會人數均多。蔣總裁親臨主席。提案共35件，均要言不煩，計黨務10件、政治77件、經濟12件、教育3件、軍事3件。大會均悉心討論，分別決議。對黨務、政治、軍事、財政、經濟、交通、教育各項報告，亦均作縝密透闢之檢討，各予以重要之決議。會議中對各院部會施政實況，不厭求詳，提出質詢，由主管人員詳加解答。此種娓娓不倦之探討精神，尤值特書。茲將會議經過、出席委員及重要決議各項記下：

21日舉行開會式，由蔣總裁致開會詞。開會式後，接開預備會，推舉王法勤、丁惟汾、居正、于右任、馮玉祥、戴傳賢、鄒魯、孫科、孔祥熙、陳果夫、李文範等11委員為主席團；朱家驊為秘書長，甘乃光為副秘書長。22日（星期日）休會。23日開第一次大會，全體肅立為抗戰陣亡將士及死難同胞默念三分鐘。以後每日開會，至29日提案討論完畢，並通過全會宣言。30日舉行閉會式，大會遂圓滿告成。

到會委員（執委）：

蔣中正、戴傳賢、馮玉祥、于右任、孫科、吳鐵城、葉楚傖、何應欽、鄒魯、居正、陳果夫、何成濬、陳立夫、石瑛、孔祥熙、丁惟汾、白崇禧、劉峙、朱家驊、馬超俊、曾擴情、賀衷寒、方覺慧、錢大鈞、何鍵、曾養甫、陳誠、徐恩曾、洪蘭友、余井塘、陳策、張道藩、陳佈雷、梁寒操、李宗黃、劉紀文、潘公展、王法勤、柏文蔚、王陸一、張群、劉維熾、丁超五、蔣伯誠、甘乃光、陳繼承、蕭吉珊、李文范、張厲生、周伯敏、王柏齡、苗培成、穀正綱、梅公任、王漱芳、林翼中、谷正倫、吳忠信、黃旭初、戴愧生、陳肇英、張沖、蕭同茲、周啟剛、麥斯武德、洪陸東、焦易堂、田昆山、陳紹寬、彭學沛、茅祖權、熊式輝、夏鬥寅、王伯群、徐堪、傅秉常、李揚敬、王泉笙、吳開先、賴璉、谷正鼎、陳調元、俞飛鵬、蕭錚、吳挹峰、陳樹人、鄧家彥、朱霽青等88人。

候補執委：

陳慶雲、王用賓、傅汝霖、王正廷、黃季陸、黃實、余俊賢、李任仁、張定璠、吳保豐、

[①] 摘自《中國國民黨歷次全國代表大會及中央全會資料》。
[②] 本材料係中央社關於國民黨五屆五中全會的報導，刊登於1939年1月31日重慶《中央日報》。標題為編者所擬。國民黨隱瞞了這次全會上對日妥協和將其政策重點由對外（抗日）轉問對內（反共）等內容。在會上，蔣介石竟把抗戰到底的含意解釋為「恢復到蘆（盧）溝橋事變以前的狀態」。會議制定了「融共、防共、限共、反共」的方針，通過了《限制異黨活動辦法》並決議設立「防共委員會。」

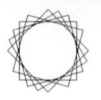

羅家倫、趙棣華、李敬齋、羅翼群、謝作民、段錫朋、陳泮嶺、王懋功、陳訪先、李嗣璁、程潛、張鈁、鄭亦同、張貞、張知本、陳耀垣、趙丕廉、王昆侖、趙允義、程天固、詹菊似等 31 人。

監委：

林森、張繼、吳敬恒、楊虎、邵力子、李宗仁、王寵惠、蔣作賓、程天放、香翰屏、黃紹竑、邵華、林雲陔、賀耀祖、王子壯、覃振、姚大海、章（張）嘉、熊克武、王秉鈞、徐永昌、張任民等 22 人。

候補監委：

魯蕩平、雷震、王世傑、劉文島、李次溫、聞亦有、鄧青陽、張默君、狄膺、潘雲超、胡文燦、李綺庵、黃麟書、陸幼剛等 14 人。

二、五屆五中全會決議（選錄）

國防最高委員會組織大綱案
（1939 年 1 月 28 日通過）

第一條　中央執行委員會於抗戰期間設置國防最高委員會，統一黨政軍之指揮，並代行中央政治委員會之職權。中央執行委員會所屬之各部會及國民政府五院、軍事委員會及其所屬之各部會，兼受國防最高委員會之指揮。總動員委員會直隸於國防最高委員會。

第二條　國防最高委員會設委員長一人，由本黨總裁任之。

第三條　國防最高委員會以下列人員為委員，並由委員長於委員中指定十一人為常務委員。

一、中央執行委員會常務委員、監察委員會常務委員。

二、國民政府五院院長、副院長。

三、軍事委員會委員。

四、由委員長提出，經中央執行委員會常務委員會通過者。

第四條　國防最高委員會為執行決議案，以下列人員為執行委員。

一、中央黨部秘書長、各部部長、訓練委員會主任委員、中央政治委員會秘書長。

二、國民政府文官長。

三、行政院秘書長、各部、會長。

四、軍事委員會參謀總長、副參謀總長、各部部長、軍事參議院院長、軍法執行總監辦公廳主任、航空委員會主任、海軍總司令。

五、總動員委員會主任委員、副主任委員。

六、戰地黨政委員會主任委員、副主任委員。前項執行委員，經委員長之指定，得列席於國防最高委員會常務會議。

第五條　國防最高委員會會議，以委員長為主席，因故不能出席時，指定常務委員一人代理之。

第六條　國防最高委員會常務會議每星期開會一次，全體會議由委員長定期召集之。會議

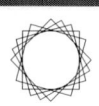

規則另定之。

第七條 國防最高委員會常務會議，除依法出席之委員外，其他有關人員必要時得由委員長指定列席。

第八條 國防最高委員會委員長，對於黨政軍一切事務，得不依平時程式，以命令為便宜之措施。

第九條 國防最高委員會組織系統及編制另定之。

第十條 本大綱由中央執行委員會通過執行。

2. 五屆六中全會[①]（1939年11月12日—20日）

一、五屆六中全會經過

中國國民黨第五屆中央執行委員會第六次全體會議於12日晨九時開幕，同時並舉行總理誕辰紀念典禮。蔣總裁親蒞大會主席，並致開幕詞。全體中央委員除在前方或遠地負有要公不能來渝者外，業已向大會報到。參加者計有142人，此外陸續來渝參加者甚多，13日並到有各高級長官共計五百餘人，大會空氣倍呈莊嚴隆重。總裁演講達42分鐘，全體委員肅立恭聆，無不感奮。

中國國民黨第五屆中央執行委員會第六次全體會議於13日晨九時舉行擴大紀念週，到中央執監委員、各部長官暨續到中委300餘人。由總裁主席，講解第五次全國代表大會宣言，內容計分十點：（一）崇道德以振人心（二）興實業以奠國本（三）弘教育以培民力（四）裕經濟以厚民生（五）慎考銓、嚴考績，以立國家用人行政之本（六）尊司法、輕訟累，以重人民生命財產之權（七）重監察、勵言官，以肅官方而申民意（八）重邊政、弘教化，以固國族而成統一（九）開憲治，修內政，以立民國確實鞏固之基礎（十）恪遵總理遺教，恢復民族自信，確立正當對外之關係，以保持國家獨立平等之尊嚴，而達世界大同之目的。總裁逐點剴切闡釋，蓋在盼望切實檢討此種精神，而確定此次大會之方案。全體委員恭聆總裁講解，均振奮異常。至十時許散會，休息。旋舉行大會預備會議，由總裁主持，推選主席團：王法勤、丁惟汾、居正、于右任、馮玉祥、戴傳賢、鄒魯、葉楚傖、孔祥熙、陳果夫、李文範11人，經大會無異議舉手通過。至各審查委員會則由主席團決定，報告大會。十一時許，預備會議舉行竣事，散會。

六中全會於13日下午舉行第一次全體會議，由于委員右任主席，首向前方陣亡將士暨死難同胞舉行默哀禮，會中空氣嚴肅異常。默哀畢，即由大會通過致電慰勞前方將士。旋宣讀預備

---

① 摘自《中國民黨歷次全國代表大會及中央全會資料》。

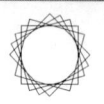

會議記錄，並由秘書處報告因公未能來渝參加會議之各委員函電，計有蔡元培、李烈鈞、柏文蔚、程潛、李宗仁、顧祝同、餘漢謀、朱紹良、傅作義、吳忠信、薛岳、於學忠、陳肇英、衛立煌、陳儀、沈鴻烈、陸鐘麟、李揚敬、吳經熊、柳亞子、林雲陔、香翰屏、盛世才、林蔚、羅翼群、張發奎、崔廣秀、楊熙績等 31 人。繼由於主席報告主席團決定各組審查委員會委員暨召集人名單（見另表）。末舉行黨政軍三項報告，黨務由中央常委居正報告，政治由國防最高委員會祕書長張群報告，軍事由軍政部部長何應欽報告。報告竣事，當將各報告交由各組審查委員會審查。大會於五時許散會。

各組審查委員會委員名單如下：

黨務組：葉楚傖、陳誠、陳樹人、張厲生、馬超俊、甘乃光、張道藩、周啟剛、蕭吉珊、姚大海、陳耀垣、丁超五、洪陸東、余俊賢、余井塘、謝作民、戴愧生、谷正綱、王陸一、方覺慧、洪蘭友、蕭忠貞、張強、陳訪先、王子壯、王秉鈞、王昆侖、段錫朋、曾擴情、林翼中、趙允義、李次溫、陳泮嶺、胡文燦；召集人：陳誠、張厲生。

政治組：王寵惠、張群、張繼、覃振、何健、吳鐵城、鄧家彥、茅祖權、張知本、邵力子、蔣作賓、王正廷、李宗黃、張任民、蕭同茲、劉文島、張沖、趙丕廉、焦易堂、傅秉常、王用賓、狄膺、麥煥章、樂景濤、區芳浦、程天放；召集人：王寵惠、張群。

軍事組：何應欽、白崇禧、劉峙、徐永昌、何成濬、陳繼承、熊克武、谷正倫、王懋功、張貞、陳策、楊虎、錢大鈞、陳紹寬、黃實、張治中、陳濟棠、唐生智、李福林、李品仙；召集人：何應欽、陳濟棠。

經濟組：宋子文、徐堪、曾養甫、劉紀文、梁寒操、蕭貞、朱霽青、彭學沛、吳保豐、趙棣華、聞亦有、王漱芳、劉維熾、徐恩曾、李綺庵、傅汝霖；召集人：宋子文、徐堪。

教育組：吳敬恒、陳立夫、白崇禧、陳誠、章（張）嘉、王伯群、陳佈雷、雷震、魯蕩平、羅家倫、潘公展、王世傑、吳挹峰、李敬齋、黃麟書、葉秀峰、石瑛；召集人：陳立夫、白崇禧。

中國國民黨第五屆中央執行委員會第六次全體會議，於 14 日晨舉行第二次大會，到執行委員居正等七十餘人，暨監察委員林森等，及候補執監等七十餘人，由居委員正主席，首宣讀第一次大會記錄，報告遠地各委員不克出席請假函電暨各方賀電。旋主席團向大會報告三事：（一）組織宣言起草委員會，推戴傳賢、葉楚傖、邵力子、陳佈雷、王世傑、梁寒操、潘公展、洪蘭友為宣言起草委員，由戴、葉兩委員召集。（二）本日續到委員俞飛鵬、黃紹竑、詹菊似、蕭錚參加經濟組；陳慶雲軍事組；陸幼剛教育組；鄭亦同政治組。（三）原分擔審查委員潘公展改參加黨務組，王子壯改政治組，李敬齋改黨務組，葉秀峰改經濟組。末由行政院長孔祥熙報告行政，外交部長王寵惠報告外交，中執會組織部長張厲生報告組織部工作，報告達三小時許始散會。下午各組舉行審查會，分別審查各提案報告。

中國國民黨第五屆中央執行委員會第六次全體會議，於 15 日舉行第三次大會，蔣總裁主席。除宣讀第二次會議記錄外，即舉行各項報告，計有張繼、馬超俊兩委員報告慰勞團慰勞前

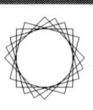

方將士經過,財政部部長孔祥熙報告財政,經濟部部長翁文灝報告經濟。各長官報告共達數小時,即行散會。

中國國民黨第五屆中同執行委員會第六次全體會議,於 16 日上午舉行第四次會議,蔣總裁主席。除由派赴各地視察之中委報告視察經過外,並通過發電慰勞將士及嘉慰僑胞。下午舉行黨務、政治、軍事、經濟、教育各組審查會。

中國國民黨第五屆中央執行委員會第六次全體會議,17 日舉行第五次大會,上午由蔣總裁主席。首宣讀第四次會議記錄,次由交通部部長張嘉璈報告交通,教育部部長陳立夫報告教育,中央宣傳部部長葉楚傖報告宣傳部工作,中央社會部部長陳立夫報告社會部工作,中央海外部部長陳樹人報告海外部工作,張委員繼報告中央黨史資料編纂委員會工作,段委員錫朋報告中央訓練委員會工作。到午刻休會。下午繼續舉行大會,由孔委員祥熙主席,討論黨務、政治、經濟、教育四組提案審查報告。當經大會逐一修正通過。諮錄通過各案如下:

黨務:中央常務委員會提:修正各級黨部執監委員就職宣誓條例第四條條文案。

政治:(一)白委員崇禧等 13 人提:請中央另訂非常時期銓敘辦法案。(二)彭委員學沛等 16 人提:請決定即行縮小省區案。(三)樂委員景濤等 14 人提:擬請組織邊疆宣慰團,以加緊團結而利抗戰建國案。

經濟:(一)葉委員秀峰等 13 人提:統一關於經濟資源之調查研究,具體設計,借樹計畫經濟之基礎,以利建國案。(二)陳委員果夫等 11 人提:創辦常平商店,樹立商業組織之核心,以平抑物價,並奠定今後民生主義計劃經濟制度中商業統制之基礎案。(三)馬委員超俊等 12 人提:加強戰區各省對民生必需品互通有無之經濟聯繫案。(四)馬委員超俊等 11 人提:請增進戰區銀行業務,以穩定戰區金融案。(五)孔委員祥熙等 22 人提:改進縣政,完成地方自治,應先整理地方財政案。(六)劉委員峙等 13 人提:迅速完成西南西北交通網,並徹底整理現行公路行政,以利交通案。(七)張委員鈁等 11 人提:戰區水災難民,急應廣籌鉅款,以速移墾案。(八)孔委員祥熙等 15 人提:舉辦榮譽儲金,以酬庸抗戰勳勞,而保障將士生計案。

教育:(一)林委員森等 15 人提:擬請行政院飭教育部通令各省高級小學、中學、大學,各校添設紡織一課,令女生實行紡織工作案。(二)石委員瑛等 16 人提:各省生產教育均以經費短絀陷於停頓狀況,亟應切實救濟,以利建國案。(三)洪委員蘭友等 11 人提:限期掃除全國文盲,完成公民識字教育案。(四)白委員崇禧等13人提:招收及訓練失學失業青年案。

中國國民黨第五屆中央執行委員會第六次全體會議,18 日舉行第六次大會,蔣總裁主席。首宣讀第五次會議記錄,次修正通過下列各案:(一)對於軍事、政治、教育各報告之決議文。(二)軍事組審查之提案 4 件。(三)經濟組審查之提案3件。(四)馬委員超俊等11人提:改善傷兵醫院及傷兵待遇案。(五)馬委員超俊等 11 人提:調整軍用公用車輛,以利民行案。五屆六中全會於 20 日晨舉行總理紀念週後,接開第七次會議,均由蔣總裁主席。先宣讀上次會議記錄,以通過各項重要決議。議案討論竣事,即於下午1時舉行閉幕式,由蔣總裁領導行禮,

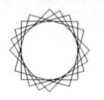

戴委員傳賢宣讀大會宣言，至1時3刻讀畢，總裁宣告大會閉會。

中國國民黨第五屆中央執行委員會第六次全體會議自本月12日開會以來，已歷9日，共舉行大會7次。除聽取重要報告外，並討論各項提案，總裁暨全體委員均以最密切之注意及極濃厚之興趣，聽取報告，並熱烈討論，全場充滿興奮情緒與蓬勃氣象。大會現已任務圓滿完成。

二、五屆六中全會決議（選錄）

改任中央執行委員會秘書長及各部部長案
（1939年11月20日通過）

秘書長：葉楚傖；副秘書長：甘乃光。

組織部部長：朱家驊；副部長：吳開先、馬超俊。吳開先同志未到任前，由曾養甫同志代理。

宣傳部部長：王世傑；副部長：潘公展、董顯光。

社會部部長：穀正綱；副部長：王秉均、洪蘭友。

海外部部長：吳鐵城；副部長：周啟剛、蕭吉珊。

定期召開國民大會並限期辦竣選舉案
（1939年11月17日通過）

查國民大會之召集，肇議於第五次全國代表大會，旋經本屆第一次全體會議議決，定二十五年十一月十二日為大會召集之期。當制定國民大會組織法及代表選舉法，由政府公布施行，並設置選舉總事務辦事所辦理選舉事宜。乃以事屬創舉，守定手續複極繁重，大會代表之選舉未能如期辦竣，爰經常會決議，延期舉行。

本屆第三次全體會議根據常會報告，復決議督促該管機關繼續辦理選舉，重定二十六年十一月十二日召開國民大會。選舉總事務所秉承此旨，督飭所屬積極從事，除河北、察哈爾、北平、天津因環境特殊，各種選舉迄未能正式舉辦外，其餘各地均分別趕辦，原期於八月中旬可將全部選舉結束。不意「七七」盧溝橋事變突發，全面抗戰於焉開始，選舉進行不免蒙其影響，而大會之舉行又因之而有第二次之延展。

大會之舉行雖因事實上之障礙而一再延期，而本黨企求憲政之早日實施，實始終無間。今抗戰已歷兩載有餘，賴全國人民於本黨領導之下，同心一德，艱苦奮鬥，最後勝利之期已不在遠。揆之抗戰建國同時並進之義，召集國民大會，制定憲法，以確立建國基礎，實有積極進行之必要。最近國民參政會曾有定期召集國民大會，制定憲法之建議，亦足徵（證）國人對此期望殷切。

至於大會代表選舉情形，近據選舉總事務所報告，區域選舉與職業選舉（農工商團體），除冀、察、平、津尚未舉辦，山東已辦而未報外，餘均辦理完竣。其尚未蕆事者，為自由職業團體之選舉與特種選舉東四省選舉及蒙藏、海外、軍隊選舉之一部分。綜計全部應選代表依法產生者，約達四分之三。所有未能依法辦竣之選舉，或因地方情勢變遷，如冀、察、平、津、山東之類，或因事實

上不易適合法定手續，如自由職業團體及東四省之類，其中自有不少困難，惟究屬一部分之特殊情形，當可於法律事實兼籌並顧之中，妥謀補救之道。

依上述情形，常務委員會認為國民大會召集日期亟應重行確定，並限期辦竣選舉，俾能如期集會。謹提供具體意見如下：

（一）國民大會會期為民國二十九年十一月十二日。

（二）大會代表之選舉尚未辦理完竣者，應即由選舉總事務所督飭趕辦，限於二十九年六月底以前結束一切選舉手續，確定全部代表名單。

（三）其因地方情勢變遷，或事實上之窒礙致選舉發生困難者，由中央常務委員會妥籌補救辦法。

以上所擬，是否有當，謹附同選舉總事務所辦理選舉情形之報告，提諸公決施行。

決議：

（一）國民大會定於民國二十九年十一月十二日召集之。

（二）大會代表之選舉，尚未辦理完竣者，應即由選舉總事務所督飭趕辦，限於二十九年六月底以前結束一切選舉手續，確定全部代表名單。

（三）其因地方情形變遷，或事實上之窒礙致選舉發生困難者，由中央常務委員會妥籌補救辦法。

3. 五屆七中全會[①]（1940年7月1日－8日）

一、五屆七中全會經過[②]

全會於7月1日晨如期開幕，8日晚閉會。中經8日，共開預備會1次，正式會議6次。對於月來黨務、政治、軍事、內政、外交、財政、經濟、交通、教育等各項報告，均有縝密檢討，並於今後努力之方針分別為周詳之指示，另見大會對於各項報告之決議案。至對於各項提案之討論，亦備極周到，尤以關於戰時經濟問題，研討至為詳盡。大會議案共65建，關於黨務者9件，關於政治者20件，關於財政、經濟、交通者23件，關於軍事者10件，關於教育者3件。其決議各案中，對於黨務、政治機構均有新的設施：在黨務機構方面，決議中央設立婦女部，以促進中國婦女運動之發展。在政治機構方面，決議行政院增設經濟作戰部，以加強經濟行政效率，適應長期抗戰之需要。現有之經濟部則改為工商部，專管工商及礦業事宜。此外並決議設置中央設計局，主席全國政治、經濟、建設之設計及審核。另設黨政工作考核委員會，主席黨政機關工作、經費、人事之考核，與中央設計局確切聯繫，以矯正設計、執行、考

[①] 摘自《中國國民黨歷次代表大會及中央全會資料》。
[②] 這份資料系出自國民黨中央執委會秘書處編印的"五屆七中全會記錄"，編者作了刪節。

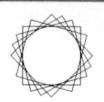

核分立之弊端,而樹立行政三聯制之基礎。上述各種重要決議,於大會閉幕後,均已分送中央常務委員會及政府各主管機關切實施行。茲將大會逐日會議經過擇要分誌如次:

7月1日大會於總理紀念週後舉行,開幕儀式由蔣總裁主席,領導行禮,致開會詞,於國際大勢之所趨,敵寇實力之窮蹙,以及我國抗戰建國已露勝利成功之機緒,指示周詳;進而說明本次會議之重要任務。旋即舉行預備會議,通過主席團人選及各組審查委員會名單與召集人,並決定本次全會會期及收受提案截止日期。

7月2日上午6時,舉行第一次會議,總裁主席。聽取黨務政治兩項報告,並決定分交各該審查委員會審查。是日下午6時,舉行第二次會議,主席于委員右任。決定宣言起草委員會人選及設立物價審查委員會,並指定其人選。聽取外交、軍事兩項報告,分交政治、軍事兩組審查委員會審查。

7月3日下午6時,舉行第三次會議,孔委員祥熙主席。通過要案14件。

7月5日上午6時,舉行第四次會議,總裁主席,講述最近抗戰形勢及外交形勢,均有詳確之訓示。決定組織決議案整理委員會,並通過其人選。聽取經濟、交通兩項報告,均交經濟組審查委員會審查。上午9時休息,下午6時繼續開會。聽取內政、教育兩項報告,決議分交政治、教育兩組審查委員會審查。通過對於軍事報告之決議案及關於恢復設置中央婦女部等要案共31件。

7月6日上午6時,舉行第五次會議,總裁主席。由孔兼部長祥熙作財政報告,大會決議交經濟組審查委員會審查。通過對於黨務、政治、財政、經濟、交通報告之決議案,及關於物價審查委員會審查報告等要案24件。總裁於六中全會所講改進黨務、政治、經濟之要點,及六中全會以後黨政軍當前急務,喚起全會注意,各自檢討,尤以負責任、任勞怨,立己與立人,健全人事組織,袪除遲滯諉卸之弊病諸端,再三申訴,共資策勵,詳加提示。大會秉承斯旨,特於宣言中鄭重引申惕勵。

7月7日上午7時,舉行抗戰建國三週年紀念,全體中委出席參加,由林主席森領導行禮,並由吳委員敬恒作警惕扼要之報告。

7月8日上午7時,舉行總理紀念週,下午6時舉行第六次會議,總裁主席。決定以全會名義致電慰勞抗戰將士及海外僑胞,並通過對於教育報告之決議案及本次全體會議宣言。討論完畢,總裁致閉會詞。詞畢,舉行閉幕式,禮成散會。

二、五屆七中全會決議(選錄)

對於政治報告之決議(關於今後經濟工作方針部分)
(1940年7月6日通過)

抗戰迄今,經濟問題日益重大,性質亦極複雜,除關於經濟專門事項另有決議外,本會

議認為當前最重要者，一為糧食及物價問題，一為交通及工業建設問題，一為戰地敵人經濟掠奪問題。糧食物價關係民生及社會秩序最切，本會議對於當前民生不安之現象極為關懷，深盼各主管機關精密調查，根據會議決議採取切實有效之步驟，先事預防，隨事補救，務使民食無恐慌之虞，物價收穩定之效。至於原有交通線之保持改善，新交通線之增闢，及舊交通工具之利用，均為國防所關，而後方工廠及動力之安全，華僑資本之運用與集中，全國資金生產建設，均為抗戰建國之根本問題，各主管機關務當切實規劃，見諸施行。至於對抗敵人在戰地之掠奪，更盼主管機關對戰區經濟委員會之工作，督導改進，粉碎敵人以戰養戰之陰謀。

4. 五屆八中全會[①]（1941年3月24日—4月2日）

一、五屆八中全會經過

全會即於3月24日開會，4月2日閉幕，其間除開會式、閉會式及預備會與審查會外，共舉行大會11次。其中8次為聽取報告，3次為討論提案。此次除中央黨備、政治報告外，並由兼任省黨部主委、省政府主席及戰區司令長官之委員及特許列席之各地黨部負責同志，分別就各地黨務、政治、軍事情形，作詳細之報告。大會決議案共88件，關於黨務者22件，關於政治者25件，關於財政、經濟、交通者19件，關於軍事者6件，關於教育者16件。茲將大會逐日經過擇要列述如次：

3月24日上午9時，舉行開幕典禮，由總裁主席領導行禮，並致訓詞。首對抗戰局勢作概括之論述；嗣即指明此次全會之重大責任，應以致誠反省之精神，對於黨務、政治、軍事、經濟、社會各種問題作徹底之檢討，對今後建設國家的方針以及本黨對內對外的政策，成立具體之決議，在全會之後得以切實施行；最後說明軍事、經濟、黨務之一般情形，進而指示努力之方法。禮畢，即接開預備會議，通過主席團人選；並決議依照規定組織各組審查委員會，其委員名額人選由主席團決定，報告大會；並決定全會會期及收受提案截止日期。

3月25日上午8時，開第一次大會，由于委員右任主席。如儀開會後，全體起立為抗戰陣亡將士及死難同志同胞默哀3分鐘。嗣為黨務報告，由居委員正代表常務委員會報告；組織部朱部長家驊、宣傳部王部長世傑分別報告組織宣傳工作。休息10分鐘後，為政治報告，為孔委員祥熙代表國防最高委員會報告，兼報告行政院工作；繼由何委員應欽作軍事報告。至12時散會。

是日下午3時舉行第二次大會，由居委員正主席。由王委員寵惠作外交報告；孔委員祥熙作財政報告；翁部長文灝作經濟報告；陳委員濟棠作農林報告；張部長嘉璈作交通報告。至6時50分散會。

---

① 摘自《中國國民黨歷次代表大會及中央全會資料》。

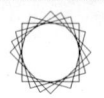

3月26日上午8時開第三次大會，由丁委員惟汾主席。組織宣言起草委員會，推定召集人及起草委員。由谷委員正綱作社會報告；陳委員立夫作教育報告；周部長鐘嶽（岳）作內政報告。嗣為各地黨政報告，由熊委員式輝報告江西省黨務政治情形。至11時50分散會。

　　3月27日上午8時開第四次大會，由陳委員果夫主席。首為三民主義青年團工作報告，由康澤同志代表報告。嗣繼續各地黨政報告，計有蔣委員鼎文報告陝西省政治及黨務，黃委員季陸報告四川省黨務，張委員群報告四川省政治，苗委員培成報告湖北省黨務，陳委員誠報告湖北省政治。此時適接羅軍長卓英宥電，陳報贛北上高束北地區獲勝情形，由秘書長宣讀來電，全場歡忭，當經決議由大會複電嘉勉。繼為李委員敬齋報告浙江省黨務。張委員強報告河南省黨務，衛委員立煌報告河南省政治。至12時散會。

　　3月28日下午3時開第五次大會，由孫委員科主席。首由朱委員家驊作特種問題報告。報告畢全體起立，為各地被某黨殘害之同志默哀1分鐘。繼為邊疆情形報告，由章（張）嘉、麥斯武德、羅桑堅贊3委員分別報告。嗣為朱委員紹良報告甘肅省黨務，王委員漱芳報告甘肅省政治。至6時30分散會。

　　3月29日，適為革命先烈紀念日，全會於上午8時舉行紀念儀式後，接開第六次大會，由馮委員玉祥主席。主席團報告發起為3月29日四川革命先烈及巴縣先烈鄒容、張培爵建立紀念碑。本日仍繼續各地黨政報告，計有袁晴輝同志報告廣東省黨務，黃委員麟書報告廣東省政治，高廷祥同志報告港澳黨務，黃委員同仇報告廣西省黨務，廖維蕃同志報告湖南省黨務，李委員揚敬報告湖南省政治。至11時40分散會。

　　3月31日上午8時舉行第七次大會，由孔委員祥熙主席。仍繼續各地黨政報告：計有陳委員訪先報告重慶市黨務，黃守人同志報告貴州省黨務，隴體要同志報告雲南省黨務，張遐民同志報告綏遠省黨務，陳鐵同志報告安徽省黨務，武文同志報告西康省黨務。至12時20分散會。

　　是日下午3時舉行第八次大會，由戴委員傳賢主席。由兼任戰區司令長官各委員報告各戰區軍事概況。至7時55分散會。

　　4月1日上午9時開第九次大會，由孔委員祥熙主席。討論黨務政治兩組審查提出之提案，計共42件，其經決議通過而較重要者計有：「恢復省縣黨部選舉制度」、「增進各級黨部與政府之聯繫」、「加強政府機關內本黨組織及活動」、「加強人民團體內黨的組織及活動」等案。至12時50分散會。

　　是日下午3時開第十次大會，由總裁主席。討論政治組提出對於政治報告之決議案，經修正通過。當由總裁指示此後全會審查工作報告，應注重上屆決議案之執行情形，並就黨政機關在行政方面應注意之要點，有所指示。休息10分鐘，至5時繼續開會，由孔委員祥熙主席。討論政治、軍事、經濟、教育各組審查提出之提案。計共37件，其決議通過而較主要者，為對於政治、軍事、經濟、教育報告之決議案及「改進財政系統統籌整體分配」、「實現本黨土地政策，從速舉辦地價申報」、「推行注音識字運動」等案，7時散會。

4月2日上午8時開第十一次大會，由李委員文范主席。討論黨務組及特種審查委員會審查提出及總裁交議案，計共7件，其決議通過而較重要者，為「對於黨務報告之決議案」戰時三年建設計畫案之一部分與「黨務三年計畫之方針」，以及「各省田賦暫歸中央接管」、「確立戰時經濟體系」、「擴大生產實行編制經濟」、「加強國內各民族及宗教間之融洽」等案。至11時30分休息。

　　下午3時繼續開會，由總裁主席。通過在行政院設置貿易部與糧食部案，中央執行委員會秘書長、國防最高委員會秘書長、海外部部長、副部長及組織部副部長之人選案，及全會宣言。

　　至此議案全部完畢，乃由總裁訓詞，對於黨務工作為周詳之指示。旋於6時舉行大會閉會式，仍由總裁領導行禮，于委員右任宣讀大會宣言，全會乃圓滿結束。

二、五屆八中全會決議（選錄）

各省田賦暫歸中央接管以便統籌而資整理案
（1941年4月2日通過）

　　查我國田賦向為國家稅，自民國十七年頒行國地收支劃分標準，以田賦劃歸地方，各省遂視為收入之大宗，每有需用，大都增加田賦，以供支應。遂致賦則分歧，附加雜出，輕重失其平衡，人民病其煩擾。嗣後財政部為整理計，呈請核定土地陳報辦法，督導各省限期辦竣，行之數年，略具成效。嗣以抗戰事起，多歸停頓，惟抗戰建國同時並進為中央既定國策，上項陳報辦法自就賡續積極進行。且近來糧價高漲，土地之利潤日增，軍糈民食則轉受其影響，尤非整理田賦，無以裕國計，而濟民生。查戰財政利在統籌，中央地方原為一體，分之則力小而策進為難，合之則力厚而成效易舉。故為調整國地收支並平衡土地負擔起見，亟應仍將各省田賦收歸中央整頓徵收，以適應抗戰需要。其理由有如下列各端：

　　（一）各地方田賦賦則不一，輕重不平，而囿於收處境地，未能大舉革新。中央管理以後，可積極統籌，尅期土地陳報並辦理地價稅，俾賦則躋於公平，苛雜悉行廢止。

　　（二）中央整理田賦後，按地價徵稅收入可較現在遞增至4倍以上，於抵補原定額徵田賦外，並得斟酌各地方財政情形，酌予協濟，使地方管、教、養、衛諸政切實推行，全國經濟建設亦因財政上之調劑盈虛，得平均遂其發展。

　　（三）依《建國大綱》所定各縣對於中央政府之負擔，當以每縣之歲收百分之幾為中央歲費，是田賦收入自不能專歸地方。若由中央管理，則中央統收統支必可為合理之分配。

　　（四）為調劑各地軍民糧食起見，得由中央統籌斟酌各地方供需情形，改徵實物，收儲運濟，俾產銷得其平衡，糧價賴以穩定。

　　（五）田賦歸中央統收統支，則中央與地方財政之聯繫更臻密切，地方稅制得在中央督導之下切實調整，所有互相抵觸之稅捐，自可一律取銷（消）。

　　（六）田賦歸中央統一徵收，其事務與經費，易臻於合理化經濟化。

辦法：

1. 接管機構

（1）中央先設整理田賦籌備委員會，以籌劃全國田賦之整理事宜。其委員由財政部遴員派充。

（2）全國田賦之徵收整理事務，由中央設置全國田賦管理處，統籌管理。

（3）各省田賦稽徵事務，由中央設置各該省田賦管理處監督辦理。其處長得由財政廳長兼任之。

（4）各縣田賦稽徵事務，由各該省田賦管理處督導各縣縣長及其他原有徵收機構辦理，並隨時派員監查（察）考核。

2. 徵收程式

（1）各省縣田賦自中央管理後，所有查徵之田賦收入，應解交中央指定之金融機關專戶存儲備用，其當地無金融機關，特准由查徵機關保管者，應按期匯解指定之金融機關。

（2）前項專戶存儲之田賦收入，由中央統籌支配。

（3）凡中央核定之省縣預算內所列田賦收入，仍由中央如數撥付。

（4）各省縣田賦整理後溢收之款，得由中央視各省縣實收數目、財政狀況及經費需要，酌予撥補。

（5）中央為適應戰時需要，得依各地生產交通狀況，將田賦之一部或全部徵收實物，於每屆開徵前參照當地情形公告。所有收儲、運撥、銷售等事務，得委託當地糧食機關辦理。

（6）所有徵起食物之分配，仍參照前列第二、第三兩項之規定辦理。

3. 整理步驟

（1）中央管理各省田賦後，應即加緊推行土地陳報辦法，並同時舉辦地價陳報，編制地籍圖冊及地價稅冊，開徵地價稅。

（2）土地陳報辦理完竣地方，應即評定地價，改定課則，按章徵稅，原有附稅一律取銷（消）。

（3）中央管理前積欠田賦，應分期補徵。

（4）凡以田賦收入擔保之債務，已經中央核准者，由中央負責清理。

（5）田賦歸中央管理後，所有關於田賦之各項法令、規章與本案抵觸者，由財政部查明呈請修改。

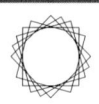

附 ：提案原文

中央組織部部長朱家驊請開除中央監察委員柳亞子黨籍以肅黨紀案
（1941年4月2日通過）①

查中央監察委員柳亞子，自離滬到港後，先後在刊物及公開演講場合誣衊中央，作種種違反國策之言論，經中央同仁直接間接婉請來渝，共濟時艱，均未能奏效。此次召集全會，亦複去電敦促，竟親筆代電，肆意抵（詆）毀，謂中央「借整飭軍紀之名，行排除異己之實。長城自壞，悲道濟之先亡；三字埋冤，知岳侯之無罪」等語。殊屬有違黨紀。為特檢附代電全文，提請予以開除黨籍之處分，以肅黨紀。謹呈第八次全體會議。

附抄柳亞子致中央黨部代電（一般郵代電）

重慶中央黨部葉秘書長呈轉中央諸同志勳鑒：

齊②電敬悉。承召詣渝，共濟時艱，慚感無任。惟是士君子出處大節自有本末，聞量而後入者矣，未聞入而後量也。此次新四軍不幸事變，中樞負責人士借整飭軍紀之名，行排除異己之實。長城自毀，悲道濟之先亡；三字埋冤，知岳侯之無罪。輿論沸騰，士民切齒，而當事者猶未聞有悔禍之心，何也？在昔奉天罪己，唐室因以中興；韓原愎諫，晉侯於焉覆國。以今燭古，無待蓍龜矣。謂當開誠佈公於天下，以共見嚴懲禍首，厚撫遺黎，然後公開大政，團結友党。滌宦海之頹波，驅禍夷於窮島，庶幾還我河山，成功有日。弟雖然無狀，要當樞衣扶杖，樂睹夫平耳！否則三軍可以奪帥，匹夫不可奪志。西山采蕨，甘學夷齊；南海沉淵，誓追張陸。不願向小朝廷求活也。涕泣陳詞，刀鋸待命，總理在天之靈實昭鑒之。匆匆不備。

弟柳亞子叩。灰。

主席團報告總裁提請通過中央執行委員會秘書長、海外部部長、副部長及組織部副部長人選案（1941年4月2日通過）

一、中央執行委員會秘書長葉楚傖同志因病呈請辭職，以海外部部長吳鐵城同志調充。
二、國防最高委員會秘書長張群同志另有任務，以外交部部長王寵惠同志調充。

---

① 皖南事變發生後，柳亞子與宋慶齡、何香凝、彭澤民聯名致電國民黨中央，反對蔣介石集團的反共、剿共政策，接著又堅決拒不赴渝參加國民黨第五屆八中全會並發出此電文強烈抗議蔣介石集團襲擊新四軍和逮捕其軍長葉挺的反動行徑。國民黨五屆八中全會竟以此「開除」柳亞子的黨籍，此事是蔣介石集團消極抗日、積極反共的又一例證。
② 這裡的「齊」與下文的「灰」，皆電報代碼。「齊」是8日，「灰」是10日。

三、吳鐵城同志已調任中央執行委員會秘書長,中央海外部部長以劉維熾同志接充。
四、中央組織部代理副部長曾養甫同志另有任務,以張沖同志接充。
五、中央海外部副部長周啟剛同志專任僑務委員會副委員長,蕭吉珊同志另有任務,以陳慶雲、

戴愧生兩同志為海外部副部長。
決議:通過。

5. 五屆九中全會①(1941年12月15日—23日)

一、五屆九中全會經過

中國國民黨第五屆中央執行委員會第九次全體會議,於15日晨9時舉行開幕典禮。到總裁暨中央執監委員居正、戴傳賢、于右任、孫科、孔祥熙、鄒魯、馮玉祥、陳果夫、李文范、鄧家彥、陳樹人、顧孟余、葉楚傖、吳鐵城、何應欽、陳佈雷、朱家驊、麥斯武德、樂景濤、林森、張繼、吳敬恒、蔣作賓、章(張)嘉等150餘人,列席各省市黨部主任委員、書記長、省政府 主席及青年團中央團部幹事、處長等。總裁主席。領導行禮後,由秘書長吳鐵城謹敬宣讀:(一)國民政府對日宣戰布告,(二)國民政府對德意志、義大利宣戰布告,(三)蔣委員長告全國軍民書。全體肅立靜聽,會場空氣嚴肅。旋總裁致詞,對本次大會任務指示甚詳。至十時半禮成。休息10分鐘後,舉行預備會議,仍由總裁主席。秘書處報告報到委員人數後,討論議案:(一)組織主席團案,決議推居正、于右任、孫科、馮玉祥、戴傳賢、鄒魯、孔祥熙、陳果夫、李文范、葉楚傖、顧孟余等11委員組織主席團。(二)組織提案審查委員會案,由主席團推定後報告大會。

中國國民黨第五屆中央執行委員會第九次全體會議,16日上午9時舉行第一次會議,由于右任主席。主席團報告各組審查委員會人選後,大會聽取黨務報告,依次為(一)常務委員會居常務委員正報告,(二)組織部朱部長家驊報告,(三)宣傳部王部長世傑報告,(四)海外部劉部長維熾報告。下午3時續開第二次會議,主席居正。繼續聽取黨政報告:(一)三民主義青年團康處長澤報告,(二)國防最高委員會王秘書長寵惠報告,(三)內政部周部長鐘嶽(岳)報告,(四)外交部郭部長泰祺報告。至晚6時散會。茲志各組審查委員名單如下:〈略〉。

國民黨五屆九中全會17日上午舉行第三次大會,孫委員科主席。繼續聽取政府施政報告:(一)財政部俞次長鴻鈞報告。(二)經濟部翁部長文灝報告。(三)教育部陳部長立夫報告。(四)交通部張部長嘉璈報告。至12時半散會。下午各組審查委員會分別開會,審議提案。

中國國民黨五屆九中全會18日上午舉行第四次大會,主席馮委員玉祥。主席團報告:(一)組織決議案整理委員會(名單及召集人〈略〉)。(二)組織宣言起草委員會(名單及召集人〈略〉)

---

① 摘自《中國國民黨歷次代表大會及中央全會資料》。

五屆九中全會 19 日上午舉行第五次大會，主席戴委員傳賢。大會聽取糧食部徐部長堪施政報告後，即討論總裁交議戰時土地政策綱領草案，孫委員科、朱委員家驊、蕭委員錚、谷委員正綱、狄委員膺、孫委員鏡亞、陳委員繼承、張委員繼相繼發言後，決議組織特種審查委員會（名單及召集人〈略〉），內政部長周鐘嶽（岳）、經濟部長翁文灝出席審查會。午後 3 時，復舉行第六次大會，總裁主席並訓話，對今後黨務、行政、經濟各方面實施事宜，多所指示，散會後各組審查會分別開會。

　　五屆九中全會 20 日上下午舉行第七次及第八次大會，由李委員文范、葉委員楚傖分任主席。大會聆取各省市黨政報告：（一）廣西省黨部主任委員兼省政府主席黃旭初黨政報告。（二）浙江省政府主席黃紹竑施政報告。（三）山東省黨部主任委員兼省政府主席沈鴻烈黨政報告。（四）雲南省黨部書記長趙澍黨務報告。（五）安徽省黨部書記長卓衡之黨務報告。（六）江蘇省黨部委員沈立人黨務報告。（七）西康省黨部主任委員冷曝東黨務報告。（八）旅美總支部執行委員譚贊黨務報告。（九）港澳總支部書記長高廷梓黨務報告後，並曾討論議案。通過：1. 致電慰勉港、澳、馬尼剌（馬尼拉）、新加坡、巴達維亞、仰光等地僑胞同志案。2. 確定本黨今後黨務推進之方針案。3. 增進行政效能，厲行法治制度，以修明政治案。4. 確定當前戰時經濟基本方針案。5. 健全黨部組織及調整黨政關係案。6. 確定戰時人民團體指導方針案。7. 調整文化工作機關，加緊文化建設案。8. □□及獎勵三民主義著述，□□黨內外人士研究興趣案等要案多件。

　　中國國民黨五屆九中全會 22 日晨舉行擴大紀念週，總裁主席，領導行禮如儀後，吳秘書長鐵城恭讀總裁訓詞《政治的道理》（要點見後〈略〉）。大會 22 日上下午舉行第九、第十次大會，由居委員正、陳委員果夫分任主席。聽取考試院戴院長傳賢施政報告後，主席團提議授予總裁大權案，當經全體委員一致起立通過。（原文見《接受總裁在全會開幕時之訓示案》）。

　　此外並通過關於政治之議案 19 件，軍事議案 3 件，經濟議案 13 件，教育議案 17 件以及黨務、軍事、教育、財政、經濟、交通、糧食、農林、水利等各部分審查報告。通過各案中以《擬定土地政策戰時實施綱要》與《請政府明令規定，凡一家庭所生子女，除 3 人外其餘子女各級學校教育費用，應由政府完全負擔，以利三民主義人口政策之推行，而獎進兒童教育之發展》兩案尤為重要，前者係依據總理遺教民生主義平均地權之精神，對目前土地之調整、分配、促進、利用等問題，作各項迫切之規定，以應戰時需要。而後者旨在求民族生命之綿延，人丁之蕃庶及兒童教育之普及。

　　中國國民黨第五屆中央執行委員會第九次全體會議，23 日上午 9 時舉行第十一次大會，總裁主席。除通過總裁交議之（一）加強國家總動員實施綱領案，（二）擬設置地政署，直隸於行政院，掌理土地行政案，（三）於國防最高委員會內設置一戰時重要政務之贊襄審議機關案及政治組審查報告外，複因中央常務委員王法勤病故，陳濟棠辭職，推選葉楚傖、顧孟餘繼任。又推選鈕永建為國民政府委員，所遺考試院副院長一缺，推朱家驊繼任。此外，總裁並報告：（一）外交部長郭泰祺調為國防最高委員會外交專門委員會主任委員，以宋子文繼任外交部長。（二）農

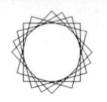

林部長陳濟棠辭職，以沈鴻烈繼任。（三）考試院秘書長許崇灝另候任用，調銓敘部長李培基繼任，並以賈景德繼任銓敘部長。（四）行政院秘書長魏道明已另有任用，以陳儀繼任。12時10分散會。大會旋於12時30分舉行閉幕典禮，總裁主席，領導行禮如儀後，即由宣言起草委員會戴委員傳賢宣讀大會宣言，全體一致起立通過。下午1時禮成散會。會後，總裁在嘉陵賓館歡宴全體出席列席人員，聞席間對黨務政治有懇切之訓示。晚間林主席設宴款待。

二、五屆九中全會決議（選錄）

接受總裁在全會開幕時之訓示案
（1941年12月22日通過）

總裁在全會開幕時訓示：（一）為增強抗戰力量，以期與反侵略各友邦並肩作戰，成為世界戰爭中之健全戰鬥員；（二）為根據總理遺教與抗戰建國綱領之精神，以充實基層力量，加強國民總動員，集中全國人才，為建國根本政策。大會全體一致接受，確認此為當前最重要之根本政策。除大會已另有決議之方案外，交常會根據此兩大政策，在總裁之指導與裁決之下，整理一切法令規章，制定各項實施方案，以期迅速完成抗戰勝利、建國成功之任務，與並肩作戰之各友邦，共同建立世界和平。

擬於國防最高委員會內設置一戰時重要政務之贊襄審議機關案
（1941年12月23日通過）

於國防最高委員會內設置一戰時重要政務之贊襄審議機關，其會員由國防最高委員會委員長就（一）中央執監委員會常會推出之中央執監委員，並就（二）學術機關與社會團體及經濟界領導人士，（三）於抗戰有特殊貢獻及努力國事著有信望者，遴選聘任之。其組織由國防最高委員會另訂之。

加強國家總動員實施綱領案
（1941年12月23日通過）

現代戰爭，乃國家總力之決鬥，必須集結全國任何一人一物，悉加以嚴密組織與合理運用，使成為一堅強之戰鬥體系，以保持戰力之雄厚，貫徹戰爭之勝利。

我國自抗戰以來已四年有餘，檢討已往，深覺全國各方面動員之程度，距戰爭之要求相差尚遠，於潛蘊之國力，猶未充分發揮。今值太平洋戰爭爆發，侵略之兇焰彌漫全世界，我國與各友邦並肩戮力，共赴反侵略之聖戰，斯誠百世成敗之轉捩，存亡絕續之所關，自應把握時機，徹底加強全國總動員工作，使每一國民皆能更盡其對戰鬥之任務，每一物質咸能更發揮其對戰爭之效用，庶我戰鬥力量不弱於任何友邦，克以確保我國家民族之獨立生存，共同肩負維護全世界人類正義文明之責任。

目前動員工作應以最大之努力，達到下列之要求：（一）全國人民力量充分發揮，合理使用。（二）士兵之糧秣、械彈，供應無缺。（三）土地之使用竭盡其利。（四）一切物力之補

充,繼續不匱。(五)全國人民之生活能維持健康之水準。

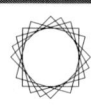

我中華民族立國世界已五千年,此次之戰,勝則樹百世不拔之基,敗則蹈萬劫不復之域。上列五項之要求,實目前維持戰鬥力量之最低限度,無論環境如何困難,應以最堅強之決心,最迅速之效率,運用一切方法,求其徹底完成,俾敵寇早日崩潰,勝利早日實現,世界之文明秩序早日恢復。茲根據上述五項要求,訂定加強國家總動員實施綱領如下:

加強國家總動員實施綱領

第一,全國上下,無論政府與人民、團體或個人,應同心同德,夙夜匪懈,共同努力於下五項目標,以求軍事之勝利。(一)全國人民力量充分發揮,合理使用。(二)士兵之糧秣、械彈,供應無缺。(三)土地之使用竭盡其利。(四)一切物力之補充,繼續不匱。(五)全國人民之生活能維持健康之水準。

第二,全國上下,無論公私機關、團體暨服務人員及所有男女壯健國民,直接間接皆有其本位之戰鬥任務,不得稍有規避;並應剷除一切自私自利與苟且偷安之行為。

第三,全國公私從業人員及技術人員,皆應對其業務銳意振作,提高工作效能,增進物資生產, 務使以同樣之人力與設備,產生更大更優之成果,以充分供應戰爭之需要。其成績特殊者,並由政府獎勵表揚之。

第四,無論何人,其勞力之所獲,或其所有之物資,除供應其本人及其他節約合理之需要外,應悉為國家戰鬥之用;並應儘量提供政府徵購或借用,不得私作無益消耗或囤積隱藏之行為。

第五,全國土地應受國家之統制,由政府調整其分配,支配其使用。並規定私有土地地租之收益成數及限期墾殖荒地,務期地盡其利。

第六,全國各地國民生活必需品之物價,以能適合國民經濟與維持健康水準為原則,應由政府負責管制,絕對不許有違法抬價之行為。無論何人均有嚴厲奉行,並檢舉違法之義務。

第七,運用金融之權力,完全屬於國家,人人有遵行政府金融政策,鞏固法幣信用之義務,並不得對於金融作無助於戰鬥事業之運用。

第八,全國人民應切實服從軍令政令,並依法規定有使用其體力、物力、財力於前方後方一切有關對於金融作有助戰鬥活動之業務。

第九,海外僑胞應一律遵從政府指示,各在當地貢獻人力物力,負擔應盡責任,協助友邦,打擊共同敵人。

第十,中央應設置全國總動員機構,綜理推動各項動員業務,原有之國民精神總動員委員會及新生活運動總會及其他有關動員之機構,應合併工作。

6. 五屆十中全會[①]（1942年11月12日—27日）

一、五屆十中全會經過

自（民國）三十年十二月十五日九中全會後，國際情勢日趨好轉，我國抗戰任務益臻重要，為檢討過去工作，適應內外環境之需要，以確定工作新方針起見，爰經中央第211次常會決定，於（民國）三十一年十一月十二日召開第十次全體會議。各委員到會者共計155人，並有各省市黨部主任、委員、書記長及宣傳處長二十餘位同志列席參加。會期原定為14日，嗣後延長兩日，於十二月二十七日閉幕。除預備會、審查會及開幕、閉幕式外，共舉行大會14次；其中9次大會為聽取中央及各省市黨政報告，並特定時間舉行黨政工作總檢討及質詢。熱烈和諧，充分表現民主精神。全會提案共82件，計關於黨務者18件，政治27件，經濟25件，教育9件，軍事3件。全會為檢討歷屆大會宣言及決議案之實施狀況，並特設特種審查委員會。關於議事方法，並經改善，除重要議案專案審查討論外，一律交由各組審查委員會併案審查，除擬具綜合決議案提出大會討論者外，其餘則附具審查意見匯交常會辦理。茲將大會逐日經過擇要列述如下：

十一月十二日上午9時舉行開幕典禮，由總裁主席並致訓詞，略以全會開幕于總理誕辰紀念日，並值英美對我宣布廢除不平等條約之時，實為繼往開來之會議，希望提高革命精神造成新風氣，在會議中應側重檢討過去一切政綱、政策及宣言、決議之實施，循名責實，力求進步。詞畢，休息10分鐘，舉行預備會議，仍由總裁主席。當通過主席團人選及大會日期。並決定組織各組審查委員會，其人選由主席團決定報告大會。

十一月十三日上午，主席團與各組召集人在中央黨部開談話會，交換意見。

十一月十四日上午9時舉行第一次大會，由於委員右任主席。首由主席團報告，為檢討歷屆大會宣言及決議案之實施狀況，特設特種審查委員會，由各組召集人組織之。並報告各組審查委員會人選。繼即居委員正作黨務報告。詞畢，各委員就組織事項提出質詢，由朱部長家驊即席答覆。正午12時休會。

下午3時接開大會，由葉委員楚傖主席。當由各委員先後就宣傳、訓練、海外黨務及黨史事項提出質詢，經各部會首長分別即席答覆。至6時20分散會。

十一月十五日為星期，未舉行大會。

十一月十六日上午9時，舉行第二次大會，由總裁主席。首由孔委員祥熙作政治報告。在報告當中，英國議會訪華團團員衛德波、勞森、泰弗亞、艾爾文等偕英大使薛穆等到會參觀，當招待在場旁聽。11時許，孔委員報告完畢，宣告休息。乃由顧大使維鈞介紹訪華團各團員與各委員相見，當由總裁致歡迎詞，略為此次英議會訪華團諸君，合則為代表英國人民對我國人民空前之訪問懇親團，分別可謂英國三大政黨之代表，深盼此舉成為我中國國民黨與英國三大政黨間聯絡的機會，此不特有裨同盟國為爭取自由與民主精神之共同奮鬥，且亦可促進戰後中英兩國之友好

[①] 摘自《中國國民黨全國代表大會及中央全會資料》。

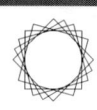

合作云。嗣由各團員分別致答詞,並與各委員握談甚歡。旋大會仍繼續舉行,當由各委員提出關於內政方面之質詢,由周部長鐘嶽(岳)即席答覆。至零時40分始行散會。

下午3時繼續開會,由孫委員科主席。當由宋部長子文、顧大使維鈞、邵大使力子分別報告國際情勢。繼則由各委員質詢關於外交、財政事項。至6時散會。

十一月十七日上午9時舉行第三次大會,孔委員祥熙主席。首由賀委員耀祖報告關於管制物價方案,嗣由各委員就管制物價問題發表意見。12時散會。

下午3時繼續開會,各委員及各省政府主席續就物價問題發表意見,甚為熱烈。當由主席宣告所有意見均交經濟組審議。6時散會。

十一月十八日上午9時舉行第四次大會,鄒委員魯主席。由何委員應欽作軍事報告。12時散會。是日下午各組舉行審查會。

十一月十九日上午舉行第五次大會,居委員正主席。首由張委員厲生代表黨政工作考核委員會報告;次由王委員寵惠報告行政三聯制與黨政工作考核三十年度成績總檢討。當經主席團決定上開兩次報告特設特種審查委員會加以審查,並推吳委員敬恒等7委員為委員。嗣各委員並就報告事項提出質詢,當由張王兩委員分別即席答覆。12時散會。是日下午各組分別舉行審查會。

十一月二十日上午舉行第六次大會,陳委員果夫主席。首由秘書長報告:經主席團決定,於本月21日下午舉行黨政工作檢討。次聽取各省市黨務政治報告,計先後由黃委員季陸報告四川省黨務,張委員群報告四川省政治;吳委員挹峰報告浙江省黨務,黃委員紹竑報告浙江省政治;李委員品仙報告安徽省黨務政治。至12時20分始行散會。是日下午各組舉行審查會。

十一月二十一日上午舉行第七次大會,由李委員文范主席。繼續聽取各省黨務政治報告,計先後由陳委員肇英報告福建省黨務、劉委員建緒報告福建省政治;朱委員紹良報告甘肅省黨務,谷委員正倫報告甘肅省政治;李漢魂同志報告廣東省黨務政治。

是日下午第八次大會,舉行黨務工作總檢討,總裁親自主席。當由各委員就健全黨的基層組織,提高革命精神及有關黨政各問題,分別檢討,提供意見。最後由總裁歸納各委員意見,並指示。

十一月二十二日為星期日,原應休息,各組審查委員會其有審議未完之案件者,仍分別召開審查會。

十一月二十三日下午舉行第九次大會,總裁主席。秘書長報告:經主席團決定,大會延期兩天。繼由黃委員旭初報告廣西省黨務政治;陳委員誠報告湖北省政治。至12時30分散會。

下午3時繼續開會,馮委員玉祥主席。繼續聽取各省黨政報告,先後由薛委員岳報告湖南省黨務政治;熊斌同志報告陝西省黨務政治;劉真如同志報告河南省黨務;□□□同志報告河北省黨務。末由主席宣告,全體起立,對敵偽奸黨勢力下奮鬥被害諸同志默哀致敬。5時40分散會。

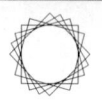

十一月二十四日上午舉行第十次大會，孫委員科主席。首由主席團報告：關於總裁指示全會應注意事項及對全會議案之補充指示，據政治組審查委員會提出研究結果，經決定交常務委員會辦理。繼由傅啟學同志報告貴州省黨務，趙渢同志報告雲南省黨務，冷曝東同志報告西康省黨務，楊公達同志報告重慶市黨務，xxx志報告江蘇省及上海市黨務。迄12時休息。

下午3時繼續開會，葉委員楚傖主席。熊在渭同志報告江西省黨務。至此各地黨政報告以告完畢，即開始討論議案。計通過積極建設西北，以增強抗戰力量，奠定建國基礎案。6時散會。

十一月二十五日上午9時舉行第十一次大會，由居委員正主席。討論決議案6件，其重要者計有：加強戰時財政合理統籌政策，以裕國計而利抗戰案；策進役政宏裕兵源案；對於軍事報告之決議案；田賦徵實徵購宜兼顧民力，以培國本案等。12時散會。

是日下午3時舉行第十二次大會，總裁主席。此次大會係舉行政治工作總檢討，由各委員就政治機構中央與地方關係等問題分別檢討，並提供意見。發言者極為熱烈，當由總裁提出對於各地黨政報告及黨政工作檢討之意見，並加以說明。至6時15分散會。

十一月二十六日上午9時，舉行第十三次大會，孔委員祥熙主席。討論案件共6件，其重要者計有：三十二年度黨務工作方針案；各級教育應以軍事化為中心目標添辦建設所必需之專門學校，並注意邊疆與僑民教育案；確定義務勞動制度，頒布義務勞動法案，及總裁交議之調整省縣機構，確定權責範圍，簡化業務程式，以增進行政效率等案。

下午3時繼續開會，由戴委員傳賢主席。繼續討論提案，其重要者計有：增訂勞工政策綱要等案。6時散會。

十一月二十七日舉行第十四次大會，上午由陳委員果夫主席。討論要案15件，計有：黨務改進案；關於國家總動員工作之檢討與實施加強物價管制方案；對於政治報告決議案；對於黨務報告決議案及發展農業金融業務，完成農村經濟組織，以達成經濟管制，並奠立本黨經濟基礎案；對於行政三聯制實施成績之總檢討及黨政工作考察報告之決議案。此外並分別通過對於財政、經濟、交通、教育、農林、糧食各部及水利委員會工作報告之審查意見各案。至12時30分休息。

下午3時繼續開會，總裁主席。首討論議案，計通過：司法行政部改隸行政院案；關於以糧鹽為標準實施限價案；及全體會議宣言案；特種委員會報告本黨今後對共黨政策之研究結果案。次則改造常務委員，用記名投票法，選出陳果夫、何應欽、孔祥熙、張厲生、宋子文、鄒魯、葉楚傖、丁惟汾、馮玉祥、李文范、陳濟棠、吳忠信、潘公展、鄧家彥等15委員為常務委員。選舉畢，總裁特訓示對於此次全會之感想，及對於中央與地方負黨政責任各同志之望。詞畢，旋即舉行閉幕式，由總裁領導行禮，由于委員右任宣讀大會宣言，全會乃於莊嚴肅穆中圓滿結束。

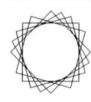

二、五屆十中全會決議（選錄）

特種研究委員會報告本黨今後對共產黨政策之研究結果案
（1942年11月27日通過）

第十二次大會中，總裁盱衡時局，對內對外作政策上之指示，對共產黨仍本寬大政策，只要今後不違反法令，不擾亂社會秩序，不組織軍隊割裂地方，不妨礙抗戰，不破壞統一，並能履行二十六年九月二十二日共赴國難之宣言，服從政府命令，忠實地實現三民主義，自可與全國軍民一視同仁。恭聆之餘，於十一月二十六日晚集會詳細研究，僉認總裁經審慎考慮而發表之指示，大會應敬謹接受，擬在宣言中將此種意思明白宣示。惟為防止基層黨政機關及人民誤解起見，應由國民政府發表文告，在我國境之內，無論其為何人及其何種名義，凡有私自組織軍隊，企圖割據地方，違反國家紀綱，擾亂社會秩序等情事，皆為國法所不容，政府必予以依法之制裁。務望均能徹底覺悟，服從法令，嚴守紀律，精誠奉行三民主義。誠能如此，則不問其過去之思想與行動如何，亦不問其為團體或為個人，政府當一視同仁，不特不予歧視，而且保障其公民應得之權利與自由。至本黨更應加強組訓，使一般同志對共黨皆有確切之認識。對於思想迷誤之青年，尤應感化勸導，儘量寬容，使之信從三民主義，克盡國民天職，以完成時代之使命。

加強戰時財政合理統籌政策以裕國計而利抗戰案
（1942年11月25日通過）

抗戰以來，為時已越五年，政府關於財政之措施，隨時局變遷，籌維因應，抗建大業勉獲支持。惟抗戰延長愈長，財政應付愈難，非與軍事及經濟之要求互相配合，通盤籌畫，不足以策健全而規久遠。上年八中全會爰決議改定收支系統，田賦改征實物及創辦專賣各案，交由政府分別施行，一年以還，已著相當之成效。但戰時財政對於國計與民生既須雙方兼顧，而關於戰時之供應與戰後之整理，復應同時並籌。檢討以往，策應未來，其尚有待於再行統籌規劃、力求精進者，約有數端。此後政府編定預算，應切實增加收入，調節支出。其收支不敷之數，須以債款抵充者，須定相當限度，不得超越，藉以防止支出之濫增及通貨之膨脹。關於籌債方法，亦應力圖公平普遍，儘量吸收遊資，協濟國用，俾財政金融之基礎益臻穩固。此其一。稅制之釐訂，固重在增加收入，但對於人民負擔與納稅便利，亦須深切注意。戰時課稅已較平時為苛重，若負擔有失公平，或徵收過於煩擾，則商民痛苦更增，匪特妨害經濟之發展，亦將損及抗戰之信心。故應本公平與不擾之原則，調整稅制，慎選稅目，妥訂稅率，改善稽徵方法，俾于增裕國計之中，仍不失體恤人民、培養民力之義，以策戰時之安定，並利戰後之恢復。此其二。國營事業及國有財產，不僅戰後財政收支，並與國民經濟互相增長，現在計劃經濟正在規劃進行，對於國營事業之整頓及國有財產之管理，尤須力求改進，務期國家財政與國民經濟收互相維繫之效。此其三。自治財政與國家財政劃分自成系統，意在使各縣市財政漸能自給自足，發揮自治之效能。為完成此項任務，對各縣市除依法令分配國稅一部分，以資補助外，亟應各就應有財源妥為規劃整理，增

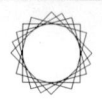

裕收，平衡預算，不宜長此仰給於中央補助，庶幾國地財政能各遂其發展，益臻健全，而地方自治之基礎亦得漸趨鞏固。此其四。本此四端詳加衡量，特制定辦法如下：

一、此後戰時支出預算，應切實加以調節。凡非與抗戰直接有關之政費事業費，應不予增加，凡非戰時必要之機關及辦理毫無成績之機關，應予裁併。

二、增加稅款收入，尤應多所致力。每年總預算收不敷出，須以債款抵充者，至多不得超過出支總預算之五成，此後並逐年減少成數。

三、為謀樹立健全之國稅制度，應再擴大直接稅體系，俾成為國稅主幹。同時貨物稅與各種專賣，並應與之配合。所有各種國稅之種類、範圍、稅率及查徵辦法，均應達到合理化、簡單化、公平化之目的，並應以稅率適應戰時需要，以鼓勵必需品之生產，及限制非必需品之生產。

四、此後在抗戰期內發行公債，應兼採勸募及攤派兩種辦法。其攤派辦法，應就人民之財產與收入妥定標準，並酌用累進法。

五、國有營業年度預算，應一律依法如期編制核定。其盈餘應解繳國庫。至新辦事業係以建設事業專款撥充資金者，並應將所投資金分年折舊攤還，列入營業支出預算。

六、國有財產應予調查清理，由財政部會同各主管機關克期辦竣縣報，其收益均應列入收入預算。

七、縣市財政既劃為自治系統，此後應力謀收支平衡。

八、縣市收入除各項稅捐應切實整理改進外，並應注重清產、造產及擴充特賦收入，以期增益庫收，調整人民負擔。

策進役政宏裕兵源案

（1942年11月25日通過）

兵役制度乃立國之大本，允宜實施盡善。本年10月上旬，總裁在全國兵役會議迭次訓示謂：「兵役問題，對於抗戰全域之影響實屬異常重大，真是一個生死存亡的問題。」又謂：「役政不能改良進步，將不僅使軍隊不能健全，抗戰不能勝利，而且要牽累到整個國家的政治社會各方面都不能進步，都不能發展」。又謂：「兵役問題不公是目前抗戰的問題，而同時是將來建國的問題。」

檢討役政現狀，成績遠遜所期。是應責成役政各級負責人員，依照法令規章，徹底推行。本黨領導抗建，關切役政，認為普遍訓練民兵，乃徵兵入伍之本，鼓勵優秀應徵，乃提高新兵素質之本，員率先示範，尤足為一般人民激勸，黨員之不合兵役條件者，亦應為推進役政而自效。爰提示辦法如次：

辦法：

一、各縣市政府，應切實調查戶口，舉辦戶籍，健全基層組織，革除兵役弊端，於一年以內辦理完竣。

二、由政府切實規劃辦理國民身份證，務於二年之內完畢。分期辦理國民兵之訓練，務於三年

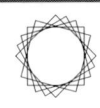

之內全國至少須訓練甲級壯丁六百萬人。

三、由政府重新釐正現行兵役法規，關於緩役、免役、除役、禁役、停役等項規定之解釋，一律從嚴限制。

四、在抗戰期間，政府應制定法令，凡壯丁每年應納戰時壯丁稅，但已服現役者得免繳。

五、違犯妨害兵役治罪條例者，悉交軍事機關審理，從嚴懲儆。

六、各地黨部對於所屬黨員，除現役在營者外，務使每一黨員為推進役政而經常擔任下列任務之一項或數項。（一）有關兵役之宣傳工作；（二）有關兵役之調查工作；（三）參加役政機關工作；（四）協助鄉、鎮、保甲長之役政工作；（五）擔任國民兵團之組訓工作；（六）對於出征軍人家屬之服務慰問工作。

七、各地黨員，應對本地役政辦理實況與一般民意隨時考察，據實報告所屬黨部，必要時得直接報告中央執行委員會。各級黨部於接到此類報告後，須分別切實處理之。

八、黨政上級機關對於下級之考核，應以協助兵役之成績占考績百分之三十五。

7. 五屆十一中全會[①]（1943年9月6日—13日）

一、五屆十一中全會經過

中國國民黨第五屆中央執行委員會第十一次全體會議，於6日上午9時開幕，到蔣總裁及中央執監委員、候補執監委員154人，列席各院、部、會首長，各省市黨部主任、委員、書記長、三民主義青年團常務幹事監察，中央團部各處室主任等，濟濟一堂，遠地中央委員亦多抵渝參加，將縝密研討建國工作。全會開幕典禮，係與國父紀念週合併舉行，總裁主席，領導行禮如儀，即席致訓詞，首謂：世界大戰，我聯合國已操勝算，中國抗戰最後勝利之期日益接近。此次中央全會宜多注意於戰後建國工作之研討。總裁繼就建國工作有所指示，尤注意於政治建設與經濟建設二端。政治建設應以促進憲政之實施為目標；經濟建設應一面自力更生，一面與國際合作，實現國父之實業計畫，提高人民之生活程度。希望全會同志縝密討論，有所決定。旋即禮成。休息15分鐘後，舉行預備會議，仍由總裁主席。推選居正、于右任、孫科、馮玉祥、戴傳賢、鄒魯、孔祥熙、陳果夫、李文范、葉楚傖、顧孟餘等11委員組織主席團。又通過組織審查委員會及各組召集人名單，計黨務組召集人丁惟汾、朱家驊、潘公展；政治組召集人張群、張厲生、王世傑；軍事組召集人何應欽、程潛、陳濟棠；經濟組召集人徐堪、賀耀祖、沈鴻烈；教育組召集人白崇禧、程天放、王伯群。10時30分散會。

下午3時舉行第一次全體會議，于委員右任主席。全體首為林故主席及死難軍民默哀3分鐘。繼推戴傳賢、孔祥熙、孫科、葉楚傖、王寵惠、何應欽、吳鐵城、狄膺、潘公展、梁寒操、

---

① 摘自《中國國民黨全國代表大會及中央全會資料》。

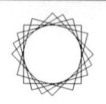

洪蘭友等 11 委員為宣言起草委員，由戴傳賢、吳鐵城兩委員召集。隨即聽取黨務報告，由中央常務委員居正報告，分述組織、訓練、宣傳、海外黨務、人事、財務及青年團團務概況，並檢討上次全會關於黨務各決議案實施進度。其次為軍事報告，由軍事委員會委員何應欽報告，對陸軍建軍整軍，兵役補充，教育訓練，經理衛生及空軍、海軍、後方勤務部門近況及我軍作戰概況，近期重要戰役經過，盟軍各戰場近態，闡述甚為詳盡。結論謂：綜上所述，可見敵我形勢與前大不相同，現在優勝我據，敵處劣勢，而敵情內幕，（一）社會不安，（二）政治動搖，（三）資源缺乏，（四）戰場遼闊，兵力脆弱，（五）士氣頹喪，業已達於極點，而其糧食不足，船舶缺乏，尤為致命之所在；加之盟軍空軍有隨時轟炸倭土趨向，故人心惶惶，不可終日。至法西斯義大利進退狼狽，納粹德國日趨沒落，亦為舉世共見，毋庸贅述。反觀盟國實力與日俱增，吾國抗戰六年，越戰越強，民心激亢，士氣旺盛，最後勝利指日可期。語云：進十里者半九，仍當一本過去精神，淬勵（礪）奮發，努力前進，以竟全功增云。報告畢，全場熱烈鼓掌。6 時 15 分散會。

十一中全會 7 日上午舉行第二次全體會議，居委員正主席。到會中央執監委員、候補執監委員 132 人。聽取政治報告，由國防最高委員會委員孔祥熙報告，分述國防最高委員會、行政院、立法院、司法院、考試院、監察院工作概況，尤對行政院內政、外交、軍政、財政、經濟、教育、交通、農林、社會、糧食、司法、行政、蒙藏、僑務、賑濟、水利、衛生、地價及限政工作報告甚為詳盡。11 時 45 分散會。下午分組審查提案。聞本屆大會提案較歷次為少，全體將集中精力於研討若干重要議案云。

十一中全會於 8 日下午 3 時舉行第三次全體會議，孫委員科主席。吳秘書長鐵城報告出席人數各委員請假函電後，討論議案。通過主席團提案 8 件；黨務組 5 件；政治組 6 件；經濟組 10 件；又對於軍事報告之決議案 1 件。會場情緒甚為熱烈，各委員對於議案踴躍發言，咸作縝密研討。至 6 時 15 分散會。晚 8 時復舉行談話會，戴委員傳賢主席。各委員就重要時事問題，相互交換意見，深夜始散。

第三次全體會議中，曾根據中央常務委員會實施憲政工作進程之總報告，通過關於實施憲政總報告之決議案，規定於戰爭結束後一年內召集國民大會，制定憲法而頒布之，並由國民大會決定施行日期。茲志該決議案及總報告如下：〈略〉

十一中全會於 9 月適逢總理廣州首次起義之第 49 周年，全體出席委員於上午 9 時舉行紀念。總裁主席，行禮如儀後，即席訓詞，首謂：「九九」起義，實為吾黨革命史上最光榮之一頁，吾黨五十年之奮鬥，與六年來全國一致之抗戰，蓋為此一光榮歷史之繼續。繼就此次起義的歷史意義及教訓，指出二點：（一）青天白日的黨旗、國旗即創制於此役，陸皓東等三先烈即為此旗而殉難。五十年來，全國軍民、同志、同胞所以慷慨犧牲，蹈死不顧者，亦即為保衛此旗。故望大家對於黨旗、國旗特別尊重，特別愛護。（二）「九九」起義總理所定軍事計畫，其大無畏之革命精神，實在值得吾人景仰；但當時以此計畫未能實現，遂致失敗。可知凡事皆須有冒險

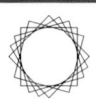

犯難之精神迅赴事機，始能有成。最後總裁並宣讀民國 24 年在廬山軍官訓練團紀念「九九」起義時訓詞一篇，其要點：1.第一次革命之時代背景與中日之戰；2.第一次革命之宗旨——挽救危亡，復興民族；3.第一次革命之始末與先烈革命之精神；4.紀念第一次革命之意：（1）第一次革命為國民革命武裝鬥爭之開始，（2）第一次革命顯示總理及一般先烈英勇奮鬥之大無畏的精神，（3）第一次革命顯示革命在精神而不在實力，（4）第一次革命顯示革命黨員能成仁即成功，（5）第一次革命顯示革命運動隨外患而俱長，亦必以排除外患求得中國之自由平等為鵠的。宣讀畢，禮成散會。

　　10 時 20 分舉行第四次全體會議，孔委員祥熙主席。首先聽取國家總動員會議秘書長沈鴻烈關於限改工作報告，分述辦理經過，實施檢討及今後努力方針，甚為詳盡。各委員乃就各地實施限價議價利弊得失，紛紛發言，均針對現實促予注意改進。旋討論議案，通過教育類 6 件，又對於教育報告之決議案 1 件。12 時 15 分散會。下午分組審查議案。

　　閱本屆全會，以昨日教育之設施實力他日國家命脈之所繫，在此接近勝利之際，尤須作最大之努力，以竟教育建國之全功。爰對教育部工作有下列提示：（一）注意教師進修，大量培植師資。（二）擴充教材編制，普遍使用供應。（三）加強訓育管理，配合軍事訓練。（四）樹立良好學風，培養國防人才。（五）普及國民教育，努力掃除文盲。（六）依照總裁在《中國之命運》指示，實行實業計畫所需各項人才，作有計劃之培養。

　　十一中全會，10 日上午舉行第五、第六次全體會議，鄒委員魯、李委員文范分任主席。整日討論議案，情緒熱烈。曾通過吳敬恒等 45 委員臨時動議，請召集第六次全國代表大會案。又常務委員會提：修正國民政府組織法案，以適應此抗戰建國新階段之需要，貫徹建國大綱與訓政時期約法之精神。修正案已通過，條文在整理中。此外全會對有關經濟問題之戰後工業建設等議案，曾詳加研討，各委員發言者甚為踴躍，經決議：推戴傅賢、徐堪、賀耀祖、沈鴻烈、蕭同茲、徐恩曾、甘乃光、葉秀峰、傅汝霖、曾養甫、熊式輝、彭學沛、朱家驊等 13 委員組織審查委員會；由徐堪、賀耀祖、沈鴻烈三委員召集，擬定妥善方案，再提大會討論。

　　十一中全會於 11 日上午 9 時舉行第七次全體會議，葉委員楚傖主席。除通過對於政治、黨務、經濟報告之決議案外，曾討論：（一）戰後工業建設綱領案。決議：修正通過，交政府切實規劃實施，並應與交通發展之建設相配合。（二）確定戰後獎勵外資發展實業方針案。決議：修正通過。（三）切實推行加強管制物價方案 穩定戰時經濟案。決議：修正通過。討論更見縝密，各委員對議案咸殫精竭慮，再三研討而後決定。12 時 1 刻散會。

　　十一中全會 12 日例假休會。中央執監委員及全體列席人員，於晚間 8 時，假中央黨部禮堂舉行聚餐會。席間蔣總裁簡短致詞，對各委員連日出席會議，縝密討論議案，表示欣慰。並謂：今晚聚餐歡聚一堂，其樂融融。旋全體起立敬祝蔣總裁及夫人健康。嗣即放映新聞影片，有中宣部國際宣傳處輯製孟買婦女勞軍義賣，陪都文化勞軍，陪都百架滑翔機命名典禮，青年團第一次全國代表大會，慶祝聯合國日，鄂西前線，中國遠征軍等。題材技術均見優美。每當

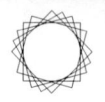

蒋总裁现身银幕时，全场掌声不绝。此外，并放映联合国时事影片多种，其间以好莱坞欢迎蒋夫人一片所予全场印象最为深刻、兴奋。深夜始散。

蒋总裁被选任为中华民国国民政府主席，于13日午后4时35分十一中全会第九次大会，经出席中央执行委员88人的一致选任。

大会系由居委员正主席。到会中央执行委员88人，监察委员25人，候补执行委员17人，候补监察委员4人。主席团报告后，全体执行委员一致选任蒋总裁为国民政府主席，一时掌声热烈，历久不绝，充分表现拥戴至忱。按依据国民政府组织法第11条："国民政府主席为中华民国元首，对外代表中华民国。"第12条："国民政府主席为海陆空军大元帅。"继即选举孙科、居正、戴传贤、于右任、孔祥熙、叶楚伧、覃振、朱家骅、刘尚清为国民政府委员。并通过蒋总裁兼行政院院长，孔祥熙为行政院副院长；孙科为立法院院长，叶楚伧为立法院副院长；居正为司法院院长，覃振为司法院副院长；于右任为监察院院长，刘尚清为监察院副院长；戴传贤为考试院院长，朱家骅为考试院副院长。随即通过大会宣言及通电：（一）慰勉全体将士：（二）慰勉沦陷区同胞；（三）慰勉海外侨胞。5时散会。

中国国民党第五届中央执行委员会第十一次全体会议于13日下午5时举行闭幕典礼，当蒋总裁莅临礼堂时，全场掌声雷动，历5分钟始息，以蒋总裁甫经选任国民政府主席也。闭幕典礼系由蒋总裁主席，领导行礼如仪。戴委员传贤宣读大会宣言后，礼成。蒋总裁旋于乐声掌声交响中离会，车经各地，爆竹齐鸣，市民夹道欢呼，万众欢腾。

二、五届十一中全会决议（选录）

关于中国共产党破坏抗战危害国家案件总报告之决议案
（1943年9月13日通过）

本会议听取关于中国共产党破坏抗战，危害国家案件总报告之后，备悉中国共产党对本党十中全会决议所采取宽大容忍之态度，不但毫无感动觉悟之表现，反变本加厉，加紧进行其危害国家，破坏抗战之种种行为，殊深惋痛。

我神圣抗战历六年余之艰苦奋斗，举国一致所企待之伟大胜利业已在望。中央为争取国家民族永远之自由幸福，把握抗战之最后胜利深感非先谋巩固国家之统一，即无以完成抗建之大业。所以对中国共产党只冀其不破坏国家统一，不妨害抗战胜利，不惜再三委曲求全，加经涵容。兹仍当本此一贯之精神，交常会负责处理，详为开导，促其觉悟。希望中国共产党能幡然自反，切实遵守其在（民国）二十六年九月二十二日所宣言："（一）为实现三民主义而奋斗；（二）取消暴动政策与赤化运动；（三）取消苏维埃政府，期全国政权统一；（四）取消红军，改编为国民革命军，受民政府军事委员会之统辖"[①]等四项诺言，以拥护国家民族之利益，军令政令之贯彻，俾抗建大业确获胜利成功之保障，庶慰国民热切之企望。至于其他问题，本会议已决议于战争结束后一年内召开国民大会，制颁宪法，尽可于国民大会中提出讨论解决。本会议于贯彻执行完成国家统一，把握抗战胜利之坚决的意志之中，不惜寄予最殷切之期待也。

---

① 原文如此。

附 :總裁對於本案之指示

　　本席聽取中央秘書處關於中共案件之報告，及各委員所發表之意見後，個人以為全會對於此案之處理方針，要認清此為一政治問題，應用政治方法解決。此各位同意餘 之見解，應用政治方法解決。則吾人對共黨之言論無論其如何百端誣衊，其行動無論 如何多方擾亂，吾人始終一本對內寬容之旨，期達精誠感召之目的，當仍依照十中全會 之宣言：「凡能誠意信仰三民主義，不危害抗戰之進行，不違背國家之法令，無擾亂社會之企圖與武裝割據之事實者，我政府與社會應不問其過去思想行動之如何，亦不問其為團體為個人，一體尊重其貢獻能力，效忠國家之機會。」本此方針，始終容忍，竭誠期待該黨之覺悟。並應宣明中央對於共黨亦別無任何其他要求，只望其放棄武力割據暨停止其過去各地襲擊國軍、破壞抗戰之行為。並望其實踐二十六年共赴國難之宣言，履行該宣言中所舉之四點，即「（一）為實現三民主義而奮鬥;（二）取消一切推翻國民黨政權的暴動政策及赤化運動，停止以暴力沒收地主土地的政策;（三）取消現在的蘇維埃政府，實行民主政治，以期全國政權之統一;（四）取消紅軍名義及番號，改編為國民革命軍，受國民政府軍事委員會之統轄，並待命出動，擔任抗日前線之職責。」① 共黨果能真誠實踐，言行相符，則中央可視其尚有效忠抗戰之誠意，自當重加愛護，俾得共同努力，完成抗戰建國之大業。①

關於實施憲政總報告之決議案
（1943年9月8日通過）

　　本屆全會開幕之時，總裁訓示諄諄，以「促進憲政實施」勖勉同志。本會議於聆取實施憲政工作進程之總報告以後，深覺關於實施憲政之工作雖在日冠（寇）侵略國難嚴重之際，仍能繼述總理遺志，發揚數十年來本黨為憲政犧牲奮鬥之一貫精神，克服困難，努力邁進。於中央、省、市、縣及縣以下各級民意機關之設立，雖在軍事倥傯，交通梗阻種種困難交織之中，仍竭盡全力，積極推進，以扶持民權發展，建立憲政之基礎。今抗戰勝利在望，憲政基礎已立，全國上下，自應集中意志力量，爭取勝利，鞏固統一，本抗戰建國之精神，恪遵總理手訂《建國大綱》之規定，從速召開國民大會，頒布全國共信共守之大法，以完成建國之大業。特鄭重決議如下：

　　一、全國黨政機關，除後方各省應就原有基礎加緊推行地方自治之工作外，今後隨各地之恢復，應積極輔導各該地人民加速完成地方自治及職業團體組織，確立憲政之基礎，並以為復

---
① 原文如此。

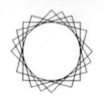

原建國之中心工作。

二、國民政府應於戰爭結束後一年內，召集國民大會，制定憲法而頒布之，並由國民大會決定施行日期。

三、凡前次依法產生之國民大會代表，除因背叛國家或死亡及因他故而喪失其資格者外，一律有效；前次選舉未竣或未及舉辦選舉之各區與各職業團體，均應依法補選，至於國民大會召集之前三個月辦理完竣。

四、關於籌備國民大會及開始實施憲政各項應有之準備，由政督飭主管機關負責辦理。

請召集第六次全國代表大會案
（1943 年 9 月 10 日通過）

本黨（國民黨）第六次全國代表大會應於事實上可能時盡速召開，最遲應於戰爭結束後

修正國民政府組織法案①
（1943 年 9 月 10 日通過）

第八條　國民政府以下列五院分別行使行政、立法、司法、考試、監察五種治權：①行政院，②立法院，③司法院，④考試院，⑤監察院。前項各得依據法律發布命令。

第十條　國民政府設主席 1 人，委員 24 人至 36 人，由中國國民黨中央執行委員選任之。

第十一條　國民政府主席為中華民國元首，對外代表中華民國。

第十二條　國民政府主席為海、陸、空軍大元帥。

第十三條　國民政府主席任期 3 年，連選得連任；但於憲法實施後，依法當選之總統就任時，即行解職。國民政府委員任期同。國民政府主席因故不能視事時，由行政院院長代理之。

第十四條　國民政府公佈法律，發布命令，由國民政府主席依法署名行之。前項公佈之法律，發布之命令，由關係院院長副署之。

第十五條　國民政府五院院長、副院長，由國民政府主席于國民政府委員中提請中國國民黨中央執行委員會選任之。國民政府主席對中國國民黨中央執行委員會負責，五院院長對國民政府主席負責。

---

① 國民政府組織法是在 1928 年 2 月國民黨二屆四中全會上通過的，以此作為組織國民黨政府機構的「法律」依據，後經多次修正，此次修正的目的是在於不斷加強蔣介石的獨裁專制。

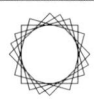

8. 五屆十二中全會①（1944 年 5 月 20 日－26 日）

一、五屆十二中全會經過②

中國國民黨第五屆中央執行委員會第十二次全體會議，於本月 20 日至 26 日舉行，到會中央執監委員，候補執監委員，蔣總裁等 153 人。時際抗戰接近最後勝利階段，大會因應當前時勢，研議今後努力方針，對於加強戰力，貫徹勝利，以爭取世界永久之和平；鞏固經濟，穩定物價，以保障國民生活；提高行政效率，貫徹戰時法令，以實施國家總動員；加強推行自治、健全民意機關，以立憲政之基礎；厲行法治，保障民權，尊重輿論，宣達民隱，以慰國民之願望；咸有具體周密之決議。如加強管制物價方案緊要措施案，改進出版檢查制度案，加強推行地方自治案、確立中央與地方行政之關係案等，關係均甚重大。又中央組織部長朱家驊懇請辭職，經改選陳委員果夫繼任。本次大會，各次全體會議及審查會，討論甚為熱烈周詳，恒至深夜始散。各委員咸本自反自強之義，檢討黨政軍近年各項設施之成果與缺點，質詢甚為坦率真誠，力求 改善進步之道。

蔣總裁除親臨主席開幕、閉幕典禮及總理紀念週外，復每次參加會議，聽取報告，並參加討論。凡此均為本次全會之特色。

開幕典禮系於 20 日上午 8 時舉行，蔣總裁主席，並致開幕詞，指示革命環境歷史，全會任務及同志責任。

全詞歷 35 分鐘始畢，全場掌聲熱烈。禮成後，旋即召開預備會議，仍由蔣總裁主席。討論議事規章及大會會期。票選主席團，由監察委員何思源、鄧青陽、王子壯、譚道源監選；結果戴傳賢、孫科、居正、鄒魯、馮玉祥、孔祥熙、李文范、葉楚傖、何應欽、陳立夫、潘公展等 11 委員當選為主席團。10 時 40 分散會。

21 日上午 8 時，舉行第一次大會，馮委員玉祥主席。全體首向全國抗戰陣亡將士及國內外死難同胞默哀致敬。次秘書長吳鐵城報告文件及主席團決定各組審查委員會名單，並經推定黨務組召集人丁惟汾、潘公展、葉秀峰；政治組召集人陳儀、甘乃光、李宗黃；軍事組召集人程潛、 陳濟棠、楊傑；經濟組召集人熊式輝、薛篤弼、趙棣華；教育組召集人朱家驊、王伯群、張道藩。又決定推戴傳賢、孫科、葉楚傖、王世傑、程天放、狄膺、潘公展、梁寒操、洪蘭友、陳佈雷、羅家倫等 11 委員為宣言起草委員；戴傳賢、孫科、葉楚傖為召集人。大會隨即聽取黨務報告，由中央常務委員居正報告，分述組織、訓練、宣傳、海外等工作概況。各委員旋就黨務提出質詢，經由各部會長分別答覆。12 時散會。

22 日上午 8 時，舉行總理紀念週，蔣總裁主席並致詞，指示革命奮鬥艱苦及前途之光明，勉勵同志對軍事、外交、政治、經濟樂觀情勢，應有根本認識，加強革命信心，發揚革命

---

① 摘自《中國國民黨全國代表大會及中央全會資料》。
② 本文系重慶《中央日報》1944 年 5 月 27 日刊載的中央社通訊稿。本書選錄時刪去了文中的小標題。

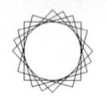

精神。

9時舉行第二次大會，居委員正主席。聽取政治報告，由國防最高委員會秘書長王寵惠報告行政、立法、司法、監察、考試五院施政概況。各委員旋紛紛進出諮詢。12時10分散會。下午分組審查提案。

23日上午8時第三次大會，鄒委員魯主席。繼續政治質詢，各委員發言更為熱烈，對國計民生、醫院衛生、行政效率、公教人員生活及吏治紀綱，均有寶貴意見陳述。各詢問案因時間關係，改由主管長官書面答覆。休息10分鐘後，聽取軍事報告，由軍事委員會參謀總長何應欽報告，分述整軍、建軍、經理、衛生、軍需、軍械、兵工、兵役、教育、訓練、工程及陸海空軍作戰概況，敵軍態勢，兵力配備，重要戰役經過，滇西戰役、中原戰役、湖北戰役及同盟國戰略及各戰場近況，甚為詳盡。各委員於聽取之後，益為興奮，咸信同盟國必能於短期內擊潰德日軸心，而吾國最後勝利即將來臨。12時10分散會。下午分組審查提案。

24日上下午舉行第四次大會，分由李委員文范、葉委員楚傖主席。各委員有就軍事報告提出關於兵役及士兵生活等質詢，經何總長分別答覆。次聽取外交部長宋子文外交報告及國家總動員會議代秘書長端木愷物價管制報告。有關質詢，亦經分別答覆。再後依次為浙江省政府主席黃紹竑、甘肅省政府主席谷正倫、福建省政府主席劉建緒、四川省政府主席張群、廣西省政府主席黃旭初、貴州省政府主席吳鼎昌、江西省政府主席曹浩森、西康省政府主席劉文輝之省施政概況報告，均甚詳盡。各委員對各省年來役政、糧政、徵工等之成績，年來推行新縣制自治之進步，甚表欣慰。6時散會。晚召開分組審查會。

25日上下午舉行第五次大會，分由孔祥熙、何應欽主席。首先通過慰勉前方全體將士、淪陷區同胞、海外僑胞、全國人民及慰問抗戰將士家屬及遺族電。旋即討論提案，通過政治類16案、經濟類11案、黨務類3案、軍事類2案、教育類1案。其重要者為：（一）加強推行地方自治案。（二）確立中央與地方行政之關係案。（三）改善出版檢查制度案。（四）請政府切實救濟歸僑僑眷、僑校僑生案。（五）為敵寇內侵，中原戰區擴大，請政府特撥專款，交戰地青年招訓會，收容訓練戰區學生案。（六）為戰後各工廠需要器材，應由政府予以法價外匯之利便，預行訂購，以國工業而期復員案。（七）西北各省土木工程建設，均應早為核定計劃及預算，以便乘時興作案。（八）擬請中央撥款修築農田水利幹渠及主要建築物案。（九）擬請確認開發甘肅、河南農田水利為國家事業，加速經營完成案。（十）擬請部分實征日用必需品，配給公務員，以資救濟案。（十一）樹立工業的國策，並救濟工業當前之困難，並發揮其應有之效能案。此外通過對於政治、軍事、教育、黨務報告之決議文4件。5時10分散會。

26日上午舉行第六次大會，孫委員科主席。通過討論加強管制物價方案緊要措施案。此案前經一度提交大會討論，以關係重大，爰組織特種審查委員會，依據各委員發表意見，數度開會研討，製成修正案，擬交今日大會討論。經1小時半之縝密周詳討論，修正通過；並決議穩定經濟管制物資，亟應特設一強有力之機構，俾得集中事權，統一指揮，交中央常會迅即決定

辦法施行。又通過對於財政、經濟、交通、農林、水利、糧食、地政各部門工作報告之決議文及大會宣言。

最後以中央組織部長朱家驊懇請辭職,由大會改選陳委員果夫繼任。10 時半散會。

11 時舉行閉幕典禮,蔣總裁主席,並宣讀大會宣言,隨即禮成。

又大會期間,曾先後收到中國西南實業協會、遷川工廠聯合會、中國全國工業協會、重慶市國貨廠商聯合會、中國生產促進會等 5 團體,對解決當前主要政治經濟問題方案之建設書;重慶市出版商業同業公會理事長王雲五對救濟出版事業共同疾苦之建議書;洪深等關於出版事業芻見 5 項;臺灣革命同盟會為請準備收復臺灣建議書;國民參政會經濟建設策進會駐會常務委員冷遹等 8 人,挽救物價狂漲危機建議書多件。聞其中不少寶貴意見各委員頗為珍視,均經交各組審查委員會研究,並分別交各主管機關參考。

二、五屆十二中全會決議(選錄)

加強管制物價方案緊要措施案
(1944 年 5 月 26 日通過)

(一)擴大徵實數量及範圍,以充實政府掌握之物資。凡專賣品之改為徵實者,該項專賣機構可儘量裁併。

1.田賦徵實數額應以各地實收為標準,糧食徵購一律改為徵借,採用累進法,提高其數額,對於軍公糧之配發,應特別核實,力求防止不均不確之弊。除徵收徵借糧食及地方積穀外,其有地方私立名目攤派糧食者,均應禁止。

2.為掌握物資起見,除糧食食鹽及花紗布另有徵收管制辦法,又食糖現已改為徵實,煙類另有辦法外,其他物資有改為徵實之必要者,均應改為徵實。

3.糧食以外之徵實物資,宜交健全之合作社及商人運銷,以平市價,政府不自設保管倉庫及供銷機構。

4.鹽務以外,所有專賣機構,力予裁併。徵實事務,即由主管部核定之專管機關辦理。

(二)向盟邦洽商撥助專機加緊空運,輸入必要物資,以穩定國內經濟,增強抗戰力量。

(三)運用輸入物資,大量吸收社會剩餘購買力,從穩定市糧價格入手,次及一般物價,同時並加強運輸,減低運價。

1.輸入布匹應大量推進農村,以吸收農村剩餘購買力,或以一部分換取糧食,借謀布糧價格之平衡與穩定。

2.農村推銷布匹,應儘量利用健全之合作組織。

3.衣食價格趨於穩定,應即確定各種工資,對於兩者之標準比率,從此限制其隨意上漲。

4.通器材輸入之後,交通機關應努力在一年內至少修理因小損停駛之軍公商車五千輛,俾可增加運輸力量,減低運價。

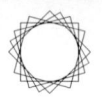

（四）統籌國防民生重要工礦事業資金機器及原料等之供給，以扶助工礦生產，並穩定我產品價格，責成行政院切實辦理。

1.以國防民生必需之工礦事業為範圍，選擇組織健全之多數廠礦，統籌其資金機器及原料等項之供給。

2.關於工礦貸款手續，應力求簡捷。審核貸款，遇有必要時，得許有關之同業公會代表及 廠方代表列席。

（五）財政政策之措施，務求與經濟政策相配合。

1.關於徵稅募債及儲蓄辦法應加改善，並特別加重富戶之負擔，於公允原則下，實行累進辦法。

2.改進金融制度，適合目前經濟需要，以增進農工生產。

3.加強管制金融辦法，停止增設商業銀行，嚴禁銀行利用資金假設公司行號，囤積居奇，抬高物價。

4.對於公用事業應采貼補辦法，力求穩定其價格。

（六）各省應依照加強管制物價方案及中央所頒通行法令，參酌時地關係，規定適宜辦法，以達成其平價之任務，並取締囤積居奇。

1.各省應就物資供應上與鄰省切取聯繫關係，以期有無相通，不至互相阻遏。

2.中央黨政工作考核委員會對於各省物價管制工作，應負責隨時考核報告。

3.各省企業公司供銷處，應以調節物質發展實業為原則，不得以營利為目的。

（七）所有一切阻礙物資流通，增加物資生產運銷成本之一切有關機構及辦法，均應徹底改善。

1.各地檢查站應儘量減少，以暢商運。

2.檢查官兵，如查獲違禁物品，應悉數報解。

（八）官紳商民違法囤積投機，應予法辦，並嚴禁公務人員經商，其有利用地位營利之行為，切實檢舉，依法嚴辦。

（九）對於官兵及公教人員之生活必需物資，政府應儘量籌發實物，妥為供應，凡在政府機關及國營事業服務人員待遇，應一律平等，不得巧立名目，任意提高。

改進出版檢查制度案

（1944 年 5 月 25 日通過）

（一）應根據本黨依法保障人民言論自由之政策，改善出版檢查制度，局部廢止事前檢查。

（二）將現有各出版審查機關合併，設立戰時出版指導機關，隸屬於行政院。

（三）戰時出版指導機關之組織條例及戰時出版審查標準，交常會於 6 月 30 日以前審慎議訂，期於 7 月 1 日施行。

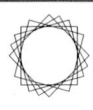

（四）出版指導機關設立時，將應行裁之出版檢查機關原有經費及公糧等，一併劃歸該出版指導機關。

9. 第六次全國代表大會①（1945 年 5 月 5 日－21 日）

一、第六次全國代表大會經過

本黨處二十七年四月臨時全國代表大會迄今，為時已歷 7 年，以抗戰軍事倥傯，交通困難，迄未能召集大會。三十二年九月第五屆中央執行委員會第十一次全體會議曾決議：「本黨第六次全國代表大會應於事實上可能時從速召開，最遲亦應於戰事結束後半年內召開之。」三十四年一月八日第五屆中央執行委員會常務委員會第 274 次會議乃決議：定於本年五月五日召開第六次全國代表大會；並決定 4 大重要議題：（一）國民大會之召集，（二）憲法草案之研討，（三）本黨總章之修訂，（四）政治綱領之研討。通告全體同志悉心研討提供意見，以備大會採擇。所有大會組織法、選舉法，亦經先後制定頒行。各地黨部陸續選出代表，迄四月間各地代表多已到渝。經中央決定於大會開幕前先後舉行談話會，以便就大會議題交換意見。自四月三十日起，至五月四日止，每日分組舉行。五月五日上午 9 時，大會在重慶復興關中央幹部學校大禮堂開幕，會期原定 10 天，嗣經延長 5 天，於五月二十一日閉幕。大會前後舉行 20 次，收到提案 448 件。茲將會議經過情形，擇要記述於後。

五月五日上午 9 時，大會隆重開幕典禮與革命政府成立紀念會合並舉行。行禮如儀後，總裁即席致詞，闡述當前革命環境與本黨之責任，指示 3 項任務：（一）加強戰鬥力量，爭取抗戰勝利；（二）確定實施憲政，完成革命建國大業；（三）增進人民生活，貫徹革命終極目標。盼與會代表集中能力加以研討。總裁詞畢，即告禮成。

休息 30 分鐘，續開預備會議。出席代表 535 人，中央委員 136 人，總裁主席。通過下列各案：（一）第六次全國代表大會議事規則。（二）追認派吳鐵城同志為大會秘書長，狄膺同志為副秘書長。（三）中央候補執監委員改為出席大會。（四）總裁所提大會主席團名單。（五）提案審查委員會之組織分黨務、政治、經濟、教育、軍事、外交六組，另設總章審議委員會；其委員名額及人選，均由主席團提請大會決定。（六）定七日下午 12 時截止提案。

預備會後主席團即舉行第一次會議，總裁親臨主席。當核定大會日程表並決定大會主席團 36 人分為 4 組，輪流主席會務。

六日，主席團第二次會議在上清寺中央黨部大禮堂舉行，居委員正主席。討論大會有關各主要問題，決定各事如次：（一）決定主席團分組名單如次：（第一組）居正、宋慶齡、宋

---

① 摘自《中國國民黨歷次全國代表大會及中央全會資料》。

宗仁、邵力子、麥斯武德、梅友卓、劉瑤章、陳劍如、黃季陸。（第二組）于右任、鄒魯、陳果夫、張厲生、迪魯瓦、林慶年、李錫恩、劉冠儒、張邦翰。（第三組）戴傳賢、張繼、陳誠、王世傑、土丹參烈、周炳琳、範予遂、王宗山、馬元放。（第四組）馮玉祥、孫科、張治中、潘公展、齊世英、向傳義、馮友蘭、吳紹澍、張炯。（二）決定提案審查委員會各組名單。（三）大會報告，除黨務、政治、軍事三種報告外，應加外交報告、經濟報告與特項報告。報告後可以提出質詢，再由主管人員口頭或書面答覆。並決定由吳秘書長鐵城作黨務報告。至12時1刻始散會。

七日上午9時，舉行總理紀念週，由總裁主席並訓話。禮成後，接開第一次大會，仍由總裁主席。首先為抗戰陣亡將士、殉職殉難同志及死難人民及盟邦陣亡將士及死難人民默念。繼代表資格審查委員會報告審查結果，計當選及中央核定之代表余富庠等600名，遞補之代表張壽賢等59名，均屬手續完備，認為合格。嗣主席團提出：（一）提案審查委員會各組名單。（二）總章審議委員會名單。（三）宣言起草委員會名單。除提案審查委員會分組名單，若干代表認為須將全體中委及代表分配於各組，經主席決定，凡未經列入分組名單內之中委代表，可自擇參加一組外，餘均無異議通過。繼由吳秘書長鐵城代表第五屆中央執行委員會就10年來本黨對國策之決定，黨務本身之發展，以及黨務發展之困難與缺點，作扼要之敘述。報告畢，代表黃宇人、劉不同等提出質詢，並要求延長質詢時間。經決定：第三次大會專為黨務檢討之時間，俾能對黨務有較詳盡之檢討。12時30分散會。

下午3時繼續開第二次大會，由吳文官長鼎昌及程代參謀總長潛分別報告政治軍事。6時30分散會。

八日上午9時，舉行第三次大會，戴委員傳賢主席。首為繼續上次大會未完之軍事報告，次為黨務之檢討與質詢。各代表對党的現狀及前途，均有詳盡與坦白之檢討。至12時散會。

下午3時，黨務、政治、經濟、教育、軍事、外交各組提案審查委員會分別開會。主席團第三次會議及代表資格審查委員會第二次會議，亦於下午3時分別在中央黨部開會。

九日上午9時，舉行第四次大會，孫委員科主席。首為列席代表改為出席問題，當經決議：應仍為列席。嗣仍進行黨務檢討。12時散會。

下午3時開第五次大會，由居委員正主席。進行政治質詢。因書面質詢之件甚多，少數需要口頭補充外，均由宣讀人員宣讀。發言者集中於如何解除人民痛苦，根絕政治經濟之積弊，而實行三民主義，以改善人民生活。直至下午6時宣告散會。

十日上午9時，舉行第六次大會，鄒委員魯主席。首為軍事質詢。11時50分，總裁蒞會致訓，對於大會應取之態度，當前黨務、政治及軍事問題癥結之所在及本黨今後努力之方向，與機構上應有之調整，均有確切具體之指示。總裁訓話後，由秘書長報告主席提出第六屆中央執監委員選舉辦法，全場一致鼓掌通過。12時50分散會。

下午3時，黨務、政治、軍事、教育、外交各組，分別舉行第二次審查會。

十一日上午9時，舉行第七次大會，張委員繼主席。經濟部部長翁文灝作經濟報告。報告畢，開始討論提案審查委員會軍事組審查報告第一號，均照審查意見通過。休息15分鐘後，由上

海、北平、南京、天津、漢口各淪陷區黨部代表報告各該地之黨務工作。12時散會。

下午 3 時，大會主席團、代表資格審查委員會、總章審議委員會及提案審查委員會各組，分別舉行會議。

十二日上午 9 時，舉行第八次大會，李委員宗仁主席。首由潘委員公展作特種報告後，甘代表家馨等 43 人臨時動議：成立特種委員會，審查此項報告；並草擬對各黨派尤其中共問題之意見，提付大會討論。經決議組織特種審查委員會，推潘公展等 39 同志為委員。大會休息 15 分鐘後，主席團舉行第七次會議，由陳委員果夫主席。同時審查會各組召集人舉行聯席會議，由吳秘書長報告主席團第六次會議之決定，並研究如何加緊審查提案之工作，及集中討論憲法、政綱、黨章及國民大會等 4 項問題。各組召集人均有重要意見發表。當經擬定提案討論及處理辦法 4 項，由吳秘書長提出大會報告，經決議通過。大會繼續聽取山東、山西、河北、浙江等 4 省黨務報告。在座者對於戰地黨務工作同志出生入死，堅貞奮鬥，莫不感動。12 時 30 分散會。下午 3 時，提案審查委員會各組分別舉行會議。

十三日為星期日，大會休息，各組提案審查會仍分別舉行會議。其中黨務、政治、經濟三組因提案甚多，又分設若干小組，討論專門問題。自五月八日起，各組均加緊工作，用能於 6 日之中將大會提案 448 件全部審竣，提案審查委員會之工作至是乃告結束。

十四日上午 9 時，舉行紀念週，總裁親臨致訓，歷時 1 時有餘。紀念週後，休息 20 分鐘，主席團即於此時開會。至 10 時半舉行第九次大會，馮委員玉祥主席。首為提案審查委員會政治組關於召集國民代表大會之審查報告。吳秘書長報告主席團對於本案之修正意見。嗣即由主席宣付表決，會場於熱烈之情況下，通過於今年十一月十二日召集國民大會。嗣討論憲法草案，當由立法院院長孫科報告研究憲章之經過情形。大會於 12 時 30 分散會。

下午 3 時舉行第十次大會，陳委員果夫主席。首由參謀總長兼中國陸軍總司令何應欽報告中國陸軍總司令部組織情形，及湘西戰役經過。休息 10 分鐘後，繼續舉行大會，討論提案審查委員會政治組審查報告第二號關於憲法草案案。宣讀案文後，開始討論，出席人員咸以憲法乃國家根本大法，關於（系）國家未來千百年命運，故發言甚為熱烈。討論至此，主席乃宣布主席團對於憲法草案之意見，經略加討論後，經大會表決通過對本案之決議。至 6 時散會。

十五日上午 9 時，舉行第十一次大會，于委員右任主席。首為江蘇省及平漢津浦兩路之黨務報告，歷時 40 分鐘。繼即開始討論總章，以總章審議委員會之審議結果及附擬之修正總章草案為依據。討論至 12 時散會。大會主席團即於上午 10 時半在勵志社舉行第九次會議。會間對本黨政綱一案，曾作鄭重之研究。

下午 3 時舉行第十二次大會，邵委員力子主席。繼續討論總章，代表等對黨綱、黨員入黨手續、黨員義務、組織原則各點，發表意見甚多，乃逐條討論；因時間關係，決定將各代表意見送總章審議委員會重加審議，提出下次大會報告。6 時 20 分散會。

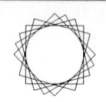

十六日上午9時，舉行第十三次大會，黃委員季陸主席。討論總裁交議之本黨政綱案，決定組織政綱政策審查委員會，由各組召集人參加，凡對政綱政策有意見者亦均可參加；由邵力子為召集人。

　　下午3時，舉行第十四次大會，居委員正主席。首由菲律賓總支部柯俊智同志報告菲律賓解放前後種種情形。討論政治組審查報告第三號第四號，均照審查意見通過。休息10分鐘後，繼續研討總章，首由總章審議委員會召集人程天放說明昨日大會中各代表所提意見，重新修正，並說明其經過與要點。繼由主席指出若干重要條文，提付大會討論，其中關於召集全國代表大會之期間問題，曾有熱烈之辯論，經四度表決，卒以237人多數通過（出席人數460人）為每二年一次，其餘均照審議會所擬之「修正本黨總章」通過。至6時30分散會。

　　十七日上午9時，舉行第十五次大會，于委員右任主席。報告後，即根據本黨總章第六章第二十六條之規定，選舉總裁。選舉開始時，吳委員敬恒首起立發言，說明民國二十七年漢口臨時全國代表大會選舉總裁之經過，並闡述蔣總裁對黨、對國、對世界所建樹之勳業，稱：「本黨總章中，對總理一章永遠保留，以示紀念崇敬之意。然總理職權，並非永不行使。惟總理逝世後10餘年，迄未設法補救。抗戰軍興後，外人皆注目本黨，始覺此『群龍無首』現象，不易使他人瞭解，因設總裁，以代行總理職權。自設總裁後，黨政效率因之大增。總裁與各盟邦領袖周旋時，其黨國代表人之身份甚為明顯，故不曰美英蘇中，即曰羅丘斯蔣，可作證明。」繼稱：「其時既設總裁，因即注意於誰可能擔當此任，今總裁在過去一二十年中，擘劃軍政設施，辛勞備至，總理在遺墨中論及總裁才能時，亦隱有以總裁為其繼任人之意。抗戰前後，對我國最注意之人士，即為總裁。故當時臨全大會公意決請今總裁擔任總裁職務。臨全大會以來，總裁代行總理職權，今改總章中之代行為行使，更較確定。」

　　關於選舉方式，吳委員稱：「總裁一職，職位重要，故用推選方式。當時各代表一致主張，由當時主席宣問全場『今選蔣中正同志擔任第一任總裁，贊成者起立。』於是全場起立，鼓掌數分鐘，並歡呼致賀，作為通過。」

　　吳委員報告畢，主席于右任即席宣布：（略。見《選舉總裁案》「于委員右任對於選舉總裁案致詞」原文）。

　　主席次請大會於選舉總裁後，高呼三口號：（一）三民主義萬歲！（二）中華民國萬歲！（三）世界和平萬歲！並說明提此三口號之意義，係確信蔣總裁必能擔負此項重任；同時表示我全黨同志全國人民誠心誠意擁護總裁，成功此偉大事業之決心。

　　最後，主席鄭重提議：推選蔣中正同志為本黨總裁，全體與會人員，當一致起立通過，高呼口號，響徹雲霄，然後繼以熱烈之掌聲，以示慶祝擁護，掌聲連亙達3分鐘之久。本黨全國代表大會推選總裁之大典，至是宣告完成。休息15分鐘後，開始討論。政治組召集人甘乃光，對政治組審查報告第五號作補充說明，大會無異議照審查意見通過。繼討論政治組審查報告第六號，亦照審查意見通過。繼通過政治組擬具對於政治報告之決議案；教育組審查報告

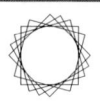

第一第二兩號及教育組擬具對於教育報告之決議案。關於外交組所擬對於外交之決議案，討論良久，未得結論，留待下午繼續討論。至 12 時 20 分散會。

下午 3 時舉行第十六次大會，張委員治中主席。先討論黨務組審查報告，一至四號均照審查意見通過，第五號曾加討論，結果照審查意見修正通過。黨務報告決議案討論良久，休息後，推張道藩、邵力子、黃季陸、梁寒操、賀衷寒、黃宇人、胡秋原等 7 人加以整理後，再付大會討論。嗣則討論「對中共問題之決議文」，繼之討論外交組審查報告，均照審查意見通過。旋繼續討論外交報告決議案，經該組召集人王正廷反復陳述，主席兩度宣付表決，卒照原案通過。次由主席團提議推選宋美齡同志為中央執行委員候選人案，經大會通過。隨由秘書處報告中央委員乙項候選人人數及宣讀丙項候選人（213 人）名單畢，吳秘書長報告于委員右任代表大會向總裁面呈推選書之經過，全場感奮。6 時散會。

十八日上午 9 時，舉行第十七次會議，孫委員科主席。開會如儀後，主席宣佈本日為陳英士先烈殉難紀念日，全體起立默念志哀。默念既畢，嗣主席宣布請總裁訓示。總裁於掌聲中蒞臨發言台，作開會以來第二次政治總報告，首對黨務、軍事、政治各項設施作坦率誠摯之檢討；繼對同志一致擁戴連任總裁事，對全體人員致意；最後勗勉全體同志共榮辱，同生死，心目中只應有黨，不應有自己，以完成總理所付（賦）予同志之任務，完成革命建國之大業。全場至為感奮。

總裁訓示畢，略事休息，繼續開會。通過本黨政綱政策案，此為本次大會之重大決定。隨由主席團提議設置紀念羅斯福總統圖書館案，全場一致通過。次為政治組審查報告第七號及軍事組審查報告第二號，均獲通過。中午 12 時散會。

下午 3 時舉行第十八次大會，王委員世傑主席。繼續討論第十七次大會時商討之提案審查委員會軍事組對於軍事報告之決議案草案，決定由主席團擬定名單，另行起草。旋即開始關於政治、軍事、黨務質詢之答覆，當由甘乃光代表國防最高委員會宣讀書面答覆，軍政部部長陳誠對軍政部門質詢作口頭答覆。休息 15 分鐘後，大會繼續進行。狄副秘書長報告謂：關於軍事組所擬對於軍事報告之決議案，業經推定何應欽、白崇禧、張治中、陳誠、袁守謙、林蔚、劉斐 7 位同志重新整理；並由何應欽、白崇禧、張治中 3 同志召集。報告畢，討論總裁交議之「促進憲政實現之各種必要措施案」，原案共分五項，經逐項討論，決議修正通過。下午 6 時散會。

十九日上午 9 時，舉行第十九次大會，于委員右任主席。通過慰勞前方全體將士，慰問榮譽軍人及抗屬，慰問淪陷區同胞及敵後工作同志，慰勞海外僑胞，慰勞湘西將士各電文。繼討論經濟組審查報告一至十一號，均經照審查意見修正通過。經濟組各案包括農業政策、土地政策、工業建設及抗戰將士授田辦法各案，皆有關民生主義之實行，性質至為重要。黨務組對黨務報告之決議案，亦經大會通過。本次全會提案之討論，至是乃告結束。

休息 20 分鐘後，進行第六屆中央執監委員之選舉，總裁親臨主席，首說明選舉中委，產生本黨新的中央幹部，乃本會重要使命之一，亦係與會人員最寶貴最莊嚴之一件大事；繼宣布為使黨內優秀人才多所貢獻起見，本屆中委名額決定增為 460 人，經大會一致通過，旋即開始選舉。至 12 時 30 分散會。

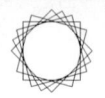

下午 8 時，總裁假大會廣場歡宴全體委員及代表，總裁致詞對本黨之處境與同志應有之認識，為親切與誠懇之訓示；並由吳委員敬恆代表致答辭。10 時 1 刻散會。

二十日為星期日，第六屆中央委員選舉於上午 9 時起在大會場開票，直至二十一日晨始告竣事。總裁於晚 10 時許，蒞場巡視。于委員右任、張委員繼、陳委員立夫、吳秘書長鐵城、狄副秘書長膺上午蒞會，至全部工作結束始行離去。

二十一日上午 10 時，舉行紀念週，總裁親臨致訓，對於本屆大會之收穫及各同志親愛精誠，忠誠謀國之精神，表示欣慰；並勗勉全體同志互相勉勵，遵奉總理知難行易之革命哲學，以竟革命之全功。

休息 10 分鐘後，舉行本屆最後一次之第二十次大會，總裁任主席。宣布第六屆中央委員選舉結果，由吳秘書長宣讀名單；總裁並有補充說明。繼討論對於軍事報告決議案重擬草案，及第六次全國代表大會宣言草案，全場均鼓掌歡迎，無異議通過。

討論畢，休息 5 分鐘，舉行閉幕式，儀式簡單而嚴肅。總裁在宣讀大會通過之第六屆代表大會宣言以前，曾作最誠摯最懇切之訓示，總裁首對大會之合作精神，表示感謝與欣慰之忱，並謂：「抗戰八年所以沒有失敗，完全是臨時全國大會的結果，此為八年來最重要之力量。此次大會，已奠定建國之基礎，建國的成功，就在今天」，切盼與會人員「珍重此次大會之收穫」。並再三諄勉全體同志：「為黨努力，為黨犧牲，互相規勸，互相勉勵。」予大會會眾以最深刻之印象。

嗣總裁親自宣讀第六次全國代表大會宣言，讀畢禮成，於軍樂悠揚聲中閉幕。

二、第六次全國代表大會決議（選錄）

對於政治報告之決議案
（1945 年 5 月 17 日通過）

本大會聽取政治報告以後，特就 7 年來政府之措施作縝密忠實之檢討，詳考其得失，深究其利弊，攝舉過去顯著之政績，以珍重吾人歷史的使命，並促使吾人更認識所負任務之艱巨，同時更切求其缺陷之所在，期於嚴正之認識中，力謀今後徹底之改進。爰根據本黨主義與政策之範疇，分別臚述於下：

就民族主義言之，本黨領導全國對日抗戰 8 年以來，我國由單獨作戰進而與同盟國家並肩作戰，循堅定不移之國策，內而喋血奮戰，求徹底之勝利；外而昭宣正義，謀世界之和平迄於今茲，德意兩國已相繼投降，侵略之陣線已摧，日寇之敗覆不遠。更因此悠久之奮鬥，獲友邦尊重我自由平等之個體表示，於（民國）三十二年一月中美、中英平等新約之訂立，其他各友邦亦先後與我簽訂友好條約，以平等為原則。百年來我國所受不平等條約之束縛，至此乃告解除，總理遺囑所期許於我全黨同志者，並已有一部分之實現。此實革命進程中最輝煌之成績，

亦本黨民族主義最偉大之成功。惟於國內邊疆各族之融合聯繫工作，尚鮮臻力，對其政治、經濟、文化之發展與自治能力之增進，更未能盡扶打之功。是民族主義中「中國民族自求解放」與「中國境內各民族一律平等」之兩重意義，尚未能同時貫徹，有待於今後之繼續努力，以期徹底實現自由統一之中華民國。

就民權主義言之，政府對於新縣制之實施，及建立各級民意機構，年來督策進行，雖多致力，但課其實效，則地方自治仍未能完成，人民回權訓練，尤未能依據遺教切實推行。此固受戰時環境之影響，而數年來自治工作之未遵循總理手訂之地方自治開始實行法認真辦理，允為癥結所在。在此積極準備憲政之時，地方自治基本未能確實建立，人民猶未能具備民權主義憲政條件，實為訓政時期中無可諱言之缺陷。抑尤有進者，縣為自治之單位，在推選自治工作中，當以實行民權民生兩主義為目的，使之不僅為政治組織，亦並為經濟組織。此於地方自治開始實行法中條舉闡述至為詳明。而實行自治法令，未能注意使縣為基層經濟單位，誠應及時加以充實。要之，本黨歷史的任務厥為建立三民主義之共和國，舉凡所以促進地方自治，增設民意機關力求憲政基礎之奠定者，皆當力行不懈，以徹底實現總理所主張民權政治。

就民生主義言之，自臨全大會通過非常時期經濟方案，政府雖尚能依據實施，但言績效，則與民生主義之經濟政策相懸尚遠。溯自北伐完成，本黨執政 17 年於茲，而民生主義所詔示之節制資本與平均地權兩基本原則，迄未完全實現；尤以抗戰以來，政府關於財政、經濟、金融、貿易之政策，既不能相互配合，更未能貫徹發展國家資本及限制私人資本之主張，將令社會財富日趨於畸形之集中，亟應嚴切注意，力挽頹風，以掃除民生主義之障礙。其次在抗戰期中，農民出錢出力，貢獻最大，而生活最苦。乃自（民國）二十三年公布土地法及（民國）二十五年公布施行法，迄今已及 10 年，多未見諸實施此次總報告亦略未述及。此國家制定有關民生之大法誠應迅予切實執行，不容再事延緩。

此外更就一般之行政言之，則關於行政效率之提高，尚鮮顯著之進步。當此戰時，政治設施事項繁複逾過平時，必須有極高之行政效率，然後一切政令始能為普遍有效之執行，收迅速確實之效果。而按諸實際之行政現狀，則事多壅滯，令多稽劉，人有曠廢，時有虛耗。推其原因，則機關法令程式之未臻簡化，人事制度之未能確立，貪官污吏之未能肅清，在之均足以阻滯事功，影響整個政治之進展。今後惟有嚴整綱紀，認真考成，務使人有獎懲，事有考核，以增進行政之績效。同時更須有計劃的培養政治人才，以充實各級行政幹部，一面力求人與事之配合，一面發揮新陳代謝之作用。此皆為革新政治之要務，固所望於今後倍加致力者也。

本黨同志對中共問題之工作方針
（1945 年 5 月 17 日通過）

本黨本團結抗戰之精神，數年以來對中共問題堅立以政治方式力求解決，今後自仍應本此既定方針，繼續努力。惟根據中共問題之總報告，中共一貫堅持其武裝割據，藉以破壞抗戰，致本黨委曲求全、政治解決之苦心，迄無成效，而本黨同志在各地艱苦奮鬥慘遭中共殘

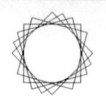

害,書不勝書。追溯往事,能無憤慨。乃中共最近更變本加厲,提出聯合政府口號,並陰謀製造其所謂「解放區人民代表會議」,企圖顛覆政府,危害國家。凡我同志均應提高警覺,發揮革命精神,努力奮鬥,整軍肅政,加強力量,使本黨政治解決之方針得以貫徹。茲特提示今後全黨同志對此問題之工作方針如下:

一、本黨同志應切實深入農工群眾,解除農工痛苦,大量吸收農工黨員,發展本黨在農工社會中之組織。

二、應以革命進取之精神,吸收富於革命性之知識份子,並正確的領導青年。

三、對外應配合政治環境,加強國際宣傳;對內應加強黨員政治訓練,糾正中共之虛偽宣傳。

四、一切社團中之本黨同志,應加強黨團組織,爭取第三者對本黨之同情。

五、在淪陷區應確立並加強黨的領導權,一切軍政設施,均須適應黨的工作方針,並由中央選派堅強幹部,深入敵後工作。

六、加強中央及各地對於本問題之統一指導機構。

第六屆中央執行委員會應將上列工作方針通令全國各級黨部,勗勉同志,一致力行,中央並應隨時本此方針,規劃具體方法,切實施行。

對於中共問題之決議案
(1945年5月17日通過)

大會聽取中央關於中共問題之總報告,深以中央以往所採政治解決之方針為適當。本黨領導全國軍民艱苦抗戰,無時不盡力於團結禦侮,以求中國之自由平等。中央在民國二十六年九月亦曾有四項諾言之宣告,雖頻年以來,中共仍堅持其武裝割據之局,不奉中央之軍令政令,而本黨始終寬大容忍,委曲求全,其苦心已為中外人士所共見。現值國民大會召開在邇,本黨實施憲政,還政於民之初願,不久當可實現,為鞏固國家之統一,確保勝利之果實,中央自應秉此一貫方針,繼續努力,尋求政治解決之道。所願中共黨員,亦能懍於民國締造原非易事,抗戰勝利猶待爭取,共體時艱,實踐宿諾,在不妨礙抗戰,危害國家之範圍內,一切問題可以商談解決。斯則國家民族之大幸,本黨同志應共喻此旨,以促成之。

對於外交報告之決議案
(1945年5月17日通過)

中國國民黨第六次全國代表大會開會於德國全面崩潰,歐洲戰事結束之時,同仁於此盟國之偉大勝利,不勝歡欣祝賀,僅以吾國摯友羅斯福總統不及見此日為遺憾。唯西方之敵人,雖經克服,而東方之敵人日本,尚未受其應受之膺懲,我許多省份,尚在寇騎蹂躪之下,無數同胞,尚呻吟於日寇之壓迫,若干鄰邦,亦尚未解放。我盟邦尚有艱巨之任務,需要共同之努力,吾國人更應加強鬥志,不惜犧牲,早日驅除敵寇,予侵略者以徹底之打擊。

大會聽取7年來之外交報告,深幸本黨於總裁直接指示之下,能妥定國策,始終信賴聯合

國家,並相信正義必能戰勝一切,堅貞不移,遂以轉弱為強,轉敗為勝,且於艱苦血戰之中,竟能實現總理之遺囑與各友邦改締平等互惠新約,並於開羅會議獲得收復失地之保證,差堪告慰我革命與抗戰中勇敢犧牲之先烈。蓋吾國對外無領土野心,吾國之所希求者,惟本國領土與行政之完整,與國外華僑之得受平等待遇。此種合理願望,茲已為友邦之所共認矣。

我中、美、英、蘇、法五大盟邦,經此長期並肩之抗戰,情感融洽,如足如手。今後自當永久保持此種患難之友誼,共同負擔戰後建設之使命。我國與蘇聯疆土相連境界之長,世無倫比,交接自更頻繁,今後自當彼此以最大之誠摯,締結永久之友好關係。中、美、英、蘇、法及其他盟邦之精誠團結,實為世界和平之基石。吾人於期望盟邦合作之中,尤盼我全黨同志、全國同胞今後深刻瞭解自身之責任,無論在朝在野,無論一言一行,均須時刻不忘以加強盟邦團結為一貫之目標。世界和平之組織,已於三藩市會議見其端倪,吾國將不吝一切之努力,以助成集體安全永久和平之確立。

抑我國內部之團結與民主憲政之實施,不獨為本黨數十年奮鬥之目標,亦為吾盟邦之所關懷。國民政府為表示實行憲政之決心起見,早由主席宣布於本年十一月十二日召開國民大會,實施憲政,本大會又正式加以通過。國民大會將包含本黨及其他各黨派,以及無黨派之代表人物,俾能反映全國人民之意志。

總之,同仁之所確信,即中國必須忠實遵循三民主義,完成現代國家之建設,方足以與聯合國家共荷艱巨,鞏固國際之和平,造成繁榮之世界。

對於軍事報告之決議案
(1945年5月21日通過)

本大會聽取程代總長軍事報告後,備悉8年以來之抗戰經過及一切軍事措施,在最高統帥領導之下,一本既定國策及五全大會、臨全大會與歷屆中央全會之指示,不斷努力,艱苦奮鬥,不惟已獲得勝利之確實保障,更已使國際地位為之提高,不平等條約完全廢除,不勝欣慰。又聆何兼總司令報告中國陸軍總司令部成立經過,及此次湘西會戰概況,備悉中美合作極為密切,而湘西之捷,亦適與盟軍在各戰場之勝利相輝映,尤覺興奮。查日寇自發動侵略戰爭以來,初欲速戰速決,企圖於短時間內迫我屈服,我國以尚未充實之國力挺奮而起,獨立應戰,賴我最高統帥持久抗戰之決策,及賢明英斷之領導,與全體將士之忠勇效命,遂能以空間換取時間,奠定勝利基礎,使我獨立支撐之戰爭一變而為與盟軍並肩之作戰。此不僅打破敵人速戰速決之迷夢,且使其不能以全力用之於太平洋各戰場,或北進以侵蘇。蓋歷次戰役,我軍皆予敵人以重大打擊,綜計敵寇在我國戰場之消耗,達二百數十萬人,且其陸軍二百萬人迄今猶被牽制於我國境內。凡此種種,皆為我最高統帥及全體將士對黨國之功績,亦且為我中國對於反侵略陣營,及對維護世界正義和平之貢獻,而不可抹殺者。今者軸心德、意皆已敗亡,歐洲戰事業已結束,日寇之海軍、空軍受盟軍之不斷攻擊,損失殆盡,其覆滅亦在指顧之間。惟敵人陸軍殘存於我國戰場者,尚有二百萬人,今後驅除敵寇,完成勝利,猶待吾人加倍之努力。故於今後反攻之準備,尤須積極進行,舉凡反攻計畫之策定,高級指揮官及幕僚人才之拔

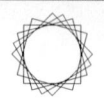

擢，精兵主義之實行，動員實施之普及，補給衛生之改善，軍隊人事之健全與保障，軍事教育之改進，軍需品之增產，軍隊政訓之充實，空軍之加強等等，皆為充實反攻戰力不可或忽者。切盼政府以全力推動領導，同時使全國民眾必須以軍事為第一，勝利為第一，盡其所有力量，以貢獻國家。尤須促使知識分子以平日愛國之熱忱，實際參加軍隊各部門之工作。本黨同志尤須身先宣導，以提高軍隊素質，務期軍隊益增精強，俾與盟軍配合，及時反攻，早獲勝利。至於今後國防建設，如國防計畫之確定，陸海空軍之整建，國防工業之建設，復員之全般（盤）計畫與準備，以及榮譽軍人之救濟，退伍官兵之安置，遺族撫恤之實施等等，皆關國家百年大計，更望各主管機關詳加檢討，積極進行，以完成抗戰建國，安定東亞，保障世界永久和平之偉大使命，有厚望焉。

選舉總裁案

（1945 年 5 月 17 日通過）

主席團提：依據修訂本黨總章第五章第二十六條之規定，本大會應選舉總裁，行使第四章所規定總理之職權。茲經主席團一致決議，仍提請選舉蔣中正同志為本黨總裁，並請吳敬恒同志說明提案旨趣，敬候公決。主席致詞，並宣告用起立方法推選。

決議：

全場一致起立通過。

附：

（一）吳敬恒對於選舉總裁說明原文〈略〉

（二）于委員右任對於選舉總裁案致詞原文〈略〉

第六屆中央執監委員名單

（〈略〉，見第一章《抗戰時期中央執監委員名單》）

10. 六屆一中全會[①]（1945 年 5 月 28 日－31 日）

一、六屆一中全會經過

自民國三十四年五月二十一日第六次全國代表大會選出第六屆中央執監委員會，經總裁核定，於五月二十八日舉行第六屆中央執行委員會第一次全體會議開幕典禮及中央執監委員、候補執監委員宣誓典禮。全會當於五月二十八日如期開幕，到中央執監委員、候補執監

---

① 摘自《中國國民黨歷次全國代表大會及中央全會資料》。

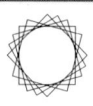

委員 326 人，迄三十一日閉幕。除預備會、開幕式及閉幕式外，舉行大會三次。此次全會承全國代表大會之後，其主要任務為處理大會交下事項，並決定中央執行委員會之組織，其他提案不多，均關於議案之審查。僅設一提案審查委員會，不採分組辦法，另組織第六次全國代表大會決議案整理委員會及中央執行委員會組織方案審議委員會，分負整理審議之責。所在會議經過情形，略誌如次：

開幕典禮、宣誓典禮暨總理紀念週於二十八日上午 9 時假復興關中央幹部學校禮堂隆重舉行，總裁主席，領導行禮後，首總裁宣誓，由吳委員敬恒監誓。其誓詞曰「余誓以至誠遵奉總理遺教，忠心努力於全國代表大會所付託之職責，領導全黨同志實行三民主義，以建設中華民國，促進世界大同。謹誓。」次全體中央執監委員候補執監委員宣誓，由總裁監誓。誓詞曰：「余誓以至誠遵奉總理遺囑，服從總裁命令，信仰本黨主義，遵守本黨紀律，嚴守黨的秘密，絕對不組織或加入其他政治團體，絕對不自私自利，絕對不以個人感情或意氣用事，如有違背誓言，願受本黨最嚴厲的處分。謹誓。」總裁致開幕詞，並講讀《建國方略》《孫文學說》第六章，歷 1 小時始畢。禮成後，接開預備會議，仍由總裁主席。首由總裁提出：推于右任、居正、戴傳賢、孫科、馮玉祥、丁惟汾、鄒魯、葉楚傖、陳果夫、李文范、朱家驊 12 同志為全體會議主席團；經決議通過。並決定提案審查委員會，第六次全國代表大會決議案整理委員會，中央執行委員會組織方案審議委員會之組織，及大會會期。11 時散會。

二十九日上午 9 時舉行第一次大會，居委員正主席。首全體肅立，為抗戰陣亡將士、殉職殉難同胞及死難同胞及盟邦陣亡將士及死難人民默念。次討論中央執行委員會組織方案；經決議重付審查。12 時散會。下午各審查會分別開會審查各案。

三十日上午 9 時舉行第二次大會，葉委員楚傖主席。討論各審查會提出之議案多件，其較重要者為：（一）關於邊疆問題請制定方案及健全主管機構案。（二）製頒水利建設綱領案。（三）規定中央委員為無給職案。（四）六全大會各項決議，應責成中央常會指定同志妥為規劃，切實督導實施案。（五）對於淪陷區及後方各黨部之工作及組織與人事，應依照六全大會決議，重加研究與調整案。（六）中央執行委員會組織大綱修正要點等 6 件。12 時 15 分鐘散會。

三十一日上午 9 時舉行第三次大會，鄒委員魯主席。首選舉中央執行委員會常務委員。次通過：（一）關於六全大會通過本黨政綱政策案之處理辦法。（二）關於六全大會通過國民大會召集案之處理辦法。（三）關於六全大會通過制定政治結社法案之處理辦法。（四）國防最高委員會仍應設置案等 4 件。

最後，總裁提出：（一）行政院兼院長蔣中正同志、副院長孔祥熙同志辭職，擬予照准（二）請選任翁文灝同志為國民政府委員；（三）請選任宋子文同志為行政院院長；經大會決議通過。11 時 40 分散會。旋即舉行閉幕典禮，總裁主席並致閉幕詞。隨即禮成，全會至此圓滿閉幕。

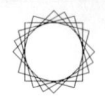

二、六屆一中全會決議（選錄）

中央執行委員會組織大綱修正要點
（1945 年 5 月 30 日通過）

（一）中央常委委員名額增為 25 人，不設當然委員。

（二）中央常務委員會開會時，由總裁主席；總裁因事不能出席時，由常務委員互推 1 人為主席。

（三）中央執行委員會設下列各部、處、會：1.秘書處。2.組織部——主管黨部組織，黨員訓練，並指導黨員在農、工、商、婦女、文化團體及民意機關中之活動。該部內部組織應以此為劃分標準。3.宣傳委員會——原宣傳部所掌管有關國家行政之事項，移由政府設置宣傳部或情報局辦理。4.海外局。5.訓練委員會。6.財務委員會。

組織、海外兩部之內，應各設委員會，其人數以 5 人至 7 人為限。審議各部門一切重要事項，其組織另定之。

（四）中央執行委員會設置下列各委員會：1.農工運動委員會；2.婦女運動委員會；3.文化運動委員會。

（五）中央執行委員會除各部、會、處外，應設置黨務設計機構，或就黨務委員會予以加強。

（六）以上各機關之職權及組織，交由中央常務委員會妥為訂定。

選舉中央執行委員會常務委員案
（1945 年 5 月 31 日通過）

選舉中央執行委員會常務委員結果：計于右任 213 票、居正 212 票、孫科 212 票、戴傳賢 209 票、陳果夫 209 票、陳誠 207 票、何應欽 202 票、葉楚傖 197 票、鄒魯 195 票、吳鐵城 189 票、宋子文 186 票、丁惟汾 185 票、白崇禧 178 票、馮玉祥 176 票、陳佈雷 157 票、李文範 153 票、潘公展 145 票、張厲生 139 票、朱家驊 137 票、張治中 133 票、程潛 132 票、陳立夫 130 票、段錫朋 122 票、張道藩 116 票、陳濟棠 111 票，當選為常務委員。

11. 六屆二中全會[①]（1946 年 3 月 1 日—17 日）

一、六屆二中全會經過

自一中全會迄今，為時已逾九月，中央執行委員會常務委員會為適應抗戰勝利，建設國

---

① 摘自《中國國民黨歷次全國代表大會及中央全會資料》。

實施憲政,並改進黨務,爰於本年1月28日第二十次會議決定於3月1日召開第二次全體會議。並為使全會獲得充分準備起見,於全會開幕前,召集在渝中央委員舉行談話會,對於全會應行商討事項,如改革黨務、政治協商會議事項等等,先交換意見。全會當於3月1日如期開幕,到中央執監委員、候補執監委員330人。大會會期原定12天,嗣經延長5天,迄17日閉幕。除預備會、開幕式及閉幕式外,共舉行大會19次。收到提案177件,內關於黨務者50件,政治者50件,政治協商者8件,地方行政者3件,軍事復員者4件,外交者3件,財政、金融、經濟者30件,交通者7件,糧食者5件,善後救濟者9件,邊疆者8件;均分由各組審查委員會審查,擬具意見,提交大會討論。對黨務、政治、地方參政、善後救濟、糧食交通、財政經濟、政治協商、軍事復員、軍事執行小組及邊疆問題等,均分別由各主管詳為報告;每項報告之後,即舉行檢討,再推定委員組織各項審查委員會,分別起草各項決議案。所有會議經過情形擇要紀述如後:

三月一日上午9時,在軍事委員會大禮堂舉行開幕典禮。總裁主席並致開幕詞,分析當前局勢,闡述和平國策,說明過去成果,指示今後努力方針。總裁詞畢後,即告禮成。於10時接開預備會議,仍由總裁主席。首由秘書處報告到會委員人數。嗣決定會議程式及提案截止日期;並選舉主席團,結果于右任、居正、戴傳賢、陳果夫、孫科、陳誠、何應欽、鄒魯、陳立夫、白崇禧、張道藩等11委員當選為主席團。11時散會。

三月二日上午9時,舉行第一次大會,于委員右任主席。首全場肅立,為全國抗戰陣亡將士及死難同胞、同志默哀致敬。次修改議事規則及規定會議日期。隨即聽取黨務報告,由吳委員鐵城報告。上午11時50分散會。

下午3時繼續開會,戴委員傳賢主席。各委員就對於黨務報告切實檢討,並推定谷正綱等66委員為黨務報告審查委員會委員。下午6時散會。

三月三日上午9時,舉行第二次大會,鄒委員魯主席。首由林委員蔚作軍事復員問題報告,各委員就此報告加以詳盡之檢討;次並推定程潛等51委員為審查會委員。又通過組織地方行政委員會及邊疆問題委員會,推定有關人員先行研討關於地方行政及邊疆問題之報告事宜。12時散會。

三月四日上午8時,舉行總理紀念週。由總裁主席,並致詞,指示認識環境與遵循政策的必要。

9時舉行第三次大會,居委員正主席。聽取財政金融報告。中午12時散會。

下午3時繼續開會,白委員崇禧主席。由翁委員文灝作經濟問題報告,嗣各委員對於財政金融及經濟問題報告詳加檢討。下午6時散會。

三月五日上午9時,舉行第四次大會,孫委員科主席。繼續對於財政金融及經濟問題報告之檢討,隨即推定俞鴻鈞等48委員為審查會委員。又通過孫科等17委員為大會宣言起草委員會委員。12時散會。

三月五日下午3時,舉行第五次大會,何委員應欽主席。聽取外交報告,後即舉行檢討。下午6時散會。

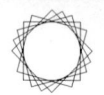

三月六日上午 9 時，舉行第六次大會，陳委員果夫主席。繼續對於外交問題報告之檢討，並推定王寵惠等 55 委員為審查會委員。12 時 10 分散會。

三月六日下午 3 時，舉行第七次大會，陳委員誠主席。聽取善後救濟報告，由浦副署長薛鳳報告後，經各委員切實檢討，並推定宋美齡等 54 委員為善後救濟報告審查委員會委員。下午 6 時散會。

三月七日上午 9 時，舉行第八次大會，戴委員傳賢主席。聽取關於政治協商會議報告，由孫委員科報告，各委員對於此項報告之檢討極為熱烈。中午 12 時散會。

下午 3 時繼續開會，主席于右任。繼續對於政治協商會議報告之檢討。由梅公任等 34 委員聯合提出書面意見，經張厲生、吳鐵城、邵力子 3 委員就所提之質詢即席分別答覆。並經主席團決定增加專題報告兩項：（一）關於商定停止軍事衝突經過報告，由張委員群報告。（二）關於停止軍事衝突及恢復交通之視察報告，由張委員治中報告。下午 6 時散會。晚上 8 時，各組審查委員會分別開會，審查提案。

三月八日上午 9 時，舉行第九次大會，居委員正主席。首為繼續對於政治協商會議報告之檢討，推定孫科等 54 委員為審查會委員。次為政治報告，由宋委員子文報告。上午 11 時 50 分散會。

三月八日下午 3 時，舉行第十次大會，何委員應欽主席。首由張委員道藩說明關於國民大會代表名額商定之經過後，隨即舉行對於政治報告之檢討，並提出質詢，經宋委員子文即席分別答覆，並推定李文範等 73 委員為政治報告審查會委員。後由俞委員飛鵬作交通問題報告。下午 6 時散會。晚上 8 時，各組審查委員會分別開會，審查提案。

三月九日上午 9 時，舉行第十一次大會，白委員崇禧主席。首為交通報告之檢討，經推定張嘉璈等 32 委員為該項報告審查會委員。次則由徐委員堪報告糧食問題。12 時散會。

三月九日下午 3 時，舉行第十二次大會，鄒委員魯主席。首由各委員對於糧食報告之檢討，經推定徐堪等 41 委員為審查會委員。由黃委員紹竑作地方行政報告。下午 6 時散會。晚上 8 時，各組審查會分別開會，審查提案。

三月十日上午公祭葉楚傖、李烈鈞、李夢庚三委員。

三月十日下午 3 時，舉行第十三次大會，陳委員果夫主席。首由何委員應欽報告受降經過，報告畢，全會起立通過通電向蔣委員長暨全體將士致崇高敬意。嗣由各委員對於地方行政作周詳之檢討，並推定張繼等 53 委員為該項報告審查會委員。下午 6 時散會。

三月十一日上午 8 時，總理紀念週，由總裁主席並致詞。9 時舉行第十四次大會，孫委員科主席。主席團宣布大會會期延長 3 日，至 15 日閉幕，所有各審查委員會審查工作，盡於 13 日以前完竣。後則聽取邊疆問題報告：（一）內蒙問題及其解決辦法，由白委員雲梯報告。（二）藏族現狀，由格桑澤仁委員報告。當為各就邊疆報告加以檢討。上午 12 時散會。下午各組審查委員會分別開會，審查提案。

三月十二日上午 9 時，舉行第十五次大會，鄒委員魯主席。首由主席團報告：推定李文範等 15 委員為決議案整理委員會委員。次為張委員治中關於新疆問題解決之方案之報告。嗣則繼續舉行對於邊疆報告之檢討。上午 12 時散會。

下午 3 時繼續開會，何委員應欽主席。仍繼續舉行對於邊疆報告檢討，並決議組織邊疆報告審查委員會，推定白崇禧等 39 委員為委員。次由張委員群報告關於商定停止軍事衝突經過，張委員治中報告關於停止軍事衝突及恢復交通之視察情形。報告畢，舉行檢討。最後由陳委員儀報告收復臺灣情形。下午 6 時 15 分散會。

三月十三日上、下午各組審查委員會分別開會，審查提案。

三月十四日上午 9 時，舉行第十六次大會，白委員崇禧主席。首由劉委員斐報告東北軍事情形，張委員嘉璈報告東北經濟接收情形，嗣各委員對於東北問題詳加檢討。上午 12 時散會。

下午 3 時繼續開會，居委員正主席。繼續檢討東北問題，並決議組織東北問題報告審查委員會，推定朱霽青等 30 委員為審查會委員。旋由鹿委員鐘麟報告宣慰華北情形。嗣則討論常務委員名額及選舉方式，並通過對於糧食問題之決議案。下午 6 時散會。

三月十五日上午 9 時，舉行第十七次大會，鄒委員魯主席。討論各組審查提出之議案多件，其重要者：對於軍事復員工作、交通問題及善後救濟、政治報告決議案 4 件。12 時散會。

下午 3 時繼續開會，何委員應欽主席。繼續討論各組審查提出之議案。下午 6 時散會。

三月十六日上午 9 時，舉行第十八次大會，蔣總裁主席。通過重要之案為：（一）對於政治協商會議報告之決議案。（二）對於外交報告之決議案。上午 12 時 30 分散會。

下午 3 時繼續開會；戴委員傳賢主席。首由主席團報告：（一）國民政府委員之產生方法；（二）總裁指示撤銷國防最高委員會，恢復成立中央政治委員會案；（三）國民大會本黨代表之分配及產生辦法；均經大會通過。並決議由大會選舉總裁為國民大會本黨代表。次則選舉常務委員及選舉國民大會本黨代表。下午 6 時 30 分散會。

三月十七日上午 9 時，舉行第十九次大會，蔣總裁主席。首宣布常務委員選舉及國民大會本黨代表選舉結果。隨即討論之議案，計通過重要案件：（一）對於東北及華北黨務報告之決議案。（二）對於邊疆黨務之決議案。（三）對於邊疆問題報告之決議案。（四）對於地方行政報告之決議案。（五）對於財政、金融、經濟報告之決議案。（六）全體會議宣言。下午 1 時 15 分散會。休息 10 分鐘後，繼續舉行閉幕典禮，總裁主席並致詞，隨即禮成，至此圓滿閉幕。

二、六屆二中全會決議（選錄）

對於政治協商會議之決議案
（1946年3月16日通過）

本會聽取關於政治協商會議之報告，並審查張委員繼、楊委員森、郝委員任夫、苗委員培成等所提有關各案，為綜合之決議如下：

抗戰勝利以後，和平建國為舉國一致之蘄求，尤為本黨繼承總理遺志，實現三民主義應完成之歷史使命。爰由國民政府召集政治協商會議，冀以政治方式消除一切糾紛，保障和平統一，完成建國之大業。故在協商進程中，凡屬國家民族利益所在，本黨均不惜以最大之容忍為多方之退讓，委曲求全，俾底於成。其所協議諸端，本黨秉為國民之夙願，自當竭誠信守，努力實踐。惟是體察當前之情勢與立國永久之大計，關於下列各點，特別致殷切懇摯之願望：

一、國民政府既須改組，容納各黨派分子參加，各黨派均應一本忠誠，為國家之和平統一、民主建設而共同努力。尤其屬望中國共產黨切實依照協議，在其所占區域內首須停止一切暴行，實行民主，容許人民有身體、思想、宗教、信仰、言論、出版、集會、結社、居住、遷徙、通訊之自由及各黨派公開活動，使政治民主化之原則不致因任何障礙而不能普遍實現。

二、軍隊國家化乃和平建國之先決條件，此次軍事小組所訂之「軍隊整編及統編中共部隊為國軍之基本方案」，中國共產黨務須切實履行。尤其目前一切停止衝突，恢復交通之成議，必須迅確實現；封鎖、圍城、徵兵、擴軍及軍隊之調動，必須即刻停止；俾全國秩序得以恢復，人民痛苦得以紓解，「軍隊國家化」之障礙，得以首先掃除。

三、三民主義為建國最高原則，早為全國所遵奉，已為此次政治協商會議所共認，而五權憲法乃三民主義之具體實行方法，實有不可分離之關係。權能分職，五權分立，尤為五權憲法之基本原則。本黨五十年來領導革命，悉為實現此最進步之政治制度，以建立國家而奮鬥，絕不容有所違背。所有對於五五憲草之任何修正意見，皆應依照建國大綱與五權憲法之基本原則而擬訂，提出國民大會討論決定，庶憲政之良規得以永久奠定。

總之，此次政治協商會議，以和平建國為目的，則於各項協定之實施進程中，凡有足為和平建國之阻礙者，胥必力為排除，乃能措國家於盤（磐）石之安，而躋人民於康樂之境。本黨矢以貞恒，勉盡職責，並願各黨各派共體時艱，相與開誠協力以赴。

對於有關東北及華北黨務之決議案
（1946年3月17日通過）

東北與華北目前情況特殊，險象環生，今後如何演變，尤難預測。無論如何，以本黨在東北與華北之現有組織與力量，從事政治鬥爭，實感不足。謹綜合各案意見，擬訂加強東北及華北黨務辦法如下：

一、東北及華北之黨務，必要時得分區設執行部或其他指導聯繫機構。

二、東北及華北各級黨部之組織編制與活動方式，得參照實際情形酌量訂定。

三、東北及華北黨務經費（尤其是活動費），應特別從寬籌撥，靈活運用。

四、東北及華北黨務工作，應以民眾運動及地方自治為中心工作，並使之與人民自衛力量密切配合，各該地黨員之工作技術訓練尤應特別加強。

五、東北及華北各級黨部幹部，在未選舉前，應選拔各該地富於鬥爭經驗與領導能力之同志擔任。其過去地下工作及目前流亡之同志，並應由各該政府予以儘先從業機會。

六、東北及華北各省縣之黨政關係，應儘量發揮以黨統政之精神。

三、對其他黨派與無黨派人士的監視與防範

1. 軍統局渝特區打入各黨派發展情報組織的情況[①]（1939年）

〈前略〉

川省為抗戰根據地。渝市為戰時首都，全國軍事、政治、經濟、文化之中心。每一動靜，波及全國，關係異常重要；同時，黨派對立，奸間潛伏，地方與中央未能畛畦盡泯，環境亦復特殊複雜。本區建立伊始，工作區域有川東南及滇黔邊七十八縣，而過去係地方布置，僅有通訊員二十人，各縣市區正式任用同志二十六人，寬深度均極不夠。且在軍政方面，則未能廣布上層；黨派方面，則未能打進核心。是以發展組織，至為急要。現機關通訊員已有四十七人，各縣市有八十一人（助手及運用者除外）。茲將進行原則摘述於下：

一、打進敵對黨派。共黨為主要異黨，其組織發展，著重青年學生與機器產業工人。已指派同志從人事關係與文字通訊設法接近。瀘縣吸收該黨工作人員梁××，運用江安學生李××加入該黨組織。其周邊團體，渝市職業互助會，派有王××參加，川東青記學會，派王××參加，並另派吳××參加，暗中互相監視。至青年黨在川省活動有悠久之歷史，其潛力布達軍政各階層，足以煽動變亂。在此期間，尤堪注視。因派楊××打入該黨並飭其潛行活動，勿求近功，以期滲透上層，現已能接觸該黨首要李璜、林時懋等，查悉該黨內部組織、人事暨其經濟與政治活動之趨向，收穫至多。最近復派閻××設法進行打入。其餘國社黨、第三黨暨人民陣線方面，亦有上層路線隨時偵查其動態。

〈後略〉

[①] 本文摘自《渝特區二十八年份工作總報告》中「丙、工作」一節，標題為編者所擬。

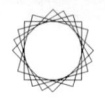

2. 軍統局渝特區 1940 年工作計畫大綱（節錄）①（1939 年）

內容	實施辦法	完成期限
加強布置	一、打入共產黨、國社黨、第三黨等之主要異黨，設法吸收各該黨動搖分子。二、發展漢奸路線，派適當人員投入異黨活動最力之學校、工廠與其首要接近，打入其組織。三、吸收各方情報組織內勤人員。四、加強在渝各軍政要人左右之佈置。五、完成各重要機關之佈置。	隨時進行
建立內線	一、先調查異黨擴展組織動向、吸收條件，再選擇物件調查其社會關係，相機感化或威脅利用。二、策動外勤相機進行。三、調查其動搖分子及其原因和社會關係。	
鎮壓異黨	一、檢查各黨各派相互接近及其衝突情形。二、注意各黨派之組織活動及其參加各種政治集會，注意各黨首要言態。三、檢查各黨派對中央措施之反應。	九月起十二月
異黨活動	一、策動內線、切實偵察。二、檢查各異黨公開宣傳刊物，或秘密檔。三、派員參加各種政治集會，注意各黨首要言態。四、擬定要點派有路線同志，按時分別與異黨首要接觸。五、監視異黨首要及活動代表之行動。	

3. 教育部秘書處為嚴查並防範共黨活動致四川省立教育學院密函②（1939 年 9 月 1 日）

　　准重慶衛戍總司令部密函開：「據報周恩來夫婦原寓曾家岩五十號，七月一日周氏奉中共中央密令赴陝調查陝北延安各地之國共演變情形③，周妻鄧穎超遂移居化龍橋紅岩嘴四十一號，後又移至高店子（在歌樂山）兒童保育院第一分院院長曹孟君女士家中居住。鄧氏最近負責考核在渝共產黨支部之工作並推動重慶支部之幹員李濟甫、李濟生、宋良懷等七人在重慶大學、南開大學、復旦大學及中央各大學校內設法吸收學生前往陝北入學。目前被吸收者已有五百餘名，現在進行考核，如確能忠於共黨者，即可赴陝受訓。此外並有曹孟君（見前）、史良（婦女指導委員會委員，該會在求精中學）等在其指導之下，組織婦女界先鋒隊赴戰區作宣傳及慰勞將士等工作，並以史良負責較多等語。除分函外，相應函達，即希查照參考。」等由，准此，為特函達，即希查照、嚴密查明，妥為防範並請見復為荷。

　　此致 高院長詠修 ④

教育部秘書處
九月一日

---

① 本表摘自《渝特區二十八年份工作總報告》中「己、二十九年工作計畫」一節，原表標題為「渝特區二十九年工作計畫大綱」，此處僅摘取與各黨派有關的部分。
② 摘自四川省教院檔案。
③ 國民黨軍警憲特機關的情報有時是很不準確的，此處所說周恩來 1939 年返延安的時間並非 7 月 1 日，而是 6 月 18 日。
④ 高詠修即四川省教院院長高顯鑒。

4. 國民政府軍事委員會政治部巴字第 2422 號密令[①]（1940 年 5 月 4 日）

一、凡政工人員須加入中國國民黨，不得藉辭拒絕或申請緩入，其未入黨者，限五月底前，將其不入黨原因查明報核。二、政工人員與共黨有舊關係者，分別揆其情節作下列之處置：

（一）與共黨有關係，曾經聲明脫離者，應並有反共事實之表現，如發現其與共黨恢復關係者，一經查（察）覺，即處以極刑。

（二）原係共黨，因抗戰參加工作者，應設法介紹其入黨，入黨手續，除按一般規定辦理外，必須先聲明脫離共黨，並須有二人以上之保證，聲明方式規定為向主官填具切結，其不願入黨者，應遵照中央「無黨籍者，不得銓敘」之規定，呈報解除其職務，其入黨後，仍從事共黨活動者，照（一）項規定辦理。

（三）與共黨接近原非共黨者，應誘掖感化之，使其加入本黨，其思想行動，應隨時隨地嚴密
考察之，並得保送中央訓練機關受訓。

三、照前條規定應處極刑者，各級政治部獲得確切證據，得先予以拘押，連同確切證件，解送本部訊辦；必要時得由各行營（轅）戰區政治部相機處理之，惟應將詳情報本部，核明後執行。

四、各級政治部主任，得指定忠實幹部，擔任偵察工作，並須將其姓名密報本部備查，偵察對象如次：

（一）言論反動，有為共黨宣傳之嫌者。
（二）平素讀閱共黨書報，對共黨無批評表示者。
（三）未負使命與共黨機關來往者。
（四）有工作能力，工作方法，工作技巧而不在其工作範圍內表現者。
（五）對規定事項不辦而暗行忙碌者。
（六）無正當事故，時常請假者。
（七）態度異常者。

五、各級政治部如發現有共黨，經他人檢舉告發者，其政治部主任，應受連帶處分。

六、戰幹團學生於入校三月後，一律須宣誓入黨，如有思想錯誤行動幼稚不符入黨資格者，須予特殊訓練，並將酌量淘汰之。其頑固不化者，得予長期監禁，令讀總理遺教，總裁訓詞，直至反悔之日為止。

七、戰幹團學生畢業後，分發各級政治部服務時，各級政治部主任，應嚴密督導、考核，如發現其有不軌行為，應即限制其活動，並得相機處理之。

八、新任政工人員及各級政治部成立之戰時工作團隊人員，應先入黨委派，其不按手續辦理者，承辦人應負瀆職之罪。

---

① 摘自《團結抗戰！反對內戰！》一書，1940 年編印，原件存重慶紅岩革命紀念館。

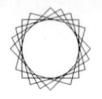

九、各級政治部之司書及傳令兵，應特別注意訓導與考察，免為共黨利用或混入。

十、檢舉必須確實，不得挾嫌誣陷，如有挾嫌誣陷者，予以反坐。 十一、本辦法呈部長核准後施行之。

5. 中國國民黨中央黨部致各省黨部密令① (1940 年 9 月 9 日)

共產黨實施宣傳政策，自辦□□書店外，復用各書店推行書籍，今後對付之方法為：

一、對以營業為目的之書店，應以威脅方法或勸告方式，使其停止推銷。

二、對共黨書店，應派人以群眾面目大批收買焚毀之，或衝進該店搗毀之，惟事先應布置周密，與當地軍警憲主管機關取得聯繫，接洽妥當，對外絕對祕密，以免對方藉口。其進行情形，隨時呈報。

6. 中國國民黨中央組織部渝字第 13313 號通令② (1940 年 7 月)

自抗戰開始，某黨假抗日之名，偽示服從政府領導指揮，以冀蒙蔽本黨，欺騙民眾，實行其一貫的顛覆民族國家，危害本黨之陰謀，從未須臾放棄。近來破壞抗戰大計，企圖奪取政權陰謀，日益明顯，在戰區既與本黨公開對立，在後方亦復潛植力量，以圖遂行其擾亂之陰謀。本黨為保障勝利，鞏固國祚起見，應出以更堅決之態度，對於防止某黨活動辦法，除應徹底執行中央已頒行之各種辦法外，軍隊黨部應與地方黨部密切合作，協助進行。關於某黨分子活動之偵查，非法社團之取締解散，異黨分子之拘捕以及需要緊急處置事項，地方黨或因技術力量之不足，軍隊黨部均須充分協助，務期為圖圓滿有效之防止，以免各自為政，致失機宜之弊。對於此種事項之處理，應於每月工作會報內列報，其較為重大者，並應隨時密報，以備查考。除分令外，特令仰遵照為要，此令。

---

① 摘自《團結抗戰！反對內戰！》。
② 摘自《團結抗戰！反對內戰！》。

7. 行政院關於對共產黨動向嚴加注意的訓令衛字第10268號①(1941年2月17日)

令重慶市政府
　　案准軍事委員會派辦四員已禮匯代電開：「據報『中共中央目前對四川共黨動向之指示：（一）積極發展組織（二）恢復過去之組織（三）已暴露分子調開（四）偵察國民黨內部（五）深入農村組織，獲取合作社經濟權（六）深入工人組織，運動罷工，提高工價（七）深入學校，吸收青年（八）深入軍隊組織，實行兵運（九）大量協助各種合法民眾團體（十）聯絡並收編土匪（十一）挑撥中央與地方之情感（十二）調抗大學生來川活動（十三）以川省邊區　為發展地點』等語。除分電外，請飭屬注意為荷。」等由，准此，除分行外，合行令仰該府就主管有關事項嚴加注意為要。此令。

　　　　　　　　　　　　　　　　　　　　　　　　　　　　　院長　蔣中正

8. 重慶衛戍總司令部關於五一勞動節施行秘密戒嚴的密代電②(1941年4月24日)

　　重慶市警察局唐局長鑑：查「五一」勞動節轉瞬即屆，為防奸黨乘機活動起見，各處應於是日施行秘密戒嚴一天。其戒嚴應注意事項概定如左：（一）各教育機關、學校、工廠以及《新華日報》社，應派便衣人員秘密監視，以防奸黨在內作各種不法之活動。（二）各交通要點、倉　庫、重要機關附近、遊藝場所以及人口繁集處所等，應等別派遣便衣員兵（警）嚴行警戒，並　另派便衣遊動巡查哨在各處往來逡巡，以防意外。（三）擔任戒嚴人員，對可疑行人及住宅，應　隨時加以抽查，並注意奸黨在各處散發或書肆出賣違反政府與本黨立場之各種宣傳文字。（四）　施行戒嚴時，除必要外，務以秘密而不露形跡為原則。以上各項，除分電外，希即遵辦具報為要。劉峙、賀國光。敬。坤一衛雄。叩。

9. 重慶市警察局第八分局奉令偵防第十八集團軍辦事處人員行動的呈文③（1941年5月28日8時）

　　案奉鈞局本年五月十日秘字第一九四號密令略開：為抄發情報三則〈略〉，令仰偵防，仍將遵

---

① 摘自重慶市政府檔案。
② 摘自重慶衛戍總司令部檔案。
③ 摘自重慶市警察局檔案。

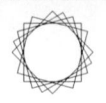

辦情形隨時具報為要。等因。附抄發情報一份，奉此，遵經密令各所偵防，並查該項情報第二則所列第十八集團軍辦事處，係本管化龍橋分所管區。當令該所特別嚴查防範，並將遵辦情形隨時具報。茲據該所密呈稱：遵即密飭所屬長警及保甲人員切實注意偵防該處人員行動，隨時報告，迄今尚無不軌行動。等情前來，除指令仍仰該所隨時偵察防範具報外，奉令前因，理合將遵辦情形先行呈報鑒核。謹呈：

局長　唐

代理分局長　沈佐洛

10. 重慶市政府轉飭警察局查禁晉察冀日報的密令① （1941年9月4日）

令本市警察局

頃准內政部本年七月三十日渝警字第九三三一號密諮內開：案准中央宣傳部函：查晉察冀邊區出版之晉察冀日報四月十七日社論《反對親日派反共頑固分子摧殘文化的罪惡行為》及十八日社論《中國工人階級當前的任務》兩文，內容皆詆毀本黨，抨擊政府，言辭偏激，持論荒謬，亟應取締，以免淆惑。請轉各省市政府會同當地黨部查禁。等由。准此，除分行查禁外，相應諮請查照辦理為荷。等由。准此，合行令仰該局遵照查禁為要。此令。

市長　吳國楨

11. 重慶市警察局奉轉林彪來渝飭屬知照的訓令行治字第3549號② （1942年9月6日）

令十分局

案准重慶市衛戍司令部副官處本年十月一日□字第二三九七號公函開：「奉交下軍委會西安辦公廳甲豔電一件開：第十八集團軍第一一五師師長林彪奉召赴渝，乘坐軍字第二五七三六七九號卡車一輛，率領隨員伍雲甫，衛士楊士林、黃金友，押車鐘隆秋，司機張永清，副司機閻再生、修理閻瑞萍一行共八人，攜帶自衛手槍四支，號碼：257746592、13409、2162559、261319，子彈一百三十粒，行車用汽油一百加侖，酒精五十加侖及行李等

---

① 摘自重慶市政府檔案。
② 摘自重慶市警察局檔案。

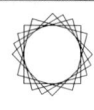

件，日內由西安起身，除由本廳發給軍用證明書收執，並分電外，希查照為荷，並批轉運輸統制局、憲兵第十九團、第二十一團、第四分區司令部稽查處、警察局知照。等因。除遵辦外，相應函請查照為荷。」等由。准此，除分令外，合行令仰該分局長即便轉飭所屬一律知照。此令

局長　唐毅

12. 重慶衛戍總司令部臨時會議防止共產黨活動辦法案（節錄）[①]（1943年）

一、加強內線佈置——奸黨之活動，著重於學校工廠。此類□查案件，不能深入與接近，
鮮能奏效。擬請由各□□□□在各該地學校工廠物色忠實可靠之分子，作我工作之內線，以打擊奸黨之活動。
二、檢扣奸偽宣傳品——最近衛戍區各縣，發現奸偽之報紙刊物等宣傳品甚多，影響民眾聽聞極大。如無檢查（察）機關之縣，應即由各該地有關部門派員詳加檢扣。如民間借閱此類物品者，亦應查究，庶使奸偽刊物不易推廣。
三、奸偽在各縣潛伏，必賴電訊傳遞以通消息——在市區各軍專用電臺，已由本部發給許可證後，始能准其通訊。今後外縣電臺，應隨時派員前往偵查協助衛戍部各地稽查所辦理，藉收宏效。

13. 重慶市警察局監視奸偽工作報告[②]（節錄）（1944年）

前奉主席令監視奸偽活動。當經擬具監視奸偽辦法呈奉核定。乃在本局設置視導室負責主持，會同有關機關辦理，同時運用本局所屬各機構，如分局、所、隊、各區鎮、保甲，遵照核定辦法，予以密切監視。其辦法為左：
一、關於奸偽機關、報社、印刷所方面，於每一單位派一人專負監視之責，運用該管分局所隊員警及區鎮保甲予以監視。
二、關於奸偽分子之個別活動方面，交由各單位隨時予以偵查注意。
三、關於交通站及公共場所方面，派員警密切注意偵查。
四、關於下層社會，尤恐奸偽分子潛跡其間，故先從事各重要幫會之切實調查，並建立通訊網。

---

① 摘自重慶市衛戍總司令部檔案。
② 摘自重慶市警察局檔案，本材料選自《重慶市警察局工作報告（自三十二年八月二十一日至十二月三十一日）》的第二部分"奸偽監視"，標題是編者所加。

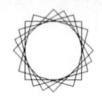

五、關於工人組織,如各重要工廠,除與廠警取得聯繫外,並於內部建立通訊網,就近偵查奸偽之活動。

根據以上幾點,求達如下之瞭解:

(一)瞭解奸偽之組織情況。

(二)瞭解奸偽就陪都為據點之部署。

(三)瞭解奸偽目前之策略路線。

(四)瞭解奸偽及其接近分子與可能變為奸偽分子之日常活動。

最後並依此瞭解而求達以下目的,以根本撲滅之。

1. 以組織對組織。

2. 以情報對情報。

3. 以策略對策略。

4. 以行動對行動。

至所有奉令查禁之書報畫刊亦飭所屬隨時予以取締。

14. 軍統渝特區關於各黨派負責人召開座談會的情報①(1944年11月15日)

據報:共產黨首要董必武、職教派首要黃炎培、救國會派首要張申府、青年黨首要左舜生等,曾於11月9日晚8時,在信義街39號左宅開座談會,由董必武任主席,討論一般國事問題。席上董稱:現在戰爭過於緊急,我等各黨派間,尤應密切聯絡,以度難關,以建立三民主義之中國。左舜生則稱:中共之戰績及軍事形勢之優勝,謂必定可取得勝利,並再配合各黨派間人力之動員,必可打破任何難關云。會議至10時20分始散。(章)

15. 軍統渝特區關於1944年11月13日至15日周恩來活動情況的情報②(1944年11月16日)

據報:周恩來三日來之動態,根據各方報告,統計如後:

13日:上午9時20分,偕伍漢民(系上將乘「2390」車來)、陳家康乘「2390」車外出,

---

① 摘自軍統特務機關《情報輯要》嚴字第十號,民國三三年十一月十五日,原題為"傳各黨派首要曾開會座談"。

② 摘自軍統特務機關《情報輯要》嚴字第十一號,民國三三年十一月十六日,原題為"三日來之周恩來動態"。

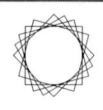

10 時原車返。下午 7 時偕陳家康、王若飛、張曉梅等赴文化工作委員會之宴，旋即赴天官府街郭沫若家。

14 日：上午 10 時 20 分偕龍飛虎、陳家康、王炳南等乘「1022」車外出，11 時 10 分，赴中四路美海軍處，12 時返。下午 2 時，偕王若飛、朱語今、徐冰、龍飛虎等乘「1022」車外出，3 時許，同車返。下午 7 時，偕陳家康、龍飛虎乘「1022」車外出，10 時半人車均返。

15 日：上午 10 時 20 分，偕龍飛虎、陳家康、徐冰等乘「1022」車外出，11 時 5 分原車返。12 時半，又偕陳、龍及張曉梅乘「1022」車外出，2 時 20 分原車返。（洪鐘黎）

16. 軍統渝特區關於董必武、黃炎培活動情況的情報[①]（1944 年 11 月 29 日）

奸偽董必武於 24（日）上午 11 時步至張家花園 56 號，造訪職教派首要黃炎培，會談歷一小時。（鐘）

17. 軍統渝特區關於張瀾活動情況的情報[②]（1945 年 7 月 13 日）

一、張瀾：中國民主同盟首要張瀾此次來渝召開該盟會議（包括各黨派）後已抱病於特園。12 日尚服中藥云。
二、12 日上午 12 時，有一著長衫之光頭來 23 號訪張瀾，停半小時離去。（鐘）

18. 軍統渝特區關於上清寺特園動態的情報[③]（1945 年 7 月 20 日）

13 日下午 5 時，邵從恩偕三女孩來特園訪張瀾，6 時辭去。范朴齋（係張瀾私人秘書）14 日晚 8 時致邵從恩函索參政會特種審查會名單，旋即送來。15 日上午 11 時，川康平民銀行周經理，乘國渝 1201 車來特園午宴，下午 2 時離去。史良於 15 日上午 11 時 25 分來，下午 3 時

[①] 摘自軍統特務機關《情報輯要》嚴字第十一號，民國三十三年十一月二十九日，原題為"董必武訪黃炎培"。
[②] 摘自軍統特務機關《情報輯要》嚴字第八十一號，民國三十四年七月十三日，原題為"上清寺三十三號特園動態"。
[③] 摘自軍統機關《情報輯要》嚴字第八十二號，民國三十四年七月二十日。原標題為"上清寺二十三號之動態"。

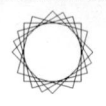

離去。張朝珍同日上午 8 時來，下午 4 時去。劉王立明同日 12 時赴午宴，下午 5 時離去。另有羅子為者寄居該號內，每日上午 7 時外出，晚 11 時始返。又悉本星期六（21 日）鮮特生將宴賓客約 10 席人之多云。（鐘）

19. 軍統渝特區關於沈鈞儒活動情況的情報①（1945 年 7 月 20 日）

16 日下午 3 時 10 分，沈鈞儒來新華報館營業部，停 10 分鐘，攜帶書籍一包乘人力車往臨江門方向去。（洪）

20. 軍統渝特區關於青年党左舜生等活動情況的情報②（1945 年 7 月 20 日）

左舜生：11 日下午 3 時零 5 分，由 39 號③出經過街樓往陝西路乘人力車赴會場（參政會）。

12 日上午 11 時 50 分，左偕一男子由 39 號出往中正路乘人力車經民族路五四路五一路中一路至衛戍部下車去張家花園職教社，下午 6 時 10 分乘人力車返回。

陳啟天：11 時上午 8 時偕一老者由 39 號出經過街樓乘人力車赴會場，陳於 11 時半返回，該老者於 12 時半返回。下午 3 時 20 分，又同往陝西路乘人力車到會場，陳於 5 時半返回，該老者於晚 8 時返回。

陳一清：（陳為助理左舜生之者，辯為左之同鄉）11 時上午 8 時 40 分出往陝西路勝利銀行 旋往第一模範市場中國農工銀行，又往民族路匯通銀行，繼經小什字中正路買燭一包攜回。下午 2 時正往陝西街，旋即返回。12 日上午 10 時 20 分往民族路旋即返回。（鐘）

左舜生 16 日未見外出，於上午 8 時 35 分有不知名之兩參政員攜香煙數包來 39 號，迄晚來人外出，聞在內雀戰④。17 日上午 11 時左偕一女子約二十六、七歲由 39 號出經過街樓福祿壽 茶館吃午飯，歷時一小時，左某返回。該女子步往良莊（據查該女士系新民報記者）。

---

① 摘自軍統特務機關《情報輯要》嚴字第八十二號，民國三十四年七月二十日，「奸偽動態」一欄，此文係該動態第 3 條。
② 摘自軍統特務機關《情報輯要》嚴字第八十二號，民國三十四年七月二十日，前三段係該《情報輯要》第一部分，第四段為第四部分，載「信義街三十九號動態」。
③ 「39 號」，即信義街 39 號，是左舜生住宅，青年黨黨部所在地。
④ 「雀戰」，指玩一種四川地方紙牌名為「雀牌」。

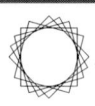

21. 軍統渝特區關於民盟活動情況的情報（1945年9月25日）

　　據報：中國民主同盟定於本年 10 月 1 日在渝舉行全國代表大會，推定羅隆基為大會秘書長、左舜生、章伯鈞、羅涵先、羅子為等為籌備委員，決定各省市支部出席代表一律於 9 月 25 日前選出報告中央。聞出席代表蓉昆兩處各十人，渝市七至九人。此次大會之重要議題為討論該盟究系政黨抑係一種運動，以確定其組織性質及決定該盟綱領，並選擇中央委員云。（鐘）

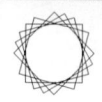

第二章　中共中央駐渝代表機構及其活動

一、中共中央南方局暨中共代表團

1. 周恩來、葉劍英關於重慶辦事處作為全國交通聯絡中心給中共中央的建議電[①]（1938年11月12日）

全國交通網，請分西北、西南、海上三個中心：
一、西安任西北、華北及中央之聯絡。
二、桂林（將來貴陽）任東南、西南之聯絡。
三、香港聯絡沿海及海外。
四、重慶為三個聯絡的中心，辦事處移該處，陳、周、博[②]等均有機會在該處作短期停留。

2. 中共中央書記處關於南方局領導成員的決定[③]（1939年1月5日）

中央書記處會議提議將華南及西南各省合併成立一中央局，建議改名為西南局[④]，參加的名單為：周恩來、博古、凱豐、張文彬、徐特立、吳玉章、葉劍英、廖承志、吳克堅（黨報）、鄧穎超、劉曉、高文華、董必武，以周恩來為書記。

[①] 此建議摘自周恩來、葉劍英關於黨的中央局駐地及隸屬區域等建議致中共中央書記處電文的第八點。原件存中央檔案館。

[②] 陳、周、博，指陳紹禹（王明）、周恩來和博古（秦邦憲）。

[③] 原載《南方局黨史資料·大事記》，編者所加標題無中共二字。中共二字係本書編者所加。

[④] 原載《南方局黨史資料·大事記》，編者注：按周恩來的提議仍定名為南方局。

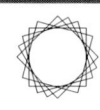

3. 中共中央書記處關於同意周恩來等六同志為南方局常委的指示[①]（1939年1月13日）

南方局：

一、同意南方局名稱，以周、博、凱、吳、葉、董六人[②]為常委。

二、如項[③]不願管贛北，江西全部可歸南方局管。

三、同意對鄂西北及湖北省委之提議。

四、劉曉還未離上海，何人代替他還不知道。上海工作仍歸南方局管。

中央書記處

4. 中共中央南方局關於組織分工等問題致中央書記處電[④]（1939年1月16日）

中央書記處：

一、南方局已遵電示開會。組織分工為博古組織，凱宣傳及黨報，周統戰，葉聯絡，克堅報館，鄧婦女，缺青年請派南翔來。[⑤]

二、南方局設重慶，桂林設辦事處，聯絡湘贛粵桂及香港運輸。

三、川省委暫分川康及川東兩特委。川東特委務請派一書記來。滬工作極便利發展，劉曉以不調為宜。

四、鄂北及鄂西北仍請劃入中原局，歸豫西省委管理，鄂省委則管鄂西湘西北。

五、粵湘均開擴大大會，博、葉分別出席，博今早飛桂轉粵。

六、江西區分待與東南局商定再報。

南方局

---

① 原載《南方局黨史資料·大事記》，編者注：原文係電報稿，標題為編者所加。本書編者轉載時，在原標題前冠「中共」二字。
② 原載《南方局黨史資料·大事記》，編者注：周、博、凱、吳、葉、董六人，是指周恩來、博古、凱豐（何克全）、吳克堅、葉劍英、董必武。
③ 原載《南方局黨史資料·大事記》，編者注：項是指東南局書記項英。
④ 原載《南方局黨史資料·大事記》。凱、周、葉、克堅、鄧、南翔，指凱豐、周恩來、葉劍英、吳克堅、鄧穎超和蔣南翔。
⑤ 來、葉劍英、吳克堅、鄧穎超和蔣南翔。

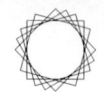

5. 南方局關於內部工作佈置給中共中央書記處的報告電（節錄）[①]（1940年10月22日）

一、組織部管幹部、組織領導、交通發行、黨費收支及直屬黨員，博古下石磊祕書，工作人員三。

二、宣傳部管黨報群（眾），宣傳教育、指導刊物、編審國際宣傳及圖書室，凱豐下許滌新祕書，工作人員三。

三、統委下設軍政、黨派、社會、婦女、青年五組，董正葉副，梓木秘書，加委員六人，分管統戰直屬黨與非黨幹部。婦、青兩組由婦、青兩委兼。婦委穎超並委員四人。青委南翔並委員三人。軍政組下辦材料室。

四、文委下分書店、宣傳、文化、文藝、新聞五組，凱正周副，徐冰秘書，加委員五人；分管文化直屬黨與非黨幹部。

五、國際問題研究室，以新華日報館章漢夫負責，博古領導，編有國際問題資料油印本。

六、劍英辦公處，劍英負責。

七、南洋工作，博古負責。

八、敵後工作，恩來負責。

九、社會部博古、克堅，李濤為委員代周怡（周回延）者，李濤為秘書兼負情報。十、秘書處分機要、報務、文書三組，小鵬[②]秘書。

6. 中共中央關於王若飛主持工作委員會問題給林伯渠、董必武、王若飛的指示[③]（1944年11月7日）

林、董、王：

一、如董老能同林老一道回延，仍望若飛同志留渝主持工作，以待董老返渝。

二、在若飛主持下，可組織工作委員會，以王及劉少文、徐冰、錢之光、熊瑾玎、潘梓年、童小鵬七人為委員，王為書記。在討論有關工作時，滌新、友漁、漢夫等可列席。

中央　戊虞辰[④]

---

① 原載《中央文件選編·關於南方局部分》，中央檔案館編，中共中央黨校出版社，1989年8月。
② 「小鵬」即童小鵬。
③ 原載《南方局黨史資料·党的建設》，南方局黨史資料徵集小組編，重慶出版社，1986年。該資料編者注：「這是周恩來為中共中央起草的指示」，標題是編者加的。
④ 戊虞辰，指11月7日辰時。

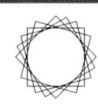

7. 中共中央政治局關於由周恩來等七人組成代表團赴重慶與國民黨談判和重慶局委員人選等問題的決議①（1945年12月15日）

一、通過毛主席擬的1946年工作指示電。

二、通過代表團七人名單：周、董、王、葉、陸、鄧、吳。②

三、關於憲法問題，成立憲法研究委員會，以祥、明、博、謝、陳③等同志負責，再吸收些同志參加研究。

四、周提議正式成立南方局，目前稱作重慶局，即以董、王領導的工作委員會而擴大之。

提議重慶局正式委員九人：董、王、徐（冰）、華④、錢（之光）、錢（瑛）、潘（梓年）、熊、劉（少文）。董為正書記，王副之。

提議後補七人：王世英、章漢夫、童小鵬、張友漁、許滌新、王炳南、夏衍。

以上正式與後補名單通過。

二、團結抗日的綱領與方針

1. 中國共產黨中央委員會為抗戰兩周年紀念對時局宣言⑤（1939年7月7日）

親愛的同胞們！英勇的將士們！

中國共產黨中央委員會，謹以無限之熱忱與興奮，紀念偉大神聖之民族的抗戰兩周年！

兩年來，我前方數百萬將士，以熱血頭顱抵抗暴寇，忠勇奮發，勞苦備嘗，當此抗戰兩周年之日，中共中央謹向蔣委員長及我保衛國土之忠勇將士，致崇高的敬禮。

兩年來，我數萬萬民眾及海外僑胞，萬眾一心，精誠團結，努力生產，協助軍隊，輸財輸力，支援前線；而在淪陷區之同胞，雖身陷水深火熱之中，仍群起抗敵，奮鬥不懈；中共中央

---

① 這份材料摘自1945年12月15日中共中央政治局會議記錄，標題為本書編者所加。原件存中央檔案館。
② 即周恩來、董必武、王若飛、葉劍英、陸定一、鄧穎超、吳玉章。
③ 即王稼祥、王明、博古、謝覺哉、陳雲。
④ 華，即華崗。原載《解放》週刊
⑤ 75、76期合刊。

謹向我全國同胞及海外僑胞致親切的敬意。

兩年來，在火線上，在敵機下，在敵人暴行中，萬千壯士，英勇捐軀，老弱婦孺，慘遭蹂躪，中共中央謹向我民族英烈致沉痛的哀悼，謹向英烈之遺孤遺族致親切的慰問。

兩年來，世界各國人士，或則主持公理，仗義執言，或則慷慨輸將，助我抗戰，或則抵貨拒運，制裁暴寇；中共中央謹向同情及援助我之友邦人士致敬佩的謝意！

同胞們！將士們！

民族解放戰爭的兩年，對於中華民族是奮發的、進步的、光明的兩年。偉大的民族戰爭，摧毀著千百年遺留下來的阻礙我民族前進與發展的許多障礙，鍛煉了全民族的精誠團結，進步統一，發揚了忠勇奮發威武不屈的精神，喚起了全世界的同情和景仰，粉碎了日寇速戰速決的狂妄企圖，奠定了繼續抗戰爭取最後勝利之始基，開創了獨立自由幸福的新中國的遠景。

強盜侵略戰爭的兩年，對於日本帝國主義者，是黑暗的、困難與危機日益增長的兩年。兩年戰爭的結果，日本帝國主義者被迫地進入了心所不願力所不及的長期戰爭中，差不多一百萬萬的戰費，近百萬的傷亡，換來了廣大遼闊的戰區，處處遭受打擊的戰線，迫近危機的經濟狀況，孤立失助的國際地位，厭戰反戰日益蓬勃的民情，日寇正在這種國力消竭危機四伏的征途上邁進。

兩年抗戰的結果，已經最鮮明地顯示了，只要堅持抗戰到底，鞏固團結統一，不畏困難，不懼險阻，力求進步，奮鬥勿懈，那麼，最後勝利一定就屬於中華民族的，而最後勝利的時機，也一天天地更加接近了。

正因為這樣，日寇在速戰速決的戰略失敗之後，採取了速和速結的戰略。近半年來，日寇在軍事上集其主力於「掃蕩」遊擊隊區，對沿海各地作海盜式的襲擊，而在前線上的部隊只能保持相機進取的姿態，日寇侵略之現階段已側重於政治上誘降的陰謀來滅亡中國了，那狡詐無賴的近衛聲明，不過是這種陰謀的公開暴露。雖是這種聲明，僅獲得少數民族敗類的無恥回應，而為全國人民偉大壯烈的巨吼所反對，然自此以後，日寇卻更積極施行其政治上誘降的活動，它一方面利用喪失信心，陰懷貳志的國內投降妥協分子，另一方面利用國際間對法西斯侵略者慣於妥協的反動力量，企圖以此來達到它降服中國的目的。

在日寇策動下，漢奸汪精衛之流，公然匍匐敵前，粉墨登場，為和平之狂吠，作賣國之掮客。而國內投降妥協分子，則散佈謠言，煽惑人心，故意製造日寇可能放棄其滅亡中國之野心的夢囈，製造我軍力不足，財力不足，與民心厭戰的胡說，散佈國際調解應予接受的空氣，散布不亡於敵即亡於共的謬論。跡其種種論調與行動，無非是替日寇之誘降滅華為內應，替漢奸之賣國親敵作聲援。蓋日寇視中國之進步與團結為滅亡中國之最大障礙，乃不得不千方百計摧毀中國的進步，破裂中國的團結，而這些國內投降妥協分子，則起而應之，如捧倫音，蠢蠢欲動。他們暗藏於抗戰陣營之中，乘間抵隙，便利私圖，呼朋引伴，奮其魔力。對抗戰之各種進步主張與設施，或消極怠工，或破壞搗亂。對一切進步的力量與團體，則肆意摧折，不遺餘力。對赤忱為國忠貞正義

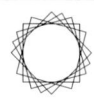

之士，則視為仇讎，排擊不休。對現代科學的進步思想與文化，則目為洪水猛獸，毀之唯恐不力，去之唯恐不盡。對共產黨、八路軍、新四軍與陝甘寧邊區，則更是他們造謠汙蔑，攻擊陷害的對象，視之為眼中釘，明攻暗毀，無所不用其極。對國家民族前途所賴的青年，則束縛其思想，桎梏其行動。而尤重要者，就是盡力分裂國內團結，別造紛紛，鼓勵磨（摩）擦，挑撥內訌，其所用手段，則為偽造三民主義，以破壞革命的三民主義；加緊陰謀活動，以分裂國民黨；偽造情報，散布流言，以破壞共產黨；造作事端，挑撥感情，以離間國共兩黨之團結，並引起國內各黨、各派、各界、各軍之間的嫌隙與裂痕。凡此所為，或直接受命於日寇，或間接而被其利用，一言蔽之，以分裂達投降之目的而已。蓋不僅因為共產黨、八路軍、新四軍、陝甘寧邊區乃堅持抗戰，堅持統一戰線的重要力量，亦且因為國共團結乃民族統一戰線的骨幹，三民主義乃民族統一戰線的政治基礎，如不分裂這個團結，破壞這個基礎，就不能造成其投降乞和的條件。陰賊險狠，愈出愈奇，國人不能不深加注意了。

至於國際反動力量，那麼雖然我國的抗戰獲得了世界各國人民各先進人士的同情與援助，但是在帝國主義的反動營壘中卻存在著鷸蚌相爭漁翁得利的私利主義者，存在著想以中華民族為犧牲而與侵略者妥協的陰謀家，這些分子隨時準備重演慕尼克的罪行而以中華民族為宰割之對象。此種現象現時雖尚未表面化，但暗中策動，漸見積極，稍不注意，便有被其牽入圈套之可能。

凡此所述，一則日寇政治誘降的惡毒陰謀；二則中國投降分子之投降與分裂的罪惡活動；三則國際東方慕尼克的暗中醞釀；三者混合，便造成今日抗戰形勢中的兩種最大危險，即中途妥協與內部分裂的危險。這就是今日政治形勢中的重要的特點，可能的趨向。認清這個特點，克服這個趨向，才能使抗戰獲得勝利而避免悲慘的命運。

同胞們！將士們！

今日而與日寇言和平，就是屈膝投降；中途妥協，就是亡國滅種。日寇誘降中國的甜言蜜語，不過是滅亡中國吞併中國的釣餌。投降妥協分子的挑撥離間，分裂團結，防共反共，製造內訌，無非是出賣民族國家投降屈膝的實際準備。東方慕尼克即令與西方慕尼克有形式上之不同，而其實質亦將毫無二致。

同胞們！將士們！

我們以熱血頭顱所換來的抗戰的光輝成果，能讓投降妥協分子的罪惡活動所毀滅所斷送嗎？我們用全民族的努力所締結所公認的抗日民族統一戰線與國共合作，能讓投降妥協分子所破壞所分裂嗎？我們千百萬先烈的鮮血，能讓它白白的（地）流去嗎？我們願意受日寇甜言蜜語的釣餌，而置國家民族於萬劫不復之地嗎？我們願意作國際投機交易場上任人宰割的羔羊嗎？不！決不！

同胞們！將士們！

我們要：

堅持抗戰到底——反對中途妥協！

鞏固國內團結——反對內部分裂！

力求全國進步——反對向後倒退！

我們要繼續抗戰，抗戰到把日寇驅逐至鴨綠江的對岸！

我們要鞏固團結，團結得如鋼鐵一般的強固！

我們要向前進步，進步到三民主義新中國的建立！

我們要反對投降妥協分子的罪惡活動！

我們要反對國際反動派的東方慕尼克陰謀！

同胞們！將士們！

堅持抗戰，動員一切人力、財力、物力，展開全民族的全面的抗戰，鞏固國內團結，堅持抗日民族統一戰線與國共合作，力求進步，徹底實行三民主義，建立獨立自由幸福的新中國，堅決反對投降，反對分裂，反對倒退，這就是全中華民族繼續努力的總方向。

同胞們！將士們！奮鬥吧！我們要勝利，我們無論如何要勝利，我們就一定要勝利！擁護蔣委員長，擁護國民政府，抗戰到底！

擁護三民主義，擁護國共合作，精誠團結！

抗戰勝利萬歲！

中華民族解放萬歲！

2. 中國共產黨與統一戰線[①]（1939年8月4日）

第一，我黨與統一戰線

一、統一戰線的原則

（一）一切服從抗日，抗日高於一切。

（二）一切為著統一戰線，一切經過統一戰線（還不是今天的現實的口號）。

（三）三民主義是統一戰線的政治基礎。

（四）國共合作是統一戰線的組織基礎。

（五）共產黨及其軍隊的發展與鞏固是統一戰線的保證。

二、統一戰線的策略

（一）開展反對汪逆漢奸及其黨羽的鬥爭，使國內階級得到適當的分化，以鞏固統一戰線。

（二）幫助友黨、友軍進步，首先要給以適時的批評，具體的建議，並幫助其進步分子的發展。

---

① 原載《南方局黨史資料·統一戰線工作》。本文摘自周恩來在中共中央政治局會議上的報告提綱的第三部分「論統一戰線」的第四點。標題為本書編者所擬。

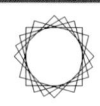

（三）堅持我軍在敵後游擊戰爭的勝利與發展，樹立模範作用，以影響友黨、友軍。

（四）持民主政治，首先在陝甘寧、晉冀察等邊區樹立模範的民主政治，以推動全國。

（五）堅持全民的動員，首先在敵後游擊區域及邊區做出各種動員的成績，以影響全國。

（六）積極扶持同情分子，努力爭取中間分子，尤其是智（知）識分子及公正紳商，參加抗戰，以擴大統一戰線。

（七）堅決進行反頑固分子的鬥爭——人不犯我，我不犯人，人如犯我，我必犯人。不過，這種犯人仍是自衛的性質。

（八）對目前全國倒退的現象，必須給以嚴正的批評、適當的抗議與必要的壓力，以促其進步。

（九）對國際關係，要運用和聯合各國朝野的同情人士，擴大國際影響，以集中火力反對國際法西斯及民主國家中的妥協派。

（十）正確地解釋三民主義與共產主義的實質與關係，並宣傳科學思想、民族解放思想、民主思想、社會主義思想以及民族美德與優良傳統，以反對復古的反動的向後倒退的思想。

三、統一戰線的方法

（一）在鬥爭上，我們要不失立場，但不爭名位與形式；我們要堅持原則，但方法要機動靈活，以求達到成功；我們要爭取時機，但不要操之過急，咄咄逼人。

（二）在組織上要不暴露，要不威脅，不刺激，以求實際的發展，但不能走向死路，也不要自投陷阱。

（三）在工作上，要使競爭互相讓步相互為用，但競爭不應損人，克己互助不要舍己耘人，讓步不能損害主力。

（四）在方式上，要講手續，重實際，勤報告，重信義，守時間，以擴大影響，便利工作。

四、統一戰線的守則

（一）堅定的立場。

（二）謙誠的態度。

（三）學習的精神。

（四）勤勉的工作。

（五）刻苦的生活。

（六）高度的警覺性。

五、統一戰線的工作

（一）對三民主義問題

1. 共產主義是我們的信仰，三民主義是統一戰線的政治綱領。

2. 三民主義與共產主義不僅在世界觀、人生觀、社會觀及哲學方法論上有基本的不同，即在民族、民主及社會政策上也有許多差異。

3. 真正的三民主義是孫中山的三民主義，既不是汪精衛的偽三民主義，也不是戴季陶的修正

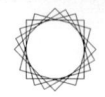

三民主義，當然也不能是我們某些同志企圖以馬克思主義化的三民主義，因為這只能使三民主義混亂起來，而不能還它真正的革命面目。

4. 我們的態度，應該贊助真正瞭解和實行孫中山真正的革命之三民主義的人去發展三民主義，同時我們自己也應將孫中山三民主義的革命政策實行和發展起來，使它能與我們的民族解放政綱配合起來前進。

5. 假使不將三民主義與共產主義的差別分別清楚，不僅國民黨人可以有兩種看法，即一種是共產主義與三民主義沒有分別，共產黨大可不必再相信共產主義；另一種是三民主義可包括共產主義，則共產主義在中國便無存在的必要。便連非國民黨人也要這樣想，共產主義三民主義既是沒有分別，至少是現在沒有分別，共產黨人何不先將三民主義做好，而不必再說什麼共產主義，至少是現在可以不談。甚至連共產黨人也會這樣想，共產主義是將來的事，現在做的完全是三民主義的事，或者想將三民主義解釋成為我們的東西來符合我們民族、民主的乃至社會主義的綱領。這都是不妥的，這只能模糊社會視聽，增加國民黨的自大心理，並不能幫助統一戰線的發展。

第二，對蔣及國民黨的關係

一、原則

（一）擁護蔣領導抗戰。

（二）承認國民黨在全國軍隊、政權中的領導地位。

（三）堅持國共合作為統一戰線的基礎。

二、對蔣的關係

（一）在困難時援助他，在蠻橫時拒絕他。

（二）誠懇的批評，具體的建議。

（三）影響他的左右進步分子，反對那些落後分子。

（四）經過抗戰將領及有正義感的元老，造成進步的集團，來影響他。

（五）有利的，應該立即商定，不要希望將來會有更好的；無利的，應該嚴正拒絕，不要拖泥帶水，使他增加幻想；讓步的，應該自動讓步，不要等他要求；可能實現的，應該適時適當的提出要求，不要過多也不要過少，免致做不到或者吃虧。總之一句話，對蔣不要過存奢望，但也不是一成不變。

三、對國民黨的關係

（一）推動和贊助國民黨中進步分子，集中火力反對 C.C 上層及其特務機關。

（二）批評國民黨黨化全國的錯誤思想，並公開的指出這種辦法並不能限制共產黨的發展，所得的只是國民黨的渙散，結果等於無黨。

（三）對國民黨強迫人加入的問題，共產黨員應該表明態度，不能含混。非共產黨員應該以積極態度提出加入的條件，以影響蔣及國民黨進步的分子。含糊的消極的甚至默認的態度，都不是辦法，都足以助長國民黨的驕傲自大，不能反省。

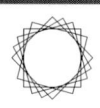

（四）對國民黨及其特務機關之一切反共陰謀與活動，應該據實揭發，適時抗議，有可能和必要時並給以打擊。

（五）對國民黨內的派別鬥爭，對國民黨與地方政權的衝突，我們應該站在公正的立場上，反對 C.C 的陰謀和活動。

（六）與國民黨的合作形式：

1. 國民黨改變成民族聯盟的政策恐無此可能。

2. 各黨派或國共兩黨的委員會，則現在也尚無實現的可能。

3. 目前，我們應該著重主張游擊戰區兩黨共同委員會的組織，至少要使戰區黨政委員會成為兩黨或多黨的性質。

4. 在內地，應該主張不拘形式的兩黨各級黨部人員的來往，以造成合法地位與友好關係。

四、對三民主義青年團的態度

（一）採取爭取批評的態度。批評其章程，爭取其群眾；批評其統治，爭取其團結；批評其反共，爭取其抗戰；批評其倒退，爭取其進步。

（二）在各地應該採取不同的工作方式：

1. 在有群眾的地方應該爭取其群眾，有可能時並加入以影響群眾。

2. 在無群眾的地方或不要群眾的地方，我們應努力其他青年群眾團體的發展，從外面以影響其改變態度。

3. 在青年團與其他青年團體並存的地方，應該採取協作的辦法，以影響其進步。

4. 對青年團在地方上的統治與包辦的政策，應採取失敗主義。

（三）對青年團總團部的領導及特務機關的傾向，應使廣大青年及青年團內之不滿情緒爭取各種機會發表，以影響蔣及青年團能得有某種限度之進步。

第三，對政權問題

一、參加政權問題

（一）原則上，應由地方到中央，由敵後到內地，由軍事到政治。

（二）在八路軍、新四軍作戰的地區，我們應公開的主張參加政權——由地方到省。

（三）在全國政府機關，我們應主張不分黨派用人。

（四）對戰時政府、國防委員會或軍事委員會常務會，我們不必主張立即參加，但也不必反對進步將領的提議。

二、參政會問題

（一）原則上，我們認定目前的參政會主要的是宣傳機關，尚不能起相當民意機關的作用，也還不能一下子變成民族聯盟，仍然應向這方面努力。

（二）一般的，我們對參政會應採取積極態度。在特殊情況下，可採取一時的消極辦法，

但顧及外面的影響，辦法也要有分寸。
（三）對各省參議會不要共產黨代表，應提出抗議並給予批評。
三、地方保甲問題
（一）原則上，我們應該採取參加與改革的方針。
（二）保甲長的訓練，我們也應參加。
（三）壯丁訓練，我們要在內中起模範的作用，以取得領導地位。
（四）保甲長的工作與人民關係最密，我們擔任保甲長的黨員應該看作是黨的在政權中的基本工作，絕對不能放鬆與放棄。

第四，對軍隊問題
一、中央軍最重要，但最難接近，最難工作。
二、對抗戰將領的接近甚為重要，但須有歷史關係，方便影響。
三、南嶽訓練班較陸家山更有成績。這幾乎是我們接近中央軍官最好的機會，只可惜人去少了。因為人去多不僅可以擴大我們影響，而且可以培養我們自己知名幹部。
四、我們不在國民黨軍隊中發展，且決不取消了我們在國民黨軍隊中爭取同情者，而且同情者較黨員更易活動。
五、國民黨軍隊的下層不僅量減少，而且質也變了。這一點，對於國民黨軍隊的情緒、傾向、戰鬥力，都有影響，成為我們今後幫助和影響國民黨軍隊進步上一個重要的根據。然而，這種情況也不能作過高的估計。因為中國軍隊不論在制度上，不論在實質上，都還是雇傭性質而非真正的徵兵制度。
六、對地方武裝我們一般的採取參加的原則，但工作目的不在擴大組織，而在取得信用取得領導。

第五，對地方關係
一、地方情況，一般可分為下列數類：
（一）與我們有合作關係的，如山西、綏遠。
（二）與我們軍隊有關係的，如安徽、江蘇、河南等。
（三）與我們有嚴重磨（摩）擦的，如陝、甘、冀、魯等。
（四）與我們關係較好的，如廣西、浙江、廣東等。
（五）與我們關係較遠的，如川、滇、黔、閩等。
（六）與我們關係最壞的，如贛、湘、鄂、青、寧等。
在上述各類中，與我們關係最密最多的還是山西、廣西。因山西我們與他的工作關係多，與廣西政治關係多，而安徽、浙江、河南之一部又受著他的影響。
二、我們在地方上工作的原則：
（一）我們有軍隊的地方，力求發展，力求動員民眾，力求參加政權。

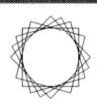

（二）在渝陷區域及游擊區域，我們力求發展武裝，發展游擊戰爭。

（三）在戰區估計情況，爭取可能參加武裝動員工作。

（四）在邊區嚴守疆界，鞏固和保衛這一模範根據地。

（五）在我們只有黨的發展、沒有武裝的地方，應該嚴密組織，謹慎工作，以免受到損失，喪失我們陣地。

（六）在我們沒有什麼發展的地方，可不必急於發展，而只樹立些必要的基礎。根據以上這些原則，大致可分為鞏固已得的陣地，發展游擊區域，和緩落後的地區。

三、我們對地方關係的態度——基本上我們應扶持進步勢力，擴大地方影響。

（一）對地方上進步當局，我們應極力予以贊助，並推動其影響中央，堅持抗戰，堅持團結，堅持進步。

（二）我們對地方上落後當局，特別是反共當局，依照我們在當地的力量與實際情況，應給以可能的批評、抗議或打擊。

（三）對地方上可好可壞，與我們關係尚不甚好的當局，我們應力爭其去除成見，趨向好轉，以便利工作。

（四）對地方上與我們工作關係較少的當局，只須（需）給以政治上的影響，使其對我瞭解，以利團結。

四、〈略〉

五、〈略〉

對各黨派關係——基本上應扶持進步力量，爭取中間分子。 一、對各方面的態度

（一）對接近我們的黨派、團體及個別分子，應扶助其發展。

（二）對其他黨派應影響他，善意地批評他，以促其進步或分化。

（三）對中間分子或團體，應密切其關係以爭取之。

（四）對地方上公正紳士應尊重之，以擴大我們影響。

二、工作的方法

（一）各地統一戰線都應使之健全起來。

（二）應培養一批專門的統一戰線工作的人才。

（三）應與各方面經常的密切的來往。

（四）應多發表文章，並幫助他們做事。

（五）應多發展一些非黨幹部。

（六）一切工作應採取分散而不集中的原則，應採取各種形式、內容、方法，而不要急求統一。

3. 中共中央統戰部關於統戰物件問題的指示① (1940 年 11 月 2 日)

關於統戰工作的物件和範圍問題：根據過去經驗，有些地方將統戰工作限制在狹小的範圍以內。有些地方則認不清什麼是統戰工作物件。今後必須認識統戰工作的主要物件惟為各黨派（從國民黨、第三黨、青年黨、國社黨至救國會、職業教育社、生活教育社、鄉村教育社、各地方實力派）及各友軍，但對各地方各階層的相互關係政策之研究，對各地方各階層的政治上經濟上的代表人物的聯繫和爭取，對各地方各界（文化教育、新聞、婦女、青年、外交、實業、科學、宗教、技術、社會、秘密團體等）團體及領導人物的聯繫的爭取，對各地方的士紳及各級政府機關（包括聯保保甲）人員的聯繫和爭取，均系統戰工作的物件和範圍。

4. 周恩來關於國共合作中我之鬥爭方針問題向毛澤東的請示② (1942 年 9 月 14 日)

毛主席：

一、8 日午電，10 日早收到。

二、國共合作為主，地方與各黨派為輔是歷來統戰的方針。不過武漢時代太重視了國共合作，甚至幻想一些成果，致完全冷落了各小黨派及地方勢力，且為國民黨所嚇住，反令其易於操縱。這不能不是一個教訓。重慶時期在你的鬥爭三原則及革命的兩面政策指使下，國內外統戰工作都得到了新的開展，除主要由於我中央領導正確和黨的力量發展，使壓迫者不得不有所顧慮外，統戰工作亦曾在這方面有若干成績。因此自去年反共退潮後，此間即一方面在國共關係不團結狀態下採取不刺激辦法，另方面卻努力於國共以外他方面（外交、地方各黨派、文化界）統戰工作的開展。現在國共關係有趨於政治解決可能，我們自應主動地爭取這種可能，你指示的兩項原則完全正確且應堅持，我們做法是這樣：

（一）對國民黨爭取談判機會，但有步驟。

（二）如國民黨在實際上壓迫過甚，我們仍與之說理，請求解除，壓迫太過的事，也要從正面批評，不能默然而息，使其誤認我為屈服已不復有何要求。

（三）對其他方面統戰中心，在要求其與中央比進步非比落後，堅決反對其弄亂了再說的觀念。即在三四月時，我們與地方談話亦說明，即使中央進攻邊區，我們一邊抵抗，一邊仍要求

---

① 原載《中共中央抗日民族統一戰線檔選編》（下冊），本文系 1940 年 11 月 2 日《中共中央統戰部關於統一戰線的組織和工作問題的指示》的第三部分。
② 原文載《中共中央抗日民族統一戰線檔選編》（下冊）。

停止內戰，擁蔣抗戰到底，並告訴他們，不要以武力回應，只是表示考慮。在適當時也要求停止內戰。現在當然更不同了，對他們怕蔣反蔣而不自求進步，自強力量的辦法，要誠懇地要求他們改正。

三、以上三點你看對否請示。

恩來

5. 周恩來：關於憲政與團結問題①（1944年3月12日）

我們今天紀念孫中山先生，讀到他的遺囑，真是無限感慨。遺囑中說，國民革命的目的，在求中國之自由平等。我們知道，要達到這個目的，就必須對外獨立，對內民主。可是孫先生逝世已經十九年了，這個目的還沒達到。抗戰本是求民族獨立的，但時間快近七年，全國離反攻的真正準備還遠。民國本是應該實行民主的，但國民黨執政已十八年了，至今還沒實行民主。這不能不說是國家最大的損失。我黨毛澤東同志老早就說過「沒有民主，抗日就抗不下去。有了民主，則抗他十年八年，我們也一定會勝利。」這個道理，現在全國人民都瞭解。所以，各地人民的憲政運動，都一致嚷出：要實施憲政，就要先給人民以民主自由；有了民主自由，抗戰的力量就會源源不絕的從人民中間湧現出來，那反攻的準備才能真正進行。

但是這個道理，國民黨人士怎樣看法呢？抗戰期間，國民黨曾兩次提出憲政問題。上一次是在民國二十八年（1939年），國民黨六中全會為回答當時國民參政會關於定期實行憲政的提議，曾決定民國二十九年（1940年）十一月十二日召集國民大會制憲。但是這是一時的搪塞，又加以正在第一次反共高潮中，不久就陰消了。這一次是在去年，國民黨十一中全會像很鄭重其事的決定在抗戰一年後召開國民大會，實行制憲，同時又聲明要用政治方式解決國共關係。把這兩件事聯繫起來看，這一次與上一次似乎有些不同。我們共產黨人一向是主張從民主途徑解決國共關係，加強國內團結，以爭取抗戰勝利、建國成功的。故對於這種主張，不論其中所含的誠意如何，我們總是表示歡迎。

現在，我就來說說我們對於這兩件事的意見。先說憲政問題。我黨歷來主張，現時中國應實行孫中山先生的革命三民主義，也就是新民主主義。自然，現時中國的憲政，也就應該是三民主義即新民主主義的憲政了。可是，三民主義的定義，究竟拿什麼作標準呢？我們以為，國民黨第一次代表大會宣言對於三民主義定義的闡明是最正確不過了。所以，孫先生稱它為革命的三民主義，要拿它來建國。我們党對孫先生這種主張，不僅擁護，而且早在實行。陝甘寧邊區及華北、華中各抗日根據地所實行的一切，完完全全是革命三民主義性質的。抗戰是

---

① 原載《解放日報》，1944年3月14日。這是周恩來在延安各界紀念孫中山先生逝世十九周年大會上的演說。

實行民族主義。我們在敵後堅持,在邊區建設,都完全倚靠民眾,這就是「與民眾深切結合」(《國代宣言》)。我們對境內蒙回諸民族完全平等待遇,並承認其自治權,這就是實行「中國境內各民族一律平等」(《國代宣言》)。我們八路軍、新四軍在敵後擴大遊擊戰爭,組織民兵,抗敵除奸,這就是實行「武力與國民相結合,武力為國民之武力」(孫中山:《北上宣言》)。抗日政權完全是民權主義性質的。我們各抗日根據地,除漢奸外,一切人民和抗日團體,均享有一切自由和權利,並行使直接民權,組織三三制的地方政府,這就是「適合於現在中國革命之需要」(《國代宣言》)的革命民權。至於我們在各抗日根據地,實行勞動互助、生產節約、救災備荒、減租減息、精兵簡政、普及教育、擁政愛民、擁軍優抗、減輕人民負擔、改變工農生活等政策,更無一不合乎民生主義的原則。根據這些道理,我們認為,不僅可以堅持抗戰,而且可以有力量組織反攻;不僅在我們各抗日根據地實行得很有成績,而且很可以推行於全國。執政的國民黨不欲實施憲政則已,如欲實施憲政,必須真正拿革命三民主義來做憲政的基礎,而且要不怕面對事實,來看看我們各抗日根據地實行的成果。

現在,各方正在討論這一憲政問題,我們很同意許多方面的意見。我們認為,欲實行憲政,必須先實行憲政的先決條件。我們認為,最重要的先決條件有三個:一是保障人民的民主自由;二是開放黨禁;三是實行地方自治。人民的自由和權利很多。但目前全國人民最迫切需要的自由,是人身居住的自由,是集會結社的自由,是言論出版的自由。人民的住宅隨時可受非法搜查,人民的身體隨時可被非法逮捕,被秘密刑訊,被秘密處死或被強迫集訓。人民集會結社的自由是被禁止,人民的言論出版受著極端的限制和檢查,這如何能保障人民有討論憲政和發表主張的自由呢?孫中山先生曾說過:「現在中國號稱民國,要名符(副)其實,必要這個國家真是以人民為主,要人民都能夠講話的,確是有發言權。這個情形,才是真民國。如果不然,就是假民國。」(孫中山:《國民會議足以解決中國內亂》)。開放黨禁。就是要承認各抗日黨派在全國的合法地位。合法就是不要把各黨派看做「奸黨」、「異黨」,不要限制與禁止他們一切不超出抗日民主範圍的活動,不要時時企圖消滅他們。有了前兩條的民主,地方自治才能真正實行。否則,那不是人民的自治,而是一黨的官治。孫先生在《北上宣言》中說得好:「於會議(按指國民會議)以前,所有各省的政治犯完全赦免,並保障各地方之團體及人民有選舉之自由,有提出議案及宣傳討論之自由。」這個道理,在地方自治的鄉民、縣民、省民大會中也完全適用。對於陝甘寧邊區及敵後各抗日根據地,也應該給予他們以自治的權利。真正的地方自治實現了,全國的民主憲政自然會水到渠成。所以,我們認為上述三個條件是實施憲政的必要前提,願同全國人民各黨各派一致呼籲和爭取其實現。

講到憲法本身,我們同意這樣的主張,就是以革命的三民主義來建設中國。根據這個道理,就必須承認革命民權。這種民權,就是《國民黨第一次代表大會宣言》上所說的「為一般平民所共有,非少數人所得而私」的民權。在現在說,凡抗日的人民及團體,均得享有這種民權,而凡賣國漢奸,則不得享有這種民權。次之,就須承認直接民權。這種民權,要用自下

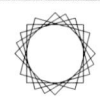

而上的民主集中制的新式代議制來實現他。又次,就須承認中國境內的民族自決權。在中國人或中華民族的範圍內,是存在著漢、蒙、回、藏等民族的事實,我們只有在承認各民族自決權的原則下平等的聯合起來,才能成功的「組織自由統一的(各民族自由聯合的)中華民國」(《國代宣言》)。再次,必須承認中央與地方的均權制。地方自治應由鄉縣到省,省得自定不與國憲抵觸的省憲,自選省級政府。最後,還須承認「建設之首要在民生」(《國代宣言》)。憲政必須以實現民生幸福和繁榮為目的,這才是新民主憲政的特點,而不是舊民主的憲政。綜合這些原則,就是今日中國新民主憲政之所必需,也就是我們在各抗日根據地所勉力實行的。

關於國民大會的選舉法和組織法,我們一向主張徹底修正。對於國大代表,我們一向主張重選。因為根據《國民黨第一次代表大會宣言》對內政策所規定,也應該贊成普遍、直接、平等和不記名投票的選舉原則,而過去的國大選舉完全違背這些原則。而且是內戰時期的選舉,為國民黨一黨所包辦,不合抗戰時期已經變更了的情況。其成分又都屬於有錢有勢的階級,不能代表廣大的工農平民;加以其中有大批人已叛變投敵,應予通緝懲處,再無代表資格。所以,應該以重新修改的選舉法重新選舉代表。而此種新選舉法,不應有任何選舉權的不當限制,尤其不應以黨義考試來限制,不應有候選人的指定,不應當由鄉、鎮長來推選候選人,不應有對少數民族、邊疆及華僑的不平等待遇,並且應容許各黨派的競選自由。這樣選出來的國民大會,才有可能多少代表民意,多少實行民主憲政,否則,還是黨治,不是民治。

關於時間問題,我們也一向主張應在抗戰期間召開國民大會,實施憲政。照我們經驗,在敵後那樣艱苦的環境中,人民尚能進行普選,討論國事,選舉抗日政府,實行地方自治,哪有大後方不能實行民選和自治的道理?因此,一切問題都看執政的國民黨有沒有決心和誠意實施憲政。如果有,就應該在抗戰期中提前實行。因為民主的動員是能最有力的準備反攻,取得抗戰勝利,而且從民主中才能找到徹底解決國共關係的途徑。

現在,我就來說國共關係問題。自武漢失守以來,國共關係愈變愈不正常,至去年為最緊張,但我黨卻始終堅持國內團結的立場,在任何時候都歡迎用政治方式合理地解決。我們和全國人民曾幾次制止了內戰的危機。就在去年最緊張的時候,也沒有絲毫放棄我們對於團結的願望。所以,去年國民黨十一中全會關於「政治解決」的聲明,雖然其中含有對共產黨極端污衊的八字由頭即所謂「破壞抗戰危害國家」(而不知正是相反,如果沒有共產黨的英勇抗戰,則民族與國家將不知要敗壞到何等地步),但我們總還是願意期待著。因為我們知道,不論從國際國內形勢看,法西斯主義的失敗是定了的,民主的趨勢正如日中天。中國不欲勝利則已,如欲勝利,必須先求國內的民主團結,然後才能獲得國際的民主援助。抗戰愈近反攻,這種國內團結會愈感到需要。縱然破壞團結的頑固分子、妥協分子還在製造磨(摩)擦,還在準備內戰,而消滅共產黨的心亦始終不死,但國內外大勢所趨,他們的陰謀恐終難完全得逞。因之,我們的立場是很清楚的,民主團結是我們與全國人民的要求,我們要求國民黨保證今後再不發生有礙這種民主團結的事件。

國民黨所謂「政治解決」的內容是什麼,我們還不知道,但照去年國民黨十一中全會會議,則要求共產黨實踐自己的四條諾言。我黨對於自己的諾言早已完全實踐了,而且至今信守未渝。

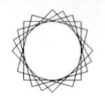

第一條,「孫中山先生的三民主義為中國今日之必需,本黨願為其徹底實現而奮鬥」。恐怕現在全中國,還沒有另外一個地方象(像)我們各抗日根據地為三民主義這樣真正努力的,可是有些人卻說我們做的(得)不對,好象(像)實踐了這條諾言,反而犯了罪過似的。第二條,「取消一切推翻國民黨政權的暴動政策及赤化運動,停止以暴力沒收地主土地的政策」。七年來我們堅守不移,任何人找不出我們做的有絲毫不合這一條的地方。可是,有些人們卻在那裡天天想推翻共產黨,實行反共運動,實行沒收農民土地的政策。難道這也算是要求共產黨實行自己的諾言嗎?第三條,「取消現在的蘇維埃政府,實行民權政治,以期全國政權之統一」。現在,我們各抗日根據地所實行的就是民權政治。全國政權只有建立在這樣基礎上的統一,才是真正統一。可是,對邊區卻至今不予承認,難道國民黨允許承認邊區的諾言,便可以不實踐了嗎?第四條,「取消紅軍名義及番號,改編為國民革命軍,受國民政府軍事委員會之統轄,並待命出動, 擔任抗日前線之職責」。這一條也是行之已久,並且成績卓著。八路軍、新四軍的英勇抗戰, 就是鐵證。可是毫無接濟。新四軍且被誣為叛軍,取消其番號,至今尚未恢復。雖然如此,八路軍、新四軍至今仍忍辱負重,艱苦奮戰,以至於達到這種程度:抗擊了在華全部敵軍的百分之五十八,偽軍的百分之九十,而八路軍、新四軍的兵力,不過僅占我全國兵力的九分之一。過去及現在既然如此,將來反攻之戰,我們深信是一定可以擔當極其重要的任務的。

　　我黨這種態度,我八路軍、新四軍這種戰績,我各抗日根據地這種建設,自信是有助於團結, 有助於抗戰,有助於民主和進步的。國民黨如果有準備反攻、實施憲政的誠意,我們希望真正從「政治解決」國共關係入手。因為這一問題的解決,內可以取信於國人,外可以取信於盟邦。抗戰的勝利基礎,才會從這裡奠定。「政治解決」的內容,應該是雙方的與公平合理的。我黨 願意堅守四條諾言,但是國民黨與政府也應承認我黨在全國的合法地位,承認邊區及各抗日根據地為其地方政府,承認八路軍、新四軍及一切敵後武裝為其所管轄所接濟的部隊,恢復新四 軍的番號,並撤銷(銷)對陝甘寧邊區及各抗日根據地的封鎖和包圍。國共兩黨果能本此基點,推誠相見,公平合理的解決各種問題,則不僅在蔣主席領導下,合作抗戰的最後結果必然達到 驅逐日寇之目的,即革命的三民主義新中國,也可以在蔣主席領導下,達到合作建設之目的。

　　我們在這個紀念孫先生的日子,熱烈的希望這個目的能夠達到。我們很願望國共關係能夠恢復到孫先生在世之日的那樣密切的合作。 我們也熱望孫先生遺囑中開國民會議的那一天能夠在不久就可實現,使民主自由的憲政真能見之實施,而不是徒托空言,造成很不利於國家民族的局面。

6. 中共中央對目前時局宣言[①]（1945 年 8 月 25 日）

全國同胞們！
由於日本的投降，我全民族八年來所堅持的神聖的抗日戰爭已經勝利地結束了！全世界反法西斯戰爭也勝利結束了！在全中國與全世界，一個新的時期，和平建設的時期，已經來臨了！

中國共產黨認為在這個新的歷史時期中，我全民族面前的重大任務是：鞏固國內團結，保證國內和平，實現民主，改善民生，以便在和平民主團結的基礎上，實現全國的統一，建設獨立自由與富強的新中國，並協同英、美、蘇及一切盟邦鞏固國際間的持久和平。

全國同胞們！對日戰爭的勝利結束，最後撲滅了法西斯的暴政、奴役與侵略，在全人類面前展開了和平發展的前途，這是英美蘇中四大同盟國共同努力的結果，這是全國全體軍民共同努力的結果。我們相信，我全國同胞必能以自己表現在抗日戰爭中的英勇奮鬥、不屈不撓的精神，轉而用之于偉大的建國事業中。中國解放區的一萬萬人民，在抗日戰爭中付出了最大的努力與犧牲，為中外所公認，在今後的和平建設時期中，也應繼續作為全國民主建設的模範與和平團結的中堅，而盡其偉大的任務。

但是，在為獨立、自由與富強的新中國而鬥爭的道路上，不是沒有阻礙，沒有困難，沒有荊棘的。日本帝國主義侵略者，還沒有執行波茨坦公告，還沒有放棄使其侵略的軍國主義死灰復燃的企圖，他們還在放肆地施行挑撥、分裂與奴役中國的陰謀。他們在中國的走狗們——中國的吉斯林們，正奉行其日本主子的指示，搖身一變，取得保護色彩，以圖繼續挑撥內戰、破壞團結、阻撓民主，他們的這種企圖並沒有遇到打擊，他們的罪行並沒有受到懲處。相反，他們還受到了鼓勵，愈以橫行無忌。因此，中國吉斯林們及其他反動分子們的各種危險活動，重大地威脅著中國的和平、民主、團結。中國人民必須嚴重警戒與擊破敵人的陰謀。

中國共產黨認為在目前必須要求國民政府立即實施若干緊急措施，以奠定今後和平建設的基礎，這些緊急措施是：

（一）承認中國解放區的民選政府和抗日軍隊，撤退包圍與進攻解放區的軍隊，以便立即實現和平，避免內戰。

（二）劃定八路軍、新四軍及華南抗日縱隊接受日軍投降的地區，並給與他們以參加處置日本的一切工作的權利，以昭公允。

（三）嚴懲漢奸，解散偽軍。

（四）公平合理地整編軍隊，辦理復員，救濟難胞，減輕賦稅，以蘇民困。

（五）承認各黨派合法地位，取消一切妨礙人民集會結社言論出版自由的法令，取消特務機關，釋放愛國政治犯。

（六）立即召開各黨派和無黨派代表人物的會議，商討抗戰結束後的各項重大問題，制定民主

[①] 原載《解放日報》，1945 年 8 月 27 日。

的施政綱領，結束訓政，成立舉國一致的民主的聯合政府，並籌備自由無拘束的普選的國民大會。

中國共產黨聲明，我們願意與中國國民黨及其他民主黨派，努力求得協議，以期各項緊急問題得到迅速的解決，並長期團結一致，徹底實現孫中山先生的三民主義。

同胞們！

抗戰勝利了！新的和平建設時期開始了！我們必須堅持和平、民主、團結，為獨立、自由與富強的新中國而奮鬥！

三、維護國共合作的舉措

1. 陳紹禹、周恩來等就蔣介石在談判中提出國共兩黨組成一個大黨問題給中共中央的報告[①]（1938年12月13日）

中央書記處：

我們昨見蔣，對六中全會後毛信問題，蔣談毛信他未見過，後又談因事多，即或許看過也忘記了。對兩黨關係他說：共產黨員退出共產黨，加入國民黨，或共產黨取消名義將整個加入國民黨，我都歡迎，或共產黨仍然保存自己的黨我也贊成，但跨黨辦法是絕對辦不到。我的責任是將共產黨合併國民黨成一個組織，國民黨名義可以取消。我過去打你們也是為保存共產黨革命分子合於國民黨，此事乃我的生死問題，此目的如達不到，我死了心也不安，抗戰勝利了也沒有什麼意義，所以我的這個意見，至死也不變的。共產黨不在國民黨內發展也不行，因為民眾也是國民黨的，如果共產黨在民眾中發展，衝突也是不可免。三民主義青年團章程如果革命需要可以修改，不過這是枝節問題。根本問題不解決，一切均無意義。我們分別解釋一個組織辦法做不到，如跨黨辦法做不到，則可採取我們提議的其他方式合作。蔣答：其他方式均無用。蔣說此問題時態度很慎重，見我們對一個組織問題不同意，即說：紹禹同志到西安時我們再談一談。同時晚間並派張沖來說委員長他太率直，並非說不合併只要分裂，請不要誤會。

陳、周、博、吳、董[②]

[①] 本文轉載自《南方局黨史資料統一戰線》一書，標題系該書編者所加。本書轉載時僅在原題「中央」二字前添加「中共」二字。

[②] 《南方局黨史資料·統一戰線》編者注：「姓名全稱是陳紹禹、周恩來、博古、吳玉章、董必武。」

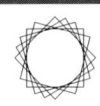

2. 周恩來關於與蔣介石談判情況及意見向中共中央的報告（1939年1月21日）

中央書記處：

一、國民黨全會明日開，蔣、李、白、黃、黃、熊等均到。蔣昨晚約我問延安有無意見，並又提統一兩黨事，我告以不可能。彼仍要我電中央請示，希望在全會中得回電。我告以各地反共捉人事要他解決，他反說根本問題不解決，不僅敵人造謠，即下級也常不安定，影響上級，意在這次會有人提此類事。他並說汪走更是兩黨團結的好機會，即暫不贊成統一也要有新辦法，我問他有何具體辦法，他說未想得，其意蓋欲我黨對國民黨全會有一具體讓步，以塞眾口，以利防共。

二、汪在河內未赴港，曾兩電蔣承認通電手續不妥，表明不做漢奸，決留河內，推通電為林伯生、梅思平所發表，蔣複電稱汪之心雖可諒，但禍及國家須俟全會解決。吳稚暉主通緝。

三、蔣前次談汪如留渝，反共從者將較多，這次又以汪去能團結形式雖留中心在迫我。

四、我意：（一）我黨對國民黨全會應有一表示，但公開賀電不必說具體意見；（二）具體提議改為密電，最好指出我黨願與國民黨進一步合作，但目前事實如殺人、捕人、封報、攻擊邊區甚至武裝衝突，磨（摩）擦日益加甚，此必須迅速解決，以增互信，救急辦法，提議由兩黨中央組織共同視察團或委員會，前往各地就此解決糾紛，至少可弄清事實，向兩中央報告，以便尋找進一步具體合作辦法；（三）如何請考慮立複，不好置諸不管。

周恩來

3. 中共中央致國民黨蔣總裁暨五中全會電[②]（1939年1月24日）

重慶中國國民黨總裁蔣先生暨五中全會諸先生大鑑：中國共產黨中央委員會謹向中國國民黨五中全會致民族革命之敬禮。蓋自一年半以來，由於堅持抗戰國策與全國英勇奮鬥，已使日寇之進攻大受打擊，國際之同情日益增長，中國之勝利奠定始基，犧牲雖大，效果已彰，循此奮進，定能達抗戰必勝建國必成之目的。武漢放棄廣州不守之後，抗戰正向新階段發展，日寇乃於軍事進攻外，加重其分化中國內部之陰謀。吾人對策，唯有全國更進一步的精誠團結，鞏固與擴大抗日民族統一戰線，擁護蔣委員長，堅持抗戰到底，實行新的戰時政治、軍事、財政、經濟、黨務、民運、文化諸政策，以便增加力量，度過難關，對抗敵人陰謀，消滅漢奸毒計，停止敵之進攻，準備我之反攻，救國之道，端在於此。伏讀蔣委員長十月三十日告國民書，12月26日駁斥近衛演說，名言至論，舉國同欽。乃汪逆精衛自絕國人，逃奔就幫，高張親日

---

① 原載《中共中央抗日民族統一戰線檔選編》（下冊）。原文無年代，此年代是《中共中央抗日民族統一戰線文件選編》一書編者根據本文內容判定的。
② 原載《中共中央抗日民族統一戰線檔選編》（下冊）。

反共之旗，實行背黨叛國之計，貴黨中央開除其黨籍，撤銷（銷）其職務，辭嚴義正，千古不磨。適於此時，貴黨五中全會開會於重慶，同仁深信，必須總結過去之經驗，昭示今後之方針，嚴整抗戰陣容，密切軍民聯繫，刷新政治，發皇民運，以慰全國國民如饑如渴之望，以固國共兩黨長期合作之基。同仁深信，抗戰高於一切，團結必能勝敵，國共兩黨之長期團結，乃與團結全國，團結抗日各黨派，實現民族解放之偉大事業，絲毫不可分離。抗戰雖為一艱難過程，團結則為一無堅不摧無敵不克之利器。同心斷金之義，同舟風雨之思，知諸先生必有同情也。肅電致賀，敬頌勳祺。

中國共產黨中央委員會叩敬

4. 周恩來關於一個大黨問題給蔣介石的覆信①（1939年1月25日②）

委座鈞鑑：

　　上次承面囑電詢中共中央對國共兩黨關係之進一步做法，現已收到延安複電，僅呈錄如另紙。按目前兩黨關係，非亟加改善，不能減少磨（摩）擦，貫徹合作到底。國民黨全會開會期間，各省同志，定多對中共不滿言論，然綜其所據之事實不外（一）畏懼中共發展，（二）指責中共下級有反對國民黨口號或文件，（三）陝甘寧邊區不開放。若較之中共黨員在各地所受之苛刻待遇，直不可同日而語。蓋中共既成為黨，當然需要發展，惟因合作既屬長期，故中共六中全會特決定不再在國民黨及國民黨軍隊中發展黨員，如國民黨容許中國共產黨員加入國民黨及青年團兼為黨員團員，則中共黨員名單可公開交出，以保證相互信任。且中國之大，無組織群眾之多，中共更願在某些省區減少發展，以示讓步，但最基本的保證，還在一方面，中共絕無排擠或推翻國民黨之意圖，另一方面國民黨在鈞座領導之下，突飛猛進，必然日益鞏固其政權之領導，則對中共部分之發展又何足懼。中共下級誠然有某些幼稚行動，然充其量不外襲用過去某些口號，且其中亦須有所區別，有些檔確為抗戰以前之檔，有些下級黨部對中共中央之政策路線尚未徹底瞭解，有些更一望而知其為偽造或更為陷害者所捏造。至言邊區，則凡進入參觀訪問視察或調查者，無不備受歡迎招待，學校更公開講授，人人得聆其內容，國民黨部在延安有組織，陝西民政廳派去之縣長仍在各縣城行使其職權。凡此，何能謂邊區不開放！？然反觀中共黨員在各地所身受者，則已超出於常軌之外，職屢以此向各地當局請求解決，或因職權不統一，此許而彼不應，或因意存敷衍，面許而實不許，於是積案累累，無從解決。甚至某些問題，如《抗戰與文化》及釋放政治犯問題，為鈞座所親批親示者，亦複遷延不辦，使職無以複中央，無以對同志。浸至最近《新華日報》以擁護政府擁護抗戰並得鈞座批准之報紙在西安翻印，竟被國民黨部封閉，並波及其他代印報館，而《抗戰與文化》則漫罵中共

---

① 原載《中共中央抗日民族統一戰線檔選編》（下冊）。
② 原文無年代，此年代是《中共中央抗日民族統一戰線檔選編》編者判定的。

及其領導人如故,仍得在西安出版。中宣部猶以此為未足,更行文內政部勒令已在廣西省政府登記之《新華日報》分館不 許在桂林翻印,而《新華日報》在各地代售之被禁,許多公共機關閱讀該報之被罰,更屬常事。西安一向磨(摩)擦事多,對青年學生轉往陝北學習,不從積極方面爭取,動輒施以壓迫,扣留拘禁常至數十人,最近且拘捕八路軍副官及抗日大學職員不放,並以武裝包圍在三原附近之八路軍傷病員,幾至釀成流血慘劇。更可異者,慶陽早經劃為八路軍留守防地,而魯大昌部得令自西峰鎮強欲開入,報告行營,亦未得復。中共黨員抗戰年余,在各地不僅無抗戰自由,甚至生命亦常難保。貴陽被捕之人,事隔經年,政府認為可放,行營認為可保,而黨部作梗便莫由得釋。鄭□①陽合作指導員為政府所派,只因其為共產黨員,便撤職被押,迄今未審,實亦無事可審。浙江周飲冰案,其所被搜出之文件,非為舊稿即系捏造。因其與中共現行之政策,完全不符。現在各省獄中屬於共產黨政治犯者,比比皆是,去秋所呈名冊,迄無消息。職備位為 會中每思同黨尚作獄囚,何能自解?若以此責備下級黨員幼稚,則中共六次擴大全會,意即在 檢討抗戰與統一戰線政策以期下達全黨,不意代表回歸各省途中輒被留難,不曰護照難辦,即曰該會為中共派遣大批幹部分往各省,甚至中共黨員如徐特立、曾山人所共知者,其所攜來之中共決議及政治經濟書籍,經貴陽時亦全部沒收。無人無書政策未由傳達,若以此責中共下級幼稚,責何能負?類此事件,不一而足,職及党中同志,為團結計,為防止敵人挑撥計,迄未對外宣傳,甚至延安刊物,亦並無之此等記載。乃中共愈顧大局少數不明大義之人意愈加一意孤行,外地報紙存惡意攻擊者有之,特別張君勱致毛澤東公開信其內容與汪精衛反共之主張無 異,而國民黨報卻競相登載。鈞座試思之,中共之容忍已至如何程度,而反對者,給予敵人挑 撥之機又如何?職尋思再三,認為國民黨同志尚有如此作法者,全因國民黨中央對中共所取之 態度迄未一致,迄未明示全黨,致下級黨部只能根據自身所見,各行其是。今全會既開,依據 年餘經驗,當能對中共六中全會之建議,作深刻之討論,成立具體決議,即使彼此瞭解尚嫌不 夠,互信未立,猶難產生進一步辦法,亦望國民黨同志能於此次會中對國共兩黨關係與合作前途,有一基本認識。本立而後道生。中共擴大的六中全會,深信國共兩黨有長期合作之必要和可能,故不避任何困難,願為此基本信念而努力,深望國民黨同志,更能恢宏其量,於此基礎上建立共信,以努力於事實之驗證。目前為解決事實上糾紛,可先由兩黨中央各派若干人合往各地,視察實際情形,可就地解決者,則解決之,不可解決者則來中央商討。實際之接觸既多,基本之信念可固。困難既多經解決,進一步辦法必隨之產生,中共中央之所允諾保證者,亦得於實際中證明其誠意,而增益兩黨之互信。職所見本末如此,僅率直陳之如上,願鈞座予以考慮而解答之也。專呈敬請。

　　崇安!

周恩來呈

---

① 此字模糊不清,似「勳」字。

5. 中共中央關於國民黨五中全會問題的指示①（1939年2月25日）

關於國民黨五中全會問題，中央有下列意見：

一、根據蔣介石的開幕詞，五中全會宣言及各方所得材料，可以看出：（一）五中全會的主要方針，仍為繼續抗戰和聯共抗戰，同時並在提高抗戰信心，打擊悲觀失望情緒，以及企圖使國民黨本身進步，發展與強化等方面，作了相當的努力，這些都是五中全會主要的、積極的方面。我們應加以贊助和發揚。

（二）據各方消息，蔣在五中全會前後，曾一再宣稱：抗戰到底的意義，是恢復盧溝橋事變以前的狀況；中日問題的解決辦法，在於召集太平洋會議；對共產黨政策，目前是聯共和防共，最後達到以三民主義溶化共產黨的目的。同時，五中全會的公開檔，雖未明白表示這類意見，但其實質上亦包含有抗戰最高目的為恢復盧溝橋事變前狀況，及不依靠人民而依靠外援，對民權主義實行一無表示，蔣在參政會演說，則公開反對民主政治，這都是不正確的。這些缺點錯誤的根源，基本上是由於蔣和資產階級對如何繼續抗戰和爭取抗戰勝利問題，歷來就與我們有不同的路線，是由於他們對抗戰的不徹底性和對外依賴性，以及對本國真正革命力量壯大的恐懼心之再一次暴露。同時，也是由於目前戰爭形勢，國際情況及日本情況所促成。

二、根據上述分析，我們對國民黨五中全會決議，贊助其繼續抗戰和聯共抗戰的積極方面，對其缺點錯誤，則應根據我黨六中全會決議，進行口頭上、文字上的批評解釋工作，目的是要以我們和全國大多數人民擁護的徹底抗戰路線，來克服他們的不徹底抗戰路線。在批評時，一般的不作為正面批評五中全會及蔣的意見的方式提出，批評態度應婉轉說理，積極嚴肅，以爭取全國大多數同情為主。

中央書記處

6. 中共中央關於與國民黨共同進行反汪運動給南方局的指示②（1939年5月28日）

南方局：

關於與國民黨共同進行反汪運動問題，我們基本上同意恩來向葉楚傖表示的意見，同時有下列兩點意見請你們注意：

一、利用反汪運動機會廣泛的進行反對一切投降派的運動，並著重指明反共與投降問題的密切關係，證明反共是投降派的陰謀，是親日恐日分子準備投降的一種步驟，因為只有打擊共

---

① 原載《中共中央抗日民族統一戰線檔選編》（下冊）。
② 本文原載《中共中央檔選集》第11冊。

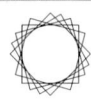

產黨和破壞國共合作，投降派才能達到破壞抗戰和降日賣國的目的。在反對汪派漢奸鬥爭中，我們應更親密地加強與一切主戰愛國的進步分子及國民黨群眾的聯繫，與他們一起動員群眾共同進行反對一切投降派及反共分子的鬥爭，以達到鞏固國共合作和鞏固及擴大抗日民族統一戰線的目的。

二、必須向蔣及國民黨中堅決主戰的軍政人員公開說明汪在國民黨內及政府中還有不少同情的分子，日寇及汪逆正用一切力量企圖使他們作裡應外合的勾當，其主要方法為倒蔣反共，因此不僅在政治上須儘量揭露和孤立一切同情汪派主張的漢奸分子，而且在實際上採取必要辦法防止他們倒蔣反共的一切陰謀，我們決定根據恩來與葉所談各點及我們上述補充意見之方針，在延安及即通令全黨進行大規模的反汪及反一切妥協投降的群眾運動。你們對此問題還有何意見，及你們在這方面所進行的工作以及與國民黨繼續談判情形，切望隨時見告。

中央書記處

7. 周恩來關於平江慘案致陳誠的抗議電[①]（1939年7月2日）

重慶政治部部長陳：

頃接湖南電告新四軍通訊處，於6月12日突被二十七集團軍楊子惠部特務營余連包圍繳械，當場擊斃該通訊處主任塗正紳及職員吳賀眾同志，嗣又將該通訊處羅梓銘、曾漢聲二同志及新四軍家屬6人活埋於黃金洞內。事後迄未宣布罪狀，並禁止談論此事等語。查塗正紳、羅梓銘等8位同志均係負責之共產黨員，在平江工作多年，與地方上尚稱和睦，塗同志且曾參加平江縣動員委員會，努力抗戰工作，眾所深知，今竟遭此慘案，顯係別有用心者所為。惟楊部隸屬九戰區，部隊行動必有主使，前弟在渝曾聞中央調查統計局派有特工委員會專駐湘鄂贛擔任反共，今茲慘案，不能謂為無關。且另據電訊，謂孔荷寵部亦曾參加此事，遠道聞之，殊增憤慨。弟此次回映，原冀與敝黨中央商討鞏固團結大計，並求平復磨（摩）擦事態，乃北事未平南事又起，推波助瀾者大有人在。此種陰謀，弟敢斷言決非止於反共，其目的必在造成國共裂痕，以便其破壞抗戰，走入不得不對日妥協之途，其處心之深，用意之毒，顯系破壞分子所為。吾輩矢志團結，堅持抗戰，對茲慘案，必須有以善其後，方能得事理之平。否則激盪愈多，憤懣難抑，弟雖努力亦難收效矣。用特電請轉呈委座，嚴令查明此案真象（相）。對死難者務請給以撫恤，對肇事者務請嚴予懲治，並責令保證以後再不發生此類事件，使中共黨員得有生存之保障。實無任盼禱之至。至若通訊處應否取消，亦只能以命令列之，和平商之，決不能作為以武力殺人之藉口也。謹電直陳伏惟察鑒。

周恩來叩。冬。

---

① 原載《平江慘案烈士紀念冊》。

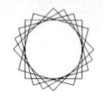

8. 中共中央關於為擊破國民黨反共進攻所提十二條談判條件給周恩來、葉劍英的指示① (1940年12月1日)

我們應從各方面採取攻勢，擊破國民黨的反共進攻：

（一）皖南部隊北開，但須延緩開動時間，解決補充條件，保證道路安全。

（二）蘇魯皖三省部隊事實困難絕對不能移動，立即停止霍守義、莫德宏之進攻，否則引起衝突我們不能負責。

（三）華北部隊無餉無彈，如再不發給，迫至無路可走，惟（唯）有渡河南下。

（四）停止進攻邊區之軍事部署，停止構築封鎖線，我們則保證不向彼方攻擊，所謂我向宜川、宜君攻擊，全是謠言。

（五）彼方釋放羅世文，我方釋放孫啟人。

（六）停止隴海、咸榆兩路捕人、扣車、扣貨，已捕之人、已扣之物一律釋放回還。

（七）如張國燾、葉青加入參政會，我方決不加入。

（八）桂林辦事處決不自動取消，如彼方要封，則讓其封閉。

（九）取消何應欽停發八路軍餉之命令，要求立即發給十一月經費及十月餘欠。

（十）停止石友三隔老黃河之行為，並停止其配合敵偽進攻八路軍。

（十一）保證各辦事處之安全，如有逮捕、暗殺、失蹤等事，彼方應負其責。

（十二）拒絕與何應欽、白崇禧談判，要求與蔣直接解決問題，或與指定之他人談判，否則寧可不談判。

以上十二項，除參政員一項外，均用朱、彭、葉、項意見提出，由你們代表轉達之。也不必同時一次提出，遇談判某一項或某幾項問題時，相機提出之，但各項態度均堅決不變。

9. 毛澤東、朱德關於向蔣介石交涉新四軍北移路線致周恩來、葉劍英電② (1940年12月25日)

據項英稱：「顧祝同忽令新四軍改道繁、銅渡江，而李品仙在江北佈防堵截，皖南頑軍復暗中包圍，阻我交通，南岸須通過敵人封鎖線，江中須避敵艇襲擊，非假以時日分批偷渡則不能渡，勢將進返兩難」等語，請速向蔣交涉下列各點，並速告結果：

一、須分蘇南，繁、銅兩路北移。

---

① 原載《皖南事變（資料選輯）》，中央檔案館編，中央黨校出版社，1982年。
② 原載《皖南事變（資料選輯）》。

二、須有兩個月時間，若斷若續分批偷渡。
三、皖南軍隊不得包圍，不得阻礙交通。
四、皖北軍隊由巢、無、和、含四縣撤退，由張雲逸派隊接防，掩護渡江。
五、保證不受李品仙襲擊。
六、彈藥及開拔費從速發下。

10. 周恩來關於和蔣介石談話情況給毛澤東並中央書記處的報告①（1940年12月26日）

昨日蔣因數日來心緒不佳（軍閥跋扈，夫人不歸，糧價日漲，我們無複電），不斷罵人，而過冷淡的耶誕節的背景中見我，蔣以極感情的神情談話。我將毛主席二十四日意旨告蔣。

一、蔣所談的要點如下：

（一）連日來瑣事甚多，情緒不好，本不想見，但因為今天是四年前共患難的日子，故以得見面談話為好。

（二）你們一定要照那個辦法開到河北，不然我無法命令部下。蘇北事情太鬧大了，現在誰聽說了都反對你們。他們很憤慨，我的話他們都不聽了。你要我發餉我發了，軍政部也要發的。我弄得沒有辦法，天天向他們解釋。

（三）抗戰四年，現在是有利時機，勝利已有希望，我難道願意內戰嗎？願意弄坍台嗎？現在八路、新四還不都是我的部下？我為什麼要自相殘殺？就是民國十六年，我們何嘗不覺得痛心？內戰時，一面在打，一面也很難過。

（四）你說河北太小，其實我為你們著想，對現有土地爭奪，實在是太小了。要開到河北，在照劃定的區域，多麼大，多待你們發展，可實施你們的抱負。現在你們分兵四出，指揮訓練不好，河北也沒弄好，如果集中起來，對外對內部可做得好。現在你們這種做法，簡直連軍閥不如了。

（五）我是發展，你低落了，如果非留在江北免調不可，大家都是革命的，衝突決難避免，我敢斷言，你們必失敗。如能調到河北，你們做法一定會影響全國，將來必成功。我這些話，沒有向外人說，我可以向你說，你可以告訴你們中央同志。

（六）你們過，從皖北一樣可過，只要你們說出一條北上的路，我可擔保絕對不會妨礙你們通過（周註：靠不住）。只要你們肯開過河北，我擔保至一月底，絕不進兵。你說封鎖西北，完全是防守，華北絕不會封鎖，我可負責擔保。

---

① 原載《皖南事變（資料選輯）》。

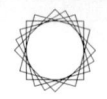

（七）政治問題，都好解決。特種委員會，沒有這種組織。檔你們也發了不少。你說的各種訓令，我可再查。只要八路、新四執行軍紀，一切都好講。一切待遇如有絲毫不公，你可找我。

（八）你說下級調不動，可不是事實。你們中央的決定，一定生效，目前你們中央沒有決心。你應該將我的話全部告訴你們中央，不然你們會失敗，會弄得大家反對你們，你們自己隊伍裡也會有不同意見。

（九）張國燾事情好解決，目前已發表了，過些時，當想辦法。

（十）我現在處的環境如你一樣，困難是一定有的，不過你一定應該將我的話轉告你們中央，否則我們見面也說不出什麼結果來的。

二、我對蔣的挑撥及攻擊我們的話，均當場答覆了，現將他的談話全部大意如上。張沖同去，認為殊出意外的滿意。我倒認為系嚇壓之餘，又加上哄之一著了。其局部的「剿共」仍在加緊布置中，不過我們弄得半拖半打，半打半拖，是可能的。

11. 周恩來、葉劍英關於同國民黨交涉情況給毛澤東的報告①（1941年1月13日）

（一）本日晨與三戰區參謀長用無線電話談新四軍情形，據說，新四軍北移不遵照指定路線，自行向相反的方向（東南），因與友軍誤會。其衝突地點是在太平地區，從六日起直至今日止，仍未結束，詳情不明。我們責以友軍對新四軍北移，不但不予以幫助，反藉口狙擊，江南如此，則華北、華中問題，更難解決。他答覆不能負責，因為新四軍不照擬定路線，並先開槍。

（二）我們今日已動員黨的幹部向各方揭發國民黨狙擊新四軍陰謀，並向蔣、何、白、劉為章、張□抗議，要求立即制止圍攻新四軍行動，否則，江南磨（摩）擦，我們不負責。

12. 中共中央關於對付蔣介石一·一七命令的方針給周恩來的指示②（1941年1月25日）

恩來同志：

（一）敬電悉。為了對抗蔣介石1月17日的步驟，我們必須採取尖銳對立的步驟回答他，否則不但不能團結全國人民，不能團結我黨我軍，而且會正中蔣之詭計。

---

① 原載《皖南事變（資料選輯）》。
② 原載《中共中央抗日民族統一戰線檔選編》（下冊）。

（二）延安命令及談話已直發中央社、蔣介石、香港、上海及各地。

（三）此命令及談話僅為對付蔣 1 月 17 日步驟，不用八路及中央出面，待蔣採取其它（他）步驟時，我們再採取新的必要步驟。

（四）我們的讓步階段已經完結，我們須準備對付全面破裂，蔣以為我們怕破裂，我們須表示不怕破裂。

（五）政治上取全面攻勢，軍事上取守勢。

（六）蔣 1 月 17 日命令及談話，對我們甚為有利，因為他把我們推到同他完全對立的地位，因為破裂是他發動的，我們應該捉住 1 月 17 號命令堅決反攻，跟蹤追擊，絕不遊移，絕不妥協。

（七）中間派的議論決不可盡信。

（八）你們須立即向國民黨表示，如果他們不能實行我們所提的十二條（主要是取消 1 月 17 日命令），你們應要求他們發護照立即回延。

中央書記處

13. 中共參政員為抗議皖南事變拒絕出席二屆一次參政會之函電①（1941 年 2 月－3 月）

一、毛澤東等七參政員致參政會秘書處刪電（2月15日）

國民參政會秘書處公鑑：

關於政府對新四軍之處置，我黨中央曾有嚴重抗議，並提出善後辦法十二條，如（一）制止挑釁，（二）取消一月十七日的命令，（三）懲辦皖南事變禍首何應欽、顧祝同、上官雲相三人，（四）恢復葉挺自由，繼續充當軍長，（五）交還新四軍全部人槍，（六）撫恤皖南新四軍全部傷亡將士，（七）撤退華中的剿共軍，（八）平毀西北的封鎖線，（九）釋放全國一切被捕的愛國政治犯，（十）廢止一黨專政，實行民主政治，（十一）實行三民主義，服從總理遺教，（十二）逮捕各親日派首領，交付國法審判等項，請政府採納。在政府未予裁奪前，澤東等礙難出席，特此達知，敬希鑑察！

毛澤東、陳紹禹、秦邦憲、林祖涵、吳玉章、董必武、鄧穎超
叩刪（十五日）印

---

① 原載《皖南事變（資料選輯）》。

二、周恩來致張沖函（3月2日）

淮南先生勛鑑：

敬啟者，日來為出席參政會事，與延安敝黨中央往返電商，經考慮結果，特提出臨時解決辦法十二條，附誌於後，敢請轉陳蔣先生及貴黨中央，倘能蒙諸採納，並獲有明確保證，則敝黨參政員屆時必能報到出席。謹此函達，至希鑒察，並頌公祺！

周恩來謹啟　三十年三月二日

三、董必武、鄧穎超致國民參政會函（3月2日）

國民參政會秘書處公鑑：

關於我黨七參政員礙難出席本屆參政會事，曾有二月刪電通知在案。茲為顧全團結加強抗戰起見，必武、穎超特就在渝所見各方奔走之殷，提出臨時解決辦法十二條附列於後，倘此十二條能蒙政府採納，並得有明白保證，必武、穎超屆時必可報到出席；此點已得延安我黨中央複電同意。特此達知，敬希鑑察，並頌公祺！

董必武、鄧穎超同啟　三十年三月二日

附：臨時解決辦法十二條

一、立即停止全國向我軍事進攻。

二、立即停止全國的政治壓迫，承認中共及各黨派之合法地位，釋放西安、重慶、貴陽各地之被捕人員，啟封各地被封書店，解除扣寄各地抗戰書報之禁令。

三、立即停止對《新華日報》之一切壓迫。

四、承認陝甘寧邊區之合法地位。

五、承認敵後之抗日民主政權。

六、華北、華中及西北防地，均仍維持現狀。

七、於十八集團軍外再成立一個集團軍，共應轄有六個軍。

八、釋放葉挺，回任軍職。

九、釋放所有皖南被捕幹部，撥款撫恤死難家屬。

十、退還皖南所有被獲人槍。

十一、成立各黨派聯合委員會，每黨每派出席一人，國民黨代表為主席，中共代

四、周、董、鄧致各黨派領導人士書（3月2日）

任之、表方、問漁、黨秋、君勱、努生、漱溟、士觀、舜生、幼椿、伯鈞、廣陶、衡山、慧僧、

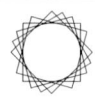

申府、韜奮諸先生：

敬啟者，數日來承奔走團結，欽感無既。敝黨代表之礙難出席此屆參政會，所有苦衷，早經洞鑑。現為顧全大局起見，特與敝黨中央往返電商，改定臨時解決辦法十二條，具見於與參政會公函中，凡有可以謀團結之道者，同仁等無不惟力是赴，今茲所提，已力求容忍，倘能得有結果，獲有明確保證，必武、穎超必親往參政會報到。考其形，容或有負諸先生之望，察其心，又知諸先生之必能見諒。方命事小，國家事大，惟求諸先生能一致主張，俾此臨時辦法早得結果，斯真國家民族之福。萬一因一時扞格，大局趨於惡化，同仁等實已委曲求全，問心可告無愧，而諸先生尤為愛國先進，屆時必有更多匡時宏謨，同仁等竊願追隨不懈也。延安諸同仁聞諸先生之熱誠苦心，亦極感奮，並電囑轉致謝意。特此奉達，敬請公安！

周恩來、董必武、鄧穎超謹啟
三十年三月二日晨

五、中共七參政員對國民參政會秘書處魚電的複電（3月8日）

國民參政會秘書處轉全體參政員先生公鑑：

魚電誦悉。諸先生關懷團結，感奮同深。四年以來，中共同仁維護民族抗戰與國內團結，心力交瘁，早為國人所公認，中共參政員對於歷次參政會無一次不出席，亦為諸先生所共見，惟（唯）獨本屆參政會則有礙難出席者在。蓋中共參政員為政府所聘請，而最近政府對於中共則幾視同仇敵，于其所領導之軍隊則殲滅之，于其黨員則捕殺之，於其報紙則扣禁之，尤以皖南事變及一月十七日命令，實為抗戰以來之重變，其對國內團結實有創巨痛深之影響。一月十七日命令之後，敵偽撫掌，國人憤慨，友邦驚歎，莫不謂國共破裂之將至。中共中央睹此危局，自不能不採取適當之步驟，以挽危局，以保團結，乃向當局提出善後辦法十二條。時逾一月，未獲一復，而政治壓迫軍事攻擊反日益加厲，新四軍被稱為「叛軍」矣，十八集團軍被稱為「匪軍」矣，共產黨被稱為「奸黨」矣，延渝道上，打倒共產黨、抗日與「剿匪」並重、「剿匪」不是內戰等等驚心動魄之口號，被正式之政府與正規之軍隊大書於牆壁矣。似此情形，若不改變，澤東等雖欲赴會，不獨於情難堪，於理無據，抑且於勢亦有所不能。耿耿此心，前有刪電致參政會略陳梗概，當蒙洞察。嗣後參政會同仁中頗多從中奔走，以圖轉圜者，澤東等感此拳拳之意，為顧全大局委曲求全計，乃由敝黨代表周恩來同志及在渝參政員必武、穎超二人提出臨時辦法十二條，請求政府予以解決，以便本黨參政員得以出席於本屆參政會，同時並以此意通知參政會秘書處，然亦希望政府置答。澤東等所提善後辦法與臨時辦法各條，乃向聘請澤東等為參政員之政府當局提出請求解決，以為澤東等決定是否出席此次參政會之標準。政府自有予以解決與否之自由，澤東等亦有出席與否之自由。澤東等愛護參政會之心，今昔並無二致，如能在此次會期內由於諸先生之努力促成，與政府諸公之當機採納，使澤東等提各種辦法能有一定議及實施之保證，則本次參政會雖已開幕，中共在渝參政員亦必可應約出席，否則惟（唯）有俟諸問題解決之日。澤東等接受政府之聘請，為團結抗戰

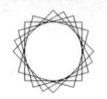

也，皖南事變以來，加於國共間之裂痕實甚深重，苟裂痕一日未被消滅，則澤東等一日礙難出席政府所召集之任何會議。蓋澤東等在目前所處之環境，與諸公實有不能盡同者焉。專此電復，尚希諒察。

毛澤東、陳紹禹、秦邦憲、林祖涵、吳玉章、董必武、鄧穎超叩齊

附：國民參政會秘書處致中共七參政員魚電（3月6日）

董參政員必武、鄧參政員穎超，並轉毛參政員澤東、陳參政員紹禹、秦參政員邦憲、林參政員祖涵、吳參政員玉章鈞鑒：

3月6日本會大會以全體一致通過決議如下：「(一)本會於閱悉毛參政員澤東等七人致秘書處刪電、董參政員必武等二人本月二日致秘書處函件，暨聆悉秘書處關於此事經過之報告以後，對於毛、董諸參政員未能接受本會若干參政員與本會原任議長之勸告，出席本屆大會，引為深憾。本會為國民參政機關，於法於理，自不能對任何參政員接受出席條件，或要求政府接受其出席條件，以為本會造成不良之先例。(二)本會連日聆悉政府各種報告之後，深覺政府維護全國團結之意，至為懇切。一切問題除有關軍令軍紀者外，在遵守抗戰建國綱領之原則下，當無不可提付本會討論，並依本會之議決，以促政府之實行。因是本會仍切盼共產黨參政員深體本會團結全國抗戰之使命，並堅守共產黨民國二十六年九月擁護統一之宣言，出席本會，俾一切政治問題，悉循正當途轍，獲得完善之解決，抗戰前途實深利賴。」特此錄案電

14. 周恩來關於同蔣介石談判問題給中共中央的報告[①]（1941年3月15日）

一、毛主席12日指示收悉。

二、昨（14）日蔣約我談半小時，宋美齡在座。

三、蔣談話的目的在和緩對立空氣，粉飾表面，也許可解決一些小問題（如新華、捕人、發護照等事）。解決大問題尚非其時。

四、蔣表示有數點：

（一）兩月多未見面，由於事忙，參政會前，因不便未見。

（二）不管怎樣，條件總是提向他的（又承認提向他了）。

---

① 原載《皖南事變（資料選輯）》。

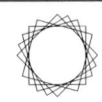

（三）當然沒有那樣答覆，現在開完會，情形和緩了，可以談談。

（四）問會後延安有否電來，我答沒有。他要我電延，問最近意見。我告他：問題總要解決才有辦法。於是將新四事件及二月份各種壓迫說了一頓，但他對新四事件置不答，而對壓迫事則說這是底下做的，不明白他的意旨。對新華、放李濤等人、發護照，都可做到。要我直接寫給他，其實我早已全部寫給他了，現擬再分寫給他。

（五）我提到防地、擴軍，他對防地未答，但也未談開黃河北岸事，只說：只要聽命令，一切都好說。軍隊多點，餉要多點，好說。我當告以自一月起已無餉。他連說可以發。

（六）我說聞葉希夷已到，我要見他。他說：尚未到。當去查，如到，可見他。

（七）我說，黨政委員會改組中，我的名義可取消。他說另找實際工作。我說不必要。

（八）他約下星期再見，宋並說請吃飯。

五、現在的問題是在我攻勢下，蔣為敷衍門面，想謀表面和緩，而實際仍在加緊布置，以便各個擊破。其法寶仍是壓、嚇、哄三字。壓已困難，嚇又無效，現在正走著哄字。

六、我們辦法是利用目前可能，先解決一些小問題（如新華、捕人、發護照、發餉等），還是等著大問題一道解決？請即示覆，以便應付。

15. 中共中央關於同蔣介石談判問題給周恩來的指示① (1941 年 3 月 15 日)

一、可以先解決新華、捕人、發護照、發餉等小問題，惟（唯）對大問題絕不放鬆。
二、蔣之表示，不完全是哄，有部分讓步以謀妥協之意，因國內外形勢不容許他不讓步。

16. 周恩來關於同蔣介石交談的幾個問題給中共中央的報告②(1941 年 3 月 25 日)

一、關於委員會事，本日與各小黨派談，因延安無複示仍高談一頓，非置於參政會以外及成立各黨派聯合委員會不了事。

二、今日由蔣夫人出面宴周、鄧，蔣及賀耀祖、張沖在座。蔣問延安有甚消息，我答無甚消息，仍堅持原議，此間正在談委員會事，如屬參政會則無法參加。蔣答或改屬國防最高委員會。我認為屬於政府均不好。我提到軍事進攻，特別指皖北、蘇北。蔣云：只要聽命令過黃河，這些問題好解決。我說，因皖南事起，這些事早停頓了。他說顧三已來，可將皖南問題談清楚，一道解決。

---

① 原載《皖南事變（資料選輯）》。
② 原載《皖南事變（資料選輯）》。

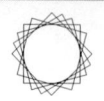

我未回答。因對顧祝同實在無可談了。我問蔣，關於制止政治壓迫事。他云：除發餉一事外，餘均可照辦。甚至說，只要聽命令可先發餉一月（真是豈有此理）。我問葉希夷事，他答尚在上饒。

三、今天見面仍只是表面上的輕微緩和，實際上要看他是否真正做些緩和的事，而今天仍須（看他）。

四、關於委員會，我們擬即以成立各黨派平等聯合委員會，不屬於任何政府機關兩大原則，來與蔣所擬設立之委員會對立，迫蔣讓步，你們以為如何，請示。

17. 毛澤東關於國共繼續團結抗日問題致周恩來電①（1941年4月26日）

一、見蔣時可以提出你回延參加大會的要求，要他派機送你，並問他我們大會有何意見。

二、表示我黨願意同國民黨繼續團結抗日，惟望國民黨改變對內政策，並對八路發餉，合理解決新四軍問題。

18. 南方局關於國共關係的報告提綱②（1942年12月12日）

一、國民黨十中全會的宣言和決議：

（一）日寇入滇，浙贛戰起，直接促成了國內形勢的轉機，而停止進攻邊區，是一個主要的關鍵（時間在五六月）。

（二）蔣委員長兩次見周及林師長來渝，造成了兩黨關係的緩和及談判之門重開（時間在七至十一月）。

（三）鄭延卓赴延放賑，其意義在恢復兩方關係，宣示中央德意，試探我黨真意（時間十一月）。

（四）蔣委員長在十中全會關於中共問題的報告，其基本意思，是趨於政治解決的。

（五）特種研究委員會的討論，表現了國民黨中有三種意見的存在：第一種，認為中共問題無法解決，只有打才能了之。第二種，認為現在還不是解決的時機，只有拖，才能造成有可能於解決的時機。第三種，認為現在是解決的時機，而且應該解決，但解決的方案又有多種：只有談，才能互相瞭解，得到兩黨解決方案。這三種意見只是三種主要的傾向，還不能

---

① 原載《皖南事變（資料選輯）》。
② 原載《中共中央抗日民族統一戰線檔選編》（下冊）。

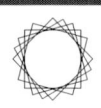

包括盡國黨全方面的意見。有些人還搖擺於第一、二意見之間，可以半拖半打，上面寬下面緊，上面好下面壞。有些人只動搖於第二、三種意見之間，認為一面拖，一面談，並不矛盾，可以徐圖解決或能相機解決，不過完全主張打的人已漸漸少了。

（六）十中全會的宣言的精神是好的，是值得稱讚的，但尚有尾巴——兩面政策的尾巴（如抗戰中的怠工、民主中的黨治、聯共中的反共等），尚有缺點——一般政策的缺點（如統治人民、管制經濟等）。

（七）關於中共問題的決議，是趨向於政治解決的，但條件尚多，局部壓迫並未取消，在國民黨中仍能作可好可壞的各種解釋。

（八）然而可總結一句：十中全會的宣言和決議已不是內戰危機的擴大，而是由軍事解決轉向政治解決的開始，也就是好轉的開始。這雖是數的變化，但如發展下去，將要起質的變化。

二、我黨的表示：

（一）我黨中央發言人的表示（見《新華日報》十二月九日二版）在強調好的，同時並重申我黨立場，以推動其好轉。

（二）我黨中央的指示要點：

1. 歷史的估計——一九三九年到一九四一年的兩次反共磨擦均有國內國外的因素。

2. 從去年停止大的衝突到今年的好轉，其中經過顯然的國內國外因素的推動和影響。

3. 國民黨十中全會決議，給四個年頭的國共關係作了一個總結，這總結指出了國共繼續合作及具體談判與解決過去存在著的兩黨爭論的途徑，雖然這些爭論問題，還不見得很快就能完全的解決（我黨中央指示文）。國民黨十中全會宣言和決議，在某一意義上與國民黨三中全會宣言決議的精神，是相同的，即表面好象（像）很凶，實際上是好轉。

4. 我黨的態度，在於根據黨中央發言人的表示，進行解釋說明我黨立場及將來仍準備遵守的諾言，關於軍隊我們可以不擴充，關於作戰地區，戰後當然要有所調整，關於邊區，我們早就要求合法化，關於對共產黨員，我們要求實現國民黨十中全會的諾言，予公民應得之權利與自由。但必須估計國民黨以政治解決代替軍事解決，其政治進攻和壓迫，還會有的，雖然某些方式會有所改變，我們一方面應防止這種壓迫，另一方面應繼續採取誠懇協商，實事求是，有理有節的態度，力戒驕傲自大，有損無益的態度，以爭取更多的好轉（我黨中央指示文）。

三、國民黨的幹部會——國民黨對待共產黨三個階段的變化：

（一）第一階段：（一九三六到一九三八年；西安事變到武漢撤退；三中全會到五中全會）是重在組織上解決，即圖融化共產黨時期。

（二）第二階段：（一九三八到一九四二年；遷都重慶到經營西北；五中全會到十中全會）是重在軍事解決，企圖削弱和消滅共產黨時期。

（三）第三階段：（一九四二年至今；從經營西北，十中全會開始）是重在政治上解決，即圖控制共產黨的時期的開始。

三個階段的發展和變化都有其各個時期的國內外因素為之推動的，各種條件是相互影響的，但每一個範圍內，都有其主要的內在因素存在，在第二階段中，經過兩次反共高潮，而第三次反共高潮未得最後形成，這也由於國內外因素的影響，因之也促成了第三個階段的開始。

四、目前國內的形勢和國際的情況：

（一）希特勒德國先敗，日本後敗的形勢是定了的，因之國民黨對世界戰爭勝利的信心是增加了的。而今年擊敗希特勒，明年擊敗日本的口號之所以發生變化，主要原因在未能開闢歐陸第二戰場。

（二）德勝或蘇德兩敗俱傷而美獨勝是不合理的想法，已經幻滅了，世界民主的前途是定了的，因之某些對法西斯的崇拜者多少給予了些精神上的打擊，因之國民黨對世界民主的前途也不得不認識和承認。

（三）日寇的戰略是保存主力，待機發動，因為要保存主力，所以他不去攻蘇，攻印澳，而加緊南洋的掠奪和開發，加緊在華以戰養戰，以華制華，加緊南洋的交通戰和某時期對某一方面的和平攻勢，因為日寇待機而動，所以只能夠付少收多，仍會有軍事上的進攻，而主要的方面會在中國，在中國他可不增加新的力量，便能擊潰中國一方，因之這就使國民黨對日寇局部進攻的可能性及其嚴重性也可以有新的認識。

（四）由於國民黨對美的依賴性，不能不使他對於美國朝野的輿論有著極大的顧慮，美國要員訪華後的觀感，威爾基的備忘錄，美國對於援華軍火與兵力的控制，美國對於蘇聯的友好態度，英美對華某些特權的取消，英美民間的輿論都不能不使國民黨在目前放棄其進行內戰的企圖。

（五）蘇聯的偉大勝利，日寇攻蘇危險的減弱，英蘇同盟，美蘇協定，邱吉爾、威爾基先後訪蘇，蘇聯對中國態度的一貫，都不能不使國民黨重新趨於聯合蘇聯。

（六）國際間民族解放的趨勢，多少給了國民黨一些弄好國內關係的影響。國內情況：

1.軍事上反共的失利及其目前消滅我黨我軍之不可能，相當教訓了國民黨的當局。

2.我黨我軍在敵後的困難增加，減低了對國民黨威脅。

3.我黨 年一年對國民黨進攻的隱忍，特別是今年「十七宣言」的表示，國民黨至少相信在目前我們是決無推翻他們的企圖和可能的，雖然在抗戰後我們也不會有這種企圖。

4.目前國內人力物力的艱難，財政經濟糧食危機的增加，民眾生活的痛苦，行政效率的低能，軍隊戰鬥的減弱，國民黨部工作的渙散，人心的動盪和不滿，都不能不使國民黨需要集中內部力謀改善和緩和。

5.國民黨內主張政治解決的呼號，引起各地方勢力和離心，發制各小黨派的民主結合，各中間分子，自由要求，都不能不使國民黨考慮到國內分裂時的不利條件。

6.蔣委員長與國家民族的勝敗不可分離，其不能不有前途究竟如何和目前實際作不通的考慮，這是一個直接的決定因素，因此這各種國內外因素的發展，各種條件的錯綜複雜和相互影響，便不能不使國民黨決定了以政治解決代替了軍事解決，以控制共產黨代替了削弱和消滅共

產黨的辦法，但這種代替並非完全取消，而是孰為主從的意思，也就是後者附屬於前者的意思。

　　五、前途的估計：雖然如上所述，國共關係趨向於好轉，但並非無壞轉的一面，國民黨矛盾存在，國內矛盾存在，而國民黨的兩面政策、矛盾政策亦仍然繼續。國民黨領導機關的意見，亦未臻統一，故壞的一方面並未取消，可是好轉已漸增長，壞轉已漸減弱。一般講實行政治解決，控制我黨我軍，不外乎下列幾個主要條件：

（一）要我軍聽調動，　　　　　（二）縮小我軍防區，
（三）限止我軍數目，　　　　　（四）統一軍制軍政，
（五）縮小邊區範圍和權利，　　（六）統一法令政令，
（七）統一幣制稅收，　　　　　（八）加緊思想統制，
（九）加強特務活動，　　　　　（十）限制我黨發展和活動，
（十一）強調除奸，　　　　　　（十二）進行挑撥。

　　目前空氣是緩和了，關係是恢復了，但好轉是一個趨勢，能否具體解決問題，還在兩可之間（或拖或相機解決），因為在好轉開始中還存在兩個應極端注意的重要事實：一個是兩個解決問題的看法和辦法還有很大的距離，另一個是對局部的壓迫還沒有放鬆，如在大後方政治上的壓迫，對新四軍區域軍事上的進攻，對華北邊區經濟上的封鎖，仍然繼續著，這須我們十分警惕。不過前途的發展，國內外因素的增長，使國民黨不得不繼續改變，由數變走到質變，這種變化仍然不會徹底，因為是帶被動性的，但變得多或少我黨的政策也是有關係的，這與世界戰爭勝利的徹底與否，戰後民主政治擴大與否，我國也是有關係的方面之一。總之，國民黨在蔣委員長領導之下是有可變性的，而且已向好的方面變，可能國民黨十中全會的各項決議和各項實施其意圖是好的，但實際方案是錯的，或者是矛盾的，等到實行不通，會仍然有變的可能，我們的任務便在促進其變，歡迎其變，而不在阻止其變，反對其變。

　　六、我黨的基本方針是不變的。應堅持抗戰，堅持團結，支持進步與民主是不變的。我們的目前方針即在現階段促進國民黨好轉的方針應該是：

　　（一）爭取好轉，勿忘防禦，即是說加強策略教育不刺激，不挑釁，以誠懇協商的態度，以實事求是的精神，爭取國共關係的好轉，問題的解決，加緊秘密工作，嚴格黨的紀律，以防禦意外的襲擊，局部的事變。

　　（二）爭取合作，勿忘鬥爭，即時加強抗戰工作，多主張，少批評，以爭取和國民黨及各黨各派別各階層關係的無間的合作，加強學習，加緊調查研究，改造自己以利思想鬥爭。

　　（三）爭取發展勿忘鞏固，即是說堅持大後方立場及任務（勤於學，勤於業，勤于交友）以開展黨的社會基礎，加強黨性鍛煉，實行精兵簡政的精神（一個人做兩個人的事，一筆錢作兩筆用，機關小工作多，架子小效能大），以鞏固黨的隊伍和存在。

　　為實行這些方針，整風仍是目前不可懈怠的任務，為實行目前方針，我們必須準備克服行將到來的空前的困難。世界戰爭趨向於好轉，而情形會更加複雜和艱難，要克服艱難，要有勝

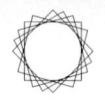

利的信心，只有團結的意圖不夠的，必須有具體而切實的辦法。我黨今後應一方面努力於敵後，堅持邊區的建設，大後方的埋頭苦幹，淪陷區的隱蔽待機；另一方面努力向國民黨及各黨派各地方，各中間分子多提積極的建議，多提有效的辦法，少做消極的批評。為圓滿地實行目前方針，黨必須加緊兩條戰線上的鬥爭，要防止由於目前趨勢而走到「左」傾的過分樂觀情緒，同時也要糾正由於不相信可以爭取好轉的右傾悲觀情緒。在大後方特別要防止由於局勢好轉而鬆懈自己警惕性和工作的積極性，要防止滿足於表面上的和緩，而忽視努力推動以爭取實際上的好轉，要防止從局部的光明出發，過高的估計全部好轉，同時也要防止從片面的黑暗出發，否定這一好轉的開始和可能。

19. 周恩來關於共產國際解散後國民黨對我的方針和我們目前對策問題致毛澤東電[①]（1943年6月4日）

毛主席：

在共產國際解散的提議書到後，我們搜集了兩方面情報，於本月4日開南方局會議，估計國民黨對我方針，並決定我們的初步辦法如下：

一、估計國民黨對我方針：

（一）抓緊時機及趨向政治解決，輔之軍事壓迫，一方面企圖逼我們，另一方面暗示日寇緩攻。

（二）政治解決以交出軍權、政權為主，至少是軍令政令統一，而最高要求亦有可能演出融共政策。

（三）局部壓迫：在軍事上，主要在華中、山東進攻，對邊區企圖在寧夏方面是其可能衝入一角，對華北可能多以偽軍作為進攻我們的橋樑；在經濟上，將加緊封鎖，有可能經過特務與敵偽合作；在政治上，大後方加強宣傳攻勢，發展自守運動，特別是秘密突擊，以進行秘密暗鬥。

（四）為加強宣傳攻勢，對內必著重於理論反共，對外必著重於政策反共（如說我軍不打仗，邊區種鴉片、反宗教等），至要求政權統一則對內對外均用之。其方法，如從內部宣傳指示到公開在報紙雜誌、座談會、報告、小冊子的曲解、造謠、污蔑、攻擊，直到文藝各部門。

二、我們目前對策：

（一）集中力量多反映各方面，主要的是當局方面意見。

（二）主動地向各方面主要是國民黨方面，多談論邊區問題及其有關問題。

（三）對國民黨談話內容著重在麻痹和分化頑固分子，爭取廣大同情。

（四）對民主運動方面談話內容著重在研究民主合作實際問題，道路問題及實施憲政，以教

[①] 原件存中央檔案館。

育民主分子。

（五）宣傳對策：在重慶積極宣傳抗戰，用各種辦法宣傳我方抗戰及建設成績，宣傳我方堅持團結與民主的主張和事實，宣傳馬列主義的普遍真理，輔之以揭發敵偽的某些陰謀和當局政策的矛盾，其方法應特別注意民族化。

（六）外交的活動和宣傳應加緊，更加強和美、英自由主義者的實際的聯絡。

（七）內部組織卻應一方面提高我們的政治警覺性；另一方面加強我們的責任心和創造性。

（八）動員黨內外幹部討論問題，並發動他們提出今後意見，尤其是要注意馬列主義中國化的具體問題。

恩來
六月四日渝

20. 毛澤東關於迅速傳布「七一」紀念論文等檔[1]給董必武的指示[2]（1943年7月6日）

必武同志：

三日電悉。一、彼方不准發表紀念「七一」文章。似固彼方準備進攻解放區，蔣在「七七」可能發表反共檔，故不令我們發表團結抗戰檔，因此你們應將「七一」紀念論文立即設法單印傳布出去。又朱德同志給蔣、胡電亦應速即向外傳佈，尤應即發英美使館，以防彼方突然封鎖。二、辦事處一切秘密檔速即燒毀，以防突然抄查。三、邊區準備作戰，堅決打擊進攻者。

毛澤東
6日20時

21. 毛澤東關於目前宣傳方針問題致董必武電[3]（1943年7月21日）

董：

此次反共高潮[4]之近因，一、由於國際解散。二、由於相信日將進攻蘇，故蔣企圖以宣傳

---

[1] 指《新華日報》社論《紀念中國共產黨二十二周年》和中共中央為紀念「七七」抗戰五周年的宣言等。
[2] 原件存中央檔案館。
[3] 原件存中央檔案館。
[4] 指國民黨頑固派於1943年6月發動的第三次反共高潮。

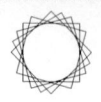

勢動搖我黨，以軍事壓迫逼我就範。乃事機不密，為我揭穿，通電全國，迎頭痛擊，於是不能不否認（如胡、徐等復電），儘量敷衍（如對周、林），並稍示和緩（邊境已有兩個師後撤）。但實際上目前軍事準備決不會放鬆，政治壓迫亦必然會加緊（如「七七」封鎖新華，日前檢查渝辦）。我為徹底揭穿其陰謀並回答其自皖南事變以來的宣傳攻勢計，除發通電及解放社論外，並於本日公布陳伯達駁蔣著《中國之命運》一書，以便在中國人民面前從思想上、理論上揭露蔣之封建的買辦的中國法西斯體系，並鞏固我黨自己和影響美蘇各國、各小黨派、各地方乃至文化界各方面。為此目的，望注意執行下列數事：

（一）收到此文廣播後，設法秘密印譯成中英文小冊子，在中外人士中散布。

（二）在渝辦、報館中，以此文作為課本，進行解釋討論。

（三）搜集此文發表後的各方面影響，並將國民黨回駁此文的文章擇要電告，並全部寄來。

（四）《新華》《群眾》可用其他迂回辦法揭露中國法西斯黨的罪惡（思想、制度、特點和行為）。

（五）其他技術問題由恩來電告。

毛澤東　馬

22. 毛澤東、周恩來關於發動反對中國法西斯運動給董必武的指示[①]（1943年8月11日）

董：

一、邊區軍事雖稍緩和，但國民黨的武裝準備並未放鬆，其宣傳鬥爭則更加緊，各地參政會，新聞、文化、婦女等團體請解散中共電，已有10多處，中央社更散發反共社論，專電動員輿論。不知重慶月來輿論如何？望電告。

二、此間除繼續廣播《評〈中國之命運〉》各文外，擬於八九兩月發動反對中國法西斯主義運動，通電全國主張取消各種特務組織，嚴禁傳佈法西斯主義思想，以揭穿蔣記國民黨實質，並教育自己。不久，將有通電、文章廣播，請預為準備。

三、渝、桂文化界反壓迫抗議事可行。惟望注意：（一）除少數知名人士外，不要暴露隱藏的文化人。（二）發表的形式可採取多樣的。（三）儘量爭取中間人士在中間刊物發表抗議。（四）譯成英文向美英出版界揭露。（五）《新華》《群眾》多登載反法西斯主義文章，以開展思想鬥爭。

毛澤東　周恩來　真延

[①] 原件存中央檔案館。

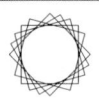

四、戰時首都國民參政會提案

1. 擁護蔣委員長和國民政府加緊民主團結，堅持持久戰，爭取最後勝利案[1]（1938年10月—11月）

兇殘陰險的日寇，在佔領廣州武漢以後，不僅加緊對我國的軍事進攻，而且利用漢奸敵探，進行各種政治陰謀，對蔣委員長和國民政府，盡力造謠污衊；對我全國民族團結，盡力挑撥離間。同時，到處散佈我國妥協投降的無恥讕言，企圖動搖我國之人心，混淆國際的視聽。因此，同仁等特提議國民參政會第二屆大會，代表全國同胞，一致通過下列決議：

一、蔣委員長為領導抗戰建國的民族領袖，國民政府為領導抗戰建國的最高行政機關，我全國軍民一致信任和擁護。

二、在抗戰嚴重困難的關頭，我國一切抗戰的各黨派各階層，更加精誠團結，為民族生存和國家獨立而親密友愛的共同奮鬥，凡妨礙和危害抗戰各黨派團結的言論和行動，應受全民族的譴責和糾正。

三、堅持持久抗戰爭取國家民族最後勝利，為我國政府反對日寇侵略的既定方針。全國軍民，一致本此方針，繼續努力，以求貫徹驅逐日寇出境的最後勝利，一日不達，則對日抗戰的行動，絕不中止。日寇漢奸所散佈的一切關於我國妥協投降的造謠，是對我全中華民族的莫大污衊。任何人如果有妥協投降的陰謀活動即等於民族的敗類的叛徒。全民族應群起而攻之。

四、我國軍民，誓在蔣委員長和國民政府領導之下，為徹底實現蔣委員長最近所宣布的「持久抗戰全面抗戰爭取主動」的正確方針而奮鬥。任何艱苦，任何犧牲，均在所不辭，以求增加抗戰力量，克服各種困難。在持久抗戰中，爭取驅逐日寇出境和建立三民主義新中國的偉大勝利。

2. 陳紹禹等提關於克服困難，渡過難關，持久抗戰，爭取勝利問題案[2]（1938年10月—11月）

一、目前抗戰形勢的困難和特點。自廣州失陷以來，一方面由於戰區擴大和敵軍增加，另

---

[1] 原載《新華日報》社編《第二屆國民參政會特輯》。此提案由陳紹禹、秦邦憲、林祖涵、吳玉章、董必武、鄧穎超等在國民參政會上提出。
[2] 原載《新華日報》社編《第二屆國民參政會特輯》。

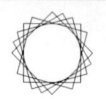

方面由於沿海沿江的最後的兩個最大的中心城市和重要交通線的損失，我國抗戰形勢已開始進入一個新的嚴重階段。此階段之主要特點，首先在於我國在軍事方面（軍力不敷分配和應用），物力方面（軍火接濟，衣食供給，交通運輸等），財力方面（收入更減，支出仍增，法幣外匯須更加大力維持等）和外交方面（首先是英國在慕尼克會議時及在遠東問題上所採取的對侵略者屈服的政策，及其在國際關係上所生之不良影響），均感受到比前此更大更多的困難；同時，與這些困難相伴而來的一部分人的悲觀失望情緒的增長和妥協投降企圖的加深，更加重了抗戰工作的困難。但是，此階段之特點，還在於不僅我國抗戰形勢發生更大的困難，同時，敵寇方面也發生比前此更大的困難，其主要困難為（一）因戰區擴大而更加感兵力不敷分配之苦（二）因戰線延長和軍力深入我腹地而更加容易遭受我國軍民隨時隨地的襲擊、打擊和消耗（三）此後敵我作戰地區，主要在山嶽地帶，敵之海軍失其配合作用，空軍及機械化部隊，也相當減少效力；（四）此後敵軍進入到現代交通主要工具（輪船鐵道）缺乏的地區，對運兵械器材（汽油、彈藥）運糧發生重大的困難，特別在我遊擊運動在敵後方及戰區大規模發展條件之下，敵寇在這方面將受到嚴重的打擊和損失；（五）因戰區擴大戰事延長，敵國內人民的反戰及反法西斯軍閥運動，將更高漲；（六）敵國的財政經濟將受到莫大消耗；（七）敵在國際上——首先在太平洋上更加孤立而遭受到列強的譴責和敵視。

　　二、克服困難的主要辦法在增加力量。十六個月來我國軍民在蔣委員長和國民政府領導之下進行英勇的民族自衛抗戰，確實得到了不少的進步和成績，全國在政治上統一在國民政府領導之下，在軍事上建立了統一的國民革命軍，各黨派各階層各民族達到空前未有的精誠團結，全國各界人民達到空前未有的民族覺悟和政治覺醒，民族自覺心和自尊心空前的提高，全民族一切有生力量經受著空前的鍛煉而日益強固，民主政治的基礎開始建立，政府與人民的關係有所改善，在我全體軍民英勇奮鬥中，消耗了敵人五十萬人以上的兵力，消耗了敵人百萬以上的經費，縮小了敵人的佔領區和在敵軍後方建立了許多抗日根據地，增加了敵人國內外的困難，提高了中華民族在國際上的威信和博得了一切先進人類對我同情和援助。同時，敵寇在十六個月的侵略戰爭中，完全揭露了其非人殘暴的猙獰面目，暴露了其國內外的嚴重困難和弱點，但是，應當坦白地承認一件事實，就是直到現在，敵人用來侵略的力量依然大過我國參加抗戰的力量，我國抗戰目前正遭受著嚴重的困難，因此，全中華民族今天的中心任務，就在克服困難，而克服困難的主要辦法，則在於堅決抗戰行動中和在現有力量基礎上增加力量，而增加抗戰力量的唯一辦法，在於認真地實行《抗戰建國綱領》的原則規定，以達到軍力、物力、財力和外援的增加：

　　（一）增加軍力——其主要辦法為：1.擴充現有軍隊的數量到適合於各大戰區的需要，同時，努力建立三十個到五十個政治堅定武器優良的骨幹國防師；2.改善現行徵兵辦法，主要用政治動員和優待抗敵軍人家屬等辦法使廣大壯丁自動地應募應徵，以提高軍隊的品質和戰鬥情緒；3.在軍隊中迅速建立起以達到官兵一體，軍民一體，爭取敵軍為目的的抗敵政治工作；4.

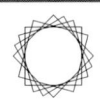

以相當數量的正規軍幫助民眾，在敵後方和戰區組織包括千百萬人民的游擊隊；5.採取運動戰游擊戰為主而輔之以必要的陣地戰的戰略方針，以疲憊敵人打擊敵人消耗敵人，使敵人不能繼續前進深入。

（二）增加物力——其主要辦法為：1.用一切力量恢復和建立國防工業（從大規模的兵工廠到小手工業的械彈製造和修理等），以保證前線械彈的供給；2.增加農業生產，提高工業生產，以保護軍民的衣食供給；3.盡一切可能增辟國際交通線及發展國內交通運輸事業，首先在便利和保證前線的軍火和軍需的供給。

（三）增加財力——其主要辦法為：1.增加收入——（1）認真徵收財產累進稅和所得累進稅，實行按照財產及收入多寡為比例而推銷公債的辦法，使有錢者出錢的原則，成為實際（2）設法使存款外國銀行之存戶，以一部分資財購買公債或公債金；（3）設法增加僑胞兌款回國數量及大量勸銷公債及公債金；（4）設法將廟產，祠產及其他公產之一部購銷救國公債（5）用一切辦法獎勵國民獻金運動；（6）努力進行對外借款和向國際友人方面進行大規模募捐運動。2.減少支出——（1）認真推行節約運動，首先須從黨政軍領導機關及領導人本身做模範；（2）實行裁併不必要的各種機關，實行按級減俸，逐漸作（做）到衣食住由公家供給，各人只支最低限度的零用費。

（四）增加外援——我國抗戰固然主要以自力更生為原則，同時，國際形勢目前亦有相當的困難，但力爭外援，仍為增加抗戰力量的重要辦法之一，目前爭取外援之主要辦法為：1.於加緊政府外交活動外，進行廣泛有力的國民外交，與各國政府及國際的和各國的勞工團體親密聯絡，依據國聯最近通過的《對日實施盟章》第十六條及九國公約規定，對日寇侵略者認真實行經濟制裁（不以軍火，軍事原料供給日寇，抵制日貨，拒絕借款給日本政府等），同時，使中國政府得到國際友邦更多的精神同情和物質援助（軍火、軍事原料、醫藥衛生材料、專門軍事技術人才、借款等）。2.努力保護和開闢國際交通線，以保證能真正得到國際友人的幫助。

只有增加抗戰軍力、物力、財力和外援，才能克服困難，渡過難關，進行持久抗戰，停止敵之進攻，準備我之反攻，以達到爭取最後勝利之目的。

三、增加抗戰力量的根本辦法在於政治更加進步。增加抗戰軍力、物力、財力和外援的根本辦法，在於我國政治在蔣委員長和國民政府領導之下，求得向前更大的進步，目前政治向前更加進步的具體表現應為：（一）四萬萬五千萬同胞有組織才能有力量——我國為四萬萬五千萬人的偉大民族，客觀上的確為世界上最偉大的力量，但是，中外事實證明僅僅人口眾多，並不能成為不可征服的力量，只有將廣大民眾認真地組織和動員起來，才能成為巨大無比取得事業勝利的力量。抗戰建國綱領早已明白規定須要「發動全國民眾，組織農工商學各職業團體，改善而充實之」，現在已到了必須認真動員和組織工農商學文化婦女青年兒童等群眾的時候了，只有將各界同胞都動員和組織起來，才能增加抗戰軍力，物力和財力，才是克服抗戰的一切困難的根本源泉。而動員和組織千千萬萬民眾的主要關鍵，在於政府真正給民眾以言論出版集會結社自由，在於政黨及政府真正相信和愛護民眾，在於政府能體會民眾的疾苦

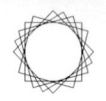

而為民眾服務。(二)改善行政機構及改善政府與人民之關係——加強中央政府各部門的工作效能,改革省縣兩級的 政治機構,改革區鄉保甲制度,迅速成立省市縣的參議會,嚴厲懲治貪污,實行廉潔政治。(三)實行人才主義——在各種政治工作中政府以大公無私的態度,吸收各黨各派的人才去擔任工作,對他們加以信任,給他們以真正工作的權利,只圖與抗戰建國有利,不計其他,如能將此點做到,則中國政治上一切癥結問題,便皆迎刃而解;而增加抗戰力量的艱難事業,便也因之而能順利完成。只有全國軍民在蔣委員長和國民政府領導之下,使政治上能有這些進步,才能使抗戰力量增加的問題,得到解決的保證。以上所舉三點,為同仁等對於目前抗戰形勢之認識及克服困難渡過難關持久抗戰爭取勝利之管見,特擬具提案供政府採擇參考,是否有當,尚祈公決。

3. 林祖涵等提嚴懲漢奸傀儡民族叛徒,以打擊日寇以華制華之詭計,而促進抗戰勝利案[①](1938年10月—11月)

理由:抗戰年餘,全國軍民無不忠勇奮發,前仆後繼,為民族之獨立生存而奮鬥,不幸有少數喪心病狂之徒,甘為日寇利用,粉墨登場,僭稱政府。此輩民族叛徒,本會第一次大會宣言,已明白申斥之為「敵閥之俘囚,民族之敗類」。目前因廣州武漢相繼陷落,日寇陰謀更欲使南北傀儡合流,樹立規模更大之傀儡政權,藉以蒙蔽世界,並假之以樹立其在佔領區域之統治, 因之,必須對此輩為虎作倀之民族叛徒,加以嚴懲,此不僅為維持我大中華民族之光榮所必需, 抑且為打擊敵寇陰謀爭取抗戰勝利之必要步驟。

辦法:

一、國民政府明令宣佈一切參加南北及各省傀儡組織之民族敗類,削除其國籍,並公告全國人民,人人得而誅之。

二、國民政府應明令沒收此類傀儡之一切財產,以充抗戰經費。

三、對被迫參加偽組織之人員,國民政府應明令勸告限期脫離偽組織,容其自新,否則, 即依一、二兩項辦法嚴懲之。

---

① 原載《新華日報》社編《第二屆國民參政會特輯》。

4. 吳玉章等提加強國民外交，推動歐美友邦人士，敦促各該國政府，對日寇侵略者實施經濟制裁案[①]（1938年10月—11月）

一、理由：

（一）國聯對日本侵華戰爭，雖通過了採用盟約第十六條的決議，但決定各國自由採用，結果恐不生實效，其中癥結所在，有因為有自己利害關係不願意制裁日本者。我政府外交當局雖用極大的努力，終未能突破這些難關，使外交上得到歐美友邦更多的幫助。

（二）歐美友邦雖無意實施國聯盟約第十六條，但各友邦愛好和平的人民，卻自動地決議不買日貨和不賣貨給日本，這是英國的合作社和援華委員會所進行過了的，英國利物浦的碼頭工人和加拿大的碼頭工人都曾經拒絕為日本船裝卸貨物，法國工會聯合會為援助我國募捐，美國人民節食援助我國，印度人民組織救護隊到我國來服務，世界和平大會和青年大會都決議援助我國抗戰，這些都是我們開展國民外交極好的基礎。

（三）本會第一次大會對於外交報告的決議案中在第四項曾指出「今後應在政府指導之下，加強國民外交之活動，尤其注重隨時資助社會各界適當人物赴國外工作，並由政府令駐外使領人員，切實協助」。國民外交可補政府外交的不足，這是本會第一次大會所確認的。

（四）過去我國雖有個人出外作（做）宣傳聯絡工作，但無組織，無計畫，收效不宏，所以我們選派民眾的代表，分赴歐美各友邦從事聯絡。

二、辦法：

（一）選派農工商學婦女職業民眾代表及世界知名的人士若干人分赴歐美與各友邦政黨民眾團體及國際和平組織國際勞工團體切實聯絡，實現真正的國民外交。

（二）民眾代表須搜集日寇暴行和我國英勇抗戰的事蹟，如電影、圖書、照片、歌曲、文字及勝利品等材料，以供各友邦民眾的閱覽。

（三）我國駐在各友邦的使領人員，應隨時予上述代表以實際的援助。如能採取上列辦法，一新我國國民外交的陣容，則同情我國抵抗侵略的歐美各國友邦，必能予我國人之更廣泛更實際的援助，他們的政黨社團可以決定不買日貨和不賣貨給日本，他的工會可以決定不起卸或裝運日貨，他們更可以敦促其本國政府實行國際條約上所規定的義務如國聯會員國實施盟約第十六條，九國公約關係國實行公約等，這於我國堅持持久戰，爭取抗戰最後勝利有莫大的裨益，至於本會第一次大會決議之推派參政員前往歐美各國訪問案及擴大國際宣傳辦法案，應請政府從速一併執行，是否有當，敬祈公決。

---

① 原載《新華日報》社編《第二屆國民參政會特輯》。

5. 林祖涵等提擁護蔣委員長嚴斥近衛聲明並以此作為今後抗戰國策之唯一標準案[①]
（1939年2月）

我偉大神聖的民族自衛抗戰，已進入第二期的新階段。由於我最高統帥堅持抗戰國策，全國將士奮勇殺敵，全國人民積極參加，不僅破日寇「速戰速決」之毒計，而且也使日寇「速和速決」之陰謀破產。去歲十二月二十二日近衛發表所謂「更生中國」調整國交的聲明，不僅引起我國人民的憤怒，且亦遭受英美法各國之斥責。近衛的聲明，實際上無異（疑）是整個吞併中國，獨霸東亞，進而企圖征服世界的一切妄想陰謀的總自白。蔣委員長于去年十二月二十六日予以嚴正的駁斥，指出近衛所謂「建立東亞新秩序」包藏著「為推翻東亞的國際秩序，造成奴隸的中國，以遂其獨霸太平洋宰割世界的企圖」的禍心。所謂「經濟提攜」就是要「操縱我國關稅金融壟斷我國生產和貿易」，「勢必至於限制我們中國個個人民的衣食住行」。「所謂共同防共」，「是要在華北駐兵，並劃內蒙為防共特區，首先控制我國的軍事，進而控制我國政治文化以至外交」。目的在「借此名義以亡華」。近衛的妄想陰謀，經蔣委員長逐條駁斥揭露無遺，不僅為全國軍民所一致擁護，且亦為國際輿論所同情。近來日寇更逞其挑撥離間之陰謀，時出誘降之毒計，藉此分散我國抗戰力量，破壞我民族團結。同仁等為徹底揭露日寇之誘和陰謀，保障抗戰國策之貫徹始終，特提議通過擁護蔣委員長嚴斥近衛聲明之演說，並以此作為今後抗戰之唯一國策標準，並提議左列各點：

一、當敵人巧妙的企圖達到「以華制華」之毒策的嚴重時期，我全國軍民，更應加緊與鞏固我全民族與各抗日黨派之團結，以我們堅固的團體，一心一德，貫徹始終的精神，粉碎敵人的分裂挑撥離間的伎倆，粉碎其狂妄的建立「東亞新秩序」的迷夢，擁護蔣委員長駁斥近衛聲明訓詞全部內容，作為抗戰國策的唯一標準，努力爭取三民主義的新中國的勝利。

二、蔣委員長十二月二十六日駁斥敵近衛聲明的訓詞，為今後我國抗戰國策之唯一標準。正如國民黨中常會開除汪精衛黨籍之決議所云：「今後抗戰國策，一以本黨總裁七月二十六日在中央紀念週所發表之演（言）詞為唯一標準。願我全國同志及將士同胞，本此意志，悉力以赴，其有背越斯旨之一切言論與行動，皆為國家利益與法紀所不容，必與國人共同擯棄，以保持戰時意志之嚴整，而完成我三民主義革命救國之使命。」我們一致擁護蔣委員長的全部訓詞，應一致擁護國民黨中常會的決議，堅守不渝，徹底施行。

---

① 原載《國民參政會紀實》（續編），孟廣涵主編，重慶出版社，1987年。

6. 董必武等提加強民權主義的實施發揚民氣以利抗戰案[①]（1939年4月）

十九個月的抗戰，證明我國軍隊愈打愈強，日寇泥足越陷越深，只要我們毫不動搖地堅持持久戰的國策，我們有把握把日寇驅逐出中國去，以恢復我領土主權行政之完整。在剛要轉入第二期抗戰的時候，最高統帥手定第二期抗戰旨要，首列「政治重於軍事」和「民眾重於士兵」兩項，這自然是檢討第一期抗戰的經驗和教訓所得出的結論，以指示今後工作的途徑。無可諱言的，抗戰以來，我國政治上的進步，趕不及軍事上的進步，更遠遠地落後於抗戰的需要。民眾是我國能夠戰勝日寇的基本條件之一，卻沒有全部動員起來，政治和民眾息息相關，民眾是否發動起來，一依政治的良窳以為斷。政治千頭萬緒。目前最與民眾有關的，是民主自由，民眾沒有參與政治的機會，沒有抗戰的言論、出版、集會、結社的自由，永不能提高其積極性。盧溝橋事變之後，三民主義一般的有普遍的宣傳。民族主義，國人在抗日戰爭中，正竭其全力以求他的實現，而對民權民生兩主義往往不能給以應有的重視，這是很可惜的。抗戰時期民生主義如何實施，當另成議案。國民參政會之召集，雖是民權主義實施之一個重要步驟，然聚會兩次，議決的案子實行了多少？實行的效果如何？恐怕參政員中沒有一個人能夠知道，更沒有一個人能夠講演出來。省參議會組織條例公布了半年，至今仍沒有一省成立。縣參議會則組織條例尚付闕如。關於民眾運動，在《抗戰建國綱領》中第二十五項已清清楚楚地規定了，「發動全國民眾，組織農工商學各團體，改善而充實之」。綱領公布幾及一年，除某一部分游擊區外，沒有看見有一職業團體新被組織，或某一種職業團體，被改善或充實過，反而有許多抗日團體被取消了。又《抗戰建國綱領》二十六項規定「在抗戰期間於不違反三民主義最高原則及法律範圍內，對於言論出版集會結社，當於合法之充分保障」，但在實行的時候，卻常常不能和綱領原旨相符。至於各黨派之團結，既已承認其存在，但還沒有予以法律上之保障，以至磨（摩）擦時生莫由解決。上述這些缺點，都不應當聽其繼續存在和發展，彌補的法子，只有加強民權主義的實施。假使民主政治能邁步前進，則廣大民眾耳目一新，將爭自奮發，引抗戰為他們本身應盡的責任，為戰勝日寇而增大無限力量的源泉，這對於爭取抗戰最後的勝利，是有決定的意義，因此特提議下列各點，請求討論。

一、國民參政會議決之案，經最高國防會議通過者，政府應立予實行。實行之效果如何，政府應考查後報告於參政會。

二、省參議會應趕即成立，期定後，決不再延。

三、縣參議會組織條例，政府應限期公佈，組織條例中不應呆仿國民參政會和省參議會之例，應多有民主性，以便依《抗戰建國綱領》早日完成地方自治。

四、遵照《抗戰建國綱領》，從速組織農工商學各職業團體。

五、本會第一屆大會議決請中央通令全國軍政機關切實保障人民權利案，經最高國防會議

---

① 原載國民參政會秘書處編《國民參政會第三次大會記錄》，1939年4月。

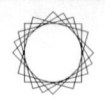

通過，政府通令未生實效者，應請政府重申前令，令各軍政機關切實執行，並限期呈報執行情況。

六、政府應給各黨派以法律上之保障。

7. 我們對於過去參政會工作和目前對時局的意見①（1939年9月8日）

國民參政會成立於抗戰週年紀念之日，迄今已逾一年。

當我們接受聘請而加入參政會時，曾經發表了《我們對於國民參政會的意見》的聲明。我們指出：「在目前抗戰劇烈的環境中，國民參政會之召開，顯然表示著我國政治生活向著民主制度的一個進步，顯然表示著我國各黨派、各民族、各階層、各地域的團結統一的一個進展。雖然，在其產生的方法上，在其職權的規定上，國民參政會還不是盡如人意的全權的人民代表機關，但是並不因此而失掉國民參政會在今天的作用與意義——進一步團結全國各種力量為抗戰救國而努力的作用，企圖使全國政治生活走向真正民主化的初步開端的意義。所以我們共產黨人除繼續地努力於促進普選的、全權的人民代表機關在將來能以建立外，將以最積極、最熱忱、最誠摯的態度去參加國民參政會的工作。」

一年來，國民參政會已經集會三次，總觀國民參政會既往之工作，其最大之成就，就在於今日中國的最迫切的最中心的政治問題上——在堅持民族自衛抗戰爭取最後勝利及打擊各種中途妥協的傾向與罪惡活動上——能夠真實地反映全中國最廣大人民的要求。第一次大會宣言中，曾經鄭重地宣告：「本會茲特代表全體國民莊嚴宣布：中國民族必以堅持不屈之意志，動員其一切物力、人力，為自衛，為人道，與此窮凶極惡之侵略者長期抗戰，以達最後勝利之日為止。」第二次大會又一致決議「擁護蔣委員長所宣示全面抗戰、持久抗戰、爭取主動之政府既定方針」，並號召全國國民「堅決抗戰，決不屈服，共守勿渝，以完成抗戰建國之任務」。第三次大會又決議「抗戰既定國策必須堅持到底」，號召國民「堅其信心，齊其步伐，一心一德，徹始徹終，以復我領土主權與行政之完整，而完成抗戰建國之大業」。除此以外，三次大會對於抗戰建國之各種具體問題，參政會同仁曾有提案達三百餘件，雖事有緩急之分，案有精疏之別，但莫不竭其思慮，以期有益於抗戰建國。值得惋惜的是，政府對參政會之決議，絕大多數尚不能確切與有效地見諸實施，以致減少了參政會工作應有之成效，同時也就不能滿足全國同胞對參政會之熱切希望。

我們共產黨員參政員在參政會的一年工作中，根據去年七月五日我們聲明之立場，遵循中共中央之「明確的政治立場和誠摯的團結精神」的指示，在全國先進人士之指教和督勵之下，與參政會同仁共同地為著中國人民意志和要求的實現而奮鬥。我們確信：今日人民之最高願望、意志和要求，是爭取抗戰的勝利，以及鞏固和擴大為達到和保障抗戰勝利所必需的全民

---

① 原載《中共中央抗日民族統一戰線檔選編》（下冊），這是毛澤東等七位參政員聯名發表的一篇文章。

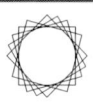

族的團結和進步。因之,在過去三次參政會中,我們曾再三提出「擁護政府實行抗戰建國綱領案」、「擁護蔣委員長及國民政府加緊全民族團結堅持持久抗戰爭取最後勝利案」、「擁護蔣委員長嚴斥近衛聲明並以此作為今後抗戰國策之唯一標準案」。幸獲全體同仁之贊助,通過專案。此外對於抗戰有關之各項基本問題如建軍、徵兵,發展敵後遊擊戰,實施民主政治,保障人民權利等,我們均以專案提供意見。在一年來的工作中,我們堅定地遵守著我們的立場:「我們代表著中國共產黨參加國民參政會,誠懇地願意在參政會內與國民黨和其他黨派以及無黨派關係的國民參政員同志們,親密的攜手和共同的努力,以期能友好和睦地商討和決定一切有利抗戰必勝建國必成的具體辦法與實施方案」。而同時對於一切有害抗戰及主和投降謬論,我們曾堅決地加以揭露和無情地加以抨擊。在一二兩次大會中,汪逆及其黨羽李聖五等的賣國狂論,雖在隱秘的形式之中,就受到了我們及大多數參政員同仁的打擊和駁斥。一年以來,我們在國民參政會內之工作,雖自愧無多建樹,但所敢自信者,乃是我們謹守著明確的團結抗戰的原則立場,遵循著人民的意志與願望,而未嘗稍有逾越。

現在政府已明令延長參政員之任期一年,我們願就參政員地位將我們對目前時局之觀感及今後抗戰如何爭取勝利之方針,向參政會同仁及全國人民申述之。

目前抗戰形勢的特點,一方面是敵人經過兩年的侵略戰爭之後,困難日益增長,我們抗戰前途日益呈現出勝利的遠景。但是另一方面,日寇非但沒有改變其亡華滅華的方針,而且更加陰險、更加兇殘、更加惡辣地實行它的一貫的滅亡我國的既定方針,更加狡詐地實行著以華制華以戰養戰的政策。在軍事上,正面停頓著大舉進攻而集其全力「掃蕩」敵後遊擊區域,藉以一方面麻痺我們抗戰的意志,另一方面鞏固其在佔領區域之根基;在政治上,則努力扶助和利用汪逆,大唱其反蔣反共降日之謬論,加緊進行製造偽黨偽府偽軍的活動,同時更嗾使汪逆餘黨及其他心懷二志之分子,在抗戰營壘內來陰謀挑撥離間進行反蔣反共活動,企圖造成迫使中國投降之局勢;在經濟上,則實行掠奪榨取傾銷開發,以實現以戰養戰,用中國之資源屠殺中國人民之毒計。同時,在抗戰營壘之內,又確有一部分人對於時局作不正確之認識;或以為敵寇已和緩滅華政策,或以為用某種國際會議方式即可解決中日問題,於是放棄自力更生之正確信念,不做準備反攻之實際工作,甚至有人居然忽視亡國危險,以為主要精力應用以對內,對反共及破壞國共團結陰謀,盡力策動,對一切進步力量,時加打擊,對許多有為青年,橫施壓迫。煮豆與燃萁之痛,鬩牆當禦侮之時,影響所及,不僅動搖舉國同胞對抗戰勝利的信念,而且降低國際輿論對中華民族之同情。而兵役困難、法幣跌價等困難增加,尤使一部分人士發生抗戰有心,勝敵乏術之感。凡此種種,均使中國的民族危機更加深刻與嚴重。而目前國際形勢之發展,對我國抗戰環境發生極大之變化。由於蘇德互不侵犯協定之簽訂,使防共軸心消散,使日寇在外交上更加孤立,在內政上引起震動,這一點當對我國抗戰局面發生有利之影響。同時,因歐洲大戰的爆發,使日寇將利用歐洲緊張局勢以加緊進行全力滅亡中國的政策,使英國妥協派更加企圖在犧牲中國的條件下求得英、日等國妥協的可能,這一切對我國抗戰局面將增加許多新的困難。總之,目前我國抗戰的國內外環境,均是處在一個新的急

劇變化的時期。在這一新的國內外局面之下,全中國人民的當前嚴重任務,就是明確認清新的國內外情勢之各種特點及其各種可能的發展趨勢,堅持抗戰到底國策,反對中途妥協危險,力求全國團結加緊,反對各種分裂陰謀,力求全國向前進步,反對一切反動倒退現象。同時,努力爭取劇烈變化的國際形勢中每一有利於我的事變和因素,以增強我國的外援,以便克服一切危險,衝破一切困難,增加力量,準備反攻。

為克服目前的困難與危險,為認真準備我國反攻的力量,我們認為目前應從下列各方面努力:

一、在政治方面

(一)動員全國力量反對妥協投降,擴大反汪運動,肅清抗戰營壘中的暗藏汪系餘孽及一切妥協投降分子；

(二)加強戰時政府,統一軍政領導,容納各黨各派人才,提高戰時行政機構效能；

(三)實行戰時民主,嚴懲對民眾和青年的非法壓迫行為,切實保障人民有言論、文化、出版、集會、結社及武裝抗敵之權利；

(四)認真懲撤貪官污吏,實行地方自治；

(五)成立各地方勞資與佃主糾紛仲裁機關使貧苦工農生活得到相當改善,以增加民眾抗戰熱忱和便利兵役動員。

二、在軍事方面

(一)發展敵後游擊戰爭——要做到變敵後為前線,積小勝成大勝。為此必須：

1.根據《抗戰建國綱領》原則及當地特殊情況,規定和實行遊擊根據地的施政綱領；

2.將遊擊根據地的軍政權統一於該地區抗戰勳勞卓著、經驗豐富之主力部隊指揮之下；

3.由中央政府經常給遊擊根據地抗戰部隊以必要的武裝補充和必需的經濟幫助；

4.派有堅持敵後遊擊戰爭的決心與能力且具備堅強政治工作與良好紀律的部隊到敵後去擴展游擊戰爭；

5.一切派往敵後之人員部隊,若能以團結勝敵為重,均能忠誠執行抗日民族統一戰線政策,不去製造內部磨(摩)擦以害己利敵；

6.派往敵後之人員部隊,能實行民主政策,建立真正人民自己選舉而同上級政府批准之抗戰政權;同時實行改善民生政策,以團結廣大人民藉以摧毀偽政權,瓦解偽軍,使我之人力、物力不為敵用而為我用。

(二)培養新的國防軍——為了堅持抗戰,特別是為了在有利形勢下,真能實行反攻以驅逐敵寇出境,必須培養新的國防軍,作為將來反攻的中堅。為此必須：

1.從前線選拔有歷史戰功的部隊××師,不分黨派畛域,作為建軍基礎；

2.規定國防師的統一的編制；

3.國防師的幹部應依照各該挑選部隊的原有系統,給予近代化的軍事訓練與堅強的政治教

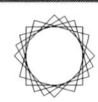

育，同時並使之仍保存各該部隊的優良傳統；

4. 國防師的一切裝備待遇和補給應一律平等，而較普通部隊為高；

5. 國防師之訓練，有一定的時期和一定計劃，由有戰功有能力之大員擔任，分區實行，集團訓練；

6. 建立國防工業，加緊對外購置，期於兩年內完成××個國防師的現代化準備。

三、在經濟方面

要破壞敵之建設和開發而實現我之生產和節約。為此必須：

（一）破壞敵在佔領區域之經濟建設和物質開發，發動民眾徹底抵制仇貨，禁止可資敵用的土產資敵，如某些特殊軍需要品，必須利用仇貨者由國家統制購置；

（二）由國家資助並獎勵私人投資以擴大工農合作運動，廣泛地發展各種實用工業，盡力提高農業生產；

（三）厲行軍政機關和私人節約運動。

四、在財政方面

堅決改變以前的作風，徹底實行戰時財政政策，為此必須：

（一）法幣的發行與資本的流通必須有適當的配合，使之避免法幣在沿海與內地價格不平衡的現象；

（二）嚴格徹底統制外匯，並由國民參政會成立外匯委員會，按期審查財政部對外匯批准與使用是否適當，以杜絕一切舞弊營私；

（三）嚴格檢查和禁止私人操縱金融、搗亂法幣，特別是居官者之營利圖私、投機操縱，犯者重懲；

（四）在戰區，尤其是淪陷區的省份允其發行一定額數的地方紙幣和流通券；

（五）國家的金公債，必須在海外僑胞國內銀行界中廣為勸募，並給以確實基金的保障與國內投資的便利；

（六）國家的賦稅政策，必須依照各地的環境可能分別實行營業稅、所得稅、遺產稅之累進率，並逐漸改良田賦，豁免苛雜；

（七）漢奸的財產必須嚴格實行沒收，逃亡到敵區的地主，國家應代其徵收較原來為少之錢糧，暫作國家的直接收入；

（八）國家預算，由中央到地方均應重新規定，與抗戰有關者應按需要增加，與抗戰無關者應儘量減少，可省者應削除；

（九）國家行政人員特別是高級官吏之待遇，應一律減低，並須低於同級軍官的待遇，取消特費與兼薪，廢除公家借款或購置中的回扣。

五、在外交方面

要儘量孤立日寇和努力增強外援。為此必須：

（一）認真聯合一切援助和同情我國抗戰之人民和政府，力求其對我增加物質上和精神上之援助；

（二）堅決反對任何國家政府犧牲中國以與日寇妥協的陰謀，堅持外交獨立自主之方針；

（三）協助國民參政會，各黨各派及各界群眾團體派遣各種代表團赴各國進行廣大國民外交活動，以增強民主及和平力量對我之援助。

六、在黨派合作方面

加強各抗戰黨派之精誠團結，尤其是國共兩黨之友愛合作，實為實施上述各項辦法，克服時局危險，戰勝日寇汪逆的基本保證。為此必須：

（一）明令保障各抗日黨派之合法權利，認真取消各種所謂防制異黨活動辦法；

（二）嚴令禁止對共產黨及其他抗戰黨派之歧視壓迫行為，嚴禁因所謂黨籍及思想問題而妨害到工、農、軍、學、商各界人民及青年之職業及人格之保障，以便造成舉國一致精誠團結現象；

（三）在抗戰各種工作中，廣泛地容納各黨派人才參加，不以黨派私見摒棄國家有用人才。當此寇深禍急，世界風氣急劇演變之時，堅持抗戰到底，鞏固國內團結，力求全國進步，以便切實增加抗戰力量，準備對敵反攻，是全國人民的要求和願望。作為人民代表和人民使者的國民參政員的我們，謹於四次大會之前，作此共同之聲明，希望全國人民及參政員同仁能給予指教、鼓勵、督促和批評，同時作為同仁等在會內外與全國同胞共同奮鬥的方向。

　　　　　　　　毛澤東　陳紹禹　秦邦憲　林祖涵　吳玉章　董必武　鄧穎超

8. 董必武等提擁護抗戰到底反對妥協投降聲討汪逆肅清汪派活動以鞏固團結爭取最後勝利案[①]（1939年9月）

我國抗戰已進入第三年。日寇的色厲內荏和捉襟見肘的情形日益暴露，我國最後勝利的曙光已隱約可睹，國人正應當淬勵（礪）奮發，克服任何困難，求達戰勝日寇的目的。不幸在抗戰陣營中，厲入了漢奸汪逆精衛，中途脫逃，公然回應寇酋近衛的誘降聲明，主張「漢奸的和平」。他本身雖遭受了開除黨籍和撤銷職務的懲罰，但仍毫無悛悔，在港滬東京，進行其賣國的活動，洩露政府之機密，公開反蔣反共。汪的爪牙，更在我後方乘機造謠，見事生風，破壞我統一，分裂我團結，實行日寇以華制華的奸計。眼光短淺的不明大義分子，見日寇目前在正面軍事進攻稍緩，以為日寇侵略已無能為力，而抗戰下去，將遇見極大的困難，因此日寇誘降奸計，無妨接收，汪派和平運動可以利用。他們以為汪雖然反蔣，但仍可視為反共同志。自三次國民參政會大會以來，政治很少進步，到處發生磨（摩）擦，恰恰為日寇分裂我內部團結的陰

---

① 原載《國民參政會紀實》（續編）。

謀張目。在「七七」抗戰兩周年紀念以前，後方到處彌漫著和平妥協的空氣，軍民震恐。直至蔣委員長在抗戰二周年紀念日《告全國軍民書》中，揭明「我們對敵人今天只有勝利，只有完全達成我們抗戰目的，除此以外，亦絕沒有其他第二條可走的道路。否則中途投降，就是『漢奸和平』。換句話說便是奴隸的和平，滅亡的和平」。以後，妥協和平的陰霾，雖漸消弭，但投降的危險，終未完全克服。汪逆及其爪牙，且益肆其誘降分裂的活動，最近在上海，公然成立偽黨，企圖形成偽府、偽軍。潛伏在我後方之汪派餘孽，因借少數不明大義分子的掩護，未曾受到應有的打擊，仍時與日寇的動作相呼應，故投降的危險，不能認為已經過去。本會在第三次大會中，對汪逆及其餘黨，毫無公開指斥之事，至堪惋惜。同仁等離別半年，現在重新集合，應再表明和戰之立場，森嚴漢賊之分別，向全中國全世界表明我們精誠團結，抗戰到底，始終不渝，以爭取最後之勝利之堅強意志。因此提議下列各項，請求決定：

一、繼承本會歷屆大會堅持抗戰的成規，決議擁護蔣委員長抗戰二周年紀念日《告全國軍民書》的精神，反對中途投降，堅持抗戰到底。

二、嚴厲聲討汪逆精衛，反對其無恥媚寇，反蔣反共，成立偽黨偽府偽軍，投降賣國之行為，並請政府採取有效辦法，以制裁汪派的活動，並肅清暗藏在抗戰陣營中之汪派餘孽。

三、對少數不明大義分子，或明或暗，掩護汪派作對內分裂，對敵投降活動的企圖，隨時加以國法之制裁。

是否有當，敬希公決！

9. 秦邦憲等提加強敵後遊擊活動以粉碎敵寇以戰養戰之陰謀案[①]（1939年9月）

案由：

抗戰以來，淪陷地區日廣，而其重要性亦日甚。淪陷地區有廣大之領土，眾多之人口，豐富之物產。我得之可以支援長期的抗戰，敵得之可以支援長期侵略。敵寇從攻佔武漢廣州以後，便在其興亞院領導之下，用全力來經營佔領區。年來，敵人在軍事上傾其主力于掃蕩敵後之游擊區域，在政治上力圖建立其殖民地之統治，在經濟上奪取關鹽稅收，傾銷商品，發行偽鈔，掠取資源，實行所謂以戰養戰政策。自汪逆精衛叛變以後，更助敵為虐，欺騙淪陷區域之同胞為敵寇以華制華政策作虎倀，因此與敵爭取淪陷區，粉碎敵人以戰養戰陰謀，是我戰勝敵寇的重要關鍵。去年南嶽會議曾提出游擊戰重於正規戰，變敵後為前方等口號，足見軍事當局對於開展游擊戰爭，與敵爭取淪陷區，已加注重。可是，一年來執行的程度，除個別區域外，一般的頗為微弱，還不能把敵人以戰養戰企圖予以有力打擊和粉碎。在有些區域，

---

① 原載《國民參政會紀實》（續編）。

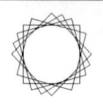

因所派部隊不習游擊戰術，或因某些部隊首長或黨政人員心懷成見專事磨擦，以致或則部隊遭受損失，或則給敵人以可乘之機，反而使當地之游擊運動遭受困難和阻礙。此種現象必須加以糾正，對敵後游擊運動務必加強，務必真正實現「變敵人後方為前方，積小勝為大勝，游擊戰重於正規戰」之口號，以粉碎敵人以戰養戰之陰謀，而奠定我爭取最後勝利之基礎。

辦法：

一、根據《抗戰建國綱領》及各游擊區域之具體情況，規定和實行游擊地區之施政綱領；

二、選派有堅持在敵後作戰之決心，有游擊戰術之素養的部隊，增強敵後軍力。但派往游擊區域之部隊，不是求其數量眾多，而應求其品質之精悍，而能為當地游擊運動發動之領導與團結之核心；

三、資助在敵後自動生長起來之游擊隊與民眾武裝，給予必要之武裝補充及經費；

四、游擊區域之軍政權力必須求得統一；統一於各該地區中勳勞卓著之部隊長官；

五、選拔確能以團結勝敵，忠誠為國之有志之士深入敵後，擔負游擊區域之工作，對於現在游擊區中之謀此專事內部磨（摩）擦破壞抗戰之分子加以撤換與懲處；

六、游擊區域中必須實行民主主義，其行政機關應由民選產生，各省縣應設立真能代表民意之省縣參政會；

七、對游擊區域應豁免田賦及捐稅，增撥鉅款，救濟災黎，資助游擊區域發展農工合作事業，以裕民生，以團結廣大之人民，藉以摧毀偽組織，瓦解偽軍，粉碎敵寇利用我之人力物力進行滅亡我國之陰謀。

是否有當敬請公決！

10. 陳紹禹等提請政府明令保障各抗日黨派合法地位案[①]（1939年11月）

案由：

在大敵當前之際，我國各抗日黨派，秉承「兄弟鬩牆外禦共侮」的偉大民族傳統，拋棄內爭，共抗外敵。繼國民黨與共產黨恢復合作之後，國家青年黨和國家社會黨，表示團結。國民參政會選聘各黨各派領導人物，充任參政員。而此抗日各黨派之精誠團結，為全民族力量統一團結之堅強基礎，同時全民族力量之統一團結，實為堅持抗戰和復興民族的基本保證，正因為如此，所以全中華民族及其忠誠之友人，莫不珍貴我國各抗日黨派的團結事業，而日寇漢奸及一切中華民族的死敵，莫不盡力破壞我各抗日黨派的合作。國民參政會第一次大會宣言，莊嚴地宣稱「各黨各派，亦咸舍小異而趨大同，翊贊統一，共同救國。」蔣委員

---

① 原載國民參政會秘書處編印《國民參政會第四次大會記錄》，1939年11月。

長在我抗戰二周年紀念日告民眾書中，更明白地宣告「凡不違背三民主義的動作，都為合法，凡合法行動的人民，都一律受到法律的保障，而中國今天無論何黨派，都受著中國國民黨領導，服從法紀，效忠抗戰」，均為顯示我抗日各黨精誠團結及確定各抗日黨派合法地位之具體表現。同時日寇漢奸，尤其是汪逆精衛高舉反蔣反共降日之旗幟，盡挑撥離間破壞團結之能事，尤足證敵寇漢奸所努力的，所謂以華制華毒計之中心關鍵，便在於破壞我國各抗日黨派之團結事業。近半年來，同為抗戰最高國策而努力奮鬥之我國各黨派間，疑慮增多，糾紛時起。因所謂「異黨」黨籍及思想 問題之關係，若干積極抗日分子，受排斥者有之，被屠殺遭暗害者有之，被拘禁或被開除職業 或學籍者有之，影響所及，不僅使抗日各黨派間，關係日益惡化而且引起舉國同胞對團結抗戰之國策，發生動搖，使全民族團結勝敵之保證，發生疑問。如果長此下去，勢將動搖國本，破壞抗戰。而此類不幸現象發生之主要原因，一方面固由於日寇漢奸之陰謀挑撥離間，另方面實由於我政府對於保障各抗日黨派合法權利一層，迄今尚無明文發表，因而使敵寇漢奸，易售其奸，妥協投降分子，易逞其技。為鞏固民族團結，以利堅持抗戰國策，惟（唯）須使抗日各黨派間 之關係，得到公平合理之解決。

辦法：

一、由國民政府明令保障各抗戰黨派之合法權利。

二、由國民政府明令取消各種所謂防制異黨活動辦法，嚴令禁止藉口所謂「異黨」黨籍或 思想問題，而對人民和青年，施行非法壓迫之行為（如拘捕殺害，開除職業或學籍等）。

三、在各種抗戰工作中，各抗日黨派之黨員，一律有服務之權利，嚴禁因黨派私見，而摒棄國家有用之人才。

11. 中共中央關於第三屆參政會[①]提案問題給南方局的指示[②]（1939年1月27日）

南方局：

對國民參政會第三屆大會，我們以為對下列各問題，可提出提案：

一、要求國民政府明令通緝汪精衛等賣國漢奸。

二、擁護蔣委員長去年 12 月 26 日駁斥近衛的演講所闡明的國策，我們尤須注意說明，反共即滅華這一真理。

三、實行民權主義以利抗戰，在此案中說明僅有國民參政會及省縣參議會之召集還不夠，

---

① 「第三屆參政會」指的是 1939 年 2 月 12 日至 21 日在重慶召開的國民參政會第一屆第三次會議。出席這次會議的中共參政員是董必武、吳玉章、林伯渠和鄧穎超。

② 原載《中共中央抗日民族統一戰線檔選編》（下冊）。

必須使各抗日黨派完全取得合法地位，人民真正有言論、出版、集會、結社等民主自由，同時根據國民黨和蔣最近對我黨的態度估計，有可能有人在參政會中提出類似張君勱致毛澤東公開信所提的主張。我們在政治上對這些原則問題，不僅不能再作讓步，而且必須積極說明共產黨、八路軍、新四軍及陝甘寧邊區等抗戰對中華民族全部解放事業的意義和作用，以擊退頑固分子的造謠污衊。在參政會開會前，《新華日報》必須對此等問題即作系統的解釋工作。我們對這些問題的詳細意見和材料，將由伯渠同志帶去，紹禹是否出席，俟得國民黨五中全會決議及本屆參政會預備會討論各問題之基本材料後再決定，請你們連將五中全會及本屆參政會材料電告。

中央書記處

12. 中共中央關於第四屆參政會[①]的指示——關於憲政運動的第一次指示[②]（1939年10月2日）

一、本屆參政會重要收穫，為通過否認偽組織及通電聲討汪逆案及請政府定期召集國民大會實施憲政案，雖兩案均比較空洞，然仍不失為進步的決議，而且的確反映了全國人民目前的迫切的需要。

二、但在蔣介石的休會詞中對於敵我力量的對比，有過左的估計，誇大自己的進步與敵人的潰敗，對於英美則仍表示其依賴性與妥協性，對提高民權加強國力問題極為含糊。

三、各級黨部應運用本屆參政會的進步決議，用各種方法來加強反汪、反投降、反分裂、反倒退及要求實行民主、實行憲政的運動，並注意下列各點：

1. 反汪不但要反對汪逆個人，而且還要反對汪逆一類的投降妥協分子及投降妥協的思想。今天不但應揭破反共為投降妥協的實際準備，而且在新的國際形勢下也應揭破希望英美調停中日戰爭的親美親英分子的思想與活動，亦起著同樣的作用。

2. 各地反汪鬥爭應該同各地反漢奸、反投降、反分裂、反倒退的具體鬥爭聯繫起來，並努力使之變為群眾的具體的運動，只有這樣的運動，才能克服目前時局的主要危險。

3. 要求立刻實行民主政治，召集真正民選的全權的國民大會，實施憲政。

4. 積極參加國民參政會憲政期成會的各種憲政運動。

5. 站在擁護參政會進步決議的立場上批評一切壞現象、壞事、壞人。

---

① 「第四屆參政會」指的是1939年9月9日至18日在重慶召開的國民參政會第一屆第四次會議，中共參政員陳紹禹、吳玉章、董必武、林伯渠和秦邦憲出席了會議。
② 原載《中共中央抗日民族統一戰線檔選編》（下冊）。

13. 中共中央關於推進憲政運動的第二次指示[①]（1939年12月1日）

一、第四屆國民參政會已有請求政府限期召集國民大會制定憲法實施憲政的決議，國民黨六中全會有明年十一月十二日召集國民大會的決定。各地黨部應根據中央10月2日關於推進憲政的第一次指示，積極地主動地參加與領導這一憲政運動，使之成為發動廣大民眾，實現民主政治的群眾運動，藉以克服目前時局的危機，爭取時局的好轉。

二、我們對憲政運動的立場，分為根本主張與臨時辦法兩方面。我們的根本主張是要真正實現新式代議制的民主共和國，為此我們必須提出與宣傳下列主張：

（一）立刻實現人民言論、集會、結社、出版、信仰自由之民主權利，作為召集國民大會實施憲政的先決條件，沒有這一條件，所謂憲政是無法實現的。

（二）民國二十六年四月三十日立法院修改之國民大會選舉法必須廢棄或徹底修改，必須保證國民大會的代表真是各黨、各派、各界、各軍、各民眾團體直接選舉的代表，反對由政府指定、圈定的辦法。在抗戰以前依據用選舉法選出之國民大會代表，不能代表民意，應取消改選。

（三）國民大會應該是全權的民意的機關，它除制定憲法外，應有選舉與改組國民政府、決定政府各種基本政策之任務，在國民大會休會後，應設立常駐機關，以監督政府對憲法與各種政策之實施，並定期召集國民大會決定一切全國性的重大問題。

（四）民國二十六年五月八日國民政府所宣布的憲法草案，必須徹底修改，使新憲法真正成為實現民主政治保障民權的根本法，而不是國民黨訓政的裝飾品。

以上各項根本主張，我黨應向各界多作宣傳，指出只有這樣才是真正的憲政。這種根本主張共產黨是決不放棄的，即使一時不能實現，將來也還是要實現的。

三、估計中國目前的具體情況，上述根本主張，大體上目前還是宣傳時期，國民黨不會允許全部實行。因此，我們應準備在上述根本主張短時期內不能全部實現時，在不放棄對於根本主張的宣傳條件之下，承認具體事實進行必要的對抗戰有利的臨時折衷（中）辦法。只要這種辦法帶有進步性，我們仍以團結抗戰的立場聲明積極參加憲政運動，並力爭我們的代表人數及合法活動的地盤，以推動時局的好轉。同時須嚴屬警戒託派、汪派漢奸在「左」的口號下進行挑撥的一切陰謀詭計。

四、為了動員全國民眾推進憲政運動，各地應成立國民憲政促進會的群眾團結，這種團體必須建立在廣泛的統一戰線基礎上，力求經過贊成憲政的政客軍人、公正士紳、名流學者、左傾分子等來發起，而我們則積極參加之。這種團體應該發表宣言文字，出版刊物小冊子，組織座談會、研究會等。相互間應多取聯絡，以達到從地方的聯絡到全國的聯絡。要同參政會的憲政期成會取得聯絡。

五、經過各種刊物雜誌、會議、談話等廣泛宣傳我們的根本主張，以迫使國民黨採取比較

---

① 原載《中共中央抗日民族統一戰線檔選編》（下冊）。

進步的辦法，同時不拒絕同各黨派討論臨時折衷（中）辦法，並嚴厲批評各種反對國民大會、反對憲政、反對民主的言論與行動。在宣傳工作中可引證孫中山北上宣言及號召國民會議之演講等，並指出袁世凱、曹錕、吳佩孚均曾因反對憲政而招至（致）滅亡的歷史事實，指出沒有憲政就會亡國的危險。

中央書記處

14. 中共中央關於對國民黨第五屆參政會①的對策問題給博古等同志的指示②（1940年2月21日③）

博、凱、董、葉、吳④：

一、第五屆參政會主要議事日程，除你們所說的憲政與憲法草案及華北視察團兩問題外，我們估計還有一個討汪問題，對討汪問題我們將有一提案，對憲政與憲法草案問題我們將提出對國民大會選舉法組織法和「五五」憲草的各種修正案。對華北視察團報告，我們將提出：

（一）頑固派對八路軍新四軍及陝甘寧邊區磨（摩）擦的具體材料。

（二）八路軍新四軍的戰績。

（三）陝甘寧邊區的抗戰民主和建設的具體材料等，以打擊和揭破視察團的各種造謠污蔑，此外我們還準備提一個要求實行參政會歷次大會通過的各種重要決議案，這些材料我們準備一方面送參政會，同時即在延安和全國各地廣泛發表。

二、由於：

（一）過去歷屆參政會均決而不行。

（二）國民黨對國民大會憲法及憲政重大問題，對我們和全國人民均採取忽視和不理態度。

（三）故意指定製造磨（摩）擦的人組織華北視察團以增加兩黨磨（摩）擦。

（四）對八路軍、新四軍、陝甘寧邊區及共產黨員實行進攻與壓迫政策等原因，中央決定我們所有參政員均不出席第五屆參政會，以示抗議。

三、望博、董、葉立即見蔣談下列問題：

（一）給全國人民各地抗日黨派以言論、出版、集會、結社自由，以利堅持抗戰和促進憲政。

（二）《新華日報》有發表共產黨的決議宣言及領導人文章的自由，撤銷對《新華日報》軍警壓迫，撤銷全國對共產黨的書報雜誌的禁令。

---

① 「第五屆參政會」即國民參政會第一屆五次會議。
② 原載《中共中央抗日民族統一戰線檔選編》（下冊）。
③ 原文無年代，此年代是編者根據內容判定的。即博古、
④ 凱豐、董必武、葉劍英、吳克堅。

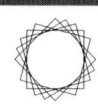

（三）明令取消「限制異黨活動辦法」和「共產黨問題處理方案」，承認共產黨的合法地位，停止逮捕共產黨員及釋放一切被捕黨員。

（四）撤銷對陝甘寧邊區的實際封鎖，停止對來往陝甘寧邊區的工作人員和青年學生的扣留 逮捕行為，釋放勞動集中營內的數千被扣青年，解散青年。

（五）八路軍擴編為三軍九師，每月經費四百四十萬元。

（六）陝甘寧邊區二十三縣。

（七）國民大會代表名額，共產黨員應占三分之一，至少為四分之一，國民黨占三分之一，其他各黨派及無黨派代表占三分之一。

（八）國民大會選舉法組織法及「五五」憲草，必須加以徹底修改。你們可向蔣說明我黨中央亟願知道對這些問題的真正態度和意見，要蔣向你們開誠佈公地說明，以便轉報中央。

四、博古在見蔣後須立即返延一行，討論各種問題，如蔣拒不見，可將我們所提各問題交張沖轉蔣，仍須立即來延。

中央書記處

15. 毛澤東批示同意的周恩來關於揭破國民黨參政會的陰謀問題給毛主席的信[①]
（1943年8月19日）

同意

毛澤東　八月十九日

附：原信

毛主席：

董老電中，有可注意事數起：

一、國民黨有在參政會開會前先開十一中全會，宣佈召開國民大會的意思，或後開，先由參政會提議，全會接受；

二、參政會原定反共，故開會不通知董老，後又改變計畫，故示和緩；

三、參政會常會已停，九月半開會，大約將不改動；

四、各小黨派尚未定出席與否，惟原則上要有舉動；

---

① 原載《中共中央抗日民族統一戰線檔選編》（下冊）。轉載此文時，編者對原標題的個別字有改動。

似此，估計蔣有由一般的反共宣傳進入與我們爭民主口號的可能（帶防禦性，但仍會轉成攻勢）。開國民大會，宣布憲法，當然都是騙局，但形式上不會毫無影響，我們在揭穿他的假民主的工作上，要有準備，提議：（一）先給董老一電，要其偵察情況並與小黨派商出席事；（二）在反法西斯特務政治運動中，要揭穿他的假民主的任何欺騙以與揭穿他的消極抗戰平行；（三）我們的對外宣傳（包括作戰、民主、生產、學習等等），要建立專門對重慶及大後方的廣播（已與王局長談過，可以做到每日四小時），指定專人收編每日廣播電文（具體辦法另提），不知對否？

配合這一政治可能估計蔣在軍事上必仍採取對邊區的待機準備。

致董老電稿附上，請核！

敬禮

16．董必武關於我退出參政會後國民黨狼狽情形致毛澤東、周恩來電[①]（1943年10月23日）

毛、周：

一、我退出參政會後，於振瀛認為我們宣傳大成功，乘機把要說的話都說了。國黨部也認為是我的勝利，他們的失敗，幾個老頭認為很好，向來沒有聽到的話都聽到了。洪蘭友告人，董出席參政會因未得延安同意，而被嚴責，故董藉故退席。

二、當日會場我講話時，張治中起立想講話，為人制止，但他無資格說話。我走後，李璜批評王亞明等不守會規，後即散會。會後國民黨人在會場上即互相責備黨部，責問周炳琳（秘書長）問他為何不禁止董發言。周答：如要禁止，即要禁止何，因何講了三十分鐘，董只講了二十分鐘，何談的有理，董談的也有理。又責備指定監視我的李中襄、許孝炎，問他們為何不發言，李中襄又怪周炳琳說，曾遞條他想講話，問周何如。周說何如兩字不通，須另條。王世傑則極狼狽，且發牢騷說：「對共問題既不用武力解決又不願政治解決，這是自告黨的政策破產」，認為董是他請出席的，但造成這樣的結果不好過，而張、左又未弄好，自身任務未完滿完成。

三、聞主席團開會時決議仍勸董出席，我準備如他們來請時，我即提出撤銷（銷）何書面報告中罵十八集團軍的部分，並要制止任何反共決議，如何？請示。

四、昨日軍事審查會召集人孔庚開始云：希望對軍事報告慎加討論，尤應重視最後關於

[①] 這是董必武因何應欽在三屆二次參政會作軍事報告時肆意攻擊中國共產黨，故而在會上提出詢問據理駁斥，隨後以退出會議表示抗議。原件存中央檔案館，詳見《董必武文選》，人民出版社，1985年《關於出席和退席三屆二次國民參政會的經過》一文。

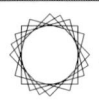

十八集團軍問題。由陳紹賢等幾人發言，大意均云：聽何報告後，深知十八集團軍叛國罪行，已至無法容忍地步，雖政府仍本寬大為懷，但人民旁觀此情，已無法再繼續容忍，希望向政府提建議。最後推呂雲章等人起草意見書，此又說明國黨對此次參政會反共是有組織和計畫的。

董　梗酉

17. 中共中央關於憲政問題的指示①（1944年3月1日）

各中央局、中央分局並轉各區黨委：
　　關於憲政問題：
　　一、在國際、國內形勢逼迫及輿論要求下，國民黨不得不於十一中全會允許於抗戰結束一年後實行憲政，並允許各地在其種種限制下討論憲政問題。雖其目的在於欺騙人民，藉以拖延時日，穩固國民黨的統治。但是只要允許人民討論，就有可能逐漸衝破國民黨的限制，使民主運動推進一步。
　　二、中央決定我黨參加此種憲政運動，以期吸引一切可能的民主分子於自己周圍，達到戰勝日寇與建立民主國家之目的。
　　三、除我黨代表已參加重慶方面國民黨召集的憲政協進會會議外，延安亦已舉行憲政座談會。各根據地亦可於適當時機舉行有多數黨外人士參加的座談會，藉以團結這些黨外人士於真正民主主義的目標之下。並向黨內幹部說明黨對憲政運動的政策，防止過「左」、過右的偏向檢查，三三制執行情形，力求鞏固與非黨人士的民主合作。

中央政治局

18. 董必武關於參政會的報告②（1944年9月24日）

　　這次參政會③開會正當歐洲和太平洋上盟軍不斷勝利，希特勒德國快要被打垮，英美盟軍要更加強對日寇攻勢，希望得到我國協同一致動作的時候。國際形勢對中國非常有利。但中國正面戰場上卻連遭豫湘兩大敗仗，加以敵人又開始在沿湘桂路進攻國軍有很難招架之勢，也恰在這個時候，羅斯福總統和邱吉爾首相在魁北克會議，主要議題之一，是商討在太平洋上摧毀野蠻暴徒，

---

① 原載《中共中央抗日民族統一戰線檔選編》（下冊）。
② 原載延安《解放日報》，1944年9月24日。
③ 指1944年9月5日至18日召開的國民參政會第三屆第三次會議。

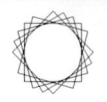

羅斯福總統私人的代表納爾遜、赫爾利負有重大的使命到了重慶，這種形勢在全國人民面前提出了一個急迫萬分的任務，這便是加緊總動員，阻止敵人進攻，積極準備配合盟邦反攻，參政會雖然恰在這時開會，但卻為其自身的性質所限，無力解決這個問題。參政會的參政員小部分是政府聘請的，大部分是由各省市政府與省市國民黨部商同推出由國民中央黨部圈定的省市參議員所選舉出來的，這與人民選舉的不相干。所以它雖然也能代表一部分某種程度的民意，但究竟只能算是戰時的准民意機關。它的集會，可以表示出舉國團結的標誌。論到職權，政府只將它作為一個諮詢機關，參政會的一切決議，都必須送交國防最高委員會會議去決定，自身是不發生任何效力的。參政會所能運用的惟（唯）一武器是詢問權，這在真正的民意機關中原算不得什麼，但中國參政會卻只能借此起一點作用。不過就是詢問權也受限制，參政員要提出書面詢問，非得五人連署不能成立，其實個人口頭發問是可以的。連署的規定，就在限制參政員的發言。政府答覆參政員詢問，也分口頭書面兩種，一般政府長官，非逼不得已，都避免回答，而設法在事後另提書面答覆。參政會職權這樣小，它自然不能解決當前局勢所提出的急迫任務。

　　國民黨當局雖然明知參政會解決不了問題，但時機的迫切，卻使他們不能不在此次參政會上更加逼真地玩一套民主戲法。參政會開會之先國民黨的黨團（書記吳鐵城，實際主持者為洪蘭友）集議，就估計到眼前有幾件事一定會引起參政員的不滿和批評。第一，湘豫兩省的敗仗，五六十個師被打垮了，完全暴露了國民黨軍隊不能作戰的弱點。由於軍事上的失敗，經濟上更增加了許多困難。政府官吏貪污腐化，無能溺職，報章時有披露，第二次，政府對外謊稱中國已真正實現了民主，孔祥熙在美國國會上講演，甚且（至）說參政會就是國會。因此也必須在此次參政會中造成幾分民意機關的氣象。第三，政府對此次敗仗中失職軍官處分不公。湯恩伯統率四個集團軍約有 30 萬人，連所編的游擊隊則不下 60 萬人之眾，力量不謂不大，但敵人一來，他竟不戰而退，個把月時間失地 30 縣以上，人民塗炭。象（像）這樣的罪惡，政府卻只予以撤職留任的處分，所謂撤職留任不過是名譽上的小懲罰，對湯實權並無影響。第四軍軍長張德能不守長沙，便處以極刑。這兩個處分顯明地暴露出當局在賞罰上對親疏之間，厚薄是如何懸殊呵！這自然要引起兩廣方面極大不滿，而河南人民對當局優容湯恩伯更是激憤萬分。湯在河南一向被目為水旱蝗湯四災之一，在河南兩年大饑饉以後，湯軍卻借政府叫他代購軍糧為名，橫徵暴斂，湯部下軍官與奸商勾結，大做生意，資本有多至幾萬美元者，保護走私，掠奪當地人民的工廠礦山，據為己有。因為執行政府反共命令，到處捕捉無辜青年，不加審訊，隨便槍斃。河南戰事起來之後，湯不圖抵抗，卻急急調用軍車，護送家眷搬運財貨。這種情形，使士兵非常痛憤，根本不願作戰。人民不甘坐視鄉土淪亡，只好自己起來，拿下湯軍的武器抗日，湯的罪惡行為，河南人民早已恨入骨髓，政府不給予湯應有的處分，自不能平河南人民的公憤。此外兵役的腐敗，官兵生活的惡劣，國民黨當局料到參政員一定會詢問。因此他走先一著，懲辦了程澤潤。其實兵役工作的腐惡並不自今日始，記得民國二十七年，張表方先生就曾將南充附近某兵役機關，鞭打士兵，並把士兵屍體丟棄荒郊不加掩埋等慘像（相），拍些照片送蔣，馮玉祥先生也曾這樣做過。但蔣都不相信，參政員問起來，政府便捧

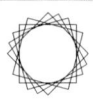

出大卷優待壯丁法令來搪塞。這次蔣辦程澤潤，是聽了他兒子的報告，自己又親自去看了壯丁受虐待的情形，一時火起，把程撤職。同時又把一些財政經濟機關的貪污案辦了幾起，目的就在堵塞參政員的嘴，佯示政府已決意革新。國民黨當局已估計到目前局勢的險惡，政府的腐敗，必不可免要引起參政員的批評，與其讓黨外人士講話，莫如自家先說，便於控制。所以黨團會中有人主張此次參政會應民主些，吳鐵城就馬上答道：「此次參政會一定要做得象（像）煞有介事。」

在這種局勢下，在國民黨當局的這種決策下，這次參政會表現了一個特點：說話的人多，且說的比較露骨。如河南參政員國民黨員徐炳昶老先生說：「對湯恩伯如此處置我死也不甘心，如果當局肯槍斃湯，我情願陪他同死。」郭仲隗老先生特意由河南趕來開會，說：「湯伯無惡不作，見敵即逃，如不槍斃，是無天理。」又加黃宇人痛切指出：「我國士兵生活不如富家豬狗。」「財政部一個小職員，花紗布管理局一個伙夫月入在一萬數千元，但我們軍隊中上將的薪俸不過二千三百元。」傅斯年把孔祥熙兼營商業銀行違法貪污等劣跡一字字講出，並說：「這些絕對是事實，有證據可查，我在本會上願負言論責任，在會外願負法律責任，他可以找我打官司。」雲南參政員趙澍在其改善士兵生活的提案中有以下慘痛的揭露：「軍糧規定每人每日二十六兩，本可夠食，因自軍需局到特務長層層克扣，量已不足，猶復故意摻雜，要縮短吃飯時間限制吃飯碗數，使其咸有饑而不能果腹，食而不能下嚥之苦，甚有先盛一碗或多吃一碗，竟被長官推至公共場所，任意打罵，侮辱不堪。」「士兵衣服多半破爛露體，污垢滿衣，甚有冬著夏衣，夏穿棉服。」「其住宿也多在濕地，不但無床，而且無毯，每至夜深氣冷，輒相互抱睡，藉以禦寒。」「士兵生病，只有活活等死，絕無診治之機會，甚有尚未絕氣，即剝去其軍服，投棄於荒郊，而任其日曬夜露，鳥啄狗食，血肉淋漓，肢體離異。」這次參政會對政府的貪污腐敗無能種種醜態，可說是作了盡情的暴露。國民黨黨團感覺得黨員責罵政府過火，有點控制不住了，這也暴露了國民黨內部的矛盾。

其次，這次參政會也提出了並通過了些好的議案，如加強中蘇合作，改善公教人員待遇，改善官兵生活，加強總動員，刷新政治等案提出來也都通過了。關於詢問，對軍事報告特別多，有四十五起，此外關於財政交通教育也都提出了四十多個詢問案，今年對糧食部的詢問較少，僅有幾案，這是因為糧食收成較好，眼前有更重大的問題吸引大家的注意，而且徐堪去年嘗到詢問的苦頭，這次會前到處打躬作揖，與大家打招呼，且自己承認糧食部弊端頗多，找不到好人好事，去年他就辦了貪污案一千多件。此次參政會表現得比較活躍且通過這些好的議案，可說是盡了它的最大努力。

在此次參政會上還提出了一個大問題——國共關係問題。國民黨這回為什麼肯把兩黨問題公開提到參政會上來談呢？有人認為國民黨這樣做是逼於參政會的要求，如說國民黨被逼出此，那倒不僅是參政員的力量，主要的還是國際間，特別是美國和中國全國人民以及我們的力量。本來國民黨是希圖把兩黨談判情形，對外隱瞞起來作欺騙宣傳的，但8月13日恩來同志的談話戳穿了

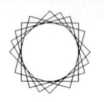

梁寒操欺騙友邦的把戲，魁北克會議，納、赫來渝後，美國想將中國局面澄清一下，並希望中國內部團結，再加上全國人民熱烈要求明瞭兩黨的關係。國民黨當局估計到中共的力量和抗戰建設的成績，已然瞞不住，就是不允許中共在參政會上說話，中共也是要在會外宣傳的，客觀的形勢逼著國民黨必須公開提出這個問題，同時，在主觀上，國民黨當局也認為公開對他也不無有利之處。胡霖、王雲五兩參政員提出公開兩黨談判的要求，據說事前並沒得到當局的暗示，但當局接受這個提議，卻經過了審慎的考慮。胡、王的提議遞到秘書處，王世傑當然先看到，他必定馬上把它送蔣請示，而後主席團才敢表示接受二人請示。如果國民黨不認為此事對他有利，他們當然不肯這樣輕易接受。過去二十人連署提出要求實施民主案，在法律手續上無一點不合，主席團尚且敢把它無理扣留，何況胡、王提議不過是兩人聯名寫的信呢？國民黨認為公開對他有利，是根據以下的看法：一、美國擔心中國打內戰，把兩黨談判提到參政會上討論，至少可以對美國表示，中國不會打內戰，國共問題可循政治途徑解決。蔣在事前十分審慎，再三叮囑，王世傑更是焦慮不安，惟（唯）恐下面黨員不小心，鬧出亂子破壞了他們苦心佈置的統一團結的戲法。二、美國已提出要裝備龍雲 2 個師，又有裝備兩廣部隊之意，中國當局更怕美國直接幫助我軍，所以在參政會上它要表示中國國共關係在接近，已經統一起來了。美方要幫助中國，就幫助統一的政府好了。三、蔣想利用公開，在群眾中造成中共不斷擴大要求，不顧大局「隨時漲價」的錯誤印象。同時更進一步，用公開我們談判條件做圈套，束縛中共再不能提高要求，那末（麼）我們就是編了 16 個師，他卻把中央部隊編到 235 師之多。將來美國援華物資大批到來後，他表面上可以按師來平均分配，中共所得也微乎其微了。此外還有一點副作用，他想用公開討論暗示日本如再加緊進逼，國民黨當局就要真的聯蘇聯共了。根據以上幾點，蔣認為公開在參政會上討論國共談判，對他是有利的。

我們並不怕公開討論，而且公開討論對我們有很大益處。我們的力量和成績，國民黨一向不准我們在大後方發表並且故意抹殺，特別是在國際間這樣。如宋子文曾在華盛頓說：「中共只有三個師，比之國軍不及百分之一。」7 月 26 日梁寒操的談話，更是把兩黨沒有改進的關係說改進了，沒有解決任何問題說部分的（地）解決了，把不能解決的責任推到我們頭上。對我們在抗戰中所起的作用，抵死不肯承認。我們要乘此時機，利用法定機關的講壇，國民黨的法定機關——中央社與《中央日報》，把我們的力量和抗戰建設的成績，傳播給全國人民知道。林的報告，雖被中央社竄改刪節多處，但我們領導的正規部隊有 477500 人，民兵有 2200000，我們解放了 88000000 人口，建立了 15 個敵後根據地，這些事實卻是他們抹殺不了的。在我們領導地區內政治的清明，和國民黨統治下的地區恰成一個鮮明的對照，當林老報告到邊區並無貪污現象，極少數個別人的貪污也只是很小的一點點，這話不但給聽眾一個極強烈的印象，政府長官也都面面相覷，因為參政會連日都在吵貪污，林老的話不啻烏煙瘴氣中一服清涼劑。

國民黨認定排演公開討論這出民主戲給魁北克會議和納爾遜、赫爾利兩氏看，對他是有利的。但如何使這報告依他的理想進行，卻使當局大費躊躇，倘若國民黨先報告，說得太重，中

共的答覆自然會更生，那末（麼）可能發生亂子，破壞了他們苦心裱糊的統一團結場面，倘他們報告說得輕，中共卻答覆得重，他們又吃了虧。因此他們把這個難題推到中共身上，堅持我們應先報告。

我們很明白國民黨的企圖，因此在這次報告中，必須著重兩點：一、說明真正的事實，二、提出當前的政治主張，打破國民黨的圈套（國民黨是企圖把我們黨提出的十二條做圈套來束縛我們的）。我們如想將召集國是會議改組政府的主張用提案方式提出是不可能的，因為沒有人敢連署，如在會議外提出，國民黨又會污蔑說我們陰謀要奪取他們的政權，因此我們對時局的方針，在會上用報告的方式提出最恰當。政府要根本全盤改組，十二條的提案，自然成為過時的東西，再不能束縛我們了。

為了揭露事實，我們要求國民黨公布交涉時期雙方往返的檔，國民黨允許了，經過他們仔細審查之後，公布了七個檔，其中西安會商紀錄被國民黨塗掉了兩句最要緊的話，即「各報告其中央，由兩黨中央作最後決定」。他們塗掉以後，硬咬定說，這便是林老簽字承認了的東西，林老和張、王 6 月 11 及 6 月 15 日往來兩信，也被他們隱匿不公布。這兩信裡面正揭破了他們的陰謀和他們承認過林老在西安提出 5 軍 16 師的事實。此外，他們又添造了一個林彪與他們談判的檔，事隔經年，我們已記不清林彪提的條件如何，現在我們手邊也無自己的記錄，無法對證，他們強說這檔是林彪談時他們記錄的。國民黨這樣竄改增減的用意，是想證明我們中央提的條件節節擴大，林彪提 4 軍 12 師，他已允 4 軍 12 師，本已接近了，但中共中央又「漲價」，提 5 軍 16 師，因此問題不能解決，實際上林老在西安時說明談判要以恩來同志 3 月 12 日的演講為基礎，也就是說，國民黨應「承認八路軍新四軍及一切敵後武裝為所管轄所接濟的部隊」。但張、王認為為周的演講，刺激性太大，要林老另提編軍數目，當時林老提出要編 6 軍 18 師，張、王認為太多，林老為避免破裂計，同意將張、王所提的 4 軍 12 師暫記錄下來，提請兩黨中央決定，後來中央正式提出 5 軍 16 個師，我們委曲求全，把要求縮小了些，但他們卻歪曲事實，汙蔑我們擴大要求。抗戰初期，八路軍有 8 萬紅軍。中央只允改編 3 個施，當時我們作了極大讓步，但是目前正是需要全國反攻的時期，敵後武裝愈多愈好，應該把全部已成立的抗戰部隊，掃數編制，否則就是妨礙抗戰，幫助敵人。

我們儘管語氣委婉，但事實卻絕不讓步，這次林老在參政會上的報告，博得了很大的成功，連蔣也不能不說「我覺得林參政員昨天在會場上報告，其觀點與主張如何姑不具論，但其態度很好，我甚為佩慰。」國民黨亦只有極少數的人才說「張治中的理由駁倒了林祖涵」。大部分的人對張的報告並不滿意，如國民黨員周炳琳在會上便說：「為什麼在參政會上有人要用審判的口吻說話？」左舜生也說：「張治中說的是什麼呀！我只聽見他在喊操：一、二、三、四。」不過我們的政治主張，即林老報告中最後的一段，當時還未引起全部聽眾的深刻注意，惟（唯）小黨派和國民黨是注意到了的，張治中在報告中說，參政會與實施憲政協進會是我們民意機關，有什麼意見在這兩個會裡談好了，若主張另外召集什麼會，我是軍人，不懂政治，

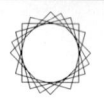

不知是什麼用意。便是針對林老這段話而發。

在主席團通知要報告中共問題談判經過以後，我們估計到國民黨是想要參政會上通過一個擁護統一的決議案，來束縛我們，我們不上這個當，即告訴李璜、莫德惠等說，國民黨在會上主張辯論，我們決不回避，如果在參政會上通過什麼擁護軍令、政令統一的決議案再表決時，我們便馬上聲明退席，那便弄得這戲法不好看。主席團怕把問題弄糟了，蔣自己告誡國民黨參政員聽報告後不要發言，並找胡霖、王雲五去談，胡、王也怕把局面搞壞，造成不討論，但國民黨又覺得不討論就這樣空過去也不好。王世傑又串通胡、王兩參政員各講不刺激雙方的話，並提出冷、胡霖、王雲五、傅斯年和陶孟五位元參政員組織參觀團去延安視察，這決議我和林老也沒有舉手，我們不舉手倒不是不贊成這五位人選，而是不贊成主席團定這一套手法，沒有在大會上討論馬上提出人名來表決，這是極武斷的辦法，視察團人數太少，沒有把各黨各派的代表包括進去。我們贊成參政會組織一個視察團，但這個視察團應包括各黨各派，連國共兩黨的代表在內。這五位參政員各有特點，冷為職業教育社員，老軍官，精細，熟習大後方經濟情況。胡為《大公報》總經理，政學系，事理比較明白，擁護軍令統一，也贊成民主，堅決擁護現存統治中心。王的政治主張與胡同，為商務印書館總經理，更多注意生意經。傅、陶皆任職中央研究院，傅研究歷史，陶研究社會學，都有學者名，曾入國民黨，現已脫離，為自由主義者。陶甚沉默，傅喜講話，為參政會中反孔最力分子，對我黨國際主義如選日本人為邊區參議會參議員之例有批評，亦不贊成我們加強黨性。五人都對大後方政治生活有不滿，都要維持現存統治，但都承認客觀事實，都主張講理，在參政員中都屬公正派。張治中的報告歪曲事實及所發文件的故意改削和漏列，本應予以駁斥，林老以我們的政治主張既已提出，那些都變成無關重要的問題，聲明保留，未予細駁。林退席後，許孝炎特來囑託，關於聯合政府的問題，千萬不要見報。

參政會沒有作出一個擁護軍令、政令統一的決議，國民黨當局始終不甘心，此外又為了安定河南、兩廣的參政員，對軍隊賞罰有所解釋。為了參政員不滿意孔祥熙，特為之辯護，並稍稍滿足小黨派的願望，以求得參政會的援助等等。因此蔣於開會訓詞外，有第二次的秘密講話，十六日上午，議程進行過半時，蔣突然到場，故作和平態度，解釋了軍事、外交、政治、經濟諸問題，他講軍事問題時，一反開幕詞中軍事危機已然過去的說法，劈頭便指出自五月以來國內軍事形勢一天比一天嚴重，挽救目前頹勢，只有賞罰公平，才能振作士氣。接著便說他對賞罰是十分公平的，河南戰事失敗由於敵人使用戰車作戰，統帥部事先不知道，要負責。其次是第一戰區司令長官蔣鼎文，他已經撤職，湯恩伯是副司令長官，失敗責任不應完全由他擔負。統帥部命令要守許昌，守城的呂師長抵不住就以身殉，統帥部發現了敵人用戰車時，當時即下令撤退，但步兵行動不及戰車迅速，所以損失頗大，雖說湯在執行命令的辦法上有某些不當，但他確是執行了命令，至於湯軍破壞紀律，槍斃無辜，騷擾人民，包庇私商，強佔工礦等，那都是平時的事，戰時他並無不遵命令之處，平時和戰時的紀律要嚴格分別，張德能不然，我命他守長沙若干日，他沒有守到那時候就退卻了，自然是不遵守作戰命令，所以照戰時的軍律辦理。回想第四軍在廣東隨

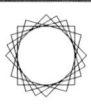

我北伐時是最能作戰的部隊,統帥部也深為倚重,我主張用法自親始,是至公至平的。(據說在黨團會上,為河南敗仗,湯恩伯處分問題,曾爭吵得一塌糊塗,徐炳昶將他的黨證交還吳鐵城,說他不願再在這種黨內了,後來還是蔣出來鎮壓,蔣說:「如果沒有蔣鼎文、湯恩伯、胡宗南坐鎮華北,中原早不知鬧到什麼地步了,虧你們居然要處罰他們!」黨員雖然不服,也都不敢再說了)。蔣又說:「我在開羅會議時,就說服了羅、丘增兵到太平洋上來,他們都答應了,並告訴他們,今年五月以前,英美倘不能打通滇緬路,中國的軍事經濟都要崩潰。不想羅、丘到德黑蘭與史達林會談了後,又改變了主意,說要以全力對付德國,不能分兵。我有什麼辦法呢?今年三月,我在中央訓練團就曾說過,今後一年內將有不測之禍,將有不測的危險,現在這危險尚未過去,還要有 3 個月到 6 個月的危險期。」外交問題,他說外交者,內政也,內政不統一,外交決辦不好,國際地位也提不高。他說中、蘇、美的關係一定要加強,是既定的國策,現對蘇關係障礙已去,今後可以順利進行。他在講到政治問題時,很稱讚這次參政會開得好,使他對實行民主更有信心,讓它好好發展,可能成為民意機關。參政員名額可以增加,職權可心擴大,將來參政會可以有對預算的初步審議權。但他卻不允許參政會有監察權,他認為那是總理遺教,監察權與立法權要分開。他又說這次大會的團結精神「決定可以保證我們中國不致有分裂或紛亂的危險,也不會再演成民國十三年以前人民所鄙棄的國會的覆轍」。「我只覺得我們對國家應該負責,不能徒務虛名,促成紛亂,造成象(像)法國大革命以後的暴亂政治」。這些話都是針對著我們的政治主張的答覆。他又說中共問題,一定用政治方法解決,政治解決的意義,就是用法令解決,法令是最公平的。政府對 18 集團軍可以照林彪師長的提議,增編為 12 個師,待遇完全平等,軍餉軍械一律照國軍發給,惟(唯)一的要求是服從命令,這點他反覆申說,再三強調。關於財政問題,他說中國法幣準備金比任何國家為多,保證在百分之六十以上,孔兼部長做了許多事,有成績,別人不知,他知道。美國援華物資十月份可望達到 1500 噸,以後還可增多,可能達到 5000 噸。赫爾利來華目的在商討中美聯軍的組織和對日作戰的任務。納爾遜的任務是協助組織中國戰時生產,並籌畫增多援華物資。最後他居然說出了政府的信譽大不如前,原因有三:一、軍令、政令不統一;二、軍隊官兵待遇太低;三、知識分子沒有從軍。他希望參政員幫助政府做這三件事:(一)促成軍令、政令統一;(二)動員大戶獻糧,改善士兵生活,過去因士兵待遇太低,故不能作戰;(三)動員知識份子從軍。因為英美對中國知識份子不從軍頗多批評,他認為士兵無知識是很危險的。蔣報告完就下講臺坐在一旁,看樣子是在靜候擁護統一議案的提出通過。這時我們的處境很難,因為我們既不願參與這個議案的通過,為自己加上一道緊箍咒,而蔣的報告涉及問題頗多,不止國共關係,我們也不便就此退席。主席張伯苓講了幾句糊塗話以後,褚輔成、胡庶華等相繼作擁護蔣報告的發言,時間快到了午後 1 時,周炳琳提議散會以後再議。散會後,我們看出了這種鬼把戲,遂決定下次大會請假不出席,次日大會,我們就請假沒有出席。

這次參政會,國民黨確在一般人中造成了若干幻想,參政員的詢問和提案,揭發了政府的許多弱點和毛病,報紙上也允許披露了一些,林老報告全文未被刪改,在《新華日報》上刊出

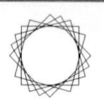

這就是要做給國際國內人士看，現在中國言論和出版的自由都實現了。我們必須打破這種幻想，但不可過分地批評參政會，因為這樣會引起許多參政員不滿，他們已盡了很大的努力，空前的（地）揭發了政府的一些毛病。我們應說明目前最迫切的需要是加速全國的動員，阻止敵人進攻，準備配合盟邦反攻，參政員雖然提出許多好意見，但卻無實際力量，有效的（地）解決這個問題，因為國民黨一黨專政，對敵招架，坐待勝利，對內反共反民主。這些政策，根本是錯誤的，是不合抗戰需要的。政府機構重重疊疊，互相牽制，互相推諉（如征糧事便分作三個機關辦理，財政部管徵收，糧食部管收藏，軍政部管運送）。人事上也是貪污腐化，不負責任，沒有能力，非根本全盤加以改造不可。這次參政會已揭發了這些黑暗面，我們對這情況提出改造政府的主張，有人說，這好比參政會畫龍，中共點睛。我們這個改造政府的主張，並不是臨時湊出來專門對付國民黨的，早在民國二十六年毛澤東同志就提出了這個主張，林老 8 月 30 日覆張、王信中，指出我們與國民黨的分歧點，是國民黨不願放棄他的一黨專政，我們既然反對一黨專政，自然便要建立多党聯合的政府。這是邏輯發展的必然的結論。又有人說，我們這個主張提遲了。我們可以回答他們，我們早已提出了，今天更非強調這種主張不可，國民黨十二中全會前，國際國內都對它抱著殷切的期待，希望國民黨能改弦易轍，實行民主，但會議的結果，卻僅只在它黨內人事上作了微小的更動，朱家驊去職，CC 登臺，弄得國民黨內部更加離心離德，對國家民族毫無貢獻。後來和林老談判時，國外國內人士也極盼望從此國內團結能夠好轉，所以我們那時對全國政治只提了實行民主：一、保障人民言論、集會、出版、結社的自由；二、給各黨、各派以公開合法的地位，釋放愛國政治犯；三、實行真正的地方自治，三個條件。但在目前的新形勢下，這些要求就是國民黨答應，它也實現不了。總而言之，一切枝枝節節、敷敷衍衍的辦法都不足以挽救今日的危局，因此必須根據客觀要求提出新的政策——把國民黨錯誤的政策，腐朽的機構和人事，加以全盤的改造。這次參政會是表現得比前活躍，也有其成就，但終究無力挽救中國今日的危機，無力阻止敵人的進攻，更無法完成配合盟邦反攻日本的任務。所以我們不應對參政會寄託任何幻想，而必須努力爭取新政策的實現。

　　人民的自由和權利很多。但目前全國人民最迫切需要的自由，是人身居住的自由，是集會結社的自由，是言論出版的自由。人民的住宅隨時可受非法搜查，人民的身體隨時可被非法逮捕，被秘密刑訊，被秘密處死或被強迫集訓。人民集會結社的自由是被禁止，人民的言論出版受著極端的限制和檢查，這如何能保障人民有討論憲政和發表主張的自由呢？孫中山先生曾說過：「現在中國號稱民國，要名符（副）其實，必要這個國家真是以人民為主，要人民都能夠講話的，確是有發言權。這個情形，才是真民國。如果不然，就是假民國。」（孫中山：《國民會議足以解決中國內亂》）。開放黨禁，就是要承認各抗日黨派在全國的合法地位。合法就是不要把各黨派看做「奸黨」、「異黨」，不要限制與禁止他們一切不超出抗日民主範圍的活動，不要時時企圖消滅他們。有了前兩條的民主，地方自治才能真正實行。否則，那不是人民的自治，而是一黨的官治。孫先生在《北上宣言》中說得好：「於會議（按指國民會議）以前，所有各省

的政治犯完全赦免,並保障各地方之團體及人民有選舉之自由,有提出議案及宣傳討論之自由。」這個道理,在地方自治的鄉民、縣民、省民大會中也完全使用。對於陝甘寧邊區及敵後各抗日根據地,也應該給予他們以自治的權利。真正的地方自治實現了,全國的民主憲政自然會水到渠成。所以,我們認為上述三個條件是實施憲政的必要前提,願同全國人民各黨各派一致呼籲和爭取其實現。

講到憲法本身,我們同意這樣的主張,就是以革命的三民主義來建設中國。根據這個道理,就必須承認革命民權。這種民權,就是《國民黨第一次代表大會宣言》上所說的「為一般平民所共有,非少數人所得而私」的民權。在現在說,凡抗日的人民及團體,均得享有這種民權,而凡賣國漢奸,則不得享有這種民權。次之,就須承認直接民權。這種民權,要用自下而上的民主集中制的新式代議制來實現他。又次,就須承認中國境內的民族自決權。在中國人或中華民族的範圍內,是存在著漢、蒙、回、藏等民族的事實,我們只有在承認各民族自決權的原則下平等的聯合起來,才能成功地「組織自由統一的(各民族自由聯合的)中華民國」(《國代宣言》)。再次,必須承認中央與地方的均權制。地方自治應由鄉縣到省,省得自定不與國憲抵觸的省憲,自選省級政府。最後,還須承認「建設之首要在民生」(《國代宣言》)。憲政必須以實現民生幸福和繁榮為目的,這才是新民主憲政的特點,而不是舊民主的憲政。綜合這些原則,就是今日中國新民主憲政之所必需,也就是我們在各抗日根據地所勉力實行的。

關於國民大會的選舉法和組織法,我們一向主張徹底修正。對於國大代表,我們一向主張重選。因為根據《國民黨第一次代表大會宣言》對內政策所規定,也應該贊成普遍、直接、平等和不記名投票的選舉原則,而過去的國大選舉完全違背這些原則。而且是內戰時期的選舉,為國民黨一黨所包辦,不合抗戰時期已經變更了的情況。其成分又都屬於有錢有勢的階級,不能代表廣大的工農平民;加以其中有大批人已叛變投敵,應予通緝懲處,再無代表資格。所以,應該以重新修改的選舉法重新選舉代表。而此種新選舉法,不應有任何選舉權的不當限制,尤其不應以黨義考試來限制,不應有候選人的指定,不應當由鄉、鎮長來推選候選人,不應有對少數民族、邊疆及華僑的不平等待遇,並且應容許各黨派的競選自由。這樣選出來的國民大會,才有可能多少代表民意,多少實行民主憲政,否則,還是黨治,不是民治。

關於時間問題,我們也一向主張應在抗戰時期如開國民大會,實施憲政。照我們經驗,在 敵後那樣艱苦的環境中,人民尚能進行普選,討論國事,選舉抗日政府,實行地方自治,哪有 大後方不能實行民選和自治的道理?因此,一切問題都看執政的國民黨有沒有決心和誠意實施憲政。如果有,就應該在抗戰期中提前實行。因為民主的動員是能最有力的準備反攻,取得抗戰勝利,而且從民主中才能找到徹底解決國共關係的途徑。

現在,我就來說國共關係問題。自武漢失守以來,國共關係愈變愈不正常,至去年為最緊張,但我黨卻始終堅持國內團結的立場,在任何時候都歡迎用政治方式合理地解決。我們和全國人民曾幾次制止了內戰的危機。就在去年最緊張的時候,也沒有絲毫放棄我們對於團結的願望。

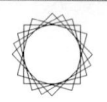

所以，去年國民黨十一中全會關於「政治解決」的聲明，雖然其中含有對共產黨極端污衊的八字由頭即所謂「破壞抗戰危害國家」（而不知正是相反，如果沒有共產黨的英勇抗戰，則民族與國家將不知要敗壞到何等地步），但我們總還是願意期待著。因為我們知道，不論從國際國內形勢看，法西斯主義的失敗是定了的，民主的趨勢正如日中天。中國不欲勝利則已，如若勝利，必須先求國內的民主團結，然後才能獲得國際的民主援助。抗戰愈近反攻，這種國內團結會愈感到需要。縱然破壞團結的頑固分子、妥協分子還在製造磨（摩）擦，還在準備內戰，而消滅共產黨的心亦始終不死，但國內外大勢所趨，他們的陰謀恐終難完全得逞。因之，我們的立場是很清楚的，民主團結是我們與全國人民的要求，我們要求國民黨保證今後再不發生有礙這種民主團結的事件。

國民黨所謂「政治解決」的內容是什麼，我們還不知道，但照去年國民黨十一中全會會議，則要求共產黨實踐自己的四條諾言。我黨對於自己的諾言早已完全實踐了，而且至今信守未渝。第一條，「孫中山先生的三民主義為中國今日之必需，本黨願為其徹底實現而奮鬥」。恐怕現在全中國，還沒有另外一個地方像我們各抗日根據地為三民主義這樣真正努力的，可是有些人卻說我們做得不對，好像實踐了這條諾言，反而犯了罪過似的。第二條，「取消一切推翻國民黨政權的暴動政策及赤化運動，停止以暴力沒收地主土地的政策」。七年來我們堅守不移，任何人找不出我們做的有絲毫不合這一條的地方。可是，有些人卻在那裡天天想推翻共產黨，實行反共運動，實行沒收農民土地的政策。難道這也算是要求共產黨實行自己的諾言嗎？第三條，「取消現在的蘇維埃政府，實行民權政治，以期全國政權之統一」。現在，我們各抗日根據地所實行的就是民權政治。全國政權只有建立在這樣基礎上的統一，才是真正統一。可是，對邊區卻至今不予承認，難道國民黨允許承認邊區的諾言，便可以不實踐了嗎？第四條，「取消紅軍名義及番號，改編為國民革命軍，受國民政府軍事委員會之統轄，並待命出動，擔任抗日前線之職責」。這一條也是行之已久，並且成績卓著。八路軍、新四軍的英勇抗戰，就是鐵證。可是毫無接濟。新四軍且被污衊為叛軍，取消其番號，至今尚未恢復。雖然如此，八路軍、新四軍至今仍忍辱負重，艱苦奮戰，以至於達到這種程度：抗擊了在華全部敵軍的百分之五十八，偽軍的百分之九十，而八路軍、新四軍的兵力，不過僅占我全國兵力的九分之一。過去及現在既然如此，將來反攻之戰，我們深信是一定可以擔當極其重要的任務的。

我黨這種態度，我八路軍、新四軍這種戰績，我各抗日根據地這種建設，自信是有助於團結，有助於抗戰，有助於民主和進步的。國民黨如果有準備反攻、實施憲政的誠意，我們希望真正從「政治解決」國共關係入手。因為這一問題的解決，內可以取信於國人，外可以取信於盟邦。抗戰的勝利基礎，才會從這裡奠定。「政治解決」的內容，應該是雙方的與公平合理的。我黨願意堅守四條諾言，但是國民黨與政府也應承認我黨在全國的合法地位，承認邊區及各抗日根據地為其地方政府，承認八路軍、新四軍及一切敵後武裝為其所管轄所接濟的部隊，恢復新四軍的番號，並撤銷對陝甘寧邊區及各抗日根據地的封鎖和包圍。國共兩黨果能本此基點，推誠相見，公平合理地解決各種問題，則不僅在蔣主席領導下，合作抗戰的最後結果必然達到驅

逐日寇之目的,即革命的三民主義新中國,也可以在蔣主席領導下,達到合作建設之目的。

我們在這個紀念孫先生的日子,熱烈地希望這個目的能夠達到。我們很願望國共關係能夠恢復到孫先生在世之日的那樣密切的合作。我們也熱望孫先生遺囑中開國民會議的那一天能夠在不久就可實現,使民主自由的憲政真能見之實施,而不是徒托空言,造成很不利於國家民族的局面。

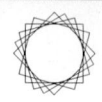

第三章　各民主黨派

一、統一建國同志會-中國民主政團同盟-中國民主同盟

1. 統一建國同志會信約[①]（1939年11月）

一、吾人以誠意接受三民主義為抗戰建國最高原則，以全力贊助其徹底實行，並強調「國家至上，民族至上」。

二、吾人以最純潔的心情，擁護蔣先生為中華民國領袖，並力促其領袖地位之法律化。

三、吾人認定：中國今後唯需以建國完成革命，以進步達到平等，一切國內之暴力鬥爭及破壞行動，無復必要，在所反對。

四、吾人相信，中國今後須為有方針有計劃之建設。此建設包括新政治、新經濟乃至整個新社會文化之建設而言，而彼此間須為有機的配合。

五、吾人承認今日較之以前已進於統一；但為對外抗戰，對內建設，吾人要求為更進一步之統一。今日之統一，非出於武力，而為國人抗日要求之一致所形成。今後仍應本此方向以求之；務於國人之意志集中，意志統一上，求得國家之統一。

六、吾人主張憲法頒佈後，立即實施憲政，成立憲政政府。凡一切抵觸憲法之設施，應即中止，一切抵觸憲法之法令，應即宣告無效。

七、凡遵守憲法之各黨派，一律以平等地位公開存在；但單位間應有一聯繫之組織，以共同努力為國是國策之決定與推行。

八、一切軍隊屬於國家，統一指揮，統一編制，並主張切實整軍，以充實國防實力。

[①] 原載《中國民主同盟歷史文獻》，中國民主同盟中央文史資料委員會編，文史資料出版社，1983年．

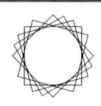

九、吾人不贊成以政權或武力推行黨務，並嚴格反對一切內戰。

十、吾人要求吏治之清明，而以剷除貪污，節約浪費為最低條件。

十一、吾人主張現役軍人宜專心國防，一般事務官吏宜盡瘁職務，在學青年宜篤志學習，均不宜令其參加政黨活動。

十二、吾人主張尊重思想學術之自由。

2. 中國民主政團同盟成立宣言① (1941 年 10 月 10 日)

中國民主政團同盟今次成立，為國內在政治上一向抱民主思想各黨派一初步結合，同仁等願將此次結合動機及今後旨趣，作簡要之敘說如此：

同仁等從國人之後，奔走國事蓋有多年，從來所見國事好轉無逾今日者。第一，中國受外患侵凌數百年，寢（浸）貧寢（浸）弱，幾絕翻身之望。而今則對抗強敵既越四年，舉世刮目相看，信為不可征服，民族自信亦已永固。以此基礎，值茲國際反侵略聲勢日盛之時、能脫枷鎖，要不難期，此從來之所未有者一也。第二，國內苦於不統一久矣，自民國初建以迄抗戰之前，擾攘幾無寧歲，國力之所用，不以對外而日以對內，不以求進而日以事破壞，我民族生命，其不毀滅於此者幾希。而今則以同仇敵愾之故，地方對於中央，各黨派對於執政黨，無不竭誠擁護，上下內外居然統一氣象，此從來之所未有者二也。凡此二者，固皆國人之所共見，是人心曾不 以失地過豐而有所動搖。

雖然，國事好轉誠在最近之四五年，而其間前後又有不同，大抵國際情勢後勝於前，而國內情勢則入後轉不如初，此其事亦皆在人耳目，無煩縷指。要而言之，國際陣線方明朗有利，外援漸增，而在我則反不得協力制敵，甚而至於內力相銷，本末相衡，可憂實大，時機坐失，寧可復期。

同仁於此，曾本嚴正之態度，為宛轉之盡力，而卒未有補。瞻望徘徊，深懼國不亡於暴敵，功不敗於寡助，而顧由吾人自喪其前途，是真民族之不肖子孫，上無以對先民，下無以對後世，同仁因是不敢以無補時局，自息仔肩。爰自為結合，以作團結全國之始，將以奉勉國人者，先互勉於彼此之間。以言結合動機，端要如是。

同仁對於時局之主張，匯為綱領十則，散佈於世，將准此以致其力。十者無煩一一剖釋，而有扼要一言必願以存於國人之前：中國之興必興於統一；中國之亡必亡於不統一，盡人可曉。而統一之道果何在，亦盍取三十年間事而深長思之乎？民國以來統一之可數者，元年革命成功，一度也；五年恢復共和，一度也；十七年北伐完成，一度也。每一度各有人心同趨者，其統一實為國人意志之統一。武力於此為統一之工具，而非統一之本。最後統一，莫著於抗

---

① 原載香港《光明報》，1941 年 10 月 10 日。

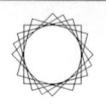

戰，而為意志集中之結果，尤昭彰矣，今則並此統一之具，亦未嘗用也。凡此事實，寧不足以資人深省！更轉看此四五年間，統一氣象後不如初者，其幾之動，毋亦各持其力，而有忽於人心之向背耶！不求於心而求於力；人心抑閉，武力充塞，寢（浸）假而至於今日，彌漫周匝，唯是強霸之力，以此為強，真可痛哭！

回憶抗戰之初，政府延致黨外人士，始為國防參議會，繼為國民參政會，凡所以團結各方，集中意志者，其意豈不甚盛？而卒於今日，蓋亦相激相宕，不期然而然。今後領導國人，挽回大局，仍不能不望於執政之國民黨。古人有言：「唯不嗜殺人者能一之。」今人故信不及此耳。苟其信之，請以武力屬之國家，而勿分操於黨；彼此互以理性相見，而視大眾趨向為依歸。家國統一，夫豈難定，申言之，即必須軍隊國家化、政治民主化是也。此其事本相關而不可離，其言有二、其義則一，唯此乃永奠統一，必興民族。苟不此之圖，則相殺至於何時為止，不敢知矣！年來國民黨以抗戰建國領導國人，同仁既從國人之後，相與勉於此一大事，而深維抗戰建國之本，有在於是者。今後所為獻其心力，將奉是為鵠的，以諍於國人之前，國人其諒許之乎？揭此衷曲，唯國人其惠教之！

3. 中國民主政團同盟對時局主張綱領[①]（1941年10月10日）

一、貫徹抗日主張，恢復領土主權之完整，反對中途妥協。
二、實踐民主精神，結束黨治，在憲政實施以前，設置各黨派國事協議機關。
三、加強國內團結，所有黨派間最近不協調之點，極應根本調整，促進於正常關係。
四、督促並協助中國國民黨切實執行《抗戰建國綱領》。
五、確立國權統一，反對地方分裂，但中央與地方須為許可權適當之劃分。
六、軍隊屬於國家，軍人忠於國家，反對軍隊中之黨團組織，並反對以武力從事黨爭。
七、厲行法治，保障人民生命財產及身體之自由，反對一切非法之特殊處理。
八、尊重思想學術之自由，保障合法之言論出版集會結社。
九、在黨治結束下，應注意下列各點：（一）嚴行避免任何黨派利用政權在學校中及其他文化機關推行黨務。（二）政府一切機關，實行選賢與能之原則，嚴行避免為一黨壟斷及利用政權吸收黨員。（三）不得以國家收入或地方收入支付黨費。（四）取消縣參議會及鄉鎮代表考試條例。
十、在當前政務上極應注意下列各項：（一）厲行後方節約運動，切實改善前方待遇。（二）糾正各種行政上妨礙生產之措施，以蘇民困，並力謀民生之改善。（三）健全監察機關，切實為各種行政上弊端之澄清。

---

① 原載日香港《光明報》，1941年10月10日。

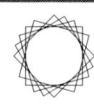

4. 中國民主政團同盟的成立宣言[①]（1941年10月16日）

　　中國民主政團同盟在陪都重慶成立，其成立宣言和對時局的主張「十大綱領」，從雙十節即已於本報廣告欄刊佈，連日所得各方反響極好。或者對於國家前途，能夠盡他們的力量爭求一些光明。這應是在同盟裡面的人和在外面的朋友所同希望的。

　　關於這一組織的成立，凡是熟悉抗戰以來國內政情的人，不待申說，都已明白。只是在海外這地方，隔得遠些，或尚不十分清楚。因此不妨根據所知再來申說幾句。

　　第一，這是一聯合體，不是單一組織。他本身不是一個政黨，而是許多黨派的聯合。宣言中說「本同盟為國內在政治上一向抱民主思想各黨派一初步結合」正揭出此層意思。

　　第二，因為他本身不是一個政黨，所以不要看作國內兩大黨之外，政治上又增多一競爭的單位。他只是為了當前時勢需要，而作此聯合行動。什麼時勢需要，就是不要以內部不和，坐失國家翻身的時機；在宛轉盡力卒未有補以後，爰自為結合，以企求全國合作之卒得成功，宣言中「爰自為結合，以作全國團結之始；將以奉勉國人，先互勉於彼此之間」。兩句說得甚明。

　　第三，這一聯合，實在由來已久，不是偶然出現的。自抗戰起來後，平素不甚相謀的各方面都到中央共商國事，散在四處之人不覺都聚攏來。一面與政府不斷保持接觸，一面彼此間更相聯絡。中間經過一度爭求憲政的運動，和時常受黨派問題的刺激，而盡力於團結運動，又促成其組織。所以早在二十八年十一月已組織了「統一建國同志會」。這一組織，國民黨共產黨以外的幾方面，和無黨派的幾位參政員，大致都參加。曾有十二條信約的訂定，以資大家信守。所有這組織的事，和信約十二條條文，並曾面陳最高領袖，得到贊成的。知道的頗不乏其人，唯不留心政情的人，或者不知此事而已。這實在是今天民主政團同盟的前身。為了舊組織無所表現，未有預期的作用，才重新建立這個同盟。所以這個同盟，是有一串的事實作背景的。

　　第四，這一聯合的構成，從旁來看，似有一個因素在。就是大家都沒有武力，作其政治要求的後盾。此為聯合內的構成員（各黨派或個人）之一共同點。他們的前途，只能以言認以理性去活動，爭取大眾的同情擁護。這樣就啟發出來，才能奠定國內的永久和平，所以不弟（第）為他們主觀意識上的民主團結要求，可使國民信賴；更且從其客觀條件，保證這一聯合本身之和平無害；保證這一聯合的發展，實為民主前途，團結前途的福星。

　　一切都在事實上證明。民主政團同盟既經成立，今後自不難看他的表現。大眾心裡的是非好惡，最明白。在同盟方面亦應當以其行動事實，訴之於全國關心國事而無黨無派的同胞大眾，求其判斷。

---

① 本文系在香港出版的中國民主政團同盟機關報《光明報》1941年10月16日社論。

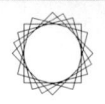

5. 中國民主政團同盟主席張瀾致蔣介石書（節錄）[①]（1943年7月16日）

年來盱衡時局，審度內外，覺國際戰事，雖勝利可期，而國內政治情形，則憂危未已。舉其大者言之，人才未能集中也，民意未能伸展也，黨爭未能消弭也。最高當局非不宵旰勤勞，而全國所需之團結，反日形失望。察其癥結，皆在政治之未能實行民主。人群之有才智賢能，原以供國家之用，群策群力，乃能興邦。現在政府之用人，既以一黨為其範圍，尤偏重特殊關係，使國內無數才智賢能之士，皆遭排棄，以國家有用之才，投置閒散，已深可惜，甚或逼之使為我敵，豈云得計？必須實行民主，一本天下為公之旨，選賢與能，只問才不才，不問黨籍，舉全國之才智賢能，共同盡力於國事，而後可以挽救危局，復興國家。此其一。得民必由於得心，民之欲惡，是為民意。乃現在一切民意機關的代表，都是由黨部和政府指定和圈定，於是只有黨意官意，而無真正民意之表現。其在群眾集會偶有批評政府指責時弊之人，即被目為反動。法令紛繁苛擾，官吏敷衍惟肆貪污，從未有如今日之甚者。人民遭受壓抑，痛苦百端，不能上達，厭恨之情到處可見。必須實行民主，首先廢除言論、思想、出版的統治與檢查，使人民各本所欲所惡，對政治可以自由批評討論，輿論有監督之力，然後政治修明，人心悅服，然後民力始能發揮。此其二。國民黨與中國共產黨各有主義，各有區域，各有軍隊，能否合作，實為國人之所深切關心。如非認真而且徹底做到政治民主，使軍隊國家化，專用之於國防，則此問題將無法解決。甲要一黨專政，因而訓練黨軍，以圖鞏固其政權，即不能禁乙之訓練軍隊，與之對抗。必須實行民主，不以國家政權壟斷於一黨，則民生主義與共產主義，本有相同之點。國共合作，已往之歷史亦非無可循。設以建立真正主權在民的民主國家為目的，正應共同抗戰，共同建國，以力求政治化，經濟民主化，而達到將來世界之大同，尚何憑藉武力以為內爭之有？此其三。今國民政府已有憲政實施之籌備，憲法草案亦在各地研究討論之中。如能及此時機，加強實行民主，則人才可以集中，民意可以伸展，競爭可以消弭，上下一心團結奮鬥。目前艱危之局勢，固可以支持，即戰事結束之後，國內統一，國際平等，亦可以順至。如或昧於大勢，遷延不決，徒貌民主之名，而不踐民主之實，內不見信於國人，外不見重於盟邦，則國家前途，必更有陷於不幸之境者。

6. 中國民主同盟對抗戰最後階段的政治主張[②]（1944年10月10日）

一、貫徹抗戰國策，切實整理軍隊，以期加強反攻，爭取最後勝利。

---

① 原載《中國民主同盟歷史文獻》。
② 中國民主政團同盟於1944年9月19日在重慶上清寺特園召開全國代表大會，決定改組為中國民主同盟，吸收無黨派人士入盟。大會通過了《中國民主同盟綱領草案》，選舉了中央委員會，推張瀾為主席。本文摘自1945年9月15日《中華論壇》第9期。

（一）改善官兵之生活待遇；
　（二）實行精兵政策；改善裝備，加強訓練，並提高軍官教育之水準；
　（三）排除派系及地方觀念，以軍事能力與作戰成績為選任與升降軍官之準則；
　（四）淘汰抗戰以來作戰不力之將領；
　（五）劃清軍政、軍令、參謀以及前線作戰指揮之權責；
　（六）根據民主動員之原則，徹底改革現行兵役辦法；
　（七）加強淪陷區之行政組織，並發展人民之抗戰活動；
　（八）全國一切派系不同之軍隊，應本平等待遇之原則，統籌裝備、給養、訓練、補充之公平，以求得作戰指揮之統一，並漸進於軍隊國家化之正軌；
　（九）儘量發展本國軍需工業，以求達到武器自給之目的。

　二、立即結束一黨專政，建立各黨派之聯合政權，實行民主政治。
　（一）召集各黨派會議，產生戰時舉國一致之政府；
　（二）保障人民言論、出版、集會、結社、職業、身體之自由，廢除現行一切有妨害上列之法令與條例；
　（三）開放黨禁，承認各黨派公開合法地位，立即釋放一切政治犯；
　（四）迅速籌備實施憲政，立即召開全國憲法會議，制頒憲法；
　（五）在憲法頒佈前賦予國民參政會以各民主國家議會具有之主要職權，並擴大省參議會之職權；
　（六）充實一切地方自治基層組織，普遍實行民選；
　（七）廢除特務及勞動營等類組織；
　（八）簡化政治機構，分明權責；
　（九）本公平原則，按照生活指數，改善公務員待遇，並厲行裁汰冗員，嚴懲貪污；
　（十）對於戰時戰後受災人民，統籌切實救濟。

　三、確立親睦外交政策，加強對英、美、蘇及其他盟邦之聯繫，以期徹底合作；並把握其當前之勝利，奠定世界永久之和平。
　（一）促進中蘇邦交，以期實現英、美、中、蘇四國之團結；
　（二）嚴整外交陣容，淘汰不稱職之外交官吏；尤應注重駐各重要盟邦之外交人選；
　（三）加強國民外交，並分別組織文化經濟等民間立場之國際訪問團，以期增進瞭解，加強親善；
　（四）此次戰爭結束之媾和條約，以及參加戰後一切和平機構之提案與人選，政府必須交由民意機關予以正式通過；
　（五）關於運用外資，以及一切經濟或工業之協定，政治必須徵求民意機關之同意。

　四、確立戰時經濟，財政之合理機構與政策，以期對內對外樹立政府與國家之信譽，並奠

定和平建設的堅實基礎。

（一）財政絕對公開。國家之預算、決算，須交民意機關審核通過；

（二）關於增加租稅，募集公債，以及帶有強迫性之儲蓄等事項，必須徵求民意機關之同意；

（三）根據公平原則，調整一切稅法，並整飭稅收機關與人員，簡化收稅手續，以免除苛擾，根絕貪污；

（四）成立幣制委員會，力謀穩定幣值，並整理流行全國之一切通貨；

（五）成立調整物價委員會，以研究調查一切生產、分配、運輸、專賣以及合作、工貸、農貸等實際情況，以為平抑物價之張本；

（六）制止少數人之奢侈，停止浪費及一切與戰爭無關之興作。

五、徹底革新目前之教育文化政策，保證思想、學術之自由發展，並迅速提高一般國民之文化水準。

（一）立即停止黨化教育；

（二）保障講學自由及從事教育職業自由；

（三）保障學生讀書、閱報之自由，不得根據黨見，加以取締；

（四）保障教職員生活之安定，並注重改善學生之營養；

（五）立即停止學校內之特務活動。

7. 中國民主同盟對蔣介石新年文告發表時局宣言[①]（1945年1月15日）

最近歐洲情勢雖小有變化，但不問德軍如何掙扎，德國之無條件屈服，及歐洲整個問題的澄清，要必於本年內告一段落。

美軍呂宋登陸，已大告成功，菲律賓的完全解放，當為時已近。繼菲島以後，或即為美軍之在華登陸，早則本年春夏之交，至遲亦不至延到今年的夏季以後。

美軍一旦在華登岸，必以大量陸軍源源開到中國，此時不問歐洲問題是否已完全解決，蘇聯對於遠東，要並一反其過去沉默的態度，而突趨積極。英軍在緬甸至香港一線，此時將大事活躍，固不待論，即法國亦必以相當力量，與英軍配合，以圖恢復安南。

敵人為應付上舉情勢以圖死裡求生起見，其重視津浦粵漢兩線以東，當不在重視兩線以西之下，其在中國境內的陸軍力量，必遠較過去加強。

凡此外在的形勢，均促使中國不能不團結統一，否則即不能發動一切人力物力，與美蘇英法諸盟邦夾攻，以收將敵人全部擊潰之效。

---

① 原載《中國民主同盟歷史文獻》。

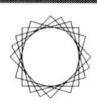

就內在的形勢而論，自河南、湖南、廣西相繼淪陷，人民飽嘗顛沛流離之苦，犧牲之大，死亡之多，為抗戰以來所無，於是後方各地自衛自救的活動，已漸漸興起。國共關係，自去年正月雙方代表在西安談話以來，已歷時半年以上，且中經友邦有力人士多方撮合，但至今仍無成就可言，甚至我們認為比較輕而易舉之事，如釋放政治犯及言論集會結社之自由等等，亦未徹底一辦。目前全國要求民主之聲，自各黨派以迄文化界工商界，自國民黨外以迄國民黨內，已逐漸趨於一致，然當局則迄無有效辦法之表示。

本年元旦，蔣主席發表新年文告，謂「一俟我們軍事形勢穩定，最後勝利更有把握的時候，就要及時召開國民大會，不必再待戰爭結束以後。」最後國民黨中常會，更有本年五月五日召開六全代表大會的決議，其主要工作，聞即在討論如何召集國民大會。吾人在原則上自亦贊成之，但目前事實上乃絕少辦到的希望。如僅僅將二十五、六年所選出之一部分代表，將就無法選舉之若干省分（份）指派若干、以足一千四百四十名之額，更益以數百名國民黨中委及候補中委為當然代表，以此而欲制定一部全國共遵之憲法，以此而居然「還政於民」，並欲以此而成就全國的團結統一，吾人認為必將適得其反。

中國民主同盟，成立已有四年之歷史，其一貫的職志，即在突破一切軍事與政治之難關，為中國實現民主團結，一以收抗戰之全功，一以確立建國的基礎。自去年九月召集全國代表大會，並於雙十節公布抗戰最後階段的政治主張三十六條，舉其要點，則有如下之十項：

一、立即結束一黨專政，建立聯合政權；

二、召集黨派會議，產生戰時舉國一致之政府；並籌備正式國民大會之召開及憲法之制定；

三、保障人民言論、出版、集會、結社、職業、身體之自由，廢除現行一切有妨害上列自由權利之法令與條例；

四、開放黨禁，承認各黨派公開合法地位，並立即釋放一切政治犯；

五、廢除特務及勞動營一類純粹法西斯之組織；

六、全國一切派系不同之軍隊，應本平等待遇之原則，統籌裝備、給養、訓練、補充之公平，以求得作戰指揮之統一並漸進於軍隊國家化之正軌；

七、財政絕對公開，凡預算、決算及增加人民負擔之措施，必須交由現有民意機關審查通過；

八、保障人民之最低生活，改善士兵及公務人員之待遇，對戰時戰後之受災人民，尤應統籌救濟；

九、立即停止黨化教育，保障講學自由及從事教育職業之自由；

十、促進中蘇邦交，加強對英美及其他盟邦之聯繫，以期徹底合作。

吾人提出上列各項主張，為時已歷四月，但對目前情勢，仍完全適用。吾人以為在戰爭未結束以前，必須將此項過渡辦法切實做到，中國始有實現民主憲政之可能，否則藉延宕以資敷衍，弄名詞以飾觀聽，則不惟當前一切困難問題無從解決，整個國家民族且有蹈於分裂破碎之虞。為國民黨計，與其空談「還政於民」，何如實行與民合作以免自誤誤國之為愈也。邦人君子，幸共圖之。

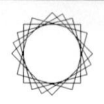

8. 中國民主同盟對時局宣言[①]（1945 年 7 月 28 日）

歷年來，本同盟為全國人民而疊向國共兩黨及政府，痛切呼籲。所薪求者，惟在中國之民主與團結。誠以八年抗戰，國人捐軀蕩產，轉徙流離，血汗犧牲，奚止千萬？所以前仆後繼，死而無怨者，原非為任何政黨支持權利，而實為國家民族爭取生存。倘使團結無望，民主不行，則抗戰之成果不保。或更於勝利在望之時，竟演成內戰。過去犧牲，盡付東流，國家前途，寧堪想像？如必執小群而遺大眾；重私鬥而忘公仇，則所謂領導抗戰，解救人民，於義安在？是不僅自毀其光榮之歷史，抑何詞以對我數萬萬支撐抗戰多災多難之同胞。此則國共兩黨，共有責任，而執政之黨，尤無可諉責者也。即如裝備新械，充實兵員，在反攻前夕，本為必需；而國人聞知，則亦喜亦懼。解放敵後，縮小陷區，在作戰期中，本為喜訊；而國人聞知，則且慰且憂。強敵尚壓境內，全國人之心情，乃悚懼內戰之爆發。此其隱痛之深，尚堪言耶；數年來各地不斷之磨（摩）擦，既早成不可掩飾之事實。而邇來陝北衝突，益引起人心之憂慮。涓涓不塞，勢且氾濫。不幸兵連禍結，試問何以善後。所以然者，即因團結未能即早實現之過也。況今波茨坦會議，已有重大決定，且警告日本，迫其無條件投降。今後對日戰爭，必更加緊進行。登陸中國以擊日寇，為期亦必更近。我乃尚未統一，何能配合作戰。盟軍 G—5 組織，勢不得不適用於中國。雖解之者尚稱主權無損，而國人之感想則如何。所以然者，亦只為團結未能即早實現之過也。於以證明本同盟屢年所呼籲，不特為全中國人民一致之追求，更為舉世盟友熱烈之期望，而時至今日，更有其刻不容緩者矣，此次六參政員延安之行，即作進一步之斡旋。參政會對於十一月十二日召開之國民大會，亦尚未作硬性決定，然于促現民主與團結，則決議仍屬空疏。今後打開政治僵局，謀取團結實現之關鍵，只視各黨派及無黨派人士政治性之會議，能否重開。本同盟以為在此緊迫時期，此項會議，實以萬難再緩。應請政府體察時勢，顧念民情，即早召集。惟（唯）團結之基本條件，在能實行民主。換言之，必行民主，而後有團結之可言，此為不移之理。執政黨果有放棄專政，實現民主之誠心，尤請於下列數事，立予實行，俾新耳目，俾轉風氣：

一、確實保障人民身體、言論、出版、集會、結社、遷徙、居住之充分自由。
二、釋放一切愛國政治犯。
三、徹底取消一切特務，及類似特務之法令及機構。
四、承認各黨派公開活動之權。

上列四事，實為任何民主國家內，人民最起碼之權利。政府果欲實行民主，即宜立即照辦。請以明令昭示國人，並求有事實之表現。蓋此四事，行之非艱，殊不必待任何會議決定之後，始點點滴滴而為之，徒示人以非誠，茲事既辦，同時進行政治協商，召開上述之會議。務使最短期內，達成改組舉國一致政府之目的，以饜民望！以利國家！惟（唯）此改組後舉國一致的政府，原仍為放棄專政，初步實現民主的過渡辦法。其有關籌備民主憲政之各項事務，

[①] 原載《中國民主同盟歷史文獻》。

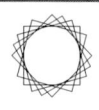

尤應在政治會商中，先求得一致之協議。即交過渡政府，負責切實推進。俾在一定時限之內，扶持國家，步入民主常規。本同盟只主張真能代表民意之機關，得經過全國一致政府之決定而早日實現。凡不能反應（映）今日全國性者，任何方面，有此措施，均所反對。所望各本互讓之精神，以奠共信之基礎，各以國家民族為重，應無不可解釋之嫌。今日之事，不但國家興替，民族盛衰，繫於團結與民主。即其政黨與其個人之成敗榮辱，亦將系於是否團結能否民主以為斷。能以全國人之心為心，全世界之歸趨為歸趨，則人心歸之，同情與之。否則不啻自走絕途。何去？何從？切盼國共兩黨賢達，深長計之！尤望執政之黨，能鑑此義，而知所擇抉！至於十一月十二日政府所擬召集之國民大會，本同盟疊有表示，不敢苟同。其將來國民代表之選舉，本同盟在原則上，贊取普選，且不放棄今年三月十日所發表之主張。其於以後政府應採取之民主設施，更不放棄去年十月十日以及本年一月十五日之兩次宣言。此為本同盟不變之立場，必求其能次第實現。特再鄭重宣言，所冀邦人君子，共起圖之！

9. 中國民主同盟主席張瀾在外國記者招待會上的講話[①]（1945年8月3日）

民主同盟主席張瀾舉行外國記者招待會，代表民盟發言（劉王立明譯述）。

諸位先生：

今天本人代表中國民主同盟，邀請諸位先生來此談談，承諸位惠然駕臨，本人實在感謝得很。

本人一向居住成都，很少機會來到重慶，今天能得在此與諸位先生聚會一堂，尤感欣幸。

中國民主同盟過去經過，歷來發表的綱領與主張，以及最近發表的宣言，想諸位先生大致都已曉得，現在只簡單地再向諸位報告幾點。

一、成立經過。中國民主同盟是一九四一年三月在重慶正式成立的。它本是中國國民黨與中國共產黨以外的若干黨派的一種結合（包括國家社會黨、中國青年黨、第三黨、救國會、職教社、鄉建派）。我們一些發起人當時都是第一屆國民參政會的會員。因為國民黨與共產黨發生新四軍糾紛的事件，深深感到為促進抗戰勝利，實有全國團結的必要。但要推進全國團結，各黨派不可不先自行團結。同時又感到政治不民主，全國團結，抗戰勝利，必無可能。因此經過多度商討多次籌備之後，乃有民主政團同盟的成立。

本同盟成立以來，實受了不少壓迫。為擴大基礎，加強力量，去年九月曾經決議改組，把民主政團同盟改稱民主同盟了，從那時起，同盟中不屬任何其他黨派的盟員更加多起來了。

二、同盟的主張。我們的中心主張，如前所說，一向就是民主、團結、抗戰三層。而其中尤以民主一層為中心的中心。因為我們相信，中國如不實行民主，任何政治問題、黨派問題、

[①] 原載《中華論壇》第9期，1945年9月15日。

經濟問題、物價問題、抗戰問題、軍事問題以及一切社會教育文化問題，必都不能圓滿解決。

民主同盟的產生本是一方應乎中國人民的需要，一方由於世界潮流的推動。我願意藉此鄭重告訴諸位：我們同盟的立場，不但一向是以國家民族為立場，也將永遠以國家民族為立場；我們同盟的主張，不但一向有其超然獨立的主張，也將永遠有其超然獨立的主張。同盟的以民主、團結、抗戰為中心主張，也就是由於這個緣故。

除了原則以外，我們同盟目前的具體主張，也可向諸位先生分別說明幾點。這應該分兩方面來講。

先從消極方面來講。最主要的就是：（一）我們絕對反對國民黨與共產黨間發生內戰。我們這個反對的主要理由，至少可以舉出以下三點：

1. 假使內戰擴大，試問對日戰爭將變成何種景象？就令日本最後總是要打敗的，但是不是要延長時日？這豈但是中國的損失，增加了中國人民的犧牲，豈不也是盟國的損失，也增加了盟國人民的犧牲？

2. 假使內戰擴大，必非短時所能收拾。其勢必至影響世界的和平。即以一般生活而論，在此世界大通之日，一地如發生嚴重事變，它地也必無不受到間接影響之理。

3. 中國抗戰至今已八年，尤未能勝利結束，人民困苦已久，不堪言狀。今又加以內戰，人民更何能堪？國家元氣的斷喪，更將伊于胡底？兵連禍結，國家政治要哪天才能走上正常軌道？

至於如何達到我們這個反對內戰的目的，我們當一面喚起全國人民的認識與力量，一面向內戰的雙方有力者陳說利害。同時我們也希望盟邦友人瞭解中國的內情，能援助中國使此不幸事件得以消除。

（二）對於足堪引起內戰或使擴大，甚至造成國內分裂的所謂將在本年十一月十二日召集的國民大會，我們同樣堅決反對。我們這個反對的理由，本久已有所申明。但似乎還未全為各方人士瞭解。現也願再擇要簡單解說幾句。

對於所謂召集國民大會，實施憲政，還政于民，民主同盟當然不但並非在原則上反對，而且在原則上並是所久願促其實現。但為求其有利無害，對於所謂國民大會，卻不能不問其真不真，卻不能不問其能不能代表全面民意，它所決定是不是能為全國大多數人民所接受。我們相信，所有這些，在今年十一月十二日必都是作（做）不到的。從今日中國實情而論，將在今年十一月十二日召集的國民大會，一定不能代表全國民意。其所決定一定不能為全國大多數人民接受，其所謂還政於民，一定不會是全國大多數人民或全國大多數人民代表，召集這樣的國民大會，豈不將徒造分裂糾紛，而大害於國家？我們同盟既以國家民族為立場，對於有害於國家的舉動，如何能不堅決予以反對？

試拿國民大會代表來看，假使承認十年前所選的代表仍然有效，試問他如何能代表經過八年抗戰的今日的民意？十年前因未到年齡而無選舉權與被選舉權的人今日大半已到年齡，試問對於這些人的選舉、被選舉權，今日是否可以完全抹殺不管？而況十年前的選舉本是國

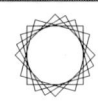

民黨一黨所包辦，其他黨派都無合法地位，絕無自由競選的機會。這種選舉當然非今日在野黨所能承認，又照原選舉法所規定，所有國民黨中央委員都為當然代表。諸位先生都是歐美先進民主國的人士，試問哪一種民主國家有這樣專擅的制度。

假使不承認舊代表繼續有效，重行辦理選舉，或於舊代表之外，加以補充，但在今日事實上又何能許可？今天，國土大半猶陷敵手，離十一月十二日，為時又僅有三月，在地區上、在時間上，如何能辦到全國普選？尤其人民的權利，如言論、出版、集會、結社、身體、居住、通訊等自由，都還沒有獲得；所有在野黨派也都仍沒有爭到合法地位，不能公開活動自由競選；人民不能普遍自由競選產生的代表，怎能是代表全國民意的代表？以不能代表全國民意的代表組成的國民大會怎能是真正的國民大會？又不是真正的國民大會而講實施憲政，還政於民，怎能不被人疑為是有意的欺騙，目的所在，只在黨權專政的合法化？

因此種種，所以我們民主同盟，不能不喚起國民注意，促進當局覺悟，勿徒製造紛亂，遺大害於國家，自傷民族元氣。應即停止召集名實不副的國民大會，應即採取切實可行的過渡辦法。

這種切實可行的過渡辦法，也就是我們民主同盟對於目前政局的積極具體主張，根據我們的宣言，我願意總括舉出以下五點。

第一，即行容許人民享有思想、信仰、言論、出版、集會、結社、身體、職業、居住、遷徙、通訊、教育、講學等項自由權利，廢除一切現行妨礙人民此等自由權利的法令與設施。

第二，即行容許各抗戰的政治黨派合法存在，公開活動，釋放一切愛國政治犯。

第三，召集包括各黨派代表以及無黨派的有力人士的政治會議，協商國家大計，訂立臨時施政綱領。

第四，改組政府為舉國一致的臨時性質的民主聯合政府，執行由政治會議擬訂的施政綱領，籌備真正的國民大會的召集。

第五，加速集結全國力量，配合盟邦軍隊，積極對敵反攻，非至收復一切國土，迫敵人無條件投降，抗戰軍事絕不停止。

這五點都是除了在消極方面立即停止內戰，進而積極加強團結以外，目前政局上應行而且可行的救急辦法，萬萬不容緩的。至於民主同盟關於將來戰後立國的國策，除了實施進步的民主政治，保持世界的和平安全以外，我願意藉此機會更提出兩個基本原則來。那就是：

1. 對社會各階層都保障其應得權益，力圖階級諧調，防止階級鬥爭，而求社會的和平順遂地發展。

2. 切實推進國家的現代化，普遍提高全國人民的生活水準、教育水準、文化水準，以打破今日中國各方面的落後狀態。

今天我因為感到諸位的親切，很是高興，話說得太多了，耗了諸位很多時間，很覺抱歉。諸位先生一定有許多高見，還請賜教，諸位先生如有什麼問題，我們同仁也當竭誠奉答。

最後還有一句話，過去諸位先生中有許多位對我們同盟，特別在消息報導上，有許多幫

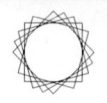

忙，我們總是衷心感謝的。以後仍望對我們不斷的（地）幫助。這不獨幫助了中國真正民主的實現，並且會有大助於世界的和平安全。謝謝！

10. 中國民主同盟綱領①（1945年10月）

政　治

一、民主國家以人民為主人，人民組織國家之目的在謀人民公共之福利，其主權永遠屬於人民全體。

二、國家保障人民身體、行動、居住、遷徙、思想、信仰、言論、出版、通訊、集會、結社之基本自由。

三、國家應實行憲政、厲行法治，任何人或任何政黨不得處於超法律之地位。

四、地方自治為民主政治之基礎，縣以下應行使直接民權。

五、縣設縣議會，省設省議會，中央設國會為代表人民行使主權之機關。

六、為求地方自治之充分發展，中央與省，省與縣之許可權應以憲法明定其採分權制度。

七、省於國憲頒佈後，應召集省憲會議，制定省憲，其內容不得與國憲抵觸，並應明白規定省長、縣長民選。

八、國內各民族一律平等，並得組織自治單位，制定憲法，實行自治，但其憲法不得與國憲抵觸，國家對於少數民族利益應加維護，並發揚其固有語言、文字及文化。

九、國會為代表人民行使主權之最高機關，由參議院及眾議院合組之，國會有制定法律，通過預算、決算，規定常備軍額，宣戰、媾和、彈劾罷免官吏及憲法上賦與（予）之其他職權。

十、參議院由各省省議會及少數民族自治單位選舉之代表組織之，眾議院由全國人民直接選舉之代表組織之。

十一、國家設總統副總統各一人，由人民直接選舉，行使憲法上所賦予之職權。

十二、國家最高行政機構采內閣制，對眾議院負其責任。

十三、司法絕對獨立，不受行政及軍事之干涉。

十四、國家應建立健全之文官制度，設立文官機關，掌管文官之考試、任用、銓敘、考績、薪給、升遷、獎懲、退休、養老等事務，文官選拔實行公開競爭之考試制度，非經考試及格者不得任用， 文官機關之長官及全國事務官應超然於黨派之外。

十五、國家實行普選制度，人民之選舉權、被選舉權絕對不受財產、教育、信仰、性別、 種族之限制。

---

① 　中國民主同盟代表大會通過，原載《民主星期刊》（特別增刊），1945年11月15日。

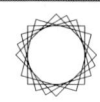

經　　濟

一、民主經濟之目的，在平均財富，消滅貧富階級以保障人民經濟上之平等。

二、為求人民經濟上之繁榮與安定，提高人民生活水準，應力求發展社會生產力，以保障人民不虞匱乏之自由。

三、國家保障人民之生存權、勞動權及休息權，並擔負老弱殘廢者之扶養。

四、國家確認人民私有財產，並確立公有及私有財產，全國經濟之生產與分配由國家制定統一經濟計畫，為有系統之發展。

五、國家在農業上應先實行減租，切實保障貧農的土地使用權，以達到土地使用權與所有權的合理化與合一化，並規定最高限度之土地私有額，凡超額之私有土地，國家於必要時得依法定程式徵購之，而以漸近方式完成土地國有之最高原則。

六、應通過合作農場及公營農場等方式，轉化小農生產為工業化之現代生產，以提高生產技術品質。

七、附屬於土地上之礦業、水利，在經濟上可供公用者，均屬國有。

八、銀行、交通、礦業、森林、水利、動力、公用事業及具有獨佔性之企業，概以公營為原則，至其他一切企業，均可由私人經營，無論公營私營企業，其監督管理均應實行民主化。

九、對外貿易，視其性質及國家經濟實際需要，依照國家經濟政策，及經濟計畫之規定，分別由國家或私人經營之。

十、公營企業及規模較大之私營企業之員工，應有參加管理之權。

十一、工業政策以民生國防為目的，應厲行輕重工業之積極發展，以促進全國工業化，為達到此項目的起見，國家得依法律之規定，予外人以投資之便利。

十二、人民生活必需品之消費分配，以設立國營、公營商店及消費合作社為原則，並以法律節制私人商業上之中間剝削。

十三、稅制應依據能力擔負之原則，並以累進方法，徵收遺產稅、所得稅及利得稅。

軍　　事

一、軍權及軍隊屬於國家，按國防需要設置最低額之常備軍，非國防必要不得調用軍隊，國家並應以法律禁止軍隊中之黨團組織。

二、實行徵兵制，人民有依法服兵役之義務。

三、現役軍人絕對不得干預政治並不得兼任行政官吏。

四、提高軍人待遇及文化水準，對退伍及殘廢軍人之生活與職業，政府應切實予以保障。

外　交

一、外交方針以保障國家之領土主權，民族之自由平等，與各國和平相處為原則。

二、積極參加世界和平機構，與聯合國切實合作，以奠定國際上之民主基礎，並保障人類之永久和平。

三、與美、蘇、英及太平洋利益有關各國切實合作，以謀東西之和平與安定。

四、提倡國民外交及國際文化合作。

教　育

一、教育之目的：在養成獨立人格，訓練人民團體生活，並發揚民主精神。

二、國家應保障學術研究之絕對自由。

三、國家確保人民享受教育之平等權利，初等教育應一律強迫入學，高等教育應健全充實及推廣；對於貧苦之優秀青年，並應保障其得受高等教育。

四、國家切實制定計劃，於限定期限內，徹底消滅文盲，並積極推廣各式補充教育。

五、國家應普遍設立職業教育學校，以適應國家建設之需要。

六、大學教育應特別注重學術研究，以推進國家文化之發展。

社　會

一、國家應適合社會環境需要，儘量為人民服務，實施各種社會政策。

二、國家應確立適當之人口政策，宣導民族優生，增進兒童福利，竭力推廣公共衛生事業，建立公醫制度，負擔人民醫藥及修養之設備。

三、國家應辦理社會一切保險事業，推行疾病、死亡、衰老、殘廢、失業、妊孕等保險政策，以保險人民生活之安全。

四、國家厲行勞工福利政策，對於最低工資及八小時工作時間，應分別規定之。

婦　女

一、保障婦女在經濟上、政治上、法律上、社會上之絕對平等。國家對於婦女參政權、教育權、工作權及休息權，並應特別予以保障。

二、保障職業婦女在妊孕生育時期之生活及休養。

三、政府應多設托兒所、幼稚園及公共食堂，以減輕婦女之家庭責任，並增強其經濟上之獨立自由機會。

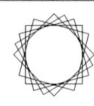

11. 中國民主同盟臨時全國代表大會宣言① (1945年10月16日)

　　八年長期抗戰已經得到勝利的結束。今天中華民國是個獨立自主的國家，中華民族是個自由平等的民族，這是中國歷史上百年來的一個新局面。這是中國成為一個和平團結統一民主新國家的千載一時的機會。中國民主同盟乘著這個時機，爰於十月一日在重慶舉行臨時全國代表大會。這次臨時全國代表大會的目的是：在檢討過去，策劃將來，求貫徹本盟五年來始終不變的主張，使中國能從和平、團結、統一的途徑，走上民主的正軌，成為真正的民主國家。從整個國際局面來說，今後的世界必定是一個進步的、和平的、民主的世界。這次民主國家在世界大戰中得到勝利後，在消極方面正在徹底消滅法西斯的殘餘思想；在積極方面正在努力實現舊金山會議簽訂的世界和平憲章，這證明今後的世界必定成為進步的、和平的、民主的世界。這種環境亦就確定了中國的前途。倘中國自身今後不能夠順應世界潮流，努力謀求國內的和平、統一、團結、民主，中國在這個嶄新的世界上就沒有了獨立自存的機會，更談不到國際上的領導地位。

　　在今天我們看看自己國家的真實情況，我們應該很坦白地承認，今天中國距離和平、統一、團結的目標還相當遙遠，距離民主的目標更為遙遠。就政治來說，十八年的黨治還未結束，國家不但沒有憲政，並且還談不到法制。就經濟來說，在戰前一個普遍貧窮匱乏的國家，經過這八年的抗戰，如今是整個經濟的崩潰破產。兼以賦稅的苛擾，金融的紊亂，使得工人失業，農民失耕，產業亦有紛紛倒閉之象。人民生活的艱難困苦，實開空前未有的慘局，而最近收復各區域，人民在經濟上被壓迫與剝削的慘痛，更難盡述，就國家整個局面來說，中國今天還是國民黨與共產黨兩黨對峙的局面，日寇投降以後對立的形勢，更增加了內戰的危機。倘這種形勢不能徹底改變，中國便談不到和平、統一、團結，更談不到民主。

　　一、中國民主同盟對將召開的政治協商會議，決定採取積極態度以為應付。將來協議的結果，倘真有利於國，有益於民，我們當竭誠擁護。倘與這個大原則違反，我們則願保留最後批評的權利，但我們對這個會議，同時亦有這樣一個希望，那就是會議必定要面對事實解決問題。議決的事項，必須迅速而有效地見諸事實。同時，會議中解決一切問題，尤應以國家的福利，人民的福利為目標，不應以黨派的利益做目標，這樣才能從黨派的團結，做到人民大眾的大團結。

　　二、關於民主的聯合政府。中國民主同盟始終相信，舉國一致的民主聯合政府，是當前國家和平、統一、團結的唯一途徑。同時亦是全國能力合作、群策群力共同建國的唯一途徑。例如軍隊國家化的實現，與其採用各項不徹底的過渡辦法，遠不如用舉國一致參加的民主聯合政府進行全盤徹底的編遣計畫。我們又認定舉國一致的民主聯合政府與當前黨治的法統絕不衝突。在實際政治上法統這一名詞應廣泛地解釋，靈活地運用，不可拘文牽義，因為這一名詞，而失掉了國家和平、統一、團結的機會。因此我們希望舉國一致的民主聯合政府能夠早日成為事實。

---

① 原載《中國民主同盟重慶地區大事記（解放前部分）》。

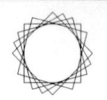

三、關於國民大會。中國民主同盟認定國民大會必求其名副其實，必須成為真正代表民意的機關。倘保持十年前一黨專政時期選出的代表以舉行國民大會，以通過憲法，以產生政府，這必定影響到憲法與政府的尊嚴。因此中國民主同盟堅持我們一貫的主張，認定國民大會的組織法、選舉法及憲草必須加以修改。國民大會的代表，在原則上當然應由人民普選產生。這個問題，國共既協議交與政治協商會議解決，我們就希望政治協商會議對這樣一個重大問題，有審慎的考慮，合理的解決。

四、關於人民自由。中國民主同盟認定保證人民享受一切自由權利，政府修正及廢止與此項精神相違背的法令固然重要，而政府用道德的力量，拘束範圍自己的行動，使人民在實際上能享受這些權利，更為重要，舉例來說罷，去年八月十日公佈的人身保障法，並不能消除人民非法被捕，與無端失蹤的事實。本年十月一日取消檢查制度，並不能徹底消滅事實上對新聞言論的封鎖與檢查。進一步來說，二十世紀的民主，只在消極方面解除對政治權利的束縛，不能在積極方面充實人民在經濟上的自由權利，自由依然是空泛的名詞。因此我們又認定今日人民的自由，應經濟的自由與政治的自由並重。

五、關於釋放政治犯與廢除特務制度。中國民主同盟主張政府應立即無條件釋放漢奸以外的一切政治犯。至於由黨派開列名單，而後依照名單開釋，絕非妥善辦法。因為政治犯中包括許多無黨無派而且無辜被陷的青年，對這些青年，黨派固不能知道他們詳細姓名。因此，這些青年就無從得到開釋的機會。對內的政治特務組織與活動，應立即一律停止，因為這種機構存在一日，就絕對不能免除謊報與誣陷的事實，並且這類特務人員，每每憑藉政治力量，指揮司法及員警無端侵犯人民的自由。

六、關於軍隊。中國民主同盟認為今天對外戰爭既已結束，政府就應立即有全盤統籌編遣計畫，以縮減國家的軍隊，以節省人民的負擔。這種編遣計畫，絕對不得有中央軍與地方軍或黨派軍隊的歧視。軍人應絕對忠於國家的原則，軍人絕對不得擔任黨務工作。這樣才能奠定軍隊國家化的基礎。現役軍人絕對不許兼任行政官吏，這樣才能達到軍民分治的目的。

七、關於經濟。中國民主同盟認定今後復原時間的經濟，消極方面的救濟應先於積極方面的建設。目前必先做到流離失所的難民、殘廢退伍的士兵，有業可就，有家可歸。其次，政府必竭全力救濟陷於崩潰破產的工商業，以保全民族資本的根基。其次，接受敵人的工商業，凡應歸國營者，應嚴防官吏乘機霸佔，借幫竊取，而造成官僚資本。應歸民營者，應充分以此項工商業輔助因抗戰而受損失之民營企業。但無論國營民營，必徹底肅清敵偽殘餘力量。其次必實行整理國家的財政金融制度。國家必須實行預算決算制度，必須實行財政公開，同時國家必須立即實行整理幣制，以平衡物價安定民生。再其次，國家在促進工業化的開端，必嚴格取締官商合一的壟斷，以避免財富集中，防止加重社會經濟上不平等的現象。

八、關於外交。中國民主同盟認定今日中國應有絕對獨立自主的外交政策。國家應努力與世界各民主國家真正合作，以實現世界和平憲章。經過這次世界大戰，遠東成了世界和平

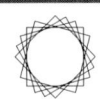

的重心，中國更應運用自己的力量來擔負維護遠東和平的責任。國家絕對不能憑藉依賴倚靠的手段，圖自己一時的苟安，以增加遠東國際關係中的衝突與矛盾。在一切友邦間，特別對一切與太平洋利益有關各國，應一致親善，推誠合作，以發揮我中華民國傳統的親仁善鄰的精神。

九、關於內政。中國民主同盟認定復元時期的行政，應一面肅清貪污，一面提高效率。達到第一項目的，必先做到改善公務員待遇。實行「奉以養廉」的原則。達到第二項目的，必先做到用人「選賢舉能」，打破行政上的分贓制度。選舉為民主政治的基礎。民意機關的代表及地方自治的官吏，必實行真正的民選。國家必建立健全良好的選舉制度，必剷除黨部操縱選舉，官吏包辦選舉的惡弊。

十、關於教育。中國民主同盟認定徹底消除封建的統制（治）的黨化的教育，實為實現民主的先決條件。民主的教育，必先保障學術研究的絕對自由。政府必使因思想問題而失業的教育工作人員恢復其原有職業。其次，必須改善教育工作人員的待遇，使能安心致意從事學術事業。再其次，必救濟貧苦失學的青年，使之有入學讀書的機會。同時民主的教育，必使青年們有思想與讀書的自由。

上面所說，是中國民主同盟臨時全國代表大會對當前時局所看到的一些實際問題，同時就是會議中對實際問題提出來的一些解決方案。這就是我們對目前國事的主張，這就是目前我們對國事努力的方向。這一切雖都是卑之無甚高論，然而一切都謹守著一個確定不移的大原則，那就是必使國家得到和平、統一、團結；必使國家漸次走上民主的正軌，成為一個真正的民主國家。掬誠陳述，候教國人。謹此宣言。

12. 中國民主同盟發言人發表反對內戰的談話①（1945年11月2日）

敵人投降已經快到三個月了，全國的老百姓，沒有一個人不希望立即實現全國的和平。有家可歸的，自然希望快回到他們的老家，就是無家可歸的，也希望國家能夠從此安定，讓他們將來能夠有生存的機會。

在這三個月中，有一件事，曾經引起過老百姓無上的欣慰。便是中國共產黨領袖毛澤東先生，應了蔣主席的邀請，到達重慶，正式開始國共兩黨的商談。

這一次談判不比平常，國共兩方面所採取的態度，都異常的鄭重。經過四十幾天的談判以後，國共兩黨的代表，又共同簽字發表了一個正式公告，向全國人民聲明，向全世界人民聲明，國共兩黨「共同努力以和平、民主、團結、統一為基礎；長期合作，堅決避免內戰，建立獨立自由富強的新中國。」中國老百姓讀了這樣的公告，真是歡欣鼓舞，都認為國家民族真有

---

① 原載《新華日報》，1945年11月3日。

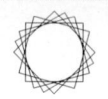

了復興的機會，老百姓亦就個個有了生存的機會了。

　　老百姓真沒有夢想到，公告是公告，事實還是事實。公告雖然發表了二十幾天，中國人打中國人的槍聲，就沒有停息過。到了現在，全國人民所憂慮所厭惡所畏懼的大規模的內戰，已經在各地爆發起來了！在河南、在山東、在山西、在河北、在綏遠、在廣東，已有了相當大規模的衝突。雙方的死亡，就依據雙方公佈出來的數字，已相當的可驚。而在蘇北、在皖北、在湖南、在一切鐵道沿線，更是隨時隨地一觸即發的局面。在抗戰八年以後，在全面勝利以後，假定大規模的內戰終於無法避免，這不僅要為一切中國的友邦所齒冷，要為所遭慘敗的敵人所竊笑，這簡直是在對著整個國家的生命當心一槍；簡直是對著四萬萬五千萬老百姓瞄準掃射。國家絕對無負於任何黨派，任何黨派不應該這樣毀滅國家。老百姓也絕對無負於任何政團，任何政團不應該這樣的殘殺老百姓。

　　從前蔣主席說過：中共問題是一個政治問題，應該用政治方法解決。這個意思，是絕對正確的。由於國共雙方直接商談，是政治方法解決的一種。現在一切談判，既已經過了兩個月，而得不著一個具體的結論，當然便只有把這個問題全部公諸國人之一途，舍此已無其他更好的辦法了！

　　目前政府準備召開政治協商會議，中共已經是同意的，其他一切黨派也都是同意的。政治協商會議，既以擬定一個和平建國方案為主的最高職責，則對於如何制止妨礙和平的內戰，當然便是它的第一課題，因此我們中國民主同盟就提出下面這幾個主張：

　　一、政府應該在十天以內正式召開政治協商會議。

　　二、在政治協商會議以前，國共兩方應立即分別明令前方的部隊停止前進，並停止衝突。

　　三、由政治協商會議組織視察團，由各黨派代表及公正人士參加，立即分赴各可能衝突地點視察，就地調解糾紛，並將當地實際情況公諸社會。

　　四、政治協商會議，再依據全國人民公意及國家利益，對軍隊的編遣及地方的政治調整，為全盤徹底的合理解決。

　　我們民主同盟今日願為四萬萬五千萬老百姓請命，當前中國第一件事是停止內戰，避免內戰，消弭內戰。國家一切的問題，都應該用和平的方法來解決。誰要用武力來解決黨爭問題，誰就負內戰的責任，誰要發動內戰，誰就是全國的公敵。今日國家的一切黨派，應以國家的利益人民的利益擺在第一，黨派的利益擺在第二。我們民主同盟必謹守此最高原則，以與國人相見，決不有所偏袒，決不有所姑息。

　　同時我們亦願喚起國際各友邦注意，今日中國的治亂安危，與遠東的局面，與世界的局面，密相關連（聯）。中國是遠東的中心，中國的內戰，可影響到遠東及世界的和平，凡愛好和平的友邦必協助中國避免國內的內戰，維持國內的和平，這不止是中國一個國家的福利，這樣才是奠定世界和平的正軌，這樣的友邦才是中國全國老百姓真正的朋友。

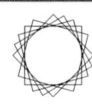

13. 張瀾覆李璜信① (1946年4月13日)

幼椿先生大鑒：

林可璣君轉到四月八日手書敬悉，一是同盟與青年黨從來相處並無間，然自慕韓歸，情勢一變，當時即頗費調處，以為互有責任。及臺端回國，又趨好轉，瀾深引為幸，以為努力消滅過去痕跡大有可能。成渝兩地同瀾意，而相與從事於此者亦非無人，不料政協會後又造成不快情緒，自爭執國府名額之事變生，曾餘兩君均為同盟中委而發表談話，乃以同盟為爭執對象，向日不快之情，至此而趨於表面化矣。當時瀾在成都，初無所聞，返渝後聞諸君勸言，曾因此事之發生，而與慕韓諸君討論到貴黨與同盟之根本關係問題，明白提出「界限劃清，另定合作辦法」之主張。慕韓，啟天極表贊同，君勱既告知同盟各負責人，於是分家合作之說，漸為人知。並無如來信所謂「公開令中青脫離民盟」之決定，但根據「界限劃清，另定合作辦法」之含意協定，同盟座談會曾作「請有青年黨籍之盟員自動退盟，並盼盟外合作」之決定。此二月初旬之事。因當時瀾在成都，雖有該項決定，尚未有何行動。瀾返渝後，即予擱壓未行，蓋瀾意以為黨派關係之須調整者，當不止貴黨，而此又為必須調整之事，故主張並同意調整黨派方案時商討，然迄今未有何決定。瀾盼先生早歸，亦正為國事多艱，在野各黨必須力求合作。黨派事小，國事不能以小而忘大也。此外《新中國日報》以往之態度，實有改正之必要，瀾曾屢為先生言之，如強分同盟政協代表，如各單位之立場，因而引起伯鈞向《新民報》記者之談話，加以聲明。去年昆明成都學生運動之被破壞，評中共之被稱「共匪」，此當為以往之事，近來之擁護所謂「國權運動」與強調反蘇，尤其戴笠死耗，以重要地位登載中央社恭維之報導，凡此皆足引起批評，貽人口實，同盟對青年黨之政策，實有不敢苟同之處，瀾常思先生如不去三藩市，必不有今日之情趣，當臺端歸國之後，青年黨曾余諸君不再在言論上刺激同盟，亦或可望漸滅過去痕跡，又或者先生與舜生仍如過去數年情形，直接任事，政治上可收調協之效，亦不致如今日之有許多不必要之誤會與糾紛，然均未能如願。於是乎有一義不得不為先生告，個人意識在某種情勢下，實不易左右群眾意識，若不從事實上求所以轉變群眾心裡之道，一、二人難竭盡其力，隨時調處，而收效殊微，感此痛苦非瀾一人，此則有望於先生更加努力者也。

張瀾拜啟

14. 中國民主同盟調整盟內黨派問題施行辦法② (1946年4月28日)

一、本辦法所稱盟內黨派問題，係指（一）參加本盟之黨派對於本盟之關係問題；（二）盟

---
① 原載《中國民主同盟重慶地區大事記（解放前部分）》。
② 中央常務委員會第七次會議通過，原載《中國民主同盟歷史文獻》。

內有黨派盟員與無黨派盟員之權利義務問題。

二、凡以其黨派參加本盟者應具備下列之條件：

（一）加盟黨派之中央主要負責人及地方主要負責人，均須入盟為盟員，並使其所屬之分子盡量入盟。

（二）加盟之黨派必須正式通知本盟，推定其全權代表，經常對本盟及其黨派雙方負責。第一條所稱之黨派盟員，即具備前項所列條件之盟員，此外各盟員不問其曾否參加黨派組織，概以無黨派盟員論。

三、本盟盟員所負之政治義務與所享受之政治權利一律平等，有黨派盟員與無黨派盟員之間，並無差別。

四、加盟之黨派應負下列之義務：

（一）接受本盟之政治主張，並遵守組織規章，服從決議。

（二）加盟之黨派對政治上之重大意見，順向政府提出者，應建議本盟提出之。

（三）加盟之黨派不得以其黨派之名義，自行向政府交涉政治權益。

（四）加盟之黨派所主持之言論機關，對於本盟或盟內黨派不得有所詆毀或攻擊。

（五）加盟之黨派不得在盟內收攬盟員參加其組織。

（六）各黨派有分擔本盟經費義務，其辦法另定之。

五、為謀盟內黨派關係之協調，及盟活動加強起見，得於中常會之下設置黨派關係委員會隨時解決有關黨派問題，前項委員會之組織，除加盟黨派之全權代表參加外，並由中常會推定無黨派之常委一人為其主席，其組織辦法及會議規則另定之。

六、本盟於必要時，得請加盟之黨派向本盟中常會報告其政治主張及重要措施，以謀工作之切實配合。

七、加盟之黨派如有必要理由，自願退出本盟者，得於六個月前向中常會提出申請，經認可後，由本盟與申請者同時對外發表聲明。

八、加盟之黨派如有自願解散其組織者，須向中常會報告，其參加本盟之盟員，不因此而喪失其盟員之資格。

九、加盟之黨派，如有違背第四條各款之規定者，經中常會議決後，得請其退盟。

十、本辦法由中常會提經中全會議決後，暫時通告各級組織，先行執行，俟第二屆全國代表大會予以追認時，始為定議。

15. 中國民主同盟盟員規約[①]（1946年4月28日）

一、盟員須忠實履行加盟志願書之誓約，接受本同盟政治綱領，並遵守組織規程及一切決議案。
二、盟員須經常出席所屬區分部、小組及本同盟指定出席之一切會議。
三、盟員須依照組織規定按期繳納盟費。
四、盟員須常閱讀本同盟出版之報刊及組織發給之各項檔。
五、盟員對外發表有關政治之文字言論或簽署宣言，不得與本同盟之政治主張相抵觸。
六、盟員須經常參加組織之活動，並擔任實際工作。
七、盟員擬參加或發起其他政治性之團體組織，須先徵求所屬組織之同意。
八、盟員須經常保持組織之聯繫，遇有居地移動，應先通知所屬組織辦理遷移手續。

16. 梁漱溟談統一建國同志會成立經過[②]（1941年9月）

華北華東之行，如前所敘於九一八前一天返抵洛陽，即可算結束，在洛陽晤衛司令長官（立煌）談兩度之後，即到西安。在西安晤蔣主席（鼎文）談話，並托八路軍辦事處發電其前方將領，致謝沿途照料。十月三日由西安飛成都。

我到成都這一天，趕巧是蔣公以自兼四川主席，飛成都準備就職的一天。我因亦留成都，就便晉謁。雙十節後的一天，承約便飯，就將戰地經歷大致報告。又特將山東敵情，省政府情形，八路軍情形分別報告。蔣公於如何處置山東事，頗有指示。此時談話已甚長，黨派問題尚未及提出，請示時日再度奉謁。蔣公約於回渝再談。

我回四川的意思，原以黨派問題尖銳嚴重，推想大後方必然迫切要求解決，是我努力貢獻意見的機會。所以準備分向三方面洽談：一是國民黨方面，二是共產黨方面，三是第三者方面。所謂第三者方面，意指兩大黨以外的各黨各派以至無黨無派的人物。我自己亦屬於第三者。平素所往還最熟的亦在此，因而最先洽談者亦在此。此時在成都的有黃炎培、晏陽初、李璜諸先生，於是連續聚會有所談商。

我大致報告我所見黨派問題尖銳嚴重情形（其中包括山東問題及河北問題，未經敘出於本文者），認為近則妨礙抗戰，遠則重演內戰，非想解決辦法不可。第三者於此，無所逃責。而零

---

① 中央常務委員會第七次會議通過，原載《中國民主同盟歷史文獻》。
② 此文是梁漱溟《我的努力是什麼》中的一部分，最早刊登於1941年9月香港《光明報》。這部分文字的原標題是"統一建國同志會"。

零散散，誰亦盡不上力量。故第三者聯合起來，共同努力，為當前第一事。黃晏李諸先生都十分贊成，相約到重慶再多覓朋友商量進行。

十月二十三日我飛返重慶。此時蔣公恰赴桂林，又轉湖南前方，不獲見面。而中共方面的參政員如陳紹禹、秦邦憲、林祖涵、吳玉章、董必武等各位先生，正於參政會開罷，尚未離渝。二十六日晚間訪晤于曾家岩五十號，上述諸位全在座同談。

我談話，先從戰地見聞談起。所有八路軍如何行動不對，以及我的學生如何被他們殺害，皆爽直說出。秦（邦憲）先生一面聽我談，一面筆之於紙。但他們諸位對於這些事不甚表示意見。其意似謂你既歷歷有見在聞，而我們見聞不及，又無其他報告，無從判斷其是非。既不能否認，亦不便遽皆承認。我接著就指出問題的嚴重性，進而提出我所主張的解決辦法（大要見前第八節：解決黨派問題的我見），特別置重於軍隊必須脫離黨派，統一於國家。所有這許多話，秦先生亦全記下來。然後由陳秦二位先開口作答，以次及於林吳董諸老。他們答覆我的話，大致是說：你的理論和我們的理論是有出入的，但你的結論都和我們的結論頗相合。至於軍隊統一國家，在道理上自是如此，周恩來同志在二十五年雙十二時節，且曾對外說出過這個話。不過事實上，必要國民黨同樣辦理，我們方可照辦。這一方面的表示，就是如此。

在重慶的朋友，那時正忙於憲政運動。因九月間剛將憲政案通過於參政會，政府原答應於雙十節作一宣布，而屆時未實行，謂將候十一月初間的國民黨中央全會之決議。所以在野黨派為促成憲政，無任其久延，吃緊努力。

我於那次參政會是沒有出席的。那時我方在豫北太行山麓，朱懷冰軍長的軍部中，略聽到消息而已。好在會罷不久，我即到渝，於當時提案討論通過各情形尚能聞知大概。據我所知，當時各方提案最初動機，□□□□□□①，而爭求各黨派合法地位，俾有公開活動的自由。乃從這一問題，轉到早施憲政。恰好此時，汪精衛組織偽政府，以施行憲政為號召，遂以間接促動此提案之通過。論時機實不成熟。

照我個人所見，應以團結統一為急。即如各黨派□□□□（我亦在其中），我認為亦宜從團結統一中得其解除，而且只有從團結統一中得其解除，不能從憲政得之（料定憲政不會實現）。在大家亦並未忘了統一。大家意思求憲政即是統一，未嘗有二。我則認為要從統一到憲政，而不能從憲政到統一，所以我對於憲政運動不如對於統一運動之熱心。統一運動入手處，在先謀第三者之聯合，我專志於此，憲政運動便沒有參加。

好在大家朋友並不怪我的偏執。而且對於第三者之聯合，早在此意，不待我發動，已在洽商中。經彼此聚議好多次之後，一面確定這一組織的名稱為「統一建國同志會」，一面通過本會信約十二條文。原文照錄於次：

統一建國同志會信約〈略〉

---

① 此處之「□」符號，係原文發表時為新聞檢查機關檢扣，下同。

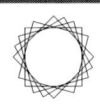

（此十二條宜與後來民主政團同盟綱領十條對勘，而參求其異同所在）

此十二條文，最初起草的有章乃器、左舜生諸先生。左先生並負彙集各方意見之責。我於其中，亦參加一些意見，並于末後與沈鈞儒先生、左先生等共負審查之責。經大家通過後，即作定。

這一組織，口頭說明（文字上不便規定）是中間性的，是第三者地位。國民黨和共產黨當然不請他參加，但間或有國民黨籍，而實際另一屬派的，如沈老先生和張申府先生等，則在內。又參加的非必代表一黨一派，無黨無派的個人，如張表方先生（瀾）、光明甫先生（升）等各位，亦都參加。又參加的，固以參政員居多數，而非參政員的亦正有其人，如章乃器先生便是。以黨派而論，則凡在參政會中有人的，全在內。不過國家社會黨的羅隆基、胡石青、羅文幹三先生參加，而張君勱先生卻沒有在內。

組織確定，為免滋誤會起見，同仁咸主以本會信約十二條，托王世傑、張岳軍兩先生代為轉呈最高當局，並推定黃炎培先生和我兩個人代表面陳一切。黃先生將檔手交王張二公，請其代約謁見日期。隔多日，蔣公約去見面時，則黃先生已因公赴瀘州，只得我一個人去見。

我見蔣公時，張岳軍、王世傑兩先生皆陪座。我說明本會成立動機，是受黨派問題刺激，而以求大局好轉自任。蔣先生屢次要我們說公道話，而不知道我們說話甚難。我們說一句話批評到政府，則被人指為接近共產黨或站在某一邊了。我們說一句話指責到共產黨，又被人指為接近政府，或為國民黨利用，仿佛我們就沒有我們的立場，只能以人家的立場為立場，這是非常痛苦的。這樣將全國人逼成兩面相對，於大局不好。於大局不利的，即於政府不利。我們聯合起來，就是在形成第三者的立場。我公既以說公道話相期勉，先要給我們說公道話的地位，那就是許可我們有此一聯合組織。

蔣先生沒有留難即表示諒許，大約是先經研究決定了。只問我，參加的是哪些人，我大至數數，數到沈老先生和鄒韜奮先生時，□□□□□□□□□□□□□□□□□□□□！我答，以我所知，他們兩位並沒有成見的；與其讓他們在這一組織的外面，還不如約在裡面。蔣公點頭，亦以為然。談話大致即此為止。這是二十八年十一年二十九日。

我出蔣邸，王世傑先生以車送我回青年會。在車中，他問我道：你們這是一政黨了。我答不是。這是為了當前問題的一種聯合而已。當前問題有分裂內戰的危險，我們誓本國民立場，堅決反對；「統一建國」的標題正此而來。現在參加的，各方面人都有。彼此間，還有不少距離，須得慢慢增進彼此間的瞭解。縱有人想組黨，現在亦說不上。在我個人則根本不承認中國的多黨制是合理。說得激烈一點，我反對歐美式的憲政。王先生于匆促間聽不明白我的話，他誤會我反對中國行憲政。他竟轉問我道：你是否認為中國永不須要憲政呢？大概他亦想我是開倒車的人罷！

十二月間會中同仁擬出版刊物，推余家菊先生主編，曾集資若干，並指定各人撰稿。後來卻沒有出版，其情不詳，因那時我離渝了。轉過年來，到二十九年上半年，同仁皆不斷聚會。臨近參政會開會之前，到的人亦多，聚會亦多。同仁曾商量共同提案，囑我起草。我草出後，大家討論。意見互有出入。最後仍作為我個人提案，願連署者連署，此事另記於後。

參政會開罷，同仁多離去。接著到了五月大轟炸期，在重慶更不能住。同仁幾有失去聯繫之勢，幸而周士觀先生（寧夏參政員）寓舍宜於避空襲，他不離渝，乃公推他照料會務。每次同仁入渝，與他接頭，於必要時通知開會。

八路軍、新四軍問題，由來已久，而以何（應欽）、白（崇禧）皓電（九月十九日）促其緊張。皓電以前，我們為關心大局，每于開會時，約中共駐渝代表秦邦憲先生出席，請他報告他一方面的情形，和他與政府交涉的情形（當時一切交涉皆由秦與何）。政府方面亦間接地以消息和材料供給我們。後來秦先生回陝北，周恩來先生則來渝，亦當被約預（與）會。十八集團軍參謀長葉劍英，為了願意我們清楚前方軍隊情形，屢以各色新繪地圖拿給我們看。所以由兩方面的問題，不知不覺形成第三者地位的重要。雖然這一個會很可憐的，並無甚勢力。然而除了這一個會之外，更向哪裡尋得第三者？

問題愈到後來愈緊，轉過年來一月初間，就發生皖南新四軍事件。接著就有中共的抗議，而不出席參政會。同志會於此，當然不能坐視大局之僵持，於是就有本年二三月間奔走的一段經過。其事見前第一節，可不再敘。

說二三月間奔走的是同志會亦可，說是民主政團同盟亦可，因為表面上都沒有以團體名義出面，而實際上同志會已入組為同盟了。同盟以同志會為前身，組成分子還是那些人，只少了救國會一派朋友（再則多了一位張君勱先生）。至於其組織加強，綱領有異，自應於時勢需要而來，此處不敘。

17. 董必武談中國民主同盟[①]（1945 年 3 月）

原稱民主政團同盟，去年九月才改稱民主同盟。這是由國共兩黨以外各在野黨派領袖及社會上要求民主的人士組織而成的。

一、組織形態

組織形態逐漸具備。有中央機關及地方組織，成都已成立支部，昆明、西安及廣西均有他們的組織存在。

二、黨員及其成份（分）

黨員數量不大但逐漸發展中。

三、政綱

（略，見《中國民主同盟對抗戰最後階段的政治主張》一文）

[①] 此材料摘自董必武 1945 年 3 月在延安作的《大後方的一般概況》報告中「各黨派的介紹」部分。董必武在報告結束時曾說：這個介紹，「材料大部分僅憑記憶，難免有些錯誤，這是因為手邊缺乏資料所致」。

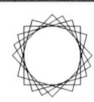

（四）領袖及幹部

中央委員會主席是：張瀾（四川人，前清舉人，為四川保路同志會堅決的領導人之一。民國會議員，做過四川省長，前四川大學校長。現年七十四歲，他富有正義感，很耿直，社會聲望很高）。

中央委員有：左舜生、李璜、張君勱、章伯鈞、沈鈞儒、羅隆基、張申府、梁漱溟、黃炎培等（實際在重慶主持盟務的是左舜生）。

他們對抗戰是堅決的，要求民主是他們的目的。對蘇聯主張中蘇關係要進一步搞好，對於共產黨，認為任何民主沒有共產黨參加是不能實現的。

同盟的組織還不夠廣泛力量還沒有充實，但前途是很廣大的。

五、宣傳機關

有《民主月刊》。由左舜生主編。其中多青年党人寫文章。還不能完全代表同盟的意見。另有黃炎培、張志讓來主編的《憲政》。是由錢新之等籌款所辦，雖不是同盟的直接宣傳機關，但與同盟有很密切的關係。

二、中國第三黨

1. 軍統局渝特區關於第三黨情況的報告① （1939 年）

一、歷史

民國十五年②，寧漢分裂，本黨惡化分子及共黨落伍分子鄧演達、譚平山、章伯鈞、徐謙在上海成立中華革命黨，外人稱第三黨。二十年北平擴大會議後，改名中華民族解放行動委員會，鄧死後由黃琪翔、譚平山領導。閩變時，曾參加活動，與李濟深、陳銘樞等互相勾結，二十七年，軍委會政治部成立，黃琪翔獲任副部長，第三黨中堅分子朱代傑、莊明遠、丘學訓遂乘機而入，現擬擁護李濟深為領袖。

---
② 摘自《軍統局渝特區1939年年度工作總結報告》。
② 此處所謂「民國十五年」係「民國十六年」之訛誤。

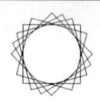

二、重要分子

姓名	年齡	籍貫	備考
黃琪翔	42	廣東	現任軍訓部次長
譚平山	54	廣東	參政員
徐謙	68	安徽	參政員
章伯鈞	45	安徽	參政員
丘學訓	40	廣東	政治部調查室主任
朱代杰	37	四川	政治部總務廳長
莊明遠	38	山東	政治部總務廳副廳長

三、活動

第三黨重要分子潛入軍委會政治部後，於是大肆活動，由朱代傑、丘學訓、莊明遠等向陳誠包圍，對本黨黨員及軍校生予以排擠。最近該黨曾請由陳誠代呈委座備忘錄一件，其用意在得委座之暗允而公開在各機關伸展其勢力。

2. 董必武談中國第三黨[①]（1945 年 3 月）

第三黨本名「中華民族解放行動委員會」，是在大革命失敗後，一部分原在國民黨內工作，因反對當時黨的政策而脫黨的共產黨員，和當時國民黨左派的一部分，共同組織的。

一、組織形態

該黨各級組織尚未建立起來，只有黨員與其負責人聯繫著。

二、黨員及其成份（分）

黨員確數不詳，散在中國東南區（如福建、江西、廣東、廣西等省）頗多。黨員成份（分）主要是小資產階級及知識份子，也有當過大學教授，現在在學生中黨員數量不大。

三、政綱

該黨原定政綱的主要點，是根據孫中山「耕者有其田」的口號，反對中共用武裝暴動，沒收地主階級土地分配給農民的辦法。一九三四年福建人民政府的成立，主要是他們策動的。在「九一八」「一二九」後，他們發表組織反日陣線第一次宣言，響應我黨「八一宣言」的號召。在宣言中，他們主張「中國反帝民族革命戰爭，應自對日戰爭始。」他們認為「中國人民，除了以民族革命戰爭回答日本帝國主義吞併中國的暴行……解放中華民族外，其他一切的方法都是自殺的方法」。他們主張「召集人民非常代表大會，由一切真正民眾組織和革命的政團及革命軍人選派代表參加」。

---

① 此材料摘自董必武 1945 年 3 月在延安作的《大後方的一般概況》報告中"各黨派的介紹"部分。

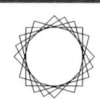

成立最高抗戰機關，主持對日作戰事宜。他們號召「一切革命的黨派……應該放棄其宗派的偏見，在反帝反日戰爭和土地革命兩大原則下，形成鞏固的聯合陣線，組織統一的行動指導機關（詳見《抗戰行動》半月刊第一期該黨宣言）。他們在抗戰中主張「土地革命」，是過左的政策。

四、領袖及幹部

該黨的領導人物：

鄧演達：是國民黨左派，「九一八」後，已被國民黨在南京槍斃。

章伯鈞：原為共產黨員。在葉、賀南征潮梅失敗後，自動脫黨。安徽人，德國留學生。一九三九年後政治態度更確定。

丘映芙：廣東人，現在香港。

張雲川：江蘇人，是梁漱溟的學生，曾到過華中根據地，寫過文章，對我們很好。

楊伯愷、李伯球、王一帆、杜冰波、朱蘊山、王枕心、季方等。譚平山、黃琪翔（兩人已脫離第三黨加入國民黨）。

彭澤湘：脫離第三黨投降國民黨，在戴笠名下做特務。

第三黨對抗戰是堅決的。曾經呼籲全國人民擁護抗戰到底，反對動搖猶豫的分子妨礙抗戰的一切企圖。該黨對民主，認為抗戰勝利與實現民主有不可分離的聯繫，他們認為要抗戰勝利必須實行政治的改革，改革政治的內容決非對過去政治方針加以局部的修改，而是整個掃除官僚主義的毒害，切實實施民主政治，他們贊成各黨各派的聯合，反對一黨獨裁。

該黨對蘇聯的態度與前述各黨派不同，他們堅決主張聯蘇，主張把英美法對中國的同情援助和蘇聯對中國的同情援助要嚴格加以劃分，說前者「斷不是站在中華民族利益的前途下的舉動，而是站在他們自己本身在華利益和暴日對立的行動」（見《抗戰行動》半月刊第一期）。只有後者「才有革命的意義」（章伯鈞語）。

他認為共產黨是抗戰與民主的中間最可靠的朋友，對破壞團結的一切言論他們都加以嚴厲的駁斥，如章伯鈞說：「所謂反共問題，更無辯駁的價值了……在當前抗戰陣線上，共產黨是同樣效忠國家，為民族服役，參加抗戰，更無特殊標榜反共的理由」（見一九三九年九月十二日《新華日報》）。

五、宣傳機關

在抗戰初期，在武漢出版一個日報叫《進步日報》，隨著武漢撤退而停閉，同時有一個《抗戰行動》半月刊，也在武漢撤退時停刊了。在重慶開了一家「正誼書店」，以後受國民黨壓迫關了門；該黨擬辦一《中華論壇》雜誌，開始國民黨不允許，去年被允許了，但他們自己又無力出版了，直到最近才出了創刊號。

3. 中國第三黨抗戰結束後對時局宣言[①]（1945年11月12日）

八年浴血抗戰剛剛結束，而禍國殃民的內戰竟又開端。這是何等令人心痛的事！近百年來的中國歷史，本來是一部抗戰建國的歷史，自前清末年起，國人即倡圖強禦侮運動。圖強的用意，在建立富強康樂的中國；禦侮的用意，在獲得國際上的平等自由。這次八年抗戰，獲得最後的勝利；全國人民滿以為建國運動，亦可望從此邁進，不意抗戰終止之日，竟是內戰開始之時，這叫全國人民如何受得住。本黨十餘年來奮鬥的目標，在求中國民族解放，國家統一，政治民主與黨派團結。今當嚴重關頭，義難緘默，爰陳所見，以告國人。

一、國共兩黨在中國近代革命建國過程中，自各有其貢獻。今天，如果不顧及人民對民主和平的要求，而進行大規模內戰，將抗戰勝利的成果摧毀無餘；使中國人民不能安居樂業，國家地位由此低落，這必是全國人民斷然反對的。我們願以在野黨的立場，要求國民黨秉「天下為公」的原則，把民主權利交還人民，用民主方式解決任何有關軍事政治的糾紛，尤其殷望國共兩黨恢復中山先生所首倡之民主合作的偉大精神，實行徹底合作，懸崖勒馬，使內戰消滅於無形。蓋全國人民所期望於國共兩黨者，不是殘酷的戰爭，而是和平建國的幸福；不是誰勝誰敗的決鬥，而是民主自由的權利。今日國共兩大政黨，最易取得全國人民信仰與崇拜的，就是確立和平。而民主和平的實現，就必須以國共兩黨的徹底合作和永久合作為主要的基礎。

二、我們在內戰日益擴大之際，願對各偉大的盟邦，把中國人民的心情略為吐出：今日中國人民最感恐懼的，是內戰的痛苦，是盟邦的牽入旋渦，因為盟邦一旦牽入旋渦，則世界和平將無法實現，而中國民族的危運，更不可以言語形容。反之，中國在抗戰結束之後，倘得從事于民主建設，日近乎富強康樂，則必能充分發揮其建設世界永久和平的力量；尤其在美蘇盟邦之間，能發揮和平橋樑的作用，一如法國在英蘇間所可保持之地位。今若在抗戰期間，曾經盡力助我之盟邦，在抗戰終了之日，突然毀此和平橋樑，而竟以大量的武器，無限制的租借，以至採取直接行動，以助長我國內戰，則以往友情，勢必將一變而為中國人民的仇恨了。我們本著企求國內民主和平之真誠，企求世界民主和平秩序之確立，切望偉大而有民主傳統的美國當局與人民，能傾聽我國人民的呼聲，能恪守大西洋憲章，並各次國際會議所規定之民主原則，對於現行協助中國之政策，再作檢討，立即終止軍事援助，變為民主建國的援助；即使糾紛過大牽涉過廣，有須國際協調，亦應由各有關遠東和平之大國進行共同協調，以獲得和平解決的途徑。

三、人民的世紀，一切都決定於人民的意志，各政黨及盟邦的態度，更不能不決定於人民的要求。中國的人民是有其潛在的偉大力量的，悠久的歷史，是人民力量綿延下來的；民族的生存，是人民的力量撐持起來的。抗戰八年，為的是爭取民族生存與民族自由，為的是求歷史命運的願望。因此，我們呼呈全國人民，不要讓悠久的歷史中斷，聽任民族毀滅，以至犧牲民主自由

---

① 原載《中華論壇》第10、11期合刊，1945年12月1日。

的權利，對於當前危害國家的內戰，須以一切有組織的力量，加以制止，事急勢迫，望我人民急起自救！

最後，關於解決國內糾紛的具體辦法，我們願提供四項主張，以供國人採擇：

（一）在原則上，絕對遵守政治解決方式，要求國共兩黨，履行民主和平的諾言，立即停止全國各地的軍事行動，不進兵，不進攻，不增長。

（二）迅速召開政治協調會議，並加強其權力，由全國各黨派代表及社會賢達，根據兩黨會談紀要，切實解決有關受降、駐軍及地方自治等問題，凡達成之協議，政府當局應立即執行。

（三）立即阻止國共兩黨在東北各省區發生軍事行動，由政治協商會議協商，來改組東北接收委員會，首先成立地方臨時聯合政權，實行地方自治，人民普選，使東北全境成為和平安全區域。

（四）政治解決方式之根本關鍵，在於立即執行各種必要之新措施，尤須在國民大會召開以前，成立統一的民主聯合政府。

三、中國青年黨

1. 中國青年黨致國民黨書[①]（1938年4月21日）

介石、精衛先生鑒：

敬啟者，國難尚在極嚴重中之階段中，中國青年黨同仁雖堅信長期抗戰最後勝利必屬於我，但在目前，則尚不敢即以輕忽之心，遽馳其戒慎之念。國民黨最近所發表臨時全國代表大會宣言及《抗戰建國綱領》，同仁等曾詳細閱讀，並以極端之善意迎之。深信苟能甚斟酌緩急先後，逐一見諸實行，必與國家有益。中山先生畢生奮鬥之目的，其一在爭取中華民國之自由平等，此次國民黨領導全民抗戰，即此遺教精神之具體發揮。其一在建國必以憲政為旨歸，此次國民黨臨時代表大會在此非常時期不忘國民參政機關之建立，國民言論、出版、集會、結社自由之保障，亦即異日憲政實施之端緒與同仁等夙昔主張之國家主義民主政治，適相符

---

① 原載左宏禹編《抗戰建國中之中國青年黨》。

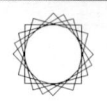

合，願表示甚深之敬佩。國民政府為今日舉國共認之政府，亦即抗戰唯一之中心力量，同仁等必本愛國赤誠，始終擁護。中山先生謂三民主義為救國主義，如公等認同仁等夙昔所主張無背於救國之原則，俾同仁等十五年來所慘澹經營之一集團，在抗戰建國過程中得盡其最善之努力，庶於國家前途能有大之貢獻。同仁等唯認定國家至上，故在過去十五年中，雖對政治不負任何直接責任，而愛護國家始終不渝，補偏救弊，未嘗因環境艱難而稍懈其努力。至其成績如何，固不欲自為陳述。總之，同仁等睹目前之艱巨，念來日之大難，僅知國家不能不團結以求共保，此外亦無所企圖。坦率直陳，力求實踐，耿耿之懷，敬候明教。此頌勛安。

中國青年黨代表左舜生　謹啟
二十七年四月二十一日

附：蔣汪復函（1938 年 4 月 24 日）

舜生先生惠鑑：

　　展誦來書，承示對於國家前途之觀察，思深慮遠，至切欽佩。並承示及夙昔主張與本黨總理孫先生畢生奮鬥之目的符合，掬示擁護政府之赤誠，原為抗戰建國而盡最善之努力。誠摯坦直，矢共艱難，循誦之餘，彌深感慰。本黨對於抗戰建國大計與期望，已具詳於臨時全國代表大會宣言與《抗戰建國綱領》。責任所在，無所旁貸，而實踐之功，必資群力。今日舉國共同之期望，唯在攘除外侮實現三民主義以救國。本黨念職責之艱巨，尤望集中全國賢智之心思才力，以共濟此日之艱危，而謀國家久遠之福利。苟蘄向之從同，必團結而無間，此願共同電勉者也。輒因來書，布其誠款，即維鑒察，祗候台綏。

蔣中正　汪兆銘　謹啟
二十七年四月二十四日

2. 中國青年黨史略[①]（1938 年）

中國青年黨創立於民國十二年十二月二日，在巴黎之玫瑰村共和街舉行結黨式，距今已歷十五周年，此具有十五年歷史之政治集團，其間活動經過，非短文所能盡敘；扼要言之，有如下述：

一、成立之原因

中國青年黨之產生：抽象言之，蓋由於一部分曾受近代國家教育之分子，信仰國家主義，

[①] 原載《抗戰建國中之中國青年黨》，摘自《中國現代政治思想史教學參考資料選輯》，高軍等，四川人民出版社，1983年。

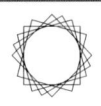

認定國家高於一切，具有救國建國乃至殉國之神聖志願之自然結合，具體言之，當時值臨城劫案發生，列強倡議共管中國鐵路，在富有強烈國家意識之中國青年黨海外同志，受此重大刺激，乃忍無可忍，一面大聲疾呼，鼓動華僑，反對共管，從事國民外交運動；一面鑑於根本救國之圖，非另組創新黨不足挽祖國之危亡，遂有中國青年黨之誕生。

二、主張之概要

中國青年黨之宗旨，明白規定於黨綱，其文曰：「本國家主義之精神，採全民革命之手段，以外抗強權，力爭中華民國之獨立與自由，內除國賊，建設全民福利的國家。」其目的為「內求統一，外求獨立。」手段為「內除國賊，外抗強權。」其政治主張為實行全民政治，其經濟主張為對外實行保護關稅，對內實行社會政策，其教育主張為實行軍國民教育，其國防主張為採陸主海從主義，樹立飛潛政策。其在文化思想上，則主張消極地糾正個人主義、家族主義、部落主義、階級主義，積極地建設組織化、紀律化、科學化、民主化的現代國家精神。凡所主張，皆求合乎中國國情，適應當前環境，其詳具見於中國青年黨政策大綱、海外機關報《先聲週報》、國內機關報《醒獅週報》、國家主義叢書，以及歷屆全國代表大會宣言，各地所出版雜誌中，茲不贅述。

三、鬥爭之經過

中國青年黨之主張，在青年黨之同志固自信為平正通達，適合國情，惟（唯）與國共兩黨不無相異之處。即以政治上言，中國青年黨主張政黨政治，因而對一黨專政與一階級專政皆未敢苟同，是以過去與國共兩黨曾不斷有理論之鬥爭，此為社會周知之爭。其所以僅有理論衝突而無行動衝突者，實緣中國青年黨同志信仰國家主義，認為國家超於黨派，故不願因黨派之糾紛而妨礙國家之進步，且青年黨同志篤信理性主義，認為思想之鬥爭，非武力或暴力所能解決，惟（唯）有訴諸人類之良知，故在策略上不能不採極端慎重之態度。其所以無急遽之發展者以此。其所以不失堅固之立場者亦以此。過去十五年之事實，當為國人所共鑑。中國青年黨同志以篤信理性主義之故，乃認真理愈辯而愈明，愈久而愈顯。如「國家高於一切」之口號，當時有人譏為狹義的國家主義者，今則此種呼聲已遍全國矣。又如青年黨主張民主政治，實行各黨並立，當時有人目為反動者，今則國民黨之臨時代表大會宣言亦重申民權主義，設置國民參政機關矣，准許各黨參與大計矣。共產黨之擴大的六中全會決議案，亦云：「實行集中領導下的民主政治，改善政治機構，密切政府與人民的聯繫。」又曰「應該根據民權主義精神，在政治上組織上尊重各黨各派的獨立性。」是則民主政治的主張，不惟國民黨與青年黨並無出入，即共產黨亦複論調相同矣。中國青年黨同志為民主政治而奮鬥，不惜遭受種種壓迫，時至今日，已為各黨一致之主張，此誠孫中山先生所謂「……順乎天理，應乎人情，適乎世界之潮流，合乎人群之需要……」。青年黨同志於此類引以自慰，而益信理性主義之成功也。

四、最近之態度

中國青年黨自「九一八」事變以來，即提倡「政黨休戰」，蓋認定外侮來臨，全賴舉國團結，一致外抗強全，保持國家之獨立與自由。基於「兄弟鬩牆，外禦其侮」之義，故主張「政黨休戰」。此種主張，向為國民黨中明達之士所同感。迨二十一年國民政府召集國難會議，青年黨同志遂有九人被邀。惟（唯）當時因議題範圍問題，意見未能盡同，青年黨同志皆未出席，但自時厥後，對政府即已停止攻擊，逐漸與國民黨領袖為意見上之交換，去年七月廬山談話會中，青年黨幹部亦有多人被邀。嗣「八一三」滬戰爆發，政府成立國防參政會，網羅各黨各派領袖，青年黨同志複有被聘為參議員者。本年國民參政會成立，青年黨亦有多人參加。自國民黨臨時全代會制定《抗戰建國綱領》以後，今年四月十二日，乃由左舜生同志代表中國青年黨致書國民黨蔣汪兩總裁，表示團結合作之意，與國民黨領袖正式交換函件，同年七月十二日第一屆國民參政會第七日大會，更由曾琦同志代表中國青年黨發言，表示擁護《抗戰建國綱領》，與朝野各黨共同聯合救國。此種顯明態度，已為中外所共見，無待贅言。

中國青年黨同志實行外抗強權，自「九一八」以來，參加長期抗戰，淞滬「一二八」戰役，以及東北義勇軍之野戰抗日，犧牲者累累。此次抗戰，中國青年黨同志在南北各地參加各種工作因而殉難者亦不在少數，以抗戰期中，未遑統計。是青年黨同志信仰國家主義，殉國為其當然。求仁得仁，亦殊不願以此自炫也。

3. 軍統局渝特區關於中國青年黨情況的報告[①]（1939年）

國家主義青年黨，在「七七」事變以前，其活動係秘密方式；自二十七年六月十六日國民參政會產生以後，由曾琦、李璜、左舜生、餘家菊之領導，踱入半公開之活動。二十八年一月，該黨在成都召集代表大會，決議三大方針：大量吸收學生及週邊分子；改組內部劃分區域；派大批幹部參加軍政工作，充實力量，仍把持教育機關。此三大方針即該黨一年來活動之準繩。又李璜、左舜生等，因系參政員，極力活動，鼓吹實行憲政，以期該黨得合法地位公開活動。

一、組織：該黨係以縣為組織單位，因單位過大，組織不嚴密，黨務亦因之鬆懈。特派員李璜4月間曾赴各縣視察黨務，萬縣因成績不佳，省支部令其停止活動，新分子停止吸收，各刊物亦停止供給。該地負責人黃美中，於十一月間曾請廖國正准予恢復活動。該黨並於三月間派數小組赴西昌活動，加強該地之組織；南充縣該黨分子並辦建華初中，培養其幹部。該黨幹部常燕生氏四月初赴山西組織軍隊學校及考察黨務；總校夏爾夏十一月七日赴湘

---

① 摘自《軍統局渝特區1939年度工作總結報告》。

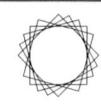

活動,增加其力量。由此該黨對其組織之整頓,顯然異常努力,彼將四川分川東、川南、川西、川北四區,六月初派幹部文希正赴宜賓,主持川南區黨務,又同時設立中華職業招待所,以圖吸收大量分子。成都、重慶兩地黨員較多,分為高中、初中兩部,係據黨員之程度而劃分。茲將該黨組織列表於後:

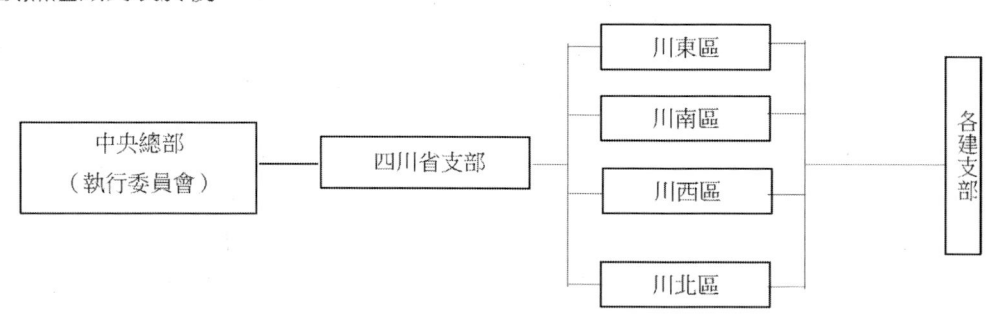

```
中央總部
(執行委員會) ─→ 四川省支部 ─┬─ 川東區 ─┐
                              ├─ 川南區 ─┤
                              ├─ 川西區 ─┤ 各建支部
                              └─ 川北區 ─┘
```

二、人事:
(一)青年黨黨中央負責人

職　務	姓　名	年　齡	籍　貫	略歷與現職	備　注
總校校長	曾琦	48	四川隆昌	參政員	又名慕韓,化名愚公
副校長	左舜生	46	湖南長沙	參政員中政校教員	又名仲平
	余家菊	42	湖北黃陂	參政員	又名景陶
特派員	李璜	44	四川成都	參政員	又名幼椿,化名八千、伯謙

(二)各省負責人

省　別	姓　名	住　址	備　注
西康	楊叔明	康定建設省委員會	
江西	周濟道	廣豐	
湖南	夏乃炎	益陽馬路灣	
湖北	穆恒發	宜昌環城西路	
廣東	鄭振文	東山竹絲崗橫路7號	已來渝
	新中國日報社	該黨機關報	左幹臣、黃次周、宋連波等住此
川西區		方池街35號	段宗明、康成全經常住此辦公

三、該黨之態度:青黨首要曾琦七月間在蓉發表談話「主張抗戰到底、力斥同室操戈」,該黨並通告其黨員,積極從事生產,各盡其能,從事喚醒民眾,各盡其力,並協助兵役宣傳等語;對汪逆叛國,該黨認為係國民黨內部是非,他黨無干涉之必要。其對抗戰前途之觀點,以該黨渝市初中部十月二十九日之茶會李璜之談話可見一斑,李謂「抗戰緊急關頭,國民黨與共黨彼此不肯放棄成見,本黨同志應依本黨宗旨,支持抗戰,吾人絕對相信抗戰必勝,趁此時機以爭取民主立憲政治開展」。

四、訓練:該黨對其黨員普遍之訓練,係賴定期之刊物,又每一單位並舉行各種會議。如

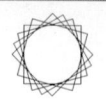

渝市校初中部巴山座談會，每週開會1次，由負責人講話，已舉行7次，五三被炸黨員星散，該會暫停舉行。初中部座談會，亦由負責人對時局問題講話。該黨並臨時召集茶會或臨時召集由其首要李璜等訓話。四月二十日李璜由蓉返渝，召集幹部訓話解釋歐洲現勢及各地黨務；九月二十五日李璜召集高級幹部訓話，關於外交軍事政治校務，有詳細之指示。及十月二十九日初中部之茶會，自第四次參政會後，憲政運動為各黨派熱烈活動的趨向，該黨即成立外交、憲政、黨派三問題研究會，使其黨員有充分之認識及見解，以期實地參加活動，並於十月間成立川康建設學院，魏時珍主持，定期明春開學。

五、該黨之實力：該黨在四川省計80餘縣均已有組織，共5000餘黨員。在李宗仁部有800餘名，唐式遵部有100餘名，王纘緒及其他各部亦均有少數該黨分子；江津縣政府為該黨所包辦，縣長青成烈、秘書王子野、第三科長朱植民以及軍法官劉孝棋、動委會秘書何國俊等，均為該黨分子；在南充專署秘書董咸宜、民財科長婁光亮等，行政視察員李豔清亦為該黨分子；縣府第一科主任科員彭范伯、第三科長范左丞等，包圍縣長張赤文，使民眾教育館長為該黨分子吳祖堯繼任，並積極謀恢復縣立中學校。即因抗戰之需要而產生之戰地黨委會，亦有5人打入，曾琦、李璜並鼓動其黨員參加中央各機關尤著重軍事，黨員加入軍隊，實地力行抗戰工作。

六、該黨之經濟基礎：南川金佛山墾殖公司及東林煤礦公司係該黨分子經營，所獲利潤撥充該黨校費。成立川南區以後，在宜賓組設先農實業有限公司，與金佛東林均為其經濟基礎之一。該黨原收黨費，公務員按月扣5%，初中學生1角，高中學生2角，大學生5角，因此項捐款大部作招待消耗或入私囊，曾琦命自七月起停止抽收。

七、宣傳：成都《新中國日報》及國論社為該黨之宣傳機關，《新中國日報》每月貼本1000元，由社長宋連波設法維持；國論社原在渝出版，因五四被敵機轟炸，曾一度停刊，九月遷蓉出版，亦僅出一期，因省校改組，複移渝刊行。又該黨黃欣周於八月間創辦《獨立思潮》一種，亦為該黨宣傳工具之一。

八、青運：青年為該黨之靈魂，該黨黨員均18歲以上至40歲以下者，其在教育界最有力，故學生為其吸收之主要對象，如立信會計學校、西南藝專、求精中學、川東聯立高中、高工、精益、復旦等學校，均有黨員分佈。中央警校生吸收尤力，曾擬成立一支部，因在該校活動最力之幹部誕天浚於七月二十三日被校方開除，遂無形打消。在重慶黨員最多者為民生公司，其經理盧作孚氏，係極信仰國家主義，其他機關如公路局、大鑫鋼鐵廠、相國寺後方醫院、輜重兵團補充處等處，均吸收有分子。

4. 國民黨中統局關於中國青年黨四川省支部籌畫防共的情報[①]（1940年2月）

成都二月二日訊：

中國青年黨四川省為該黨歷來根基最厚之地，現鑑於共黨在省內積極活動，恐礙其發展，乃籌畫防共，積極加強組織，整理該黨黨務以外，並決定防範共產黨活動之辦法如下：

一、翻印「鏟共須知」與「共產主義批判」、「唯物史觀批判」等書，散發各同志與各界民眾，使發生同仇敵愾之心理。

二、多翻印「國家主義淺說」，裨將該黨主義普遍深入於民間。

三、多集合該黨忠實同志，聆聽該黨主義、生物史觀之講演，力圖心理建設。

四、令該黨同志多讀反共書籍。

五、加強該黨組織，並令各縣從速整理黨務，訓練同志，護黨反共，必要時再幫助政府鏟共。

以上辦法已由該黨川省支部通令各級遵行之。

5. 我們為何而奮鬥（節錄）[②]（1942年12月2日）

中國青年黨到今天已經成立了十九年，如果中國青年黨是歐美民主國家一個普通的政黨，或者是像民國初元一時紛紛成立的黨派，而奮鬥到十九年，還未過問著政權，這個政黨不是改變他的政策主張，以求適應時勢，便是整個解體，或合併於人，或煙消雲散。但是中國青年黨奮鬥到這樣長久，其精神與見解並未改變，其受壓迫也如初，而其奮鬥也依然，這因為中國青年黨不是普通只爭政權的集合，而是建黨以來即為一種理想的實現而奮鬥的。固然實現理想，離不得政權，然而為取得一時的政權，而犧牲遠大的理想，是與建黨初願相違背，而且是辜負了國人對我們一向所寄予的希望與同情。

中國青年黨人所持以奮鬥的理想是「國家主義」和「民主政治」，我們這兩個目標現在舉國皆知，提到國家主義或民主政治，人人都會聯想到本黨。然而本黨這兩個目標，到現在奮鬥到何種程度呢？國家主義的奮鬥綱領是「內求統一，外求獨立；內除國賊，外抗強權。」因此我們曾反對軍閥的多年內戰，要使國家達到和平統一，並曾反對強權的各種侵略，要使國家能夠自由獨立，對於這兩種努力，本黨曾不惜犧牲，但還未能完全實現，而日本軍閥便已大舉進攻。全面抗戰以來，我們國人雖一致本乎國家主義的精神合力奮鬥，然而五年血戰未已，

---

① 摘自《中統局情報》中華民國二十九年二月七日□字第6號，原件存南京中國第二歷史檔案館。
② 本文系中國青年黨中央負責人之一李璜在中國青年黨建黨19週年紀念日講演詞的摘錄，原文載1942年12月2日成都《新中國日報》。

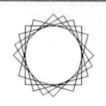

而敵人割裂我們國土，分出「滿洲國」與華北華南，更卵翼許多國賊，又影響我們國家的統一與獨立的局面了。本黨自日本軍閥進佔東四省後，便主張國內政黨休戰，一致對外，自「七七」全面抗戰以後，便決定擁護最高統帥，支持國民政府，一致抗戰到底，都是為的實現國家主義的理想。在抗戰到二十七年春天，本黨中央致書國民黨總裁，最後有云：「同仁等睹目前之艱巨，念來日之大難，僅有與國民黨共患難之一念，此外都非所計及，僅知國家不能不團結以求共保，此外亦無所企圖。」這種為理想而輕現實，就可以深深地表示出本黨不是為一時政權的獲得，而是為理想的目標，要求國家主義的圓滿勝利。現在強權與國賊更是在狼狽為奸，要滅亡我國家，奴隸我國民，抗戰還在危險的關頭，我們青年黨人當然是更努力，更團結，更奮鬥，並且進而祈求全國人民一致的努力、團結和奮鬥咧！

……

同志們，歷史的進化是擺在面前，民主的潮流是不可遏止，我們值得為他長期去奮鬥，尤其是中國正同英美蘇等民主國家共同作戰，以打倒落伍反動的專制軸心國家，這個保衛民主的「聖戰」的時候，我們是應格外努力，趁此把國家政治扶上民主的正軌，好與世界人類的文明齊頭並進！至於我們為民主政治奮鬥的綱領，在本黨的政綱及歷次全代會的宣言中已經說得明白，我們第一要求憲政的早日實現，方能使每個國民得著政治的機會平等；其次要求思想、言論、信仰、結社等自由，方使每個國民能發展其抱負以貢獻於國家以至人類；復次要求每個國民的經濟機會平等，方使中國不再蹈資本主義的複（覆）轍，而永遠消除階級的鬥爭。

至於說，在抗戰期間，為集中國民力量起見，我們暫時不必去民主，這個錯誤的見解，我個人在本年「七七」紀念日一篇文章便曾說過，尤其是要全民起而為長期的對敵犧牲，更非實現民主政治不能達到抗戰的圓滿目的。我曾比擬法西斯對於其國民的束縛馳驟，被動而戰，有如無源之水，一時雖猛，而過久則竭，民主國家的民眾自動為國犧牲，有如盤根之樹，雖經風敗葉，而其氣不衰。眼前的事實告訴得明白：德意日法西斯雖曾勢不可當，而今日已現衰竭之象，英美蘇民主國家雖曾失敗，而今日反攻的力量又何嘗弱一點呢！

因此，本黨本建黨的理想目標，要求國家主義的圓滿勝利，不但在平時必須主張實現民主政治，而在戰時尤其要主張實現民主政治。

6. 董必武談中國青年黨[①]（1945年3月）

中國青年黨原名國家主義青年團。一九二三年十二月二日，中國留法的一些相信國家主義的學生和僑胞，因臨城劫車事件，各帝國主義倡議瓜分中國的刺激，在巴黎成立的。後改

---

① 此材料摘自董必武1945年3月在延安作的《大後方的一般概況》報告中"各黨派的介紹"部分。

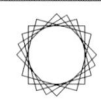

名為中國青年黨。

一、組織形態

中國青年黨的組織形態較完備，有中央領導機關，有地方組織，但地方組織只在四川較有基礎。

二、黨員及其成份（分）

黨員確數不詳，據一九四四年十二月三日成都《華西日報》載「自強社訊」：十二月二日為中國青年黨建黨二十一周年紀念。並謂「該黨為中國今日之一大政黨」，「擁有大量黨員」。

黨員成份（分）：大學教授、中小學教員、大學生、公務員、軍人、地主及資本家。

三、政綱

中國青年黨的基本的理論是排斥異族，認為自己的種族優越，否認國家的階級性和歷史性。

認為國家是超階級、越歷史的，是社會發展的最高階段，是人類中的最高理想，是神聖不可侵犯的東西。

青年黨的宗旨，是「本國家主義之精神，采全民革命的手段，以外抗強權，力爭中華民國之獨立與自由；內除國賊，建設全民福利的國家」。該黨在「外抗強權」「內除國賊」的標語下有很長時期的反蘇反共。政治上與北洋軍閥多往來，因不滿國民黨的一黨專政，曾提出「爭取民主自由權利」的口號。直至「七七」事變後，才倡言「政黨休戰」，提出各愛國黨派共同抗日的主張。

青年黨的抗戰主張「（一）擁護政府抗戰，以求最後勝利。（二）促進民主政治，完成各級民意機關。（三）厲行全民總動員，加強抗戰力量。（四）在不妨害國家之獨立與統一原則下，聯合各黨共同奮鬥。（五）肅清貪污，解除人民痛苦。（六）策動友邦，實行制裁暴日。」（見一九三八年九月一日青年黨《第九次全國代表大會宣言》）

一九四四年十二月二日為青年黨建黨二十一周年紀念。該黨中央發表對時局宣言，提出四項主張：（一）武裝全民。（二）結束黨治。（三）培養富源。（四）敦睦盟邦。其次在教育文化上，主張「尊重學術思想的自由，取消統制干涉的政策」，對在國內各族主張「尊重民族及宗教間的自由，保障其自治權利」。（摘自《書報簡訊》五十五期）

四、領袖及幹部

青年黨的領導人物：

曾琦：四川人，留法學生，復古傾向很濃。喜歡舊文學，很自負，他開始以為蔣介石在戰事失利時會改組政府，要拉他入閣，後來蔣不理他，他就跑到上海去住。沒有就偽職。

左舜生：湖南人，去法國遊歷過，研究中國近代史，有些著述，當過大學教授，主張抗戰，但對蔣所領導的抗戰常抱悲觀，近來他在青年黨中是比較肯研究蘇聯的，對蘇聯比較瞭解。

李璜：四川人，留法學生，研究歷史，大學教授，對蘇聯和中共抱機會主義的見解，對他有利時他表示好。

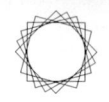

陳啟天、餘家菊、常燕生、薑蘊剛、魏嗣鑾：他們都是大學教授。

翁照垣：廣東人，「一二八」淞滬抗日戰爭時，他在十九路軍任旅長，守吳淞炮臺頗著名。

趙毓嵩：也是青年黨黨員，現在南京偽政府任職。

曾、左、李三人是輪流值年主持該黨。該黨對抗戰是擁護的，但黨員中有在南京任偽職者，有暗中和日寇來往者，他們從未公開批評過。他們許多主張是同戰國派一樣的，曾對法國貝當的投降寄以同情及希望。

該黨對民主，「主張民主政治，實行各黨並立」。「因而，對於一黨專政與一階級專政皆未敢苟同」（見《國論》八號《中國青年黨十五周年紀念》一文），在政治上雖主張「實現全民政治」，主張實行憲政，但實際上是很狹隘的民主，頂多像過去法國第三共和的民主那樣。

該黨對蘇聯，抗戰前是持反對態度的。在抗戰初期，蘇聯幫助中國很大，所以那時對蘇聯比較好。以後，以蘇德簽訂「互不侵犯協定」，蘇芬戰爭爆發，蘇日「中立條約」宣佈時，他們都反對蘇聯，該黨一貫指蘇聯為一極權主義國家，不承認蘇聯是民主制度。到斯大林格勒戰役後，蘇聯在戰爭中逐漸取得優勢時，他們對蘇聯態度也好轉，現在是主張要和蘇聯搞好的。

該黨過去反共，抗戰後在理論上還是反共的。反對唯物辯證法與唯物史觀，反對有階級立場的觀點。該黨在川康有時也受國民黨的壓迫，但國民黨在各小黨派中拉攏他們是比較厲害的。不過，當國民黨想利用他們做反共的工具時，他們沒有做。該黨去年二十一周年紀念所發表對時局宣言，比它在一九三八年所公佈的對抗戰主張還要進步些。在爭取全國民主是願意和我們合作的。我黨在解放區的力量，也逐漸被他們所認識。對我們猜疑和恐懼的心理，比從前淡些，但未完全去掉。

五、宣傳機關

他們有日報名《新中國日報》，在成都出版，可以銷售三四千份，有雜誌叫《國論》以前停了，去年又復刊。有一個書店叫「國魂書店」也在成都，但時開時閉，也辦有學校，叫「川康建設學院」，是國民黨出錢他們主持的。

7. 中國青年黨發表對時局主張[①]（1945年10月7日）

（本市訊）頃悉中國青年黨對時局主張如次：

抗戰勝利，已近兩月，國內一切問題，尚紛如亂絲，國際危機潛伏，不能協商之點甚多，在足以影響中國前途。本黨適於此時，有在川中委會之召集，曾就目前形勢，作多方研討，就其結論，歸納為主張十條，茲特敬謹提出，請國人指教：

---

① 原載《國民公報》，1945年10月7日。

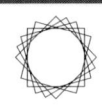

一、從速召集建國會議(或改政治會議)以奠定團結基礎,其許可權不必動搖國民黨之領導地位,但必須足以解決問題。其名額與人選不必拘文專義,但必須顧及各方之實況,並博得舉國一致之信賴。

二、國民大會之召開,須在政治會議,作詳密之協商,以期不背公平合理之旨,而收團結統一之效。

三、切實保障人民之基本自由,宜普及全國。

四、救濟全國人民為目前第一急務,宜遴選各方公正人士,與救濟機關密切配合,以安撫人心而加強其向心力。

五、中央與地方之用人行政,宜破除成見,一本惟(唯)才惟(唯)賢之旨。

六、嚴懲漢奸,肅清貪污,為刷新政治的根本。

七、解散偽軍,裁汰冗兵,為全國大舉整軍的初步。

八、挽救目前工商界危機,穩定金融,平抑物價,恢復交通,為安定民生的要著。

九、改進教育,須從能使教師自由講學,學生安心讀書做起。

十、加強對美蘇英法之平等合作,以公正態度,消弭其相互間可能發生之困難,並積極參加聯合國機構,以共維世界和平,防止日德等侵略國家之再起。

8. 中國青年黨第十屆全代會在重慶舉行① (1945 年 12 月)

(中央社訊)中國青年黨第十屆全國代表大會,最近在渝開幕,記者特走訪該黨負責人,承發表談話如下:

中青十全代會,到全體中委及十七省區代表,開會自十二月二日至十二日,第一日為曾琦之政治報告,左舜生之最近時局分析及陳啟天之黨務報告。第二日為各省區之地方黨務報告,第三四兩日為分組審查會,審查各種提案,第五日至第九日為大會,討論各種提案。其重要決議,為修改宗旨,政綱、黨章、團章(中國青年團)及關於政治、經濟、文化、宣傳、黨務之議案多種。此次修正之新宗旨,為「本黨本國家主義之精神,民主政治之原則,內求統一與自由,外保安全與獨立,以建設全民福利的現代國家,並促進平等合作的和平世界為宗旨」。其所修正之新政綱,包括政治、經濟、國防、財政、交通、文化、教育、婦女、農工、社會等各項政策,不久即將全部公佈。最後一日,選舉中央執行委員會及中央檢審委員會。十全代大會閉幕以後,繼開中央執行委員會及中央檢審委員會三日,處理大會決議案,聞中央執行委員會已選舉曾琦為主席。至其最近主張另見該黨十全代會宣言,該黨宣言略謂:

---

① 原載《國民公報》,1945 年 12 月 18 日。標題為本書編者所擬。

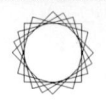

本黨以二十二年前即民國十二年十二月二日成立於巴黎,本年的十二月二日召集第十次全國代表大會,其目的在重訂政綱,修改章則,擴大組織,刷新陣容,尤以研討戰後時局,講求適當對策為其最主要的工作之一。自本月二日至十二日計開會十天,集合多年闊別的同志,晤對一堂,充滿了民主的精神,流露著歡洽的情感。本黨自來所謹守的最高原則,為國家主義,民主政治,二十二年以來,即奉此與國人周旋,此次重訂的政綱,更無一不衡量國情,面對現實,妥為規定,即不敢唱高調,不負責任,更不願因陋就簡,貽誤國家。總之,要建設一個和平統一的現代民主國家,確保勝利以後的國際地位。就抗戰的事實言之,自「九一八」國難發生,本黨即倡言抗日,且抱必勝的信心,凡有使命即於本黨同志之耳,即莫不謹守崗位精誠合作,以此而死難殉職者,更不勝枚舉,但本黨僅認此為國民天職,從來不願誇耀,我們對抗戰有何種了不得的貢獻。

　　再就此八年以來的政治情況言之,本黨同志最初參加國防參議會,繼加入國民參政會,其言論與提案,大抵不出民主憲政的範圍,而於團結在野各方以共同向此一大目標邁進,尤為不遺餘力。至最近即將召集的政治協商會議,本黨出席的同志,必將本其一貫的立場,發為不偏不倚的建議。吾人認為任何難題,假定能互以國家利益為重,時時能不忘記處於水深火熱的人民,斷無不可用政治方法解決之理。吾人自來反對以武力作政事的工具,更不能同意以群眾的血作為任何方面的政治本錢。戰後的國際,已遭遇現實的困難,吾人認為中國必須先求自身的團結與充實,以減少國際的糾紛,斷不可仍蹈以往縱橫捭闔的覆轍,而召(招)致外力的深入。吾人對於政治協商會議的本身估價,不敢過高,但堅信民主,尊重人民,愛護國家,避免分裂,將為解決此一難題者必具的信念,不緊握此種種基本信念,而想支支書書以圖之,或懷抱若干遠於事實的幻想,則此一問題即將沒有解決的可能,而所謂和平建國亦將無從著手,吾人以此事將為政治協商會議開幕後的第一課題,故敢就本黨此次全代會所得結論的一部,而披露其所信。

9. 中國青年黨政治綱領[①](1945年12月)

政治綱領

政治民主化,保障民主平等,實行責任內閣制,確立省之自治地位。
　　一、實行民主政治,保障人民之基本自由。非經國會議決,不得制定限制人民之任何法律。所有政府違法命令,國民有拒絕接受之權。
　　二、從速完成各級代表機關,實行普選制度。

---

① 本綱領系中國青年黨1945年12月在重慶召開的該黨第十屆全國代表大會通過。原載衛聚賢著《中國各黨各派現狀》,說文社,1946年4月8日。

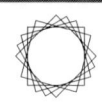

三、保障國內各民族一律平等,並尊重其固有之宗教語文及生活習慣。

四、國會採兩院制,包含區域代表及職業代表。

五、中央政府采責任內閣制,總統不負實際責任。

六、以憲法明文規定省為最高自治單位,必須確定省之自治財政,省得制定單行法,但不得與國家法律相抵觸。

七、實行省縣市長民選。

八、促進縣鄉建設,充實自治財政。提高自治人員待遇,以獎勵人才努力基層工作。

九、建立文官制度,實行年功加俸,以保障公職人員之地位與生活。

十、實行提審制度及冤獄賠償制度。

經濟政策綱領

保障私有財產,限制資本集中,主張農工並重,農業工業化,工業電氣化,嚴格監督國營事業。

一、保障私有財產制度,但須限制過分集中。

二、整理地籍,平均負擔。

三、實行農工並重之生產政策,以期達到農業工業化與工業電氣化之目的。

四、實行計劃經濟,並制定分期完成之經濟計畫,尤特別注意交通動力水利。

五、擴大農貸,改良農田水利,扶助農民,以增加生產。

六、保證耕地利潤,獎勵地主投資,以改進農業。

七、開墾荒地,實行集體農場制。

八、修浚黃河長江,整理全國水道,並遍設灌溉運輸及水電工程。

九、保護森林,獎勵造林,以保持水土。

十、扶助全國工礦區,以建立工礦業重點。

十一、劃分全國工礦區,以謀動力與資源之充實。

十二、積極大量采煉汽油,以謀動力與資源之充實。

十三、工商礦業,以民營為原則,但關係國防及全體人民福利者,由國營或公營之。

十四、保障民營企業之權利,國營事業,不得與民營企業爭利。

十五、凡特種公司及官商合營之企業,必須嚴格限制,並接受民意機關之檢察。

十六、獎勵合作事業。

十七、依據平等互惠原則,以調節國際貿易,發展本國產業。

十八、允許外人投資,依法保障其權益。

財政金融政策綱領

財政公開,廢除苛雜,整理幣制,保障債信。
一、整理幣制,平衡物價,穩定金融,以鞏固財政基礎。
二、厲行財政公開,實施會計獨立制。
三、劃分全國及各省縣市鄉財政。
四、非經代議機關通過,政府不得徵收糧稅,以減輕人民負擔。
五、廢除一切苛捐雜稅,厲行直接稅制及累進稅法,以減輕人民負擔。
六、貨幣之發行權,屬於國家銀行,但其發行額及流通準備狀況,須向國會報告,並許其檢查。
七、保障債信,凡政府發行之有價證券,到期應一律償還。
八、實行公平管制外匯,對於正當工商業及文化教育機關之購買外匯,予以便利。

國防政策綱領

軍隊國家化國防科學化。
一、國防建設,以陸軍為主,空軍海軍為從。
二、實行徵兵制,凡適齡之合格壯丁,一律入伍,不得有任何之意外。
三、實行精兵主義,力求裝備現代化。
四、提高官兵素質,改善其待遇,並加強其國家意識。
五、設立國防部,綜理陸海軍行政,其部長人選,不限於軍人。
六、增開軍港,建設近海艦隊。
七、創立強大空軍。
八、設立國防科學研究機構,獎勵有關國防之發明。
九、任何政黨,不得擁有軍隊,作政爭之工具。

外交政策綱領

加強聯合國機構,樹立平等外交。
一、積極參加聯合國機構,鞏固其組織,加強其力量,以保障世界和平。
二、設立聯合國農會,以國家代表及人民代表組織之。
三、在無損國家尊嚴與權益之範圍內與世界各國平等友善。
四、促進國際經濟與文化之合作。
五、加強對東亞各國之聯繫。
六、主張國際正義,同情世界弱小民族建國運動。
七、普設使領館,加強外交活動,保障僑民權益。

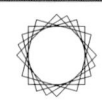

八、擴大國際宣傳，增進國際瞭解。

僑民政策綱領

實行護僑政策，保障僑胞權益。
一、設僑務部，實行護僑政策，扶植國民海外活動。
二、保障僑民在居留地之權益，向所在國交涉廢除對我僑民之不平等法律。
三、加強僑民與國內之經濟聯繫，予僑民以經濟之扶助。
四、獎勵僑民在國內之投資，協助其事業發展。
五、發展僑民教育，發動國內教育人才出國辦學，廣招僑民子弟回國就學。
六、獎勵僑民人才，回國服務。

交通政策綱領

發展交通事業，逐漸達到交通免費。
一、建築全國幹線鐵道網，樹立西北西南鐵路系統，增闢國際道路。
二、人民得經營鐵道，但全國幹線，須歸國營。
三、建立全國公路網，人民有免費行駛車輛之權利。
四、減輕人民使用國有交通工具之用費，在法律規定範圍內，人民得享受交通免費之權利。
五、整修全國水道，逐漸完成全國水道網。
六、加開商港，獎勵國民經營內河沿海航業，並予以補助。
七、開闢東南洋航運，組織海外航業公司，獎勵僑民之投資。
八、發展國內航空，除主要航線外，准許民營。
九、建築大規模之現代交通工具製造廠，以達到自給自足之目的。
十、改進郵電事業，剔除積弊，增進效能。

教育文化政策綱領

學術獨立化，教育普及化，逐漸達到教育免費。
一、確定教育方針，人文教育應與科學教育並重。
二、普及國民義務教育，其經費應由國庫予以補助。
三、擴大各級學校公費生免費名額，以逐漸達到教育費用全由國庫負擔之目的。
四、改良學制系統，縮短各級學校學生年限，並簡化其課程。
五、充實國立大學，擴充設備，平均其分佈，延攬世界著名學者來華講學。
六、獎勵私人辦學及私人自由講學。

七、大量設置各科研究所，提高研究員生之待遇。
八、設立國家學院以提高學術，優禮學人。
九、擴充師範教育，建立師範獨立體制。
十、普遍建立並充實圖書館、博物館、藝術館及戲劇教育，電化教育設備，以增強社會教育。
十一、切實推行成人教育，增進其知識及科學知識。
十二、獎勵各種事業機關辦理職工教育。
十三、邊疆教育，由國家補輔助其發展。
十四、建立大規模之編譯館，以求中外學術之交流。
十五、優遇教育文化工作者，獎勵發明及著述。
十六、保障新聞自由、出版自由，廢除檢查制度。
十七、發揚固有文化，保存善良風俗，以培養國民道德。
十八、提倡藝術教育，陶冶國民品性。
十九、改善家庭習慣，提倡家庭教育，以輔助學校教育。
二十、保護全國有歷史文化藝術之名勝古跡及文獻。

社會政策綱領

提高生產，平均分配。
一、保障全國國民之生活權及工作權。
二、提高全國國民之生產及消費能力，促進社會之繁榮。
三、保障有產者之合法利益，禁止非法之侵犯。
四、用累進法課所得稅及遺產稅，以限制資本之過分集中。
五、扶助無產者造產，獎勵產銷合作經營制度。
六、實行保險社會制度。
七、切實推行救濟事業，儘先救濟因抗戰殘廢之軍人及殉國將士之遺族。
八、對於復員官兵，儘量設法安插，以免其失所。
九、推行公醫制，改進鄉村醫藥衛生，並普設鄉村醫院，減輕人民醫藥費用。
十、全國普設平民住宅，使工農群眾，有合于衛生之住屋。
十一、推動全國鄉村電氣化，促進鄉村建設，使農民有現代物資之享受。

農工政策綱領

保障農工利益，增進農工財富。
一、承認國民之土地所有權，並保障自耕農及佃農之使用權，非依法律，不得徵用。
二、保障佃農，扶植佃農之經濟能力，使逐漸成為自耕農。

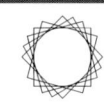

三、依據經濟原則調整地租。實行公開徵租制,使地租合理化。
四、發展農村經濟,改良農貸方式,廓清農村高利貸。
五、改進農業技術及經營方法,以充裕農民之財富。
六、推行農業保險,實物抵押及運銷合作制度。
七、提高勞工生活水準,尊重其合法權益。
八、調整工資,維持工資之合法標準。
九、實行勞工分紅,提倡勞工入股,以增進勞資之協調。
十、縮減勞工、雇工、店員之工作時間,確立休假制,□假年假工資照給。
十一、嚴格施行工廠檢查制度,以增進員工之福利。
十二、普及勞工雇員之補習教育,由雇主負擔其用費。
十三、保護童工女工,以保障其發育與健康為原則。

婦女政策綱領

發展婦女教育,保障婦女職業,增進婦女健康。
一、確認男女平等的原則。
二、在教育上、職業上、經濟上,婦女與男子享有均等的機會。
三、提高婦女在政治上的地位,在各級民意機構中婦女應保有適當的名額,並鼓勵婦女參加地方自治工作。
四、推廣婦女認字運動,普及專為婦女而設之補習學校及職業學校。
五、實行男女待遇平等,同工同酬。
六、依於生理的需要,職業婦女,予以特別保障。
七、廣設助產醫院,實行新法免費接生。對於容有多數婦女勞工之工廠,應由資方建立日間托兒所。
八、對於婦女創辦之社會事業,教育事業及其他文化事業,予以特別鼓勵。
九、為矯正家庭中若干不良的習慣,提倡正當之男女社交,並提倡適當的娛樂與體育。

國民保健政策綱領

保持健康水準,改良國民素質。
一、用國家力量,提高國民之生活水準,以求身體之健全發展。
二、制定國民保健法,對於有礙發育及健康之各種工作,加以嚴格限制。
三、開發邊地之生產,使全國人口之分佈,趨於平均。
四、依據優生原理,獎勵各民族間之通婚,以提高國民素質。
五、實施優生政策,保護母性,改良種性。

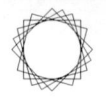

六、依據科學方法,改良國民日常食品,以增營養。
七、改良環境衛生,加強防疫設施,並增設國民體育場。

四、中國國家社會黨

1. 國家社會黨代表張君勱致蔣介石、汪精衛信[①]（1938年4月13日）

介石總裁,精衛副總載（裁）賜鑑:

　　本月三日中國國民黨臨時代表大會宣言,舉詩經「嚶鳴求友」之意,昭示海內;同仁等捧讀之下,怦然有動,豈敢不勉竭愚誠,冀贊盛業。

　　同仁等以為一國人民言行之所不能逃者,厥為歷史上遺留之民族性。吾國重賢之宇宙觀曰:「萬物並育而不相害,道並行而不相悖」,惟（唯）其心目中注意之方面多,故不好為一偏與排他之論。反之,最近歐洲各國政局,常有有我無他之象:立足於無產階級者,有容資本家之存在;立足於個人自由者,不顧及全社會之幸福。以是,黨派對立與其相殘之酷,頗有為我東方人所瞭解者矣。中山先生奔走革命以還,舉「民族」「民權」「民生」三者為立國要義;主張個人自由而不忘社會公福,主張民族本位而不忘世界大同;其於採用西方政制,固已貫以吾國民族性於其中矣。今之持共產說者,漸自階級立場轉而努力於民族生存;持極權說者,亦知法西斯派主義難行於中土,此吾民族性不走極端而好調和之明證也。惟吾國有此民族性,故言治術則「儒」「法」同進,言宗教則「釋」「道」並尊,未嘗有如歐洲之相排相殘。此實吾族含宏廣大優點,而應謀所以保存之而發揮之者。此次大會宣言,即為代表此種中庸性之重要文獻。語云:「和氣致祥」,吾國而有些氣象,共為民族性本然之表現,同時即為復興之朕（征）兆,有何疑乎？

　　同仁等鑑於十餘年來,青年惟務外馳,竟忘國本,乃標國家社會主義,且組織國家社會黨以矯正之。昔年曾刊布我們要說的話一節,證舉各項主張,內容繁複,非一函所能詳,然吾人之言與中山先生遺教有若合符節者。茲舉三點言之,以資參證:

　　第一,國家民族本位。吾輩政綱中曾有語云:

　　我們相信,民族觀念是人類中最強的,階級觀念決不抗。無論是已往的歷史,抑是目前的事

[①] 原載《文匯年刊》,1939年5月。

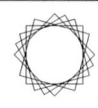

象,凡民族利害一達到高度,無不立刻衝破了階級的界限。日本人壓迫我們到這種地步,雖平日在對抗中的資本家與勞工,亦者不由得不聯合一氣,從事於抵抗。所以,民族觀念是深入於人心,而較階級為強。

只有民族的縱斷能衝破階級的橫斷,卻未有階級的橫斷能推翻民族的聯合,即以蘇俄論,他的成功處不在階級鬥爭的國際化,而在社會主義的民主化。

第二,修正的民主政治。吾輩政綱中曾有語云:

我們所想出的修正的擬案是甚麼?首先可說的便是:必須建立一種政治制度,在原則上完全合乎民主政治的精神,在實施上必須使黨派的操縱作用有所憑藉。於是,這種政制在平時,不拘兩黨或多黨,皆能運用,即假定無黨亦可運用;而在緊急時候,立刻可集中全民的意思與力量,不分黨派,我們相信,這樣制度不是不能創造的。

但歐戰之後,批評民主政治者往往而見,如今之意德等國,竟目民主政治為惡劣政治。同仁等以為,政治的社會之要素,不外乎二:其屬於國家者為權力,其屬於個人者自由。為行政之敏捷與否應急之處置計,豈能不提高權力;為個人之自發自動與養成自己負責心計,豈能不許以言論結社之自由;地方自治,與夫參政大權。惟(唯)有此等權利,而後人民有實際上參與政治之機會,而後知輿論界議場上政府中言論之不可以苟發,而高調與笑罵之無濟於事。蓋民主政治之下,人民得真正參加政策之決定,其責任心自養成,其政治智識增進。及至國難臨頭,尤貴乎事權之統一,與執行之敏捷,彼此同心一德,以最高權力托之於戰時政府。可見正惟平日民主政治之實行,及至戰時,人民自然感覺權力集中之必要。如歐戰時之各民主國之戰時內閣,皆其彰明較著者也。

第三,社會主義。關於經濟制度,同仁期望社會主義之實現。政綱中曾有語云:

一、為個人謀生存之安全,並改進其智慧與境況計,確認私有財產;

二、為社會謀公共幸福,並發展民族經濟與調劑私人經濟計,確立公有財產;

三、不論私有與公有,全國經濟須在國家制定計劃下,由國家與私人分別擔任而貫徹之;

四、依國家計畫,使私有財產趨於平衡於普遍,俾得人人有產,而無貧富懸殊之象;

五、國家為造產之效率增加及國防作用計,須以公道原則,平和方法,移轉吸收私人生產或其餘值,以為民族經濟擴充之資本。

自此三點觀之,可知同仁等之主張,與中山先生「民族」「民權」「民生」之三大要義,措詞或有不同,而精神則並無二致。所以,中山先生之三大要義,固已確定我國立國之大經,而莫能出其範圍;然立說內容,間有出入,則以政象因時而變,藥石自難盡同,此環境使然也。況衡諸《抗戰建國綱領》二十六條,「在抗戰期間,於不違反三民主義最高原則及法令範圍內,對於言論出版集會結社,當予以合法之充分保障」云云。則政府態度與在野黨派所要求不謀而合;在同仁等,自當開心見誠,以國家社會黨之主張行動,向公等公開而說明之。顧政治不獨限於若干項之大綱,尚有因時因地因事而生之問題,非今日所能預測;同仁等更顧本精誠團

結共赴國難之意旨，與國民黨領導政局之事實，遇事商承，以其抗戰中言行一致，此同仁等原為公等確實聲明者也。更有進者，方今民族存亡，間不容髮，除萬眾一心，對於國民政府一致擁護而外，別無起死回生之途。吾輩同志之中，有參加民元之革命者，與反對洪憲之帝制者，平日自命對於中山先生創建民國之工作，亦嘗負弩前驅；因此，愛護民國之心尤為深切。則今日強寇方張，竊撥僭起之際，且得今後之自由發展。此亦同仁等區區志趣所在，當蒙鑑察者也。

　　特布肺腑，惟祈亮照。專此，敬頌
勛安！

國家社會黨代表　張君勱

2. 軍統局渝特區關於國社黨情況的報告[①]（1939年）

　　中國國家社會黨領導人張君勱氏，係教育界中人物，同黨王幼僑亦稱其為書生，但張氏做官欲念頗高，故極力在政治上活動。該黨幹部胡石青、王幼僑、羅文乾等人，均係官僚，對於組織無所顧及，只圖個人之名利，故該黨無何表現。第四屆參政會，該黨極力主張實施憲政，其目的僅在其數人得一較重要之位置，與共產黨、青年黨為謀組織得一合法之地位不同。該黨分子並不照其政綱及主張行動，如其幹部諸青萊、陸鼎揆之附逆，該黨分子並不攻擊，亦不贊許。在目前局勢下，該黨分子已有二重路線，即諸陸及張氏兩條路線。

　　一、組織

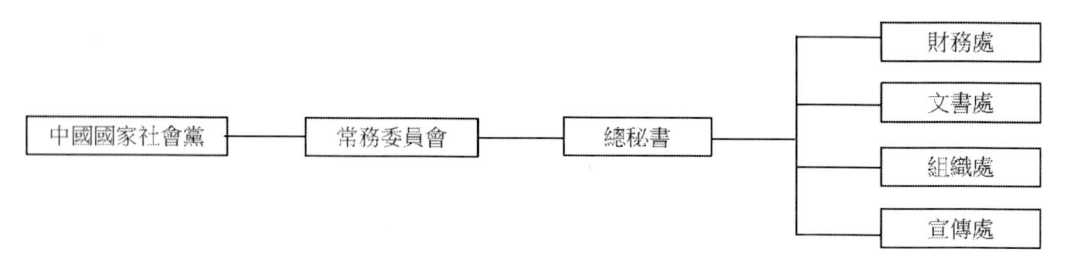

```
中國國家社會黨 ── 常務委員會 ── 總秘書 ─┬─ 財務處
                                      ├─ 文書處
                                      ├─ 組織處
                                      └─ 宣傳處
```

　　三月間，在港成立一支部，支部長黃天石，積極發展組織，擬成立海外各埠支部，現已在菲律賓成立分部，負責人黃事天；香港由楊文德成立一肇興貿易公司，以作掩護，吸收分子，擴充組織；重慶亦有一支部，由張君勱負責。四月二十二日曾開全體黨員大會，後張氏即赴昆明籌組民族文化學院，校址擇定大理，張本人任院長。

　　二、機關
　　重慶支部：曾家岩45號。
　　香港支部：九龍塘約道9號樓下。

[①] 摘自《軍統渝特區1939年工作總結報告》。

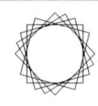

香港通訊處：德輔道中 67 號 4 樓肇興公司。

三、重要分子
張君勱、王幼僑、胡石青、羅文幹、馮今白、潘光迥、楊文德、黃天石。

四、活動
據該黨香港支部與張君勱之通訊中，謂國共即行合作，吾黨仍反對共產黨及國民黨，實為下策，應乘機合作，與彼等取得聯繫，從中活動等語。故在第四屆參政會中，為憲政問題，與共產黨互為聲援，要求實施憲政。該黨對抗戰之態度，金家鳳曾謂之兩頭政策，因該黨分子一方面有張君勱、黃炎培、張公權在中央周旋，一方面有陸鼎揆、諸青萊、張東蓀附逆與汪妥協。

該黨在交通部活動最力，因部長張公權（嘉璈）與張君勱系兄弟關係；且有潘光迥、王世憲等活動力頗強之幹部，故交部幾被其操縱。

《再生》為國社黨發言機關，由張啟明主編，銷路有 2000 份；在貴陽，該黨分子組織有中華評論社，出版中華評論週刊，亦為其言論之一；在桂林，蔣錫昀、魏際青等，籌辦四開小型報一種，由敘白光任社長，張君勱並著有《立國之道》一書，闡揚其主張。

3. 董必武談中國國家社會黨[①]（1945 年 3 月）

中國國社黨的前身，是一九三〇年春夏之交，上海一些銀行家和大學教授，看見中共力量的增長，國民黨統治的無能，他們想從中國舊傳統和外來科學文明中找出辦法來挽救中國，辦了一種刊物名《自由評論》，人稱為「自由評論」派，「九一八」後以「抗日救亡」旗幟相標榜，才正式成立組織，公佈政綱。

一、組織形態
國社黨組織形態未完備僅有中央領導機關。

二、黨員及其成份（分）
黨員數量不多，抗戰初據說有二百餘人，以後沒有聽說有什麼發展。
黨員成份（分）：大資產階級、大學教授、大學生。

三、政綱
國社黨的政治主張有下列三要點：
（一）國家民族本位。他們「相信民族觀念是人類中最強的，階級觀念不能與之相抗」。
（二）修正的民主政治。他們主張「在原則上完全合乎民主政治的精神，在實施上必須使黨派的操縱作用，不能有所憑藉」。關於「修正的民主政治」，國社黨于一九三九年十二月公布了

---

① 此材料摘自董必武 1945 年 3 月在延安作的《大後方的一般概況》報告中各黨派的介紹部分。

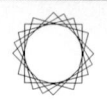

一個方案共十一條，其第一條主張以舉國一致之精神組織統一的政府。第二條主張由全體公民選舉代表，組織國民代表會議；並主張凡黨綱公開，行動公開，不受他國指揮之政黨，一律參與選舉。這條後半截的用意何在？不難想見，明明是限制共產黨不能參與選舉。其餘各條大體是摹仿英美民主制而寫的。全文在附錄中，可供參考。

（三）漸進的社會主義。他們主張「1.為個人謀生存之安全，並改進其知識與環境計，確認私有財產。2.為社會謀公共幸福，並發展民族經濟與調劑私人經濟計，確立公有財產。3.不論私有與公有，全國經濟須在國家制定之計畫下，由國家與私人分別擔任而貫徹之。4.依國家計畫，使私有財產趨於平衡與普遍，俾得人人有產而無貧富懸殊之象。5.國家為造產之效率增加及國防作用計，得以公道原則，平和方法，移轉吸收私人生產及其餘價，以為民族經濟擴充之資本」。

國社黨認為他們的「國社主義」與希特勒的「國社主義」不同。因為後者帶「民族」的意味甚多，而他們的「國社主義」，才是真正的國家社會主義。

四、領袖與幹部

國社黨領袖為張君勱　五十九歲，江蘇人，德國留學生，研究倭鏗哲學，在我國「私玄之爭」他是主張玄學的主將，國外頗有名學者。

黨中著名人物有：

羅隆基　江西人，美國留學生，大學教授，過去反蘇反共，抗戰後態度有些轉變。一九四二年被國民黨壓迫登報脫離該黨。

張東蓀　在北平被日寇軟禁，亦稱脫離該黨。

羅文幹、胡石青　兩人均已去世。

徐傅霖　原在香港辦報，後赴新加坡，新加坡淪陷後不知所終。

章士釗、江庸　此二人不承認是國社黨員，但他們和張君勱的私交很好。

梁實秋、蔣勻田、孫亞夫　都在重慶。

湯薌銘、陸鼎揆、諸青萊　湯在天津，陸在上海，都與日寇有往來；諸在南京任偽職。

國社黨的組織實際上已呈瓦解的形勢，很少聽到他們舉行什麼會議。對於國際國內政治問題，除張君勱個人偶爾發表一點意見外，久已不見國社黨的什麼主張。

國社黨對抗戰是主張的。雖有幾個黨員在日寇那裡活動，張君勱在一九四二年被國民黨逼迫已聲明那些人與國社黨無關係，張君勱一般是主張抗戰的，在抗戰不利時有些悲觀的言論，當國際形勢好轉一點，他的膽子又壯了。

國社黨主張的民主是英美式的民主，他們對於廣大人民是忽視的。

國社黨對蘇聯不研究，一向是盲目的接受英美反蘇分子的宣傳，所以他們反蘇。他們不認為蘇聯是民主國家，不研究史達林憲法。只有一位胡石青看了史達林憲法後，才說中國制憲，應採取蘇聯新憲法的精神。我國抗戰，他們希望蘇聯幫助更大。蘇聯自斯大林格勒獲勝後，他們才認識到蘇聯的力量。他們在外交上是主張聯蘇不贊成反蘇的，當然他們還保留著

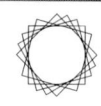

若干對蘇聯的批評意見。

國社黨過去反共，被國民黨利用了一次。一九三八年十二月，張君勱致毛澤東同志一封公開的信，主張我們把八路軍之訓練、任命與指揮完全交給蔣手。勸我們取消特區，暫時拋棄馬克思主義的信仰等。毛主席沒有理他，我們許多同志加以痛駁，同情的人也有駁斥他的。國民黨利用他這篇文章到處翻印散發。給了一點錢讓他辦一個民族學院。太平洋戰爭發生後，國民黨反對，因張加入民主政團同盟，將張扣留重慶，解散民族學院。張對國民黨自難產生好感。我們自一九三九年來，慢慢和張接近，解釋我黨政策，他的態度已不敵視我們，他參加民主政團同盟，我們贊助同盟的組織，他受國民黨打擊，我們寄以同情，他現在不但不反對我們擴充軍隊，成立邊區，他還怕軍隊的力量不夠強大和邊區遭受襲擊呢！張已認我黨為在中國實現民主中一支必要的友軍。

五、宣傳機關

他們有一種刊物名《再生》，近來脫期很久，張君勱也不大寫文章登上去，張近來的文章多登《民憲》月刊。

五、三民主義同志聯合會

1. 三民主義同志聯合會政治主張[①]（1945年10月28日）

本會接受三民主義及中國國民黨第一次全國代表大會宣言與決議案，針對目前國內國際形勢，依據全國人民之共同要求，決定政治主張如次：

政　治

一、國家主權屬於中華民國人民全體。
二、本會主張中國國民黨應即自動結束黨治，建立舉國一致的民主聯合政府。

---

① 原載《民聯》第4期，1946年3月5日。

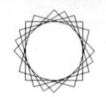

三、國家應保障人民身體、行動、居住、遷徙、學術、思想、信仰、言論、出版、集會、結社等之基本自由；凡妨害此項基本自由之一切法令、制度、機構等應立即廢止之。

四、國內一切民主黨派，一律處於合法平等地位。

五、實行普選制度，中華民國公民之選舉權及被選舉權，不受財產、教育、信仰、性別、種族等之限制。

六、由普選所產生之人民代表組織的國民大會，有制定憲法，頒佈憲法及行使憲法所賦予之權。

七、國民大會未成立之前，先召開各黨各派的代表及無黨派的公正人士的政治會議，以解決目前全國所迫切要求的民主、團結、和平、統一諸問題。政治會議並有起草憲章，修改國民大會選舉法，組織法，籌備國民大會，監督國民大會選舉及決定國民大會召集日期之權。

八、實行中央地方均權制，各省省憲由各省人民代表大會制定，各省行政首長實行民選。

九、地方自治，為民主政治之基礎；縣為自治之單位，由縣以下各級自治機構，應由人民選舉之代表治理，現行之保甲制度，應即廢止。

經　濟

一、民生主義的計劃經濟，應遵循三個基本途徑：（一）節制私人資本，（二）發展國家資本，（三）平均地權。

二、以逐漸圖謀計劃經濟範圍之發展為逐漸實現保障人民就業樂業範圍之擴大。在計畫經濟範圍內：（一）應以公營企業與成為計劃經濟之一部的私營企業及各種合作事業相配合，編成系列，調劑供需，並與國際計畫貿易相配合；（二）通過員工合作組織，供應各種設備及實物，以穩定並逐漸提高計劃經濟範圍內之員工生活；（三）一掃過去無補大計之局部建設，消除教條化的積弊，並防止其再行發生。

三、凡具有獨佔性質（如動力、礦產、交通、銀行業、保險業等）或有關國防之企業與公用事業，概以公營為原則；但於必要時，亦得由政府斟酌性質與緩急，以一定年限，委託私營。

四、除前條以公營為原則之企業外，其他企業，一律任聽私營。私營企業，除令其遵守關於保護勞工與防止獨佔的立法外，應取消一切障礙，並以法律獎勵保護，使儘量發展。

五、發展合作經濟，以期集中經營，改良生產技術，以提高人民生活水準。

六、在建設初期，允許私營企業與公營企業同時並進，然後由國家注意社會分配之狀況，採取適當節制資本之措置，以逐漸達到資本國家化、享受大眾化之目的。

七、在生產技術、工作經驗、服務年限上，具有一定資格之員工，有參加公營企業管理之權，並宣導私營企業仿效之。

八、儘量利用外資，以求生產力之提高與發達，但應依照下列四個原則：（一）不損害國家主權之完整；（二）應使外資與民生主義的計劃經濟相配合；（三）外資應用於有基礎性與關鍵

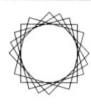

性的重工業外，當應用於有利的生產事業；(四)外資應以國家一般信用為保證，不應以政府稅收或事業收入為抵押，以免損壞主權，掠奪資源與干涉內政之危險。

九、力謀稅制之完整與協調，簡化稅收機構與稅目，擴大直接稅系統，縮小間接稅範圍，實行累進的綜合所得稅，並建立健全買賣制度，以確立財政基礎。

十、私人土地，應由所有者申報地價，地價申報後，徵收累進的地價稅，並將土地增價全部歸公。

十一、實行平均地權，以下列方法逐漸實現之：

（一）國有土地，不得出賣。

（二）無主土地，收為國有。

（三）發行土地公債，主要以徵購方式，逐漸實現土地國有。市區土地，應儘先徵購，以法律規定每戶所有農地之最高面積，其超過部分，由國家徵購之。

十二、私人出賣土地，國家有先買特權。並以購地貸款供給鄉村自治團體，俾得陸續收購私人出賣之土地，以充實自治財源。

十三、凡國有及國家所徵收或收購之土地，按其土宜，分別創設國有國營農場及國有合作、國有私營農場。

國有私營農場，按其土宜及面積大小，由國家給予一定期限之合作權或永佃權，以逐漸達到耕者有其田。

外　交

一、本會外交政策，為實現國際合作與世界和平，外交必須公開，秘密條約與協定，概屬無效。

二、積極參加國際安全機構，與所有愛好和平的國家，以平等的地位，切實合作。

三、實踐中蘇友好盟約，並忠實履行大西洋憲章，莫斯科會議四國宣言，開羅會議決議及所有民主國家與我國所訂立之平等條件及諾言。

四、任何國家，均不得有在我國領土內駐兵及侵害我國國家主權之特權。

五、以外交方式收回香港、九龍、澳門及一切我國固有之領土。

六、加緊國內民主團結，完成和平統一，以提高我國的國際地位，並以溝通文化，交換訪問等各種形式，加強國民外交，增加盟邦對我國之理解與人民之同情。

七、實行扶助弱小民族政策，對各殖民地人民之獨立運動，應予以同情及協助。

軍　事

一、實行軍隊國家化，在民主政府之下，任何黨派及個人均不得擁有軍隊。

二、按照國防上實際需要，軍備實行減縮，軍隊實行整編，以實現精兵主義。

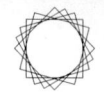

三、實行徵兵制，人民依法律有服兵役之義務。
四、改善官兵生活，提高官兵文化水準。

農　民

一、發展農村合作運動，逐漸建立集體農場及國營農場，以期逐漸達到平均地權，土地國有之目的。
二、改善地主與佃農關係，禁止各地一切非法壓迫，剝削佃戶的惡習，制定保障佃權之法令。
三、防止農村土地兼併。
四、取締高利貸，剷除封建剝削，實行減租減息。
五、改良農貸，簡化其手續，使中小農均得蒙其利，並給予貧農以不需要抵押或擔保的低利貸款。
六、修改農會法，促進農民的團結。
七、扶助小農增加生產。
八、提高農民之知識與生活水準。

工　人

一、切實改善勞動條件，並提高工人待遇，保障工人生活，對失業工人，應予救濟與安置。
二、工資津貼，應按照生活指數調整，並實行不分性別，同工同酬。
三、取消包工制，嚴禁雇用十四歲未滿之童工。
四、工人有罷工權，有自由組織工會之權。
五、工人有締結團體協約，參加工廠會議之權。
六、取消員工混合組織制、工會書記派遣制，並廢止管制工會之法令。
七、確認民主集中制為工會組織最高之原則，在縱的系統上，並應逐級組織縣市總工會，省總工會，全國總工會。在一種企業上，應為產業組織。
八、各級民意機關，應有定額的工人代表之參加　；代表之產生，一律由工人自選。
九、參加國際勞工組織，或出席國際勞工會議之工人代表，一律由全國性的工人團體自由選舉。

婦女、青年及兒童

一、婦女在政治上、法律上、經濟上、文化教育上、社會上與男子有平等之地位。
二、保證婦女在職業上，有充分之自由平等權利；在事實與法律上，不得予以歧視。
三、設產科醫院，免費接生，以保障產婦之安全。

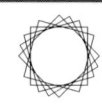

四、保障職業婦女在妊孕生育時期之生活及休養，國家並應普遍設立托兒所、幼稚園，以減輕婦女在家庭之負擔。
　　五、保障青年在家庭上、社會上，有獨立之地位。
　　六、青年有組織自己團體、參加國際活動、社會活動之權利。
　　七、棄嬰、孤兒及流浪兒童，政府應負責教養。

教育、文化、學生

　　一、凡中華民國人民，均有享受教育之機會。
　　二、以民主與科學之精神，普及與提高公民教育，並掃除文盲。
　　三、鼓勵思想、學術、文藝之自由，並協助文化活動；凡足以妨礙教育、學術文化進步之措置，均應革除。
　　四、保障教育人員、文化工作人員的生活。
　　五、改善學生待遇，保障學生就學、讀書、思想、選擇教師及參加校內、校外政治活動之自由，嚴禁一切摧殘學生之措施。

社會及救濟

　　一、國家應舉辦各種社會保險事業，以謀社會之安全。
　　二、推廣公共衛生事業，建立公醫事業。
　　三、保障中下級公務員之生活，並提高其待遇。
　　四、保障自由職業者有開業之自由。
　　五、廣設職業介紹所，使失業者有就業之便利。
　　六、國家對於孤老、殘廢、流浪、失業者，應負救濟之責任。

民族政策

　　一、凡構成中華國民之各民族，一律平等。
　　二、依據民族自決之原則，國內各少數民族，得根據其大多數人民之自由意志，成立一民族，或數民族聯合為一單位的自治組織，或成為獨立的國家，組成自由聯合的中華民國。
　　三、尊重各少數民族之歷史及其固有文化，而助其自由發展。
　　四、在教育文化政策上，應發揚國內各民族互助之意識，切實糾正過去民族仇視之錯誤觀念及行為。
　　五、以物資力量幫助各少數民族之經濟發展，但不得妨礙其政治上自治性。

2. 三民主義同志聯合會第一次全體大會決議案①（1945年10月28日）

一、黨的改革方案決議案

吾黨同志為求國內民主團結，和平建國，認為必先謀黨內民主團結與組織的徹底改革。爰將黨內民主化的諸問題及改革方案與辦法，條例如下：

（一）組織原則與路線

1. 重新樹立黨的社會基礎：本黨黨員成份（分）除士兵黨員號稱二百餘萬外，大多數為官吏公務員，而工農學生及婦女最少，遂形成一特殊階級的政黨，逐漸有形成官僚集團的趨向。使黨與社會脫離，與群眾脫節，無法實現主義，完成歷史的使命。

為恢復黨的革命精神，應先廢止官吏及公務員必需入黨的規定，並厲行總理所定之農工政策；組織的發展，應以工農勤勞大眾為主要對象，即黨員的成份（分）應大量增加工農婦女進步的知識份子及進步的工商業者，使本黨能獲得群眾的基礎，發展為代表人民大眾利益之政黨。

2. 實行民主集中制：自北伐時期以後，黨內之封建官僚及法西小組織之陰謀曲解民主集中制；只有黨官集權，不許黨員民主，以把持操縱本黨組織，而利其私圖，浸致黨內明爭暗鬥，支離破碎，黨部不能代表黨員的意志，黨員的意志亦不能在黨部發表，各級黨部徒有委員職員，而無實際工作的黨員；黨員有黨籍，而無黨的活動；遂造成黨與黨員完全脫節的現象。今後要肅清此等封建官僚法西小組織專制的現象，必須厲行黨內民主，才能恢復各個黨員的動力，才能使本黨成為全體黨員的黨，其實行方法：為（1）黨員對各級黨部有建議之權利；（2）黨員對黨的政策有批評之權利與自由；(3) 各級黨部委員及負責指導工作的人員，必須由選舉方法產生，廢除一切圈定、指派、委派及暗名單等方；(4) 黨員應行使四權——選舉、罷免、創制、復決——使黨徹底民主化，黨才能發揮新的力量。

3. 發揚黨內民主精神，恢復各級黨部合議制：現行之總裁制，應改為主席制，主席為黨內團結之象徵，對外之代表。本黨最高權力機關，則屬於全國代表大會，其閉會期間，應為中央執行委員會及中央常務委員會，遇有重大政策之決定及變更，應舉行全體黨員投票決定之。現在省以下的主任委員及書記長的獨裁制，大權集於一身，獨斷獨行；委員形同虛設，拿薪聽訓，集權已臻極度，效能只有低減，只有立即廢除主任委員及縣書記長制，恢復優良傳統之合議制，使各委員分掌各部；分工合作，能議能行，方能發揚民主精神及增進工作效能。

4. 革命的三民主義為領導本黨組織路線的最高原則：沒有思想就沒有行動，沒有一致的認識，就沒有團結的力量，黨與主義脫了節，黨就成了一堆無機的渣滓。年來，大多數以背誦遺囑，為升官發財之符咒，以口講三民主義為分門定居，派系鬥爭之盾牌；只有個人派系利害的紛（分）歧，而無主義認識的一致，此種封建自私的派系，應即徹底消滅。

---

① 原載《民聯》第4期，1946年3月5日。

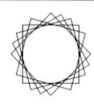

在三民主義的原則下，應允許黨員對於推行現實政策的意見與行動的出入所形成之政派，應任其自由存在，互相監督批評與競賽，以發揮理論領導之效力。如此方式，不但不礙於理論領導的一致，黨組織的統一，且可保持黨與主義的密切聯繫，促進黨的政策不斷進步，與現實政治相適應。

　　(二)改革之內容與方案

　　1.肅清法西小組織的思想、作風與機構，取消法西分子包辦黨務，獨攬黨權，還黨於全體黨員，以實現黨內民主。

　　2.取締黨內的封建派系，開除一切貪污官吏，奸惡土劣及賣國漢奸的黨籍：我們認為只有肅清封建派系，黨的組織才有生命，派系是封建的主僕關係，妨害了黨員對主義的信仰與組織的結合；貪污土劣混入黨內，破壞革命，腐化黨員，賣國漢奸利用派系的關係，仍圖潛伏黨內，以求死灰復燃。應立即徹底消除，而純化黨員成份（分）。

　　3.取消一切中央及地方所設之法西性的訓練機構：因為此種訓練，除盲目服從宣揚麻醉外，就是考核審查，監視防範其結果，訓練者可造成私人的派系，受訓者借此獵官欺世，本黨既已還政於民，用人行政，應選賢任能，取消受訓者，憑藉特殊地位，以獵取官職的資格，以符民主政治之意義。至於理論的檢討，行動的洗練，應納入黨的組織生活中，區分部及小組，才是自我教育，相互學習的場所，才是有效的民主教育。

　　4.取消黨的特務機構——中央調查統計局：調統局為整個黨組織暗中的核心，妨害黨與黨員的關係，降低黨的威信，障礙黨與群眾的關係，控制黨員的言論與行動自由，使黨員無自覺自動的活力，應即取消，以恢復黨與黨員及群眾間的正常關係。

　　5.本黨經費停止由國庫開支：一切費用應按黨員所得及財產徵收捐助；並取消黨工人員的薪給制及比照銓敘制，則黨衙門及黨官僚之特殊尊稱亦可隨之取消，黨與群眾的關係，即可恢復；而腐敗糾紛的現象，自能消除，尤應使黨員依照各自的能力充分就業，為社會工作者之一員，以構成黨員與社會不可分之關係，同時提高黨員獨立生活之能力，與自尊之人格。

　　6.黨員應有言論自由：言論自由為民主政治之基本條件，為民主政黨的鬥爭武器，為爭取正確理論政策之工具。近年來，只見上級的訓話，發言人的發言，不准黨員對黨的理論政策之辯論批評與檢討，黨員只暗中竊議，不敢公開表示正直言論和政治見解，黨為恢復黨員的政治活力，應鼓勵黨員自由發表言論，以求黨的進步。

　　7.恢復黨的群眾機構，改變統制作風：專門辦黨的人員應減至最少數，每個黨員均須參加各種民眾組織，為人民爭取權利，為人民忠實服務，應廢止一切統制法令，以保持民眾組織的獨立性，以發揮人民的力量，並應成立農工、婦女、青年等部，以發展黨的基礎，加強黨的領導。

　　(三)實施辦法

　　1.制定公平的黨內人事制度：憑黨齡與奮鬥成績，論認識與能力，重品格與篤行，以選拔各級幹部，作為各級黨部公開活動選舉的參考及主持人事之公正負責人。

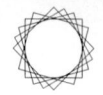

2.設立黨務改革委員會：應以本黨有奮鬥歷史之優秀幹部組織之，負責計畫與推行黨的一切革興事宜，並監督指導黨員甄別，與籌備召集能真正代表黨員意志的全國代表大會諸任務。

3.黨員甄別：在黨務改革委員會之下，設黨員甄別委員會，採取從下而上之甄別原則，一面淘汰黨內的法西封建的殘餘分子及貪污、土劣、漢奸、投機腐化之輩；一面檢閱黨的成份(分)，制定吸收新黨員的品質標準，同時依據黨員的革命歷史、知識水準、職業環境、工作能力及其對社會群眾的關係等，加以分類整理，分配指導，以健全黨的基層組織，開展黨的社會工作。

4.依照民主的原則召開全國代表大會，其任務：(1)重新商討黨國大計，以適應國內外的新形勢；(2)改革一切不民主的制度，政策及作風，力求黨的進步，發展民主團結，以完成三民主義的民主政治；(3)代表的產生，必須實行普選及無記名投票方式選舉之，嚴禁派系包辦，以達成全黨真正的團結。

為實現上列各項方案，必須號召黨內民主進步的同志團結起來，改正黨的錯誤路線，共謀 恢復黨的新生命，實行革命的三民主義。

二、關於復員的決議案

（一）嚴厲執行全面復員，恢復平時狀態，所有戰時機構，以及一切戰時措施，應立即停止。並迅速實行軍事復員，停止內戰。
（二）抗日官兵依限退伍。
（三）青年志願軍，應即復員，並使之複校、複業。
（四）退伍官兵的生活與職業，應予以切實保障。
（五）優待榮譽軍人及軍人家屬、殉國官兵遺族。
（六）服務後方公教人員及撤退後方之職工，一律優先復員。
（七）各地義民回鄉，政府應予以充分的協助。
（八）人民在抗戰期間所受損失，應由政府負責賠償。
（九）國際善後救濟總署在我國所設之分署，應由我國人民代表監督，以達到公開、公平之救濟原則。

三、保護各地僑胞的決議案

（一）實行保護海外各地僑胞之利益與安全，並提高其政治經濟地位。各地僑胞文化教育事業，應予幫助。
（二）各地歸僑，應依其志願資遣返回各地，並向各居留政府切實交涉妥謀其安全歸還其財產；如因大戰破壞而受損失者，應由政府負責賠償。
（三）對歸國僑胞應按其技能特別予以參加國內建設事業之機會；僑生回國就學應予以特別便利。

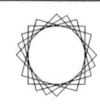

四、處理敵寇日本的決議案

（一）實行聯合盟邦共同管制日本，徹底肅清日本軍閥、財閥、法西斯統治勢力。
（二）廢止天皇制，認定裕仁為戰爭罪犯。
（三）迅速徹底解決投降敵軍，解除其武裝，逐出國境之外。
（四）迅速逮捕敵寇戰犯，在犯罪地方公開審判。
（五）組織日本賠款委員會，以日本所有之物資、生產工具、勞動力、技術等充抵賠款。
（六）日本所劫奪我國之物資及有關我國歷史文化之物品應全數追還。
（七）所有國內敵僑，除一部有專門技術能為我國服役者外，一律遣回日本；在戰爭期中犯有暴行者，以戰犯論。
（八）支持日本民主勢力及所有民主黨派，促進日本民主政府成立，以壓止日本法西斯勢力，使之不能再起。

五、懲辦漢奸及處置偽軍的決議案

（一）嚴厲懲辦漢奸，組織特別法庭，由人民選舉代表參加，公開審判。
（二）沒收漢奸及附逆者所有企業，分別給予國內企業家經營。
（三）沒收漢奸及附逆地主之土地，分給退伍官兵抗屬及無土地之農民。
（四）徹底消滅偽軍，其附逆將領分別懲辦。

3. 三民主義同志聯合會對政治協商會議之意見[①]（1946年1月26日）

一、政治協商會議之主要原則

（一）雙方既已下令停戰，政治協商會議即應商定永息內爭及軍事問題之基本方案，確保決不再有內戰之發生；對於目前已開始進行之三人執行部考察團等工作，尤應協助、推進、監督，期其收到良好的效果。
（二）政府應立即執行雙十紀要及在政治協商會議宣佈關於保障人民基本自由權利之各項諾言。
（三）政治犯必須普遍迅速予以釋放，特務機關必須徹底取消，並不得再用變相方法名廢實存。
（四）會議必須商定今後施政綱領，俾政府各黨派及全國人民均有共同政治原則，可資遵循；

---

① 原載《新華日報》，1946年1月26日。

決定關於國民大會之各種問題及提出修正憲法草案之原則與要點。

（五）會議之各種決議案，對政府及各黨派應有拘束力，參加會議之各方，須負責保證其實施。

（六）會議之會期，應依照實際需要及與各方面多數之決定，得延長之。

（七）會議之決議及討論情況，應臨時公布，開會時應允許各方代表之顧問列席及人民團體代表旁聽。

（八）人民對會議得推代表到場陳述意見及開展自由批評。

二、停止內戰及軍事問題

（一）關於目前執行停止內戰及復員裁兵整理改編軍隊種種措施，應根據雙方已商定之原則，切實辦理，務期達到全面停止衝突及合理可行之限度，遇有爭執，應依據全國及當地人民之意見，由政治協商會議提出解決之方案。

（二）敵軍在華部隊，應限期受降、繳械、集中遣回。敵軍軍官及他種軍事人員，應分別逮捕、嚴懲戰犯。不得以任何名義改編。受降繳械之執行，應為就近之軍隊。所繳之武器，應暫封存，未有合理處置前，任何方面不得運用。受降、繳械、封存武器等工作之進行，應有人民之監督及公開之報告。

（三）偽軍首領重要官佐及漢奸，須徹底搜捕治罪，不得任用。偽軍無論改編與否，均應一律解散。

（四）政治協商會議應請美國限期撤回在華部隊，以免被捲入內戰漩渦。所有美械，應完全為整軍之用，並妥定辦法，防止再用於內戰。

（五）政治協商會議應根據國防、地方治安及各軍事實際情況，決定全國軍隊整編及駐軍地區劃分之原則。

三、聯合政府

（一）為加速實行民主政治，必須立即結束一黨訓政，並于國民大會召開以前，組織臨時性的聯合政府，作為民主的中央施政機構。

（二）由政治協商會議制定共同施政綱領，作為聯合政府執行一切政務之最高指導方針。

（三）以國防最高委員會指導國民政府之制度，應行撤銷，另設全國政治會議，為國民大會召開前之最高政權機關，其組織法及人數比例及人選，由政治協商會議決定之。

（四）政治協商會議閉幕後，應立即召開全國政治會議，組織聯合政府。

（五）由全國政治會議推選各黨派及無黨派人士，擔任國府委員，組織國民政府委員會。國民政府組織法，應參考責任內閣制與聯合政府之精神，予以修改，不應使國民政府主席獨負重責。

（六）聯合政府國府委員應包括各黨各派及無黨無派人士，由全國政治會議規定人數比例，獲得一致之同意推選之。

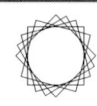

（七）在聯合政府國府委員會之下的五院，除應即行改組行政院外，其他各院，亦應請各黨派及無黨派人士參加。

（八）行政院所屬各部會之設置，應依據施政實際需要，與事權集中之原則，由全國臨時政治會議決定之。

（九）行政院院長、副院長、秘書長及各部會首長人選，均應經國府委員會通過後，由主席任命之。

（十）國民政府軍事委員會，應即撤銷；軍事行政部分，應直隸行政院。關於裁兵、整編等善後事宜，可另設立臨時整軍委員會辦理之。

（十一）現行文官任用條件，應即予修改，以便各方人士參加各級政府中工作。

（十二）在行政院之下，設全國經濟委員會，延攬各界有代表性人士，以及對經濟事業有學識經驗之人士組織之，以決定關於全國經濟事業之復員、調整、建設計畫等等具體方策。

四、省縣政權

（一）中央與地方之關係，應立即切實實行均權制。在省市縣人民選舉之政府成立以前，由中央依據目前地方實際情況，先行酌照各方面人數比例之原則，分別改任省主席、委員、廳長、秘書長；增設副主席、副秘書長。省級官吏得由地方人民向中央推薦加委，不得以軍人充任。省政府之組織法，立即以民主會議制之原則修正之。

（二）由國府明令全國鄉鎮，准予人民自動選舉鄉鎮長，實行自治。

（三）各省地方自治，限定於一年內完成。

（四）各縣中實行自治之鄉達到半數以上時，得自動選舉縣長，實行縣自治。各省中實行自治之縣，達到半數以上時，得由各縣推選代表，組織省民代表會議，制定省憲，依照省憲選舉省長，實行省自治。

（五）各省縣鄉長之選舉，均以無記名投票方式，由人民直接普選。

（六）各省縣鄉選舉時，由全國政治會議推定人員監督之。

（七）田賦及其他可靠之地方稅，應儘先撥充鄉鎮及縣之經費，以確定其財政基礎，省預算有不足時，由國家補助之。

（八）明白劃定省縣鄉自治政府之許可權。

（九）第一項辦法及省縣自治，於政治協商會議決定後，即行開始施行，盡民國三十五年內完成之。

五、國民大會

（一）國民大會召開之先決條件：

1. 在全國和平團結而無內戰之情況下。

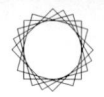

2.人民享有各種基本自由,並能保障其行使選舉權與被選舉權。

3.結束一黨專政,制定民主性的施政綱領,成立過渡時之聯合性的民主政府。

4.聯合政府負責保證於一年內普遍實行地方自治。

5.各黨派獲得合法平等地位,各黨派及各界人民團體代表人士,包括實業團體、文化團體、大學教職員、學生、婦女等,均有參加國民大會之機會。

6.聯合政府依據現實國情及人民意志,重訂國民大會之組織法及代表選舉法。

7.「五五」憲草經過各黨派各界人民團體及其代表人士研討,提出修正。

8.關於國民大會之籌備機關及籌備工作,應由各黨派與各界人民團體之人士,共同組織進行之。

(二)國民大會之開會日期:政府原已公布三十五年五月五日召開,但在開會前,必須對許多先決問題求得圓滿解決,否則決不能勉強召開,反致糾紛。其日期應由政府協商會議決定之。

(三)國民大會之職權問題:

1.本屆國民大會代表既系由人民普選產生,則其有制憲之職權,當無疑義。至於是否行憲,須視開會時政治環境,人民意志及大會本身情況而定。

2.即使本屆國民大會不能行憲,對國家大計之各種問題,均應有討論決定之權,不應限制其職權僅為制憲。

(四)國民大會代表問題:代表應由全國人民以無記名單記投票方式普選產生之。舊代表一律無效。

(五)國民大會組織法應行重訂之各要點:

1.本屆國民大會應制定憲法及決定國家大計之各種問題,如不兼行憲之權,則應有「決定憲法上所規定之國民大會召集之日期」之規定,而不應止於「決定憲法施行日期」。如兼行憲之權,則應有「決定開始實施憲政行使憲法上所賦予之職權」的規定(現行法第一條)。

2.國民黨中央委員會不應為當然代表(第三條)。

3.國民大會代表如已增多,則原定之主席團三十一人之為數,應行增多(第七條)。

4.會期十日至二十日僅制憲工作,亦嫌太短,何況整個國家各種問題均須詳加討論?!應改為三十日至五十日(中間不妨有休會日期)(第十條)。

5.僅限於制憲之國民大會會期完畢,當然任務終了,但本屆大會,除制憲外尚有決定國家 大計各種問題之權,則會閉後,應有一黨設機關,負代表大會監督政府之責,至憲法所規定之 國民大會開會時為止(第十一條)。

(六)國民大會代表選舉法應行重訂之各要點:

1.凡本法中「當然代表」「指定代表」「指定候選人」「推選候選人」一類之規定,應一律廢除,一切代表均不得違反普選之原則。

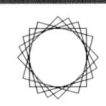

2.區域選舉，由鄉鎮長或坊長聯合推舉候選人之規定，應刪除。（第二章）

　　3.職業選舉規定「以本法公布前依法成立職業團體為限」應改為自本法修正公佈後為限。（第三章）

　　4.職業團體之代表，應由其會員普選，而不應限於以職員推選候選人。（第三章）

　　5.職業團體之候選人資格，限制其必須從業三年以上，應改為一年以上；因抗戰八年，停戰不久，人民流動，變更職業者甚多。（第三章）

　　6.遼、吉、黑、熱四省，業經收復，省區改劃，不應定為特種選舉。（第四章第一節）

　　7.對蒙古、新疆、西藏及雜居各省內回族及苗夷、傜僮等少數民族，應另行規定民族代表之選舉辦法。（第四章第二節）

　　8.軍隊在抗戰中及戰後擴編、改編、整編之變動極多，數額亦大，應不分派系、增加名額，其候選人應由全體官兵夫平等普選。（第四章第四節）

　　9.特種選舉中，應規定實業團體、文化團體、大學教職員、學生、婦女四部分代表之選舉辦法，以補職業選舉之不足。

　　10.各級選舉事務之辦理及各級選舉之監督，應由政府與各黨派各界人民團體之代表人士，共同組織委員會，以民主方式執行之。

六、對施政綱領之意見

　　施政綱領為聯合政府執行政務之最高指導方針，聯合政府為各黨各派及無黨無派賢達人士，在國民大會召開前所組成之臨時性過渡政府。我們針對此點提供意見，以備社會人士暨政治協商會代表研究和採納。

　　（一）中國國民黨應結束訓政，由各黨派代表及無黨派的賢達人士，組成舉國一致的民主聯合政府。

　　（二）政治協商會議閉幕後，組織政治會議。政治會議為全國最高政治機關。聯合政府——改組後之國民政府，對政治會議負責，受政治會議指導。

　　（三）關於政治方面的意見：

　　1.國家應保障人民身體、行動、居住、遷徙、學術、思想、信仰、言論、出版、集會、結社等等之基本自由。凡防（妨）害此項基本自由之一切法令、制度、機構等，應立即廢止之，並制定妨害基本自由之懲處法規。

　　2.實行普選制度。中華民國之選舉權及被選舉權，不受財產、教育、信仰、性別、種族等之限制。

　　3.國內一切民主黨派，一律處於合法平等地位。

　　4.實行中央地方均權制。各省省憲，由各省人民代表大會制定，各省行政首長，實行民選。

　　5.地方自治為民主政治之基礎，縣為自治之單位，由縣以下各級自治機構，應由人民選舉之代表治理。現行之保甲制度，應立即廢止。

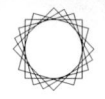

6.全國特務機構，應立即解散。

7.凡構成中華民國之各民族，一律平等，並依據民族自決之原則，國內各少數民族，得根據其大多數人民之自由意志成立一民族或數民族聯合為一單位的自治組織，或成為獨立國家，組成自由聯合的中華民國。

（四）關於經濟方面的意見：

1.實施計劃經濟，完成工業革命，提高人民生活水準，故應建立工業體制，分國營與民營工業之領域，其基本原則如次（1）凡事業歸私人經營較歸國家經營更為有效者，應歸私人經營，而由政府制定法律，獎勵並保護其發展（2）凡具有獨佔性者，應由國家主辦，但得由政府斟酌性質委託民營。

2.完成工業革命，非在建立資本主義經濟制度，故於完成革命之際，應逐漸發展國家資本，以避免分配之不均，其步驟如次（1）在建設時期，須保護私人資本與國營企業同時並進（2）由國家採取適當政策，保障人民生活之公平與滿足。

3.為完成工業革命，發展我國經濟，得利用外資，但必須依照下列原則（1）不得損害國家主權完整（2）應使外資配合我國計劃經濟之實施，毋令外資支配計畫（3）外資應運用於基礎性與關鍵性之重工業及長期性的生產事業，如：農林、漁牧、工礦、交通等項生產事業（4）外資利用，應以國家一般信用為證，不應以政府稅收或事業收入為抵押，以免破損主權，掠奪資源，與干涉內政之危險。

4.建立新稅制，力謀稅制之完整與協調，革除現行稅制之缺點，著重對人稅，減輕對物稅，尤其消費稅，以謀國民財富之平均分配，而使貧富界限漸歸消滅

5.在復員期中，政府應即采下列之緊急措施（1）救助因戰爭停止而感受壓迫之民營工業（2）停止通貨膨脹，穩定金融，防止物價之暴漲暴跌。

（五）本會對於軍事方面除在停止內戰各項舊意見外更提出下列的意見：

1.實行軍隊國家化，在民主政府之下，任何黨派及個人，均不得擁有軍隊。

2.按照國防上實際需要，軍備實行減縮，軍隊實行整編，以實現精兵主義。

3.實行徵兵制，人民依法律有服兵役之義務。

4.改善官兵生活，提高官兵文化水準。

（六）關於外交方面的意見：

1.我國外交政策，為實現國際合作與世界和平，外交必須公開，秘密締約與協定，概作無效。

2.積極參加國際安全機構，與所有愛好和平的國家，以平等的地位，切實合作。

3.實踐中蘇友好盟約，並忠實履行大西洋憲章，莫斯科會議四國宣言，開羅會議決議及所有民主國家與我國所訂立之平等條件及諾言。

4.任何國家均不得有在我國領土內駐兵及侵害我國家主權之特權。

5.以外交方式收回香港、九龍、澳門及一切我國固有之領土。

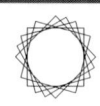

6.實行扶助弱小民族政策,對各殖民地人民之獨立運動,應予以同情及協助。

(七)關於扶助農工的意見:

1.農民方面:(1)發展農村合作運動,建立集體農場,以期逐漸達到平均地權,土地國有之目的。(2)改善地主與佃農關係,禁止各地一切非法壓迫剝削佃戶之惡習,制定保障佃權之法令。(3)防止農村土地兼併。(4)取消高利貸,剷除封建剝削,實行減租減息。(5)改良農貸,簡化其手續,使中小農均得蒙其利,並給予貧農以不需抵押或擔保的低利貸款。(6)修改農會法,促進農民的團結。(7)扶助小農,增加生產。(8)提高農民之知識與生活水準。

2. 工人方面:(1)切實改善勞工條件,並提高工人待遇,保障工人生活,對失業工人應予救濟與安置。(2)工資津貼,應予按照生活指數調整,並實行不分性別,同工同酬。(3)取消包工制,嚴禁雇用十四歲未滿之童工。(4)工人有罷工權,有自由組織工會之權。(5)工人有締結團體協約、參加工廠會議之權。(6)取消員工混合組織制,工會書記派遣制,並廢止管制工人之法令。(7)確認民主集中制為工會組織之最高原則,在縱的系統上,並應逐級組織縣市總工會、省總工會、全國總工會。在一種企業上,應為產業組織。(8)各級民意機關,應有定額的工人代表參加。代表之產生,一律由工人自選。(9)參加國際勞工組織,或出席國際勞工會議之工人代表,一律由全國性的工人團體自由選舉。

(八)關於教育文化的意見:

1.凡中華民國人民,均有享受教育之機會。

2.以民主與科學之精神,普及與提高公民教育,並掃除文盲。

3.鼓勵思想、學術、文藝之自由,並協助文化活動。凡足以妨礙教育、學術、文化之措施,均應革除。

4.保障教育人員、文化工作人員的生活。

(九)關於保護僑胞的意見:

1.實行保護海外各地僑胞之利益與安全,並提高其政治經濟地位。各地僑胞文化教育事業,應予以幫助。

2.各地歸僑,應依其志願,資遣返回各地,並向各居留地政府切實交涉,妥謀其安全,歸還其財產。如因大戰破壞而受損失者,應由政府負責賠償。

3.對歸國僑胞,應按照其技能,特別予以參加國內建設事業之一切機會。僑生回國就學,應予以特別便利。

(十)關於復員意見:

1.嚴厲執行全國復員,恢復平時狀態,所有戰時機構以及一切戰時措施,應立即停止,切實執行停戰命令。

2.抗日官兵依限退伍。

3.青年志願兵應即復員,並使之復校、復業。

4. 退伍官兵的生活與職業，應予以切實保障。
5. 優待榮譽軍人與其家屬及殉國官兵遺族。
6. 服務後方公教人員及撤退後方之職工，一律優先復員。
7. 各地義民回鄉，政府應予以充分的協助。
8. 人民抗戰期間所受損失，應由政府負責賠償。
9. 國際善後救濟總署，在我國設立分署，應由我國人民代表監督，以達到公開公平之原則。

4. 三民主義同志聯合會對時局意見①（1946年4月25日）

　　目前中國的局面，已到了和平或內戰、統一或分裂、民主或獨裁的最嚴重關頭，而東北問題尤為目前時局的重要焦點，凡我國人應針對現實，各抒所見，共同努力，督促東北問題迅速解決，以拯救大局的危機。我們本此見解，特貢獻以下意見，就商國人：
　　一、迅速解決東北問題
　　解決東北問題之基本原則，應該以東北人民的意志與利益為標準，而不應該純以狹義的黨派立場為依據。為符合這種原則，即應首先無條件立刻停止內戰，而採用政治協商方式，成立「東北問題調處委員會」迅求解決。調處委員會應由政府、各黨派與東北人士共同組織之。關於軍事問題，仍由三人小組負責調處。
　　二、從速改組政府
　　政府為領導政治之機構，沒有民主的政府決不能推行民主政治，希望現政府依照政治協商會議決定之原則，從早實行改組，成立舉國一致的民主統一政府。現政府在實行改組以前，政協一切決定，必須執行，四項諾言必須實踐，全國各地摧殘民主的行為，必須完全停止；以示政府實行民主之誠意，而取信於國人。
　　三、憲草必須符合民主原則
　　政協對於「五五」憲草已有若干修正原則的決定，這些決定，我們是認為滿意的。在制憲的國民大會開會以前，政協小組，應草成一部舉國一致擁護而為各黨派所同意的民主憲草。我們主張：除人民應有的權利必須確切保障不得限制外，中央政府應采內閣制，行政院應對立法院負責，以符合五權分立之精神。地方在不抵觸國憲範圍內，必須有完全自治之權。
　　四、國民大會開會，必須符合政治協商之精神，此次國大的許可權，應止於制憲，不得行憲開會時，各黨派應保證自己的黨員，不得違反政協決定之憲草修正原則。尤其必須在各黨派一律參加下舉行會議，不得利用三分之二即可開會之規定，破壞協商之精神。而四分之一的否決權，

---

① 原載《新華日報》，1946年4月26日。

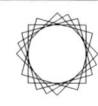

非萬不得已時亦不可輕易使用。必如此,大會才能圓滿進行,免貽分裂之患。

五、現有的軍隊必須大量裁減,所裁減的兵員,必須使之復員生產,以減輕人民之負累,不得以任何變相名義予以保留

國防軍隊必須重新建立,使之完全國家化,不得假借國防軍之名,以保持個人或黨派武力,再有黨派軍事對立現象之存在。

六、當前的全國經濟危機,應首先設法挽救

官僚資本主義橫行,應迅予嚴加制止。對外借款,必須用之于救濟與建設,絕對防止用之於軍事與內戰!更不得借此發展官僚資本,剝削人民。全國最高經濟管理機構,必須有人民代表參加,以開經濟民主之端緒,防止官僚之操縱。

總之,我們認為東北問題已成為目前全國局勢好轉或逆轉之嚴重關鍵,全國人民應共起督促,迅求解決。解決東北問題之基本原則,應尊重東北人民之意志與利益,必須首先無條件立刻停止內戰,採用政治協商方式,求和平解決。同時,有關全國性之問題,如:政府改組、憲草原則、國民大會、裁減軍隊、對外借貸等,均必須依據民主原則,全盤有合理之措置,始能澄清時局,促成和平、統一、民主中國之實現。時機危殆,千鈞一髮,望我國人,共起圖之。

六、民主建國會

1. 民主建國會政綱[①] (1945 年 12 月 16 日)

一、總　綱

(一)建國之最高理想,為民有、民治、民享。我人認定民治實為其中心。必須政治民主,才是貫徹民有,才能實現民享。

(二)建國之途徑,經數十年之慘痛教訓,大體已趨一致。今後不在多言,而在實踐。我人認為亟應根據人民之利益與要求,採取孫中山所定三民主義之重要進步部分,訂入憲法以確定全民共同信守之範圍。

---

① 摘自《平民》週刊第 1、2、3 期合刊,1946 年 4 月。

（三）政治須以文化為指導，而以經濟為基礎，始能期其正確而切實。軍人武斷政治與夫官僚政客包辦政治，均非現代國家之所許，必須使從事生產各階層之廣大人民擁有最大之發言權，而以文化教育之力量融和其矛盾，扶助其發展，然後民主始不落玄虛，進步始不超過時代。

　　（四）經濟須以科學為指導，而以社會為基礎，始能迎頭趕上，利及全民。因此從事生產必須充分尊崇科學研究，以求理論與應用之相互發明，相得益彰。而發展工業，就須同時謀農業收益之增高，與一般人民生活之改善。

　　（五）政治之安定，有賴於公道之伸張。舍公道而尚威力，為政治禍亂之源，而經濟掠奪與社會黑暗，亦均由此而起。拔（撥）亂反正，必須以國家利益與人民公意為準繩。明是非，正功罪，以彰公道。抗戰為空前大業，在此時期，政治上社會上一切是非功罪，尤應依此論定。

　　（六）抗戰既獲勝利，我人認為必須于和平中完成建設，以恢復元氣，增進國力，於統一中實現自治，以安定秩序，發揮民力。而和平與統一，均須於民主政治中求之。有效之國防，亦端賴政治進步，經濟充實，益以教育文化之發達，始能奠定其基礎。

二、政　治

　　（七）民主政治之基本條件，為人民身體、信仰、言論、出版、集會、結社、通信等之自由，應予切實保障。在不違反國家利益、社會安寧條件之下，絕對不得加以限制。所有侵害人民自由之特殊機構，應即解散。

　　（八）為實現和平建設，常備兵須大量裁減，兵役制度須徹底改善，全國武力須屬於舉國一致之民主政府。司法須獨立，文官制度須切實保障，均不受政黨或其他勢力之控制與影響。本此條件，政治競爭始能在合理合法之公平基礎上，共謀國家之進步。

　　（九）我人認為現代國家，必須人民有權，政府始可有能。政令固需人民之協力推行，而鏟除貪污，提高行政效率，更需人民之監督。在人民未得充分民主權利以前，絕對不應提高政府之治權。

　　（十）為保障民主政治，必須建立各級議會，行使各級民權。議會之代表，必須包括各階層及各界，以期能充分提出切身之要求。

　　（十一）選舉與公民投票，必須為普遍的、直接的、無記名的，始能代表真正之民意。為鼓勵人民興聞政治，公民宣誓制度必須廢除，人民代表與民選官吏候選人，必須不受考試、檢核之限制。

　　（十二）自治之實施，我人認為都市宜以職業團體為主要之基礎，而鄉村則宜保存其原有之地理單位。一切自上而下之部隸，均應廢除，而代之以自下而上的自動自發組織。

　　（十三）為順利推行法治計，現行各種法律，必須依據人道主義及人民公意，切實修改，以求適合時代與國情。審判必須依法公開，執行必須迅速而有力，監獄必須切實改善。軍法制度，尤應徹底改正，以求符合現代國家之標準。

　　（十四）公務人員及軍警之待遇，必須充分提高，並謀其公平合理，以期整飭人事，挽回頹

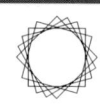

風,並免除對於人民之苛擾。

（十五）對於邊疆各民族,吾人認為應本平等互相之精神,以事實之表現,求其認識參加國家組織之利益。宜尊重其固有而現存之文化、信仰與習慣,維持其安寧,解除其束縛,改善其生活,提高其知識,尤應避免任何武裝及非武裝之壓力,以求敦睦。

（十六）對於海外僑胞,應協助其加強團結,普及教育,以爭取在當地之應得權益。充分配備金融、交通之力量,以發展其產業與對祖國之貿易。再運用外交上之努力,以融和僑胞與所在國國民之情感,並保障其權益之不受侵害。

（十七）對於侵略國,須徹底解除其武力及足以培養武力之生產與輸出能力,消滅其足以造成侵略之制度與思想,並扶助其國內愛好和平之勢力,建立民主政權,樹立未來之永久友好基礎。

（十八）對於殖民地國家,須以和平方式,扶助其獨立自主。托治制度必須由有關國家共同參加,以保證自治之貫徹與獨立之實現,並避免再蹈過去委任統治之覆轍。

（十九）在外交上,須化除成見,消除自卑心理,以公正之立場,雍容之大度,團結美蘇英法;以愛好和平之赤誠,鞏固聯合國之基礎,以達世界大同之終極目標。

三、經　濟

（二十）經濟建設須有全國性計畫,以謀發展之平衡與配合之妥善,惟計畫之訂定,必須依照民主方式。在計畫規定之下,人民須有充分經營企業之自由;除保護勞工及防止獨佔法律以外,不得再有其他之限制。我人認為經濟民主,應以此為起點。

（二十一）國營事業之官僚化與私人企業之獨佔化,同為經濟建設之大敵。以我國現勢而論,前者之危機遠過於後者。因此我人一面主張國營事業國家化、私人企業社會化。一面更反對在官僚化尚未肅清以前擴大國營事業之範圍。

（二十二）關稅政策之建立,須一面配合時代要求,一面仍保護工業發展。我人主張溫和而有時間限制之保護關稅制度。過度之保護關稅,徒為工業進步與人民生活改善之障礙,在所不取。

（二十三）所得稅須求公平合理。其目的在限制私人對於利潤之分配與享用,而不在削弱產業資本之累積;應重課不勞利得,而輕課勤勞及產業所得。遺產稅必須加重徵收,以避免私人財產之膨脹。間接稅必須儘量降低,並絕對不得重征。

（二十四）對於貨幣政策,我人反對無限制的消費膨脹,同時亦不能贊同只圖平衡國家預算不顧國民經濟與社會福利之極端緊縮主張。我人認為增進生產力量,應為貨幣政策之最高使命。以故確能增進生產力量與求能配合生產力量之通貨膨脹,不但不足顧慮,且應大膽為之。貴金屬與外幣準備,僅供國際償付之用,既不應以此限制發行,亦不宜過分珍視。

（二十五）對於金融制度,我人主張中央銀行應以穩固之政策,利用再貼現及公開市場運用,切實負起銀行之銀行的任務。其他國營專業銀行,應由中央銀行充分扶助,使能愉快執行其應有之使用。管理商業銀行,消極的束縛不宜過多,但須經常公佈檢查之結果,以供社會之批判

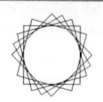

與抉擇，藉收汰劣留良之效果。

（二十六）關於信用政策，我人主張提高票據之地位，不能再任其附著於過時之對人與對物信用，以謀市場周轉之活躍。中央銀行盡可以再貼現範圍之伸縮，控制信用，而不應再有其他對於信用之束縛。產業證券市場必須建立，庶商業銀行可以儘量投資於生產事業，而無資金凍結之虞，社會遊資更可舍投機而流入生產事業。長期信用來源充沛，工業建設自可突飛猛進。

（二十七）對於國外貿易，應儘量縮小國營之範圍，積極協助民營貿易之發展。在建設初期，我人贊同對進出口物品施行限制。其目的，在限制消費，增加建設所需器材之輸入，並保持必需原料與人民衣食所需之物資，而不在謀國庫之收入。

（二十八）關於產業經營之方式，我人認為股份有限公司之組織，足以提高企業精神，集中社會財力，促進建設，且有助民主之訓練，應與合作組織，同時予以鼓勵。

（二十九）工業之發展，一面自應鼓勵工廠之經營，儘量利用機械，力求專門化。以期迎頭趕上；一面復須改良並擴大家庭工業及手工業，以謀人力之充分動員，與人民生活之普遍提高。手工業一面須儘量使之附著於家庭，以減低成本；一面復須與工廠密切配合，組成互相依存之生產體系。此外更須灌輸美術思想與科學知識。以謀產品品質之提高與工具之改善。凡能以機械代替手工之工作，須隨時改用機械，提高效能。

（三十）工業標準須從速完成，工業區須從速指定，以便人民之投資與經營，並謀工業發展之迅速。在工業標準尚未完成以前，政府對於工業器材，何者宜予輸入，何者不宜輸入，應先有明確之表示。凡指定為工業區之地帶，須由政府以公平價格徵購全部土地，並為合理之分配使用，以謀全區之便利。工業區應指定為自治模範區，其人口合於市之標準者，應即改市。

（三十一）土地問題，必須用和平合理之政策，速求解決，以謀土地之合理使用及其生產力之增加。農村土地問題之解決，應從保障佃權，限制佃租入手，進一步由國家征租或發行債券徵購非自耕土地，分租與農民；同時並應因勢利導，通過現代農業機具之集中運用，以漸進於土地之集中使用。在政策施行之際，一面須能切實解除農民之痛苦，一面仍須保障地主之合理收益；並竭力引導土地資本投入生產事業，以消除目下土地資本與商業資本迴圈發展之弊害。

（三十二）為求減少天災，發展地利與提高農民生活，我人主張從速大量興辦水利及推廣農村動力之利用，並就地形區域之條件，採用現代經營方式，利用科學方法，以謀農產質與量之同時提高。此外，農村副業必須力求改善與擴充，並鼓勵以合作組織經營農產加工及運銷，以增加農民收益。

四、社　會

（三十三）人民應有工作權。為謀工作權之切實賦予，政府應依據國家建設及人民生活之必需，訂定全部就業計畫，並動員財政、金融及民間事業力量，負責求其實現。

（三十四）國家對於願意從事工作之失業人民及失去工作能力之老弱殘廢，應負切實救濟之責。對於患病無力就醫者，應免費為之治療。所有衛生保健工作，均宜從社會最低層入手，以

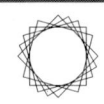

糾正粉飾表現之作風。社會保險制度必須逐步施行，限期完成。災患之救濟，尤須求其切實而有效。一切社會設施，均應以貧苦無告人民為主要對象。

（三十五）對於產業成果之分配，須制定合理之標準，以減少勞資之糾紛。其方式，除頒布最低工資法嚴格施行外，並規定職工參加如分紅之比率，以資勞資雙方之共守。

（三十六）為求勞資合作基礎之穩固，一面須謀工廠會議制度之普遍實現，一面仍須保障工廠管理權之完整。工作紀律必須充分提高，以求生產之擴大。

（三十七）工會、農會宜鼓勵其自動組織。工農以外之政治、社會力量，只能從旁協助，而不應加以控制與操縱。職工福利事業及業餘生活設施，除應由廠方盡力協助職工自行辦理外，其力量不足者，應由政府予以補助，以謀有業者之樂業。

（三十八）為使法律上男女平等條文之有效，必須在適合生理條件之下，擴大婦女教育與婦女職業；一面大量擴充托兒所及公共食堂等社會設備，使婦女職業之擴大，不致影響家庭生活，生育保護與兒童健康。

（三十九）國家對於兒童保育，應負責求其盡善。父母對於兒童保育不良者，應指導糾正之；父母無力保育兒童者，應充分協助之；無依之兒童，應由政府負責保育。工廠中之童工，應減輕其工作，以漸進於完全廢止。

（四十）退伍軍人，除應謀其全部就業外，並須保證其工作之適合與生活之改善。我人認為退伍軍人之就業、從工應重於歸農，而從工複須以服務工廠為主。歸農之軍人，除授田外，並須配給機械化農具，指導其組織合作農場，以謀工作之愉快與生產之增加。殘廢軍人之生活，尤應特別予以注意。

（四十一）政府對於貧農及小本經營工商業者，除去法律禁止高利貸之剝削外，應在都市廣泛推行小額貸款，並極力改革農貸辦法，期能惠及貧農。

五、教育文化

（四十二）發展教育，量的擴大與質的提高，必須並重。前者須厲行義務教育以求普及，而後者更須充實學校設備，提高教學水準。免費學額須大量擴充，以求受教育機會之均等。

（四十三）為謀改變學風與適應時代需要，人格之培養與生活不虞匱乏普遍能力之養成，必須同時兼顧。民主研習與科學探討，為教育之基本精神，而其中心關鍵則在於教學之自由。此點尤須於各級教育中特加注意。

（四十四）為提高教育效力及保持學生健康，各級學校之教學科目，必須酌量刪減。教本更須充分鼓勵自由編訂，以求教學之進步。

（四十五）教育文化事業，應在不違反建國目標之原則下，任其自由發展。人民須有辦理學校及文化事業之完全自由，但宜以國立教育文化事業補救其地域及部門之偏枯。

（四十六）國家對於天才兒童，應予以特別之愛護與培育。對於文學家、藝術家、科學家及

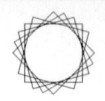

在技術或工作上有特別成就者，應予以尊崇，並保證其生活之優裕。

2. 民主建國會組織原則[①]（1945年12月16日）

一、表示其為人民與聞國事之集合，但有別於一般黨同伐異之政黨。

二、廣泛徵求無政黨關係者之參加。其已有政黨關係而仍願以爭取本會主張之實現為其當前之最高任務等，亦所歡迎，但于必要時得加以限制。

三、重在為公道正義而奮鬥，以國家社會之利益為先，而本團體之利益為次，個人之利益又次之。在選舉競爭上，重在選賢與能，而不限定候選人之屬於本會。

四、不採取領袖制，會務分工負責，重在事宜，以合議制決定之。在會議中，主席之職權僅為維持會場秩序；對外言論，代言人僅能表示團體之意思。

五、服從組織，同時尊重個性；服從多數決議，同時尊重少數發言。會員對於會務，有隨時提供意見之權。

六、紀律不尚繁苛，但須貫徹；組織不重形式，但求緊密。

七、現有上層組織，為臨時性，俟全國各地分支會組織完成，再行由下而上之選舉，以決定正式組織。

八、組織、財務及政治活動須儘量公開，以培養光明磊落之政治風氣。

3. 民主建國會章程[②]（1945年12月16日）

第一章　總　則

第一條　本會定名為民主建國會。

第二條　本會以團結各界思想進步行動踏實之分子，合力推進民主政治，並以互相方式發展各種有利建國之事業為宗旨。

第三條　本會總會暫設重慶，將來得經理事會之決議，移設他處。

---

① 摘自《平民週刊——民主建國會成立紀念專刊》，1946年1月21日。
② 摘自《平民週刊——民主建國會成立紀念專刊》，1946年1月21日。

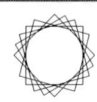

第二章　會　員

第四條　凡贊成本會宗旨，具備左列各款之規定，有會員二人以上之介紹，經本會理事會或其所授權之機構審查通過者，均得為本會會員：
一、年在二十歲以上；
二、非現役軍人；
三、從事於政治之工作；
四、無貶損人格或妨害國家利益或破壞團體之行為；
五、在抗戰時期無勾結敵寇漢奸之行為。

第五條　會員之權利如左：
一、有選舉權及被選舉權；
二、在會議中，有依照會場秩序表示意見之權；
三、對於會務得隨時提供意見；
四、有著作及發明，提經理事會或其所授權之機構審查認為有價值者，由本會協助其出版、利用，並發動會員鼓吹推廣之；
五、有事業計畫，提經理事會或其所授權機構審查認為有利建國並具備成功條件者，由本會發動會員共同出錢出力贊助之；
六、權益遭受侵害者，由本會依法為之謀取保障；
七、工作不適合才能或個性者，由本會以團體力量為之設法調劑；
八、失業或遭遇意外災難者由本會以團體力量助其就業或取得救濟。

第六條　會員之義務如左：
一、遵守本會章程及決議案；
二、積極實現本會主張，協助推行會務；
三、如期繳納會費。

第七條　會員有左列情事之一者退會：
一、自請退會者；
二、被召征服兵役者；
三、滯繳會費達一年以上經兩次催告仍不繳納者；
四、對於本會有破壞行為或施惡意攻擊者；
五、有不名譽情事足以影響本會者。
前項第三、四、五款之退會，由理事會或其所授權機構決議行之；因第二款事由退會者，於服役期滿後，恢復其會員資格。

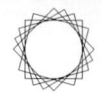

第三章 組　織

第八條　本會最高權力機構為會員代表大會。

第九條　本會設理事會，為本會最高執行機構，由會員代表大會選舉理事七十五人組織之。理事任期一年，連選得連任。

第十條　理事互選常務理事二十三人，依照理事會決議，分工處理會務；同時組織常務理事會，以會議方式，解決比較重大問題，並謀行動之協調。

第十一條　在常務理事會下設左列各處組：

一、秘書處；

二、財務組；

三、會員組；

四、分支會組；

五、言論出版組；

六、技術研究組；

七、事業推廣組；

八、對外聯絡組。

必要時經理事會之決議，得增設其他處組。

第十二條　各處組設主任一人，由常務理事互推兼任之，副主任一人至二人，由常務理事會聘任之，其他佐理人員若干人，由主任推薦提出常務理事會通過用之。

各處組織規程及辦事細則另訂之。

第十三條　本會設左列各種委員會，依理事會之授權，處理指定事務：

一、會員資格審查委員會；

二、會員著作發明審查委員會；

三、會員事業計畫審查委員會。

必要時經理事會之決議，得增設其他委員會。

各委員會組織規程及辦事細則另訂之。

第十四條　本會得分區設置會務指導員，由理事互推兼任之。

第十五條　本會設監事會，監察一切會務，由會員代表大會選舉監事三十九人組織之。監事任期一年，連選得連任。

第十六條　監事互選常務監事十一人，分工監察會務；並組織常務監事會，以謀監察工作之周密協調。

第十七條　本會設理監事聯席會議，處理理事會不能解決之重大事宜。

第十八條　本會得於各省市及海外設立分會，各縣設立支會，其組織規程另訂之。

第十九條　本會首屆理監事會之產生，由成立大會選舉理事三十七人，監事十九人，先行

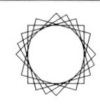

建立機構，執行全部職權；餘額留待各地分會之選舉，其人數之分配，由理監事聯席會議決定之。在理監事人數尚未選舉定額以前，常務理監事人數比例低之。

第四章　會　議

　　第二十條　本會會員代表大會每年舉行一次，經理監事聯席會議之決定。由理事會召集之。
　　第二十一條　本會理事會及監事會均每三個月舉行一次，分別由常務理事會及常務監事會召集之。
　　第二十二條　本會常務理事會及常務監事會均每月舉行一次，分別在每次會議中自行推定下次會議之召集人。
　　第二十三條　本會理監事聯席會議，六個月舉行一次，由常務理事會及常務監事會召集之。
　　第二十四條　前四條會議，遇有必要時，均得召集臨時會。
　　第二十五條　舉行理事會須通知監事參加，舉行常務理事會亦通知常務監事參加。
　　第二十六條　各種會議均須依照左列各款之規定。

一、尊重少數發言，服從多數決議；
二、已到開會時間，有三分之一以上人數之出席，即可開會；
三、討論有關與會者之個人利害問題時，關係人須退席回避；
四、選舉決定重要人事進退或獎懲，以及通過有激烈爭執之決議時，均用無記名式投票；
五、會議討論經過，與會者不得單獨對外發表。

第五章　經費及會計

　　第二十七條　本會經費來源如左：
一、會員入會費國幣五百元。於入會時繳納；
二、會員年費每年國幣五百元。於每年一月繳納之；
三、自由捐助；
四、事業收入。
　　第二十八條　本會各種收入，均由財務組負責經收，並出給憑證，或委託銀行代辦。
　　第二十九條　本會以每年一月一日至十二月三十一日為會計年度。
　　第三十條　本會年度經費支出，須事先由財務組造具預算，提出會員代表大會通過之。會員代表大會閉會期間，得由理事會先行核定，將來提出會員代表大會追認之。
　　第三十一條　會議年度終了後三個月內，財務組須造具決算，經理事會核定，送監事會審查後，提出會員代表大會通過之。

第六章 附　則

第三十二條　本章程經成立大會通過後生效。

第三十三條　本章程如須（需）修改，須經會員代表大會之通過。

4. 民主建國會成立宣言[①]（1946年12月16日）

直到如今，自命為「萬物之靈」的人類，依然在少數人的驅使之下，進行自尋毀滅的戰爭！愚頑的特權階級，依然在製造社會的矛盾，執行殖民地的黑暗統治，逼成玉石俱焚的流血革命，以自陷於覆亡！

這到底是什麼原因？這就因為全世界的平民沒有普遍的覺悟，沒有廣泛的團結，因而不能發揮他們潛在的偉大力量。

無數次的慘痛教訓，終久（究）會使大多數人慢慢地清醒過來。科學上原子能的發現，應該還可以幫助人類恢復了靈性，走上合理的大道。從今以後，我們應該可以踏進平民世紀，和平世紀了吧？

但是，我們也不能一味地樂觀，更不能忘記了我們自己的努力！平民世紀決不會由天上掉下來，而是要平民用自己的力量去爭取的。只有平民普遍地覺悟，廣泛地團結，才能建立真正的平民世紀。也才能保證和平紀的存在。

原子彈可算是現世界至高無上的力量嗎？不是的。世界上還有比原子彈更偉大百倍的力量，這就是平民的公意，只要平民不願意繼續戰爭，誰都不能再進行戰爭。第一次世界大戰就是這樣結束的，這次的歐洲戰爭也是這樣結束的。要確保世界的和平，還必須平民更進一步根本反對戰爭，使得戰爭一開始就無法發動。

原子能可能被利用起來，以改善人類社會的生活嗎？不一定的。倘使平民沒有力量，少數人為了自己的利益，會阻礙原子能應用到和平工業上去。倘使平民的力量不能改善社會分配製度，原子能在和平工業上應用的結果，徒然也只有使恐慌週期由幾年縮短到幾個月，因而也就必然縮短了戰爭的週期。

因此，我們必須明白，平民世紀、和平世紀的客觀條件，雖然已經成熟，但是依然需要平民的極大努力，始能求其實現。否則，舊時代的渣滓們，仍將要運用一切手段，使得原子能不成為和平天使的法寶，而變成戰神的武裝！

特別是我們中國，在數千年帝王專制之後，又遭受了幾十年軍閥的蹂躪，官僚的壓榨，

[①] 摘自《平民》週刊第1、2、3期合刊，1946年4月。

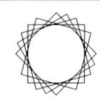

政客的撥弄，和極端分子的攪擾，平民的力量真是表現得微弱得可憐。由於平民不能表現力量，戰爭就不斷地爆發。戰爭的災禍，比世界上任何一個國家都要殘酷。且看，對外戰爭方始結束，空前的自相殘殺的內戰又在進行了！在抗戰初期，我們期望政治能因一致對外而澄清，社會能因全民動員而進步。但是結果怎樣？在勝利來臨的時候，我們對於國家的前途，又是如何一番的熱望？現在又是怎樣？抗戰八年，反而使一部分人更加泯滅了人性！殘酷、貪污、欺詐、腐化、顛倒是非、混淆黑白，……一切都只有變本加厲，看來幾乎不象（像）人的世界了！一個結論：平民自己沒有力量，一切期望都要落空！

　　就是最基本的和平統一，沒有平民的力量就不成功。什麼內戰？平民應該拿出主人翁的身份命令他們：「立刻停止，讓我們來裁判是非曲直！」只要平民能有這樣的力量，誰更用得著再爭地盤，誰更用得著再搶武裝？這才是最穩固的和平統一的基礎。

　　由和平統一進一步建設一個現代的國家，需要平民的努力是更大了。一個現代國家的建設，要包括教育、文化、藝術、金融、交通、水利、農、礦、工、商等等極其繁複的部門，而在每一個部門當中，更都有它的高度專門的理論與技術。它不但要動員全國廣大平民的腦力和體力，還必須動員他們更寶貴的企業精神和藝術興趣。這種動員，就絕對不是幾道文告所能為功，而必須首先解放平民的一切桎梏。翻一翻歷史吧！哪一個現代國家不是由解放平民的力量建設起來的？在歐洲，倘使沒有文藝復興和土地革命，哪裡會有蓬蓬勃勃的工業化？

　　時代不同了，民生主義不會再是少數學者的理想，而已經變成大眾的要求。管理科學的進步，證明了只有勞工心悅誠服的合作，才能提高生產的效率。恐慌和戰爭的週期，更使得大多數人覺悟到，不讓勞工和農民得到合理的分配，社會安全和世界和平，都是不可能的。在英美各國，儘管積重難返的社會矛盾，一時不容易得著完全協調，但是，由於平民勢力的抬頭，逐步改善的趨勢，確已經擺在前面。在我國，雖然難免還有少數最落伍的分子，想再來製造這種矛盾，但是，平民力量的抬頭，一定可以使他們的企圖變成泡影。

　　我們現在是在極端尖銳的國際競爭當中完成工業化的大業。我們為求工業化過程的迅速，還不能不歡迎外人的合作，從而把國際競爭到大門裡來。在這種情形之下，我們的工業化倘使還要保持操之在我的主權，那麼，政府和平民一體，資本家和勞工合作，以至工業和農業堅固，都是絕對不可少的。一面以平民的資格把權力爭取到手，而另一面馬上讓自己變成了新的貴族階級，去踐踏另外一批的平民，這種情形，在中國不但是不應該重演，而且也不可能重演的。

　　世界需要和平，國家需要民主統一，人生需要自由康樂。到了今天，這些都不能再是虛幻的理想，而必須努力求其實現。中國現在面臨著空前偉大的黃金時代，肩負著空前重大的國際責任。中國的平民，是必須及時奮起，來迎接這一個黃金時代，來負起這一個國際責任了。中國有四億五千萬的人民，現在竟會連國內的事情，都不能依據民意自己來解決，這真是我們的羞恥！中國的平民哪裡去了呢？

　　在過去，中國的平民曾經表現出來極其偉大的力量。由辛亥革命、北伐，以至抗戰，哪一

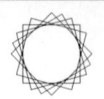

場勝利不是靠平民爭取得來的？所可惜的就是平民沒有自己的經常組織：事情完了，一轟而散；於是再讓惡勢力死灰復燃，再讓政客官僚們投機取利，再讓國事開倒車，結果是再讓平民自己受罪！這種迴圈，今後是萬萬不能再有了！

本會——民主建國會，就是由於上述的認識和動機而組織起來的。我們的主張略舉如次：

一、對於國際關係，我們主張必須披肝瀝膽，向全世界表示愛好和平的赤誠，以袪除一切國家的疑慮。對於美蘇兩國，必須採取平衡政策，以求獲得雙方的親善與協助。進一步鞏固聯合國的基礎，以保證世界的永久和平，逐漸達到世界大同的終極目標。我們反對對於任何國家的依賴，更反對對於任何國家的敵意。我們只須（需）反求諸己，自強不息，自然可以獲得國際的尊重。

二、對於國內政治，我們主張和平統一，民主集中。政府必須即刻停止以威力干涉人民的政治活動，充分尊重人民身體、信仰、言論、出版、結社、集會、通信的自由，以昭大信於天下。各政治黨派必須以國家利益為前提，相忍相讓，通過政治的民主化以達成軍隊的國家化。然後由直接普選產生各級議會，由議會行使各級政權，以徹底剷除貪污，充分提高行政效率，從人民有權以進於政府有能。同時，以戶為單位的保甲制度，必須取消，改用以人為單位的自下而上自動自發的組織，以實現真正的自治。所有足以阻抑人民參與政治的公民宣誓，以至民選官吏及人民代表候選人必須經過考試，檢核規定，必須完全廢除。

三、對於經濟，我們主張有民主的經濟建設計畫，與在計畫指導之下的充分企業自由。在目前階段，國家必須以全力培養資本，而不應以節制資本的名義消滅資本；同時集中力量，用和平合理的手段解決土地問題，以解除農民痛苦，並掃除國家工業化的障礙。工業農業必須兼籌並顧，以謀國民經濟發展之健全。貨幣、金融、貿易、捐稅等政策，必須徹底改善，期能密切配合國家工業化的要求。工業區必須迅速指定，工業標準必須盡速完成，以便利人民之經營。

四、對於社會，我們主張政府須有全部就業計畫，並負責求其實現，以期無業者之有業；同時充實職工福利及業餘生活設施，以期有業者之樂業。政府須制定公平合理的分配制度，以奠定勞資合作之基礎。工廠管理須求民主化，但不能以此破壞管理權的完整，因而妨害企業精神和生產效率。工會農會應鼓勵其自由自動組織；工農以外的政治社會力量，只能從旁協助，而不應加以控制與操縱。擴大婦女教育和婦女職業，以切實提高婦女的地位；但應同時顧及生理條件的適合，且須擴充社會設備，使婦女職業不會影響家庭生活，生育保護和兒童健康。社會保險制度必須逐步推行，限期完成。衛生保健工作，應從社會低（底）層入手；一切社會救濟設施，均須以無告的貧苦人民為物件，而力求其切實有效。

五、對於教育文化，我們主張應以國家力量，一面鼓勵其自由發展，一面調整其地域和部門的偏枯。義務教育必須努力推行，以求普及；免費學額必須大量擴充，以求教育機會之均等。各級學校課程，必須斟酌刪減；同時充實設備，提高教學水準，以求效果之閎大。人格的培養與生活技能的訓練，必須兼顧；更宜尊重教學自由，以啟發民主精神，並誘導高深學術探討。

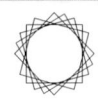

天才兒童必須加意愛護;文學家、藝術家、科學家及在技術上有特殊成就者,均宜特加尊崇,以鼓勵文化學術上的創造與發明。

我們這一群人,都有自己的工作崗位,並不需要玩弄政權以發展自己的抱負。實在是因為過去幾十年的教訓太殘酷了!為著國家,我們不但不能做自了漢,而且也不能讓自己汗血犧牲所爭取的成果,永供別人的糟踏(蹋)毀滅。所以我們必須有一個自己的經常組織。積極地與聞國家大事。

我們不是一個黨同伐異的政黨。我們對於一切為民主建國而努力的黨派及個人,都願保持極度的友善,然而同時保留對於任何方面的完全的批評自由。我們願以純潔平民的協力,不右傾,不左袒,替中國建立起來一個政治上和平奮鬥的典型。我們要以光明磊落的作風,伸張公道,主持主義,使這墮落不堪的政治道德,重新抬起頭來。

國事不能再有絲毫的耽誤了!多少黃金時代已經錯過,多少罪惡已經造成!我們做平民的,不能一味的責備別人,而必須自己反省,自己覺悟。一誤再誤,還能就此永遠耽誤下去嗎?我們相信,在全國的平民當中,和我們抱同一理想同一態度的,必然占絕大的多數。我們盼望大家趕快一致起來,參加本會,共同為世界的和平,國家的民主統一,和人生的自由康樂而奮鬥!

5. 民主建國會成立大會記錄[①](1945年12月16日)

日期:民國三十四年(一九四五年)十二月十六日下午一時

地點:重慶白象街西南實業大廈

出席:胡厥文、黃炎培、章乃器、黃墨涵、施復亮、彭一湖等九十三人。公推黃炎培、胡厥文、黃墨涵三先生為主席團,何萼梅、張雪澄記錄。

一、胡厥文先生致開會詞——本會之籌設,其最大目的為促成民主。抗戰八年來,工業家前仆後繼,努力為國奮鬥,而抗戰結束之今日形成工業萎縮,考其原因實由於不民主,此為過去慘痛之事實。其二、保持民主精神。本會非少數人壟斷之團體,犧牲小我,完成大我,以國家民族為前提,我們是代表全民的,不願任何黨派操縱本會。本會絕對與全民一體,本會工作前途之成功即全民之成功,所以前途非常光大。最後,我們堅決主張,不屈服於任何威力,以大公無私的精神積極奮鬥到底。今天成立大會,人數不多,實由於本會重質不重量,每個會員均經慎重介紹,我們要以慎始求將來結果之美滿。

二、黃炎培先生報告籌備經過——本會產生於每一個人的要求,一部分產業界,一部分文化教育界,這兩部分人覺得為公為私,都應當有這樣的一個組織。最初發起的一天是

---

① 摘自《平民》週刊第1、2、3期合刊,1946年4月。

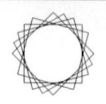

八月二十一日，胡厥文先生為原始發起人之一。嗣後分頭徵集意見，每週開會一次或二、三次，最後一次籌備會為十二月十四日，共開會二十四次，其間經過雖為時不久，但亦相當艱苦，參加簽名而已經離渝者已不少，願參加而未及簽名者亦複不少。本會首先草擬組織原則政綱草案及章程，最後草擬宣言。社會人士對本會表同情者甚多，有現任官吏及有黨派關係者，但不便公開參加。我們站在民眾立場，清清白白，不依靠特殊勢力，完全依靠民眾，因為我們本身就是民眾之一，本會各分子，均有正當社會崗位，沒有以政治為職業者，決不做某一黨某一派之尾巴；但亦決不排斥任何黨派，對於人民有利之行動，我們都贊成，反之，有害於民之行動，我們堅決反對。

本會有幾個特點：（一）不與人鬥爭。本會有別於一般黨同伐異之政黨，但仍須辨明是非，為人民謀幸福，不受任何威脅，力爭公道。如組織原則草案中第三條「重在選賢與能，而不限定候選人之屬於本會」以具體實現「選賢與能，天下為公」八個字。此種衷心無私的態度，本會竭誠奉行提倡。（二）現役軍人本會拒絕參加，以貫徹軍人不宜與聞政治之主張。（三）本會提倡民主，力避少數人負責，多數人旁觀。此點在草擬章程時，即格外注意，本會不採用固定領袖，意即在此。（四）本會現雖以產業界及文化教育界人士為主體，但本會十分注意從業青年之培養，全國從業青年聯合起來，發展他們的力量貢獻於社會，一般從業青年再影響工農大眾，工農大眾站起來，男女老小（少）一致合作把全人類救起來。

三、會員致詞

（一）彭一湖先生致詞：本會態度不左傾不右袒。社會人士持此種論調者為數甚多，如能大家集合起來為國家努力，其力量是極其偉大的。其次我覺得人與人之間須講道義，但何以國際間與黨派間則不講道義，互相欺詐，此實為可恥之事。本會尊重政治道德，即以選舉而論，並不限於黨派關係，此可知本會為公不為私，希望凡我會員，都能表現本會崇高的政治理想。

（二）黃墨涵先生致詞：本人說明為什麼加入本會之理由：1.實踐天賦人權。人為萬物之上者，即為有組織。天賦人權亦應有組織。2.竭盡國民責任。我們是民國，我們今天雖為四強之一，但內容不夠，我們要有民主思想，來充實我們的建設。3.力行天下為公。我們不左傾不右袒，與一般必須極左極右才能奪取政權之說不同。我們要守中庸之道，以實現天下為公，肩起責任，抱定利他主義。轉移風氣，要為公勇敢為私不勇敢。

（三）章乃器先生致詞：兄弟服務社會三十年，其中二十年謹守崗位，埋頭苦幹，謹守崗位的結果，其失望是和大家一樣的。於是覺悟到守崗位並不是守崗籠，守崗位必須高瞻遠矚，還須是帶千里鏡聽收音機，才能守得住崗位，所以覺得必須組織起來，與聞國家大事。這是一點。第二、要和平統一，必須民主，國共兩黨，仇恨太深，必須第三者組織起來，團結起來，以公正之態度做和平統一的基礎才行。第三、有很多外國友人憂心中國國事，關心中國團結問題，可惜我們沒有一個真正代表人民的公意，能給他們得到一測驗的標準。第四、現在貪污橫行，行政效率低落，假如人民不站起來即無法肅清貪污，提高效率。要人民有權，才能使

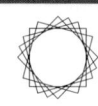

政府有能，政治上才能轉道。所以政治清明，就須要我們有一種組織。

（四）胡西園先生致詞：本人辦工廠二十年，埋頭苦幹，無暇做團體活動，但也深深感到有 意見不能上達，因此也覺得有一個組織的必要。本會並非完全屬於工業界，亦並非完全為工業 界謀利益。本會為全人民謀幸福，為社會謀繁榮，然後工業才有出路。

（五）王之軒先生致詞：我國民主的招牌已掛了三十多年了，但民主仍舊看不到。今後希望 追隨各位積極實踐民主。

四、討論：

（一）民主建國會為本會之名稱案。

決議：一致通過。

（二）組織原則草案。

決議：照修正通過。

（三）章程草案。

決議：照修正通過。

（四）政綱草案。

決議：照修正通過。

（五）大會宣言草案

決議：照修正通過。

五、選　舉

（一）推孫起孟、丁漢民收票。

（二）推尚丁、楊衛玉唱票。

（三）推辛德培、勇圭記（計）票。

（四）推彭一湖、陳之一監票。

票選結果：

胡厥文 78	章乃器 76	黃炎培 76	胡西園 75	施復亮 69	吳羮梅 68	李燭塵 64
王紀華 64	楊衛玉 61	孫起孟 59	王恪成 53	俞寰澄 51	張澍林 50	鄧雲鶴 50
胡子嬰 47	林漢達 47	莊茂如 47	章元善 46	王靖方 42	王載非 42	徐崇林 40
黃墨涵 40	蕭萬成 39	畢相輝 34	夏炎德 33	鄔公複 31	寧芷村 29	範堯峰 29
王孝緒 27	漆琪生 27	林潝非 27	姜慶湘 26	陳　鈞 24	文先俊 23	羅叔章 22
王之浩 20	周勖成 18	等理事三十七人。
李組紳 46	閻寶航 25	冷　遹 23	董問樵 20	彭一湖 19	賈觀仁 18	張雪澄 18
沈肅文 18	魏　如 16	楊美真 14	蕭倫豫 14	胡景文 14	董幼嫻 13	鄧建中 13
徐伯昕 13	劉伯昌 12	鐘復光 12	劉丙吉 11	姚維鈞 11	等監事十九人。

六、臨時動議

楊衛玉先生提議：新聞發表要點及分量應求各報一律。

決議：由大會記錄即時草擬新聞分發到會各報記者。

七、黃墨涵先生致閉幕詞。

八、胡厥文先生領導高呼：「民主建國萬歲」「世界和平萬歲」「中華民國萬歲」。散會。

6. 民主建國會向政治協商會議提供初步意見[①]（1946年1月7日）

國家又到了生死存亡的重大關頭！中國一面對著自由康樂的光明前途，而另一面又臨著自尋毀滅的內戰深淵。論理，我們應該毫不猶豫地向光明的前途疾進。但是，事實上，很不幸的勝利到來的時候，內戰已經接踵而起了！在兩個月以前，全國人民曾經熱望政府和中共的會談可能轉移這一個危局。結果是失望了！現在，僅有的希望就寄託在政治協商會議。除此以外，便很難再有其他的方式了。

因此，本會認為我全國同胞不但要密切注意這一個會議，而且要用全力促其成功，各位代表更須抱必成的決心，生死以之，以求無負全國人民的期望。本會於此，願以人民的立場，對會議提出左列的意見：

第一，開會以前誠意的表示，重於開會以後的協商——因此內戰必須先停止；人民身體、信仰、言論、出版、結社、集會、通信等基本自由必須先全部賦予；釋放政治犯，政黨合法化，和特務機構的解散，必須先全部實現。在上述各款當中，停止內戰，釋放政治犯和解散特務機構，我們是向國共兩黨提出的。

倘使內戰不先停止，則一面盡談，一面盡打，豈不近於兒戲國事？豈不等於和第三、第四方面的代表們甚至全國人民開玩笑？那又如何談得到開誠協商？人民各種基本自由的賦予，政治犯的釋出，政黨的合法化，和特務機構的解散，是政治走向民主開明的最起碼的表現。這些連戰敗國的日本人民，都已經從麥克亞瑟元帥的手裡取得了，我國人民八年以來，不惜犧牲，戮力抗戰，現在得到勝利，難道還應該比戰敗國的人民都不如嗎？這是無論如何都說不過去的。再呢，這些條件，都已經見諸「會談紀要」。倘使已經談妥的都不能實行，現在進一步協商，豈不成為徒勞。本會認為第三、第四方面的代表們應該以此為出席會議的先決條件。

第二，協商要有結果，會內會外的組織必須健全——因此，我們認為會內須有專家顧問的協助，會外還必須組織軍事調查團。

[①] 摘自上海《民生》第14期，1946年1月12日。

專家顧問團應該由四個方面各自組織,每次列席的人數,以不超過代表人數為度,可因議題的不同,隨時更換。顧問得依代表的介紹,在會場發言,但無表決權,這樣就可以使會議不至於碰到過於專門的問題而停頓,而對於專門問題的討論,也不至有隔靴搔癢的缺憾。軍事調查團可由會議決定人選,組織若干組,分赴易於發生衝突的各地點,隨時報告真相於會議。萬一發生衝突便可就地查明責任屬於何方,制止也就很容易了。

　　第三,要協商能得一致的同意。須有廣大民意的反映——因此,會議必須完全公開,還要發動全國人民組織政治協商會議期成會,隨時表示意見。

　　會議的經過和各代表的發言,必須全部記錄,全部公布,新聞記者必須准許始終在場,並應允許全國各地組織政治協商會議期成會,由國共兩黨以外的人士參加,國共兩黨則須通告黨員回避,以免對方指為製造民意。這樣,在萬目睽睽之下,自然就不會有敢於堅持黨派利益,藐視國家前途之行了。同時,我們還希望兩黨的機關報休戰一下,以免刺激對方的情感,而讓中立的報紙多說一些話。

　　第四,為促進統一,國民黨必須開放政權——其方式,或為組織最高政治委員會,或者就利用政治協商會議而充實其職權。這些,我們都沒有什麼成見,但認為此新組的機構,必須為最高政權行使機構,以符合開放政權的本意。同時自治必須切實推行;除建立各級地方議會外,地方官吏也須實行民選。目下中共管轄區內的民選官吏,我們贊同在各方面監視之下重新選舉。

　　一黨專政的局面,雖然已經支離破碎,而且也為時代潮流所不許了。由於訓政的失敗和期間的久已超過,再由於訓政時期臨時約法的迭遭毀棄,法統論也早已失去了基礎。迎合潮流,發揮理智,遷就事實,以開放政權,換取統一,實在是唯一的出路。國民黨既然決心還政於民,提早一些時間開放政權,以為過渡,本來是順理成章的。同時,由於政治腐化已成積重難返之勢,我們為國家前途計,覺得政局要有重大的改革,應該從速注射進去大量的新血液。

　　第五,為達到軍隊的國家化,必須大量裁兵。國軍官兵必須脫離黨籍,軍費必須出自人民可以控制的來源,軍權必須交給無黨關係的文人,一切軍管黨化的方式,都必須全部廢止——原子彈的發明,不但使大量的陸軍成為不必要,甚至連大海軍,大空軍都成為不必要。今後我國的常備兵,至多不應該超過五十萬人。為要對國際表示愛好和平的至誠,為要使財政能上軌道,為要免除人民騷擾和士兵的痛苦,大量的裁兵也是必不可少的。偽軍尤其應該率先解散,不得以任何名義收編。目下農村人力的消乏,想到將來建設工作的巨大,我們更可以保證使每一個退伍官兵都能得到更有意義的工作,能夠過更好的生活。留下來的官兵,必須脫離黨籍,宣誓不再為任何個人或黨派打內戰,並充分提高其待遇。除了應爭取國家財政的全部公開之外,還應指定幾種稅收為軍費來源。萬一軍隊參加無名的內戰,人民便可以罷稅來對付。把軍權交給無政黨關係的文人的建議,我們認為不能視為遊戲文章,而實在是和我國歷史傳統以至民主國家的先例都適合的。軍事時期過去了,以黨治國的時期也應該過去了,一切官管黨化的方式,自然應該全部廢止。只要給中共以切實的保證,民國十六年的事變以至類似最近屠殺昆明學生

的事情決不會重演,一切的政黨並且可以平等自由公開活動,中共自然更沒有理由再擁兵自衛了。

第六,為保持未來憲政的聖潔,國民大會組織法和代表選舉法必須修改,國民大會代表必須重選,憲法必須重行起草——現行國民大會組織法和代表選舉法,實在太欠缺民主精神,實在太不適合時代。如果不加修改,一定會貽禍將來。原有國民大會代表的選舉,事實上是由國民黨主持一切。代表當中固然也不乏真正由人民選出的人物,然而穢聞百出,以不正當手段取得的實在也不少。選出的代表,又幾乎全數是國民黨黨員。實情如此,而要說還政於民,似乎太滑稽。代表選出的期間已經有八九年之久了,顯然也不能代表這一個時代。為要保持未來憲政的聖潔,重選實在是必要的。五五憲草不但缺乏民主精神,立法技術上也有許多缺點,重行起草是必要的。新起草憲法的要點,在於議會制度的確立。

第七,在過渡期間,必須商訂共同政治綱領,以代替訓政時期臨時約法——這似平(乎)各方面都已經同意,問題只在內容如何。我們認為除了包括政治民主化和軍隊國家化的專案以外,還應該包括經濟民主化的項目;除了必須有很具體的條文以外,更應該有一個進度表,以免再踏過去臨時約法,和《抗戰建國綱領》成為具文的覆轍。

第八,會議還應該檢討一下當前的復員問題和一般經濟政策——交通工具調度的不善,接收敵偽產業撥歸國營部分的大大超出第一期經建原則所規定的範圍,造成包而不辦,辦而不良的現象,以至文化教育事業的一黨壟斷等等,都必須徹底糾正。特別在產業方面,政府過去為了財政收入,曾經用不合理的捐稅政策和統制手段摧殘產業,結果的悲慘已經有目共睹;現在再為財政收入進一步壟斷產業,初步的結果也已經表現出來了。由於產業政策的失當和一般經濟上到現在還沒有一些決策,造成前後方不必要的大量失業和大批破產的局面,對國家和人民的損失實在太大了!這也是一般人民希望會議能有解決的。

7. 民主建國會招待政治協商會議代表紀要① (1946 年 1 月 8 日)

本會於一月八日下午二時,假西南實業大廈舉行茶會,招待政治協商會議代表及各界人士報告成立經過,並向政治協商會提供初步意見。到協商會議國民黨代表邵力子,中共代表董必武、王若飛、陸定一,民主同盟代表張東蓀、梁漱溟、羅隆基、章伯鈞、張申府,青年黨代表陳啟天、楊永浚、常仍惠,無黨派代表郭沫若、王雲五、胡霖、錢永銘、繆嘉銘、李燭塵,政府方面有於院長右任,褚參政員輔成及各界人士陳博生、馬寅初、胡子昂、胡健中、何永吉、董時進、閻寶航、胡光麃、陳銘德、陶行知、王昆侖、蔣勻田、潘梓年等百數十人。首由常務監事彭一湖致詞,說明招待之意義:向各位介紹本會情形;向政治協商會議提供初步意見;請各位公開批評指教。

---

① 摘自《新華日報》,1946 年 1 月 9 日。

次由常務理事楊衛玉代表常務理事黃炎培致詞，嗣後常務理事章乃器提出本會對政治協商會議之意見，章氏致詞後，即分請到會代表及來賓發言，茲分誌於下：

于右任院長首被邀請發言，謂政治協商會議不但各方面熱切盼望其成功，即政府亦以最大決心求其成功（掌聲），希望各代表不管年老年輕一致努力。

邵力子先生以政府代表資格被邀請發言，謂剛才章乃器先生所說希望代表裡面年老的以必死的決心爭取會議的成功，我不同意。如果也允許我充老的話，我就不死，我所抱的決心是必生，我還要活下去，我要活到看見和平建國的成功。我要在這裡向諸位說明兩點意見：

一、各位對於憲法的看法，有所謂萬年百年大計，意見非常正確，但是真理是相對的，非絕對的，世界上的事都是如此。現在時代人類思想進步很快，拿蘇聯的憲法來說吧，一九一七、一九一八年代初建時期和一九二三年代都各不同，到一九三九年代更有《史達林憲法》。此次大戰以後，蘇聯最高蘇維埃對憲法又有兩點重要修正，允許各邦有獨立的外交權和軍隊。憲法有剛性柔性兩種，柔性憲法好處在易於修改，我們今天需要的是柔性的，此時欲完成一個使各方面完全同意的憲法，恐怕是不可能的，但是希望憲政早日實施，也要早日有憲法才行。憲法不要太剛性，不必想望它十年五年不修改，不必把憲法看得太呆板。如求其十分完備，自必不能早有成功。國民大會代表問題大家也須從長計議。二、希望政協會必定成功，唯一道路就是要大家互相讓步，互相容忍，任何團體必須有這樣的態度，不但在利益和意見上互讓互忍，同時還要在理想上互讓互容，如各方面堅持利益與成見，則會議是很難成功的。大家應該先向較好的一步走而不可一下就得到最好的。民主建國會有很好的意見，也有很高的希望，應當努力達到。但如果不能達到理想，遠望大家容忍，讓步，以達到較好一步。

褚輔成先生接著被邀請說話，他說：這個會議只許成功不許失敗。因之，我們大家應立志為協商會議後盾，會議有困難時，我們應用群眾力量幫助解決。對於會議程式，他認為兩星期的會期很難完成憲法的討論。所以他建議會議可否分成兩步，首先解決當前的政治問題，然後休會相當時期，由各黨派人召開小會，研究憲草，再開第二次會議決定憲法問題。他贊成採用柔性憲法，對於制憲程式，他以為民初三次制憲均告失敗的原因，實由於所規定之憲草必須經憲法會議四分之三的贊成始通過一項所致，希望此次制憲時修改為過半數通過。他並希望此次憲法制定後，不必要等五年十年才修改，最好一年後就有修改。至於五月五日所召開的國民大會及所制定的憲法，都可看作臨時性質，作為臨時的試驗。因為一年後即可普選，成立正式的國民大會，憲法也可在正式國民大會中重訂，故不妨作一年的臨時實驗，看究竟行得通否。

董必武先生說：民主建國會對協商會議的初步意見，首先在《新華日報》登載，可見我們對貴會的態度。貴會所提的意見，大體與本黨向協商會所提出的相同。至於具體意見如「組織顧問團問題」，我們也同意。民主同盟已聘有若干顧問，其他方面想也有同樣舉動。其他如「須有廣大民意反映」，我們也贊同，因為會議本身很狹小，一切的決定都要人民支持，如果沒有人民支持，即使決議是好的，也不易實現，壞的更不必談了！希望協商會的議決公

諸社會，得到群眾的批評。剛才邵力子先生說的憲法可以修改，自然是可以修改，因為憲法是人造的，一切人造的東西無不可修改之處。至於邵先生認為「真理」是相對的，我有點不同的意見。個人認為真理是絕對的，但是因為人類智慧關係，所能認識的只是相對的。乃器先生所謂百年大計，其意義想必在此。關於國民大會問題，過去的國民大會的組織法、選舉法，我們應該好好的考慮，從長計議，不能說過去已經有了，就可以馬馬虎虎而不採納其他各方面的意見。互讓容忍和互相諒解的精神自然是很重要，所以這次會議才叫做「協商」，但是容忍讓步也是有限的。至於協商會議將來要解決的問題，第一當然是停止內戰問題。其次關於聯合政府問題，聯合政府要做些什麼？在憲法未頒布之前，這個政府是臨時的，因為政府主張「五五」，我們主張「雙十」召開國民大會，時間都是很短。所以必須訂定共同綱領，就是說明在短時期內要實現的東西，能有進度表當然更好。可是問題也不必太多，因為時間短，太多了不容易消化。

張東蓀（民主同盟代表）說：民主建國會的意見與本黨的意見大致差不多，我們完全同意和支援貴會的意見。接著他說：我要特別提出的一點意見，就是關於人民的基本自由。剛才邵力子先生所講的互讓與容忍的態度是必需（須）要的，但是應加以解釋，即人民基本自由的要求是不能讓步的（掌聲）。剝奪了人民基本自由的權利是不能容忍的（掌聲）。我們要學英國人的政治風度，要學中國人「打麻將」的風度，不要這付牌不成，就將牌摔了，桌子也推翻了。我覺得對於人民基本自由，政府不妨讓步，我這樣說並非攻擊政府，其實這樣的讓步，政府並不為難，反而可得到更多的威信。我們所說的這次會議只許成功不許失敗，即指人民基本自由而言。

陳啟天（青年黨代表）說：如何使協商會真正成功，我們細細考慮過有二點很重要。第一，態度問題，我以為協商不是革命，希望會內外都有民主風度，不要求之太高，太高則商談不攏，不要求之太低，太低不足以實行民主；第二，協商步驟問題，我認為在短短的兩星期內要解決過去三十多年的問題，開創未來二十年的局面，恐不能辦到。所以我們主張在兩星期中先解決當前的內戰和人民基本自由問題，以後再解決其他整個問題。

郭沫若（無黨派代表）帶著極詼諧和幽默的語調，說出他的意見，許多地方引起哄堂大笑。他說：我是政治幼稚園生，我不知道怎樣的給我掛上這個無黨無派代表的大頭銜。這次我也沒有競選，也沒有化（花）錢，就代起表來，得到這個消息，我憂懼得睡不著覺，深感到責任太重了，會議不成功不得了，成功得馬虎也不得了，不但要受當代的批判，還要受到歷史的批評。他說，我以大家的意見為意見，有二點我要說一說的：一、抗戰期間軍隊要緊，建國時候似乎學問要緊，希望政府今後將過去用在軍事上的廣大經費移用在學術研究上，多多提倡文化。二、過去黨國要人們多年來為國家已經太辛苦了，現在應該都讓他們休息，最好將文官簡任以上武官少將以上的人統統送出國外留學兩年，休息兩年以後精神（力）充沛，對於國事必更多幫助。

梁漱溟說：制憲固然不一定要求百年之計，但是我們要保持憲法的聖潔，一年兩年有效倒

也好,只怕無效,只怕不值錢。過去根據天壇憲草的「憲法」,不能被人重視,就是前車之鑑。所以制憲應該要鄭重。關於章乃器先生所提的組織顧問團問題,我們早有此意,並且希望各方面有三位列席。

胡霖說:個人做報多年,感覺二十年或十幾年以前,一般人對政治太隔膜,太不過問。在商言商,以為政治是他們做官的事情,但是時至今日,你不管他,他卻要管你,弄得生意做不成,工廠倒閉。今天工商界大家過問政治,這是抗戰八年的進步。兄弟不參加黨派,並非厭惡黨派,也非歧視黨派,實在是為了工作便利自由起見。一般人以為參加黨派是無聊,這個觀念是錯誤的。他指出近年來人民對於政治的關切,因之增加了人民的政治意識。這次協商會的即將開會,也是在這種廣大的意識督促之下產生的。他認為:必須人民關切政治瞭解政治,才有公正的輿論。我們可不必積極具體的從事政治活動,但我們不能忽視政治,要關切政治,我們要使在上的要望(往)下看,在下的也要望(往)上看,這樣,當權者才不濫用權力。對於國家政治,在朝在野應一樣的負責任,當權的尤應約束自己及其親信部下勿濫用權力。個人之出席協商會議,必本國家的利益與個人良心,是是,非非,且係無黨無派,崇尚自由主義,故不受任何黨派的約束。

章伯鈞大聲疾呼地說:今天的政黨不能再容政客的活動!如其行動違背了群眾的利益,必被國人所擯棄。過去一部分工商界被軍閥官僚利用,今天工商界代表組織起來支援民主是很好的現象,必須工商界和平民聯合起來,才能達到真正的民主。政治協商的代表們是在應民主的考試,希望全國人民多多試驗他們,才能保證真正民主成功。目前復員救濟十分重要,政府應立刻召開經濟會議,由全國各方面的代表參加。最後他希望協商會閉幕後馬上開會解決官僚資本及外國資本問題。

繆嘉銘說:郭沫若先生的態度與本人完全相同。即以國家全體利益為前提,不偏不倚,有說就說,是是非非。欲實現民主必須有一定程式始有進度,他認為政治民主化,軍隊國家化和經濟民主化三個問題,就是政治民主化的一個問題。他覺得政治民主化和軍隊國家化猶如一條雙軌,必須同時進行才能達到一個目標。

胡光最後被邀發言,他說:我也是工商界的一員,我對民主建國會的意見完全贊同。他認為過去的政治是建築在槍桿上的,工商界若能早過問政治,或不至(致)有此局面。希望協商會代表努力糾正這個惡傾向。

時鐘已近六點,各代表今晚還有約會,所以最後由本會常務理事胡厥文向各位代表來賓致謝,並綜合各代表的議論謂:黨派的利益可以互讓,但國家基礎和人民的基本權利是不能作為政黨的禮物。茶會就在愉快的掌聲中結束。

8. 民主建國會向政治協商會議提供第二次意見[①]（1946年1月26日）

一、所望於會議本身者

（一）以爭取人權保障之實現為先，政權之開放為次，治權之充實又次之。此三者固均屬重要，然仍稍有緩急之分。在野各代表本此立場，當益感理直氣壯，而無慮他人之中傷。

（二）應先解決原則，然後逐步解決各種具體問題。其首須解決之大原則，為法統論之地位，其次為商定共同綱領。

（三）黨派權利可以退讓，憲政初基之聖潔與人民基本權利則不能退讓。

（四）協商之結果，必須較協商時期更為進步，更為民主；一切問題之讓步，應以此為限度。

二、關於保障基本人權者

（一）實施提審法及冤獄賠償制度。

（二）除應修正或廢除妨害人民自由權利之各種法令外，應制定妨害人民自由治罪法公布施行。

（三）地方政府對於已為戶籍登記之人民應負責保障其身體之自由及安全。如有失蹤及被暗殺事情，應隨時公告，並負責調查，每月繼續公告調查之結果。

（四）地方議會之開會，應首先檢討當地政府關於人民自由權利保障之成績；對於各有關行政官吏之考核，亦應以此為首要。

（五）地方議會會同律師公會，人民團體代表，中小學校長教職員及地方公正士紳，組織人權保障委員會，檢舉一切侵害自由案件，並接受人民申請，免費為之進行覓取保障之一切必需步驟。該會經費，應由中央政府撥給列入司法經費預算。

三、關於政治者

（一）公布糧食徵購及發放詳細數字。

（二）國民政府主席之職權，應以林主席時代之職權為標準而稍加擴大，俾能有時間接近人民，聽取民意，以為決定國家大計之根據。

（三）各行政部門之政策，必須隨時公布，並不得有急遽之變更，以保持政治之穩定。

（四）中央政府之改組，須同時注意立法監察兩院。

（五）政治機構之開放，須及於附屬事業機構。

（六）用普選方式，徹底改革地方自治，縣市限今年改革完成。隨即推進省自治。

[①] 摘自《平民》週刊第3期，1946年1月26日。

四、關於軍事者

（一）公布戰時兵員征訓編組死傷逃亡退伍等詳細數位。
（二）軍事機構不得干涉行政，一切軍事管理之方式，須即日全部廢除。
（三）退役軍人改任行政官，須經過一年以上之政治教育或二年以上之政治考察。
（四）兵額裁減後，官兵之待遇，須提高至國家銀行從業員工待遇之上；退役官兵除保障其全部就業外，並須保障其生活優於服役時期；殘傷官兵之待遇，須不下於服役官兵。
（五）軍隊國家化程式，國共兩黨須同時實施，裁兵須依據公平合理之標準，國共兩黨須同時按比例裁減。
（六）除改組軍事委員會外，應由國共兩黨以外之人士合組軍火管理委員會。

五、關於財政及貨幣者

（一）公布抗戰期間各年度之預算決算，最近之貨幣發行數字及準備狀況，暨歷年核准外匯之詳細內容。
（二）戰時新增稅捐，如過分利得稅，應即明令廢止；戰時增高稅率之稅捐，如營業稅及印花稅，應即恢復戰前稅率。
（三）在民選國會尚未產生以前，預算決算須交由一臨時性之議會通過，並公布之。
（四）中央地方財政系統須重行劃分：凡需要地方政府協助徵收之一切捐稅，至少須撥給地方百分之五十。
（五）一切地方攤派及非法附加，應嚴格禁止。人民除繳納賦稅外不得再予任何負擔。

六、關於企業自由者

（一）對於工礦商業貿易金融航運陸運等所加之各種戰時管制，應即日全部撤銷。
（二）改組最高經濟委員會，由各黨派及工商、金融、教育、文化、勞工、農民及華僑等有關方面推派代表參加。
（三）解散新成立之中國紡織建設公司及中國蠶絲公司，改就地區之不同，分組民營公司經營之。
（四）改組各國家銀行，其理事會、董事會、監事會及主要負責人，均須參加各黨派及民間有關各方之代表。
（五）國營事業應仿照美國市政經理制度，由民間投標代為經理。
（六）民營企業戰時損失，除因政府行動所致部分應依據國家總動員法原則速予賠償外，其由敵人行動所致者，在未取得賠償以前，應由政府先予墊付，使無停頓或萎縮之虞。

七、九三學社

1. 九三學社籌備會對政治協商會議之意見① (1946年1月18日)

政治協商會議開會已歷多日。在舉世切待和平，全國痛心內戰之際，會議之初，即將內部衝突停止，舉國歡騰，咸翹首以待其連續圓滿之後果，日來正進入於商討各項重大問題之時，爭論未決之事件居多，有時還嫌偏於枝節。與會諸君子為各黨派及社會賢達之士，對當前國事自能以國利民福為依歸，不斤斤於一黨一派之私，凡有關於和平團結民主統一諸大問題，當能以和諧互讓之精神，正公互尊之態度，求得合理之解決，迅速而誠實地置於實施，以符全國人民之望。蓋今日之會只能成功，不能失敗，因成則國家好可入於和平統一富強康樂之途，敗則混亂分離，不堪設想。讀黃台瓜詞，不忍聽四責抱蔓之聲，置國家於萬劫不復之境。因此不敢緘默，貢獻左列之意見：

一、開放政權問題：各黨派一再聲言，在蔣主席領導下及三民主義為最高原則下而努力，則政府自不必固執已往法統之成見，應從速開放中央及地方政權，使全國人才，參加各級政治機關，刷新政治，以新中外人民耳目。

二、關於民主與自由權利問題：本月十日第一次大會政治宣言決定實施事項中有「人民享有身體、信仰、言論、出版、集會、結社之自由。司法與員警以外的機關，不得拘捕、審訊及處罰人民。各政黨在法律面前，一律平等，並得在法律範圍以內公開活動。」現為時已久，應請從速實踐。今後關於民主與自由權利問題，在憲法未公佈前，自當本此宣言遵守勿逾，實施勿懈。若有與此宣言抵觸或不遵守之行為，不論何人皆當依法懲處。

三、切實執行停止軍事衝突之命令：停戰令下，至今多日，各方仍有軍事衝突，現軍事調處執行部既已組成，且已經開始工作，即應將此種違反命令之行為，報告有關當局，嚴加制止，並予處罰，同時公諸社會，以求輿論之制裁。

四、關於整軍問題：根絕內戰為全國人民一致之要求，然欲達此目的，端在大量裁兵。查現有軍隊二百五十三師，三百八十多萬人，加上偽軍，數在四百五十萬人以上。偽軍應從速遣散，自不必論，其餘二百五十三師，軍政部有在半年內縮編為九十師之計畫，希望其從速實施，依計畫克日完成，並望於一年以內繼續編遣至最小限度。因兵多易肇戰事，且就現在國家經濟力量，實無力供養，同時在國際和平現階段中，亦無多兵之必要。今日之計，應將占國家預算百分之四十七之軍費節出辦理教育實業，以改善民生。蓋今日除弊實重於興利。故裁兵實為要著。我們更主張以政管軍，不要以軍干政，以達到軍隊國家化之目的。

---

① 摘自《新華日報》，1946年1月23日。

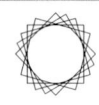

五、保甲制度與地方自治問題：政府在本月十日宣布之實施事項中，有「各地積極推動地方自治，依法實行由下而上之普選」。現在縣的基層政治機構為保甲，但是保甲並非由普選產生，更談不到由下而上，他是封建的不民主的根苗，也是貪污的淵藪。故要推行地方自治，使其民主化，就要廢除保甲制度。

　　六、關於國民大會問題：以普選為原則召開國民大會，自是人民公意，亦同仁等之主張。惟數日來各方意見甚多，有因此一問題而影響會議進行之危險。仍望顧全事實，求得公正合理之解決，以符民望。

　　此外尚有急待解決不必多所討論即可施行者：

　　七、立即釋放除漢奸以外之一切政治犯。

　　八、從速公審並嚴懲文武漢奸。

　　九、嚴懲貪污，以儆官邪。

　　十、優待榮軍及抗屬，改善公教人員待遇，撫輯流亡，安定民生。

　　以上諸端為急待解決之犖犖大者，望能據實商討，付諸實施，國家幸甚。

九三學社籌備會

2. 九三學社的成立[①]（1946年5月6日）

成立大會

　　本社消息　九三學社於（一九四六年）「五四」紀念日下午三至七時開成立大會，到褚輔成、盧于道、黃國璋、許德珩、稅西恒、吳藻溪、張雪岩、詹熊來、潘菽、黎錦熙、彭傷三、李士豪、劉及辰、王卓然等五十餘人，公推褚輔成、許德珩、稅西恒為主席團。首由褚輔成致開會詞，許德珩報告籌備經過，稅西恒報告社費收支帳目。繼宣讀農林科學出版社及南泉實用學校校友會賀電，次由盧于道、王卓然、黃國璋、張雪岩、張迦陵、吳藻溪自由演說，一致指出：武力不能求得統一，東北及中原的內戰必須立即無條件停止，在政府根據政協決議改組以前，美國不應有援助中國的任何黨派之行為，希望馬歇爾元帥繼續以公正態度，調處國共糾紛，實現全中國的和平民主。次通過社章緣起，成立宣言，基本主張，對時局主張及致美國會電文。最後選舉潘菽、張雪岩、褚輔成、許德珩、稅西恒、吳藻溪、黃國璋、彭傷三、王卓然、孟憲章、張西曼、塗長望、李士豪、笪移今、張迦陵、嚴希純等人為理事，盧于道、詹熊來、劉及辰、何魯、侯外廬、黎錦熙、梁希、陳劍翛等為監事，選舉後散會聚餐。茲分志該社緣起、宣言及主張於後：

---

① 摘自《新華日報》，1946年5月6日。

九三學社緣起

中國自七七事變後，奮全國人民之力，以與日本軍閥搏鬥，太平洋戰起，集全世界民主力量以與東西兩大法西斯暴力搏鬥，至一九四五年九月三日，而此為害於全人類之巨寇（日本軍閥）始繼德意法西斯之後而簽降，世界重現和平，人類得免更深之荼毒，抗戰最久而受創最深之中國人民，對此偉大的民主勝利之九月三日，應謀發揚光大，促進聯合國之成功，維護世界永久和平，促進中國民主幸福的建設之途。而民主的新中國之建設，經緯萬端，科學與近代工業之發展，人民生活之改善，基本自由之保障，與夫社會之改造，以期儕列於世界強國之林，要為急不可緩之舉。本此要求，發起「九三學社」，冀從世界之觀點，科學之立場，對以上任務有所盡力，世有同志願進而教之者乎？是所望也。

成立宣言

本學社發起於日寇敗降，國際的民主勝利，與世界的和平奠基之日。百年以來，中國人民外受帝國主義者之壓迫，內遭軍閥、官僚、買辦之罪惡的統治，於其身自政治之改革，科學與工業之建樹，亦皆頻遭阻礙，成效未彰。今抗戰已獲勝利，自應邁進于和平建設之途，然環顧國內，其紛亂舛錯之狀況，實有令人不勝其憂懼者。國人等服務文化、教育、經濟各界，在本學社籌備期間，對於國事，雖貢其一得之愚，諒為世所共見，茲當成立伊始，願發數言，為國人告。

一、中國今日，舍和平團結，實無救濟之策，而和平團結之能實現與否，端賴民主憲政之實施，故政治的民主與憲政之實施，實為救國要著，本學社同仁，願在自己崗位上，作此種問題之努力，促其實現。

二、中國雖號稱民主國家，而人民長期懾伏（服）於封建暴力，基本自由，從無保障，科學之進步與人權之發展，更無可期！如何生存于此科學昌明之人權世界？故聯合國內外民主力量，爭取人民基本自由之保障，實屬刻不容緩。

三、國父孫中山先生臨終遺言，諄諄以「聯合世界上以平等待我之民族，共同奮鬥」為囑。今日的民主盟邦，均為吾人之友好，故於外交政策，自應本獨立自主的精神，謀平衡的發展，於美、英、蘇聯諸國，自不應畸重畸輕，有所偏倚，俾國家新的建設，能在和平友好的盟邦助力之下，迅速完成。今日適為「五四運動」二十八周年紀念日，「五四」號召於國人者，為科學與民主，今時間過去雖已二十餘年，而民主與科學之要求，實較前迫切，本社同仁，即本「五四」的精神，為民主與科學之實現而努力，始終不懈，謹此宣言。

基本主張

一、促進民主政治之實現，爭取人民之基本自由。
二、從政治的民主化，謀軍隊的國家化，反對屬於黨派或私人的武力，根絕內戰。
三、肅清貪污，反對官僚政治。
四、從速完成國家工

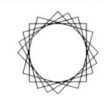

業化、農業現代化，改善農民生活及農村佃租關係。

五、建立以民主為主的經濟制度，反對官僚買辦資本及一切為私人或派系謀利益的經濟關係。

六、學術思想之絕對自由，獎勵科學研究，拒絕黨化教育及思想統治。

七、積極的普及國民教育，掃除文盲，提高人民文化水準，反對迷信與復古運動。

八、加強同盟國家之團結與合作，促進世界和平。

對時局主張

東北的內戰未停，中原的內戰又起，時局艱危，已達極點。本社為挽救國家及保衛人民起見，不得不鄭重提出對時局主張，全國同胞及世界人士，幸垂鑑焉。

一、要求國共兩黨軍隊，立即在東北、中原及中國任何一隅，無條件停止內戰。一切問題，概以和平民主方式解決之。

二、無條件實行停戰協定、政協協議、整軍方案，為促進中國和平民主的唯一有效途徑。任何黨派不得有任何違反停戰協定、政協協議與整軍方案的行為。

三、請馬歇爾元帥徹底實行調人責任，對兩黨爭執，予以仲裁，立即實行全面停戰。在中國政府未根據政協協定改組以前，美國政府勿予中國任何一黨派以任何援助（包括借款及運輸軍隊）。

3. 反內戰宣言[①]（1946年9月3日）

本市消息：本日為日本帝國主義者向盟國簽降書的周年，本市「九三學社」特發表《為國際民主勝利周年紀念宣言》，茲為刊布如下：

同仁等於去年國際民主勝利之日，鑑於今後中國非休養生息，集全力民主與科學之建設，迎頭趕上歐、美不足以言生存，故組織「九三學社」，冀從此方面有所致力，現為時已及一年。

回顧這一年來，內戰愈演愈烈，主權喪失不已，經濟瀕於崩潰，民生困苦已極，國際地位一落千丈。同仁等此危局，不敢緘默，爰提出下列數點意見，以供國人參考：

一、國、共雙方應立即全面停戰，停止一切破壞工作，實行《政協決議》，改組政府。

二、從速召開政協綜合小組會議，將憲草未決問題，一月內獲致協議，作為唯一草案，於「雙十節」前公布，交由將來合理召開之國民大會通過頒行。

三、遣俘工作完成，在華美軍應即撤盡。美國售我剩餘物資，如系早有成議，補應暫時保留，俾民主政府成立後交貨。

四、解散特務機關，切實保障人民自由，以防暗殺、凶毆等血案之再演。

五、嚴懲戰犯、漢奸，立即槍決岡村甯次等屠戶及周佛海、丁默村等賣國賊，以慰抗戰先烈，而

---

① 摘自《新華日報》，1946年9月3日。

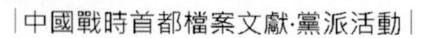

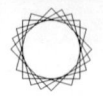

平民憤。

六、肅清貪污土劣，為國家稍存體面，為民族稍存正氣。

九三學社

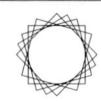

第四章　國共兩黨在重慶的重大談判

一、1940年6月至8月的兩黨談判

1. 中國共產黨六月提案[①]（1940年6月）

一、請實行《抗戰建國綱領》所規定之人民集會、結社、言論、出版之自由。

（一）請明令保障各抗日黨派之合法存在。

（二）請即釋放一切在獄之共產黨員，並保障不因黨籍信仰之不同而橫遭扣留、拘禁、非刑與歧視。

（三）請停止查禁各地抗日之書報雜誌，對《新華日報》之出版發行，請予以法律保障，禁止各地之非法扣留，並允許該報登載中共之檔決議及其領導人之言論文字。

（四）請通令保護十八集團軍及新四軍之家屬，一律按抗戰軍人家屬優待，禁止非法騷擾和殘害。

二、請在游擊區及敵佔領區內，實行《抗戰建國綱領》所規定之指導及援助人民武裝抗日，並發動普遍的遊擊戰。對各該地區之地方政權，請予開放，實行民主，對當地民眾組織，力予扶植，使各黨各界之人才，均能充分發揮反對敵偽鬥爭之能力與效果。為加強經濟戰爭，避免敵人吸收法幣，爭奪外匯起見，請批准各遊擊根據地發行以法幣為基金之地方流通券。

三、關於陝甘寧邊區、第十八集團軍及新四軍問題

（一）請明令劃定延安、延長、延川、保安、安定、安塞、甘泉、富縣、定邊、靖邊、淳化、枸邑、寧縣、正寧、慶陽、合水、環縣、鹽池及河邊之綏德、米脂、吳堡、葭縣、清澗共二十三縣，為陝甘寧邊區，組織邊區政府，隸屬行政院，並請委任林祖涵同志為邊區政府主席。

[①] 原載中共中央南方局1940年冬編印並秘密散發《團結抗戰，反對內戰》一書。

（二）請擴編第十八集團軍為三軍九師，其所屬游擊部隊按各地戰區所屬游擊部隊同等待遇。
（三）請增編新四軍至七個支隊。
（四）為確定戰爭職責及避免誤會和衝突計，請規定第十八集團軍、新四軍與友軍作戰分界線。
（五）請依同等待遇，按時補充第十八集團軍、新四軍以槍械、彈藥、被服、糧秣及衛生通信交通等器材。

2. 中國國民黨七月複案[①]（1940年7月2日）

一、關於黨的問題，俟憲法公佈後再談。
二、關於陝甘寧邊區問題，中央決定，區域為綏德、米脂、吳堡、葭縣、清澗、延安、延長、延川、保安、安定、安寨、甘泉、富縣及定邊、靖邊兩縣之各一部（縣城不在內），以上共十五縣（內定邊、靖邊不完整）。名稱改為「陝北行政區」，其行政機關稱為「陝北行政區公署」。

　　隸屬及管轄　「陝北行政區公署」，暫隸屬行政院，但歸陝省府指導，並直接管轄該區內所屬各縣。
　　組織　區公署設主任一人，其詳細組織由政府以命令定之。縣以下之行政機構，一律不得變更。
　　政令　區內政令，一律遵照政府現行法令辦理。
　　人員　區內主任及各縣縣長准由十八集團軍保請政府任命。
　　駐軍　十八集團軍在陝甘寧留守部隊，一律撤至該區內。

　　附記：

（一）除此一區外，其他任何地方一律不得援例。
（二）各方面公務人員以及公物等件，經過該區時應給予便利。
（三）區內不准私自發行鈔票。
（四）在綏德須設立軍事委員會辦事處及駐軍。
（五）區內人民過去有反共情緒者，一律不得加以仇視。
三、關於十八集團軍及新四軍作戰地境問題，中央決定：
（一）發表朱德為冀察戰區副司令，免去第二戰區副司令長官職務。
（二）（第一案）將十八集團軍全部與新四軍全部調赴河北省境內，並將新四軍加入冀察

[①] 原載《團結抗戰，反對內戰》。

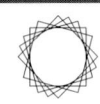

戰區之戰鬥序列，掃數調赴該戰區。

（第二案）將十八集團軍之大部及新四軍之全部調赴河北省內，其十八集團軍之一部留置晉北作戰；但所留部隊應編入第二戰區之戰鬥序列，但山西之政治黨務軍事，駐軍不得干涉，絕對服從第二戰區司令長官之命令。

（三）冀察戰區之地域為冀察兩省全部，其地境線為冀察兩省與其他各省之交界線。

（四）戰區地境為臨時性非永久性，亦非政治性，軍事委員會之作戰命令絕對不受限制。

（五）十八集團軍及新四軍須於奉命後一個月內全部開到河北省。

（六）十八集團軍及新四軍調赴冀察戰區河北省後，不得在原駐各地設立留守處辦事處通訊處及其他一切類似機關。

（七）冀察戰區發表後，十八集團軍新四軍非奉軍事委員會命令應絕對服從該戰區長官之命令。

（八）冀察戰區之軍隊，不得干涉地方政治及黨務，北平及天津二市，仍直屬於中央，並不得擅發鈔票。

（九）冀察二省主席由中央遴選任命，省府委員得由戰區總副司令保薦三人至五人。

（十）十八集團軍及新四軍開入冀察戰區後，除軍事委員會別有命令不得擅自越出戰區地境線外，該戰區內之作戰行動，規定外，其他各戰區以及任何地方，一律不得再有十八集團軍新四軍名義之部隊。

四、關於十八集團軍及新四軍編制問題，中央決定：

（一）十八集團軍除編為三軍六個師三個補充團外，再加兩個補充團，不准有支隊（師之編制為整理師兩旅四團制）。

（二）新四軍編為兩個師（師之編制為整理師兩旅四團制）。

（三）十八集團軍新四軍應遵守下列各條：

1. 絕對服從軍令。
2. 所有支隊縱隊及其他一切遊擊隊，一律不限期收束，編軍之後不得再委其他一切名義或自由成立部隊。
3. 軍事委員會隨時派員點驗。
4. 人事經理遵照陸軍法規辦理，經費暫以軍為單位，直接向軍需局請領。
5. 對於所屬官兵之待遇，須遵照中央規定之餉章。軍事委員會隨時派員點驗。

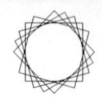

3. 中國國民黨七月提案[1]（1940年7月16日擬定，20日發出，21日送到）

一、關於黨的問題

中央最後決定：

依照《抗戰建國綱領》第二十六條之規定。

二、關於陝甘寧邊區問題

中央最後決定：

區域：為陝省之綏德、米脂、吳堡、葭縣、清澗、延安、延長、延川、保安、安定、安塞、甘泉、富縣及定邊、靖邊兩縣之各一部（定邊縣城不在內，靖邊縣城在內），甘省之合水、環縣及慶陽之一部（縣城在內），以上共十八縣[2]（內定邊靖邊慶陽不完整）其全部區域如附圖〈略〉。

名稱：改為「陝北行政區」，其行政機關稱為「陝北行政區公署」。

隸屬及管轄：「陝北行政區公署」暫隸行政院，但歸陝省府指導。又區內各縣，由該區公署直接管轄，不得設中間機關。

組織：區公署設主任一人，其詳細組織，由政府以命令定之，縣以下之行政機構，一律不得變更。

政令：區內政令，一律遵照政府現行法令辦理。

人員：區內主任及各縣縣長，准由十八集團軍保請政府任命。

駐軍：十八集團軍在甘寧留守部隊，一律撤至該區內。

附記：除此一區外，其他任何地方，一律不得援例。各方面公務人員以及公物等件，經過該區時不得留難。區內不准擅自發行鈔票。區內人民過去有與十八集團軍感情不融洽者，一律不得加以仇視。在綏德須設立軍事委員會辦事處及駐軍。　三、關於十八集團軍及新四軍作戰地境問題

中央最後決定：

（一）取消冀察戰區，將冀察兩省及魯省黃河以北，併入第二戰區，閻錫山仍任戰區司令長官，衛立煌、朱德仍分任副司令長官。（魯省黃河以北，簡稱魯北，其區域包含——利津、蒲台、濱縣、彰化、無棣、樂陵、惠民、德平、商河、陵縣、臨邑、濟陽、德縣、平原、禹城、齊河、恩縣、武城、夏津、臨清、高唐、清平、博平、茌平、聊城、邱縣、館陶、堂邑、冠縣、莘縣、朝城、陽谷、壽張、範縣、觀城、濮縣——共三十六縣。其南面以黃河為界）。第二戰區之地境如附圖〈略〉，但此項地境，為臨時性，非永久性，亦非政治性。軍事委員會之作戰命令不受限制。

（二）關於作戰指揮，應由戰區司令長官稟承軍委會命令辦理。各副司令長官應絕對服從司令長官之命令，實行作戰，並不得干涉戰區內各省之政治黨務，或擅發鈔票。

---

[1] 原載《團結抗戰，反對內戰》。
[2] 實為十七個縣，原文如此。下同。

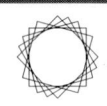

（三）為遂行作戰便利起見，晉東南方面，由衛副司令長官負責，冀察兩省魯北及晉北之一部，由朱副司令長官負責，晉西南方面由戰區司令長官直接負責。關於晉省內作戰地境之細部劃分，由閻長官統籌呈軍委會核定。

（四）十八集團軍全部及新四軍全部，應掃數調赴朱副長官所負責之區域內（即晉察兩省及魯北晉北），並請新四軍加入第十八集團軍戰鬥序列，歸朱副長官指揮。

（五）十八集團軍及新四軍須於奉命後一月內，全部開到前條規定之地區內。

（六）十八集團軍及新四軍調赴前條規定之地區後，不得在原駐各地設立留守處辦事處通訊處及其他一切類似機關。

（七）十八集團軍及新四軍調赴前條之規定地區後，不得變更名義，留置部隊或武器彈藥於原地，更不得借抗日民眾力量為掩護，秘密武裝在原地活動，以免惹起地方糾紛。

（八）十八集團軍及新四軍在前條規定之地區內，非奉軍事委員會命令，不得擅自越出地境線外，又除軍事委員會別有命令規定外，在其他各戰區內以及任何地方，一律不得再有十八集團軍及新四軍名義之部隊。

（九）冀察兩省主席，由中央遴選任命，省府委員得由朱副長官保薦三人至五人。冀察兩省政府暫設在大名蔚縣附近，以便執行職權。

四、關於十八集團軍及新四軍編制問題

中央最後決定：

（一）十八集團軍除編為三軍六個師三個補充團外，再加三個補充團，不准有支隊。（師之編制為整理師，兩旅四團制。）

（二）新四軍編為兩個師（師之編制為整理師，兩旅四團制）。

（三）十八集團軍新四軍應遵守下列各條：

1.絕對服從命令。

2.所有縱隊支隊及其他一切游擊隊，一律限期收束，編軍之後不得再委其他一切名義，或自由成立部隊。

3.軍事委員會隨時派員點驗。

4.人事經理遵照陸軍法規辦理，經費暫以軍為單位，直接向軍需局請領。

5.對於所屬官兵之待遇，須遵照中央規定之餉章，軍事委員會隨時派員點驗。

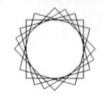

4. 中國共產黨八月複案①

一、懸案應行解決者：
（一）請依陝甘寧邊區現在所轄之區域（見附圖，略）劃為陝北行政區，其區內組織另以命令定之。
（二）請擴編第十八集團軍為三軍九師，其編制照甲種軍及調整師辦理。
（三）請改編新四軍為三個師，其編制亦照甲種軍及調整師辦理。
（四）請改組冀察兩省政府，兩者政府主席由中共方面保薦，省府委員應包括各抗日有關方面人員。
二、關於劃分作戰地區問題：
（一）同意第十八集團軍及新四軍應劃定作戰地區與友軍之作戰分界線。
（二）但為實行上項原則，應請中央解決以下各項問題：
1. 各抗日黨派之全國合法權：
（1）請中央明令保障各抗日黨派及各抗日人民團體之合法存在；
（2）請即釋放一切在獄之共產黨員及其他抗日分子，並保障不因黨籍信仰之不同而橫遭扣留拘禁非刑與歧視；
（3）請停止查款各地抗日之書報雜誌，對新華日報出版發行請予以法律之保障，禁止各地非法扣留，並允許該報登載中共之檔決議及其領導人之言論文章；
（4）請通令保護第十八集團軍及新四軍之軍人家屬，一律按照抗戰軍人家屬優待。
2. 中國人民之敵後遊擊權：
（1）請明令指導及援助在敵占地區擴大發展抗日的人民武裝游擊隊；
（2）請明令規定在敵占地區實行政權開放，建立民主的抗日政權，並扶植抗日的民眾組織之發展；
（3）請明令規定各抗日遊擊區有發行以法幣為基金的地方流通券之權，以加強各該區的經濟戰爭，封鎖敵人吸收法幣奪取外匯。
3. 第十八集團軍新四軍之作戰權：
（1）請規定以華北五省為第十八集團軍及新四軍部隊之作戰地區，並規定其與友軍在該區之作戰分界線；
（2）請依同等待遇，按時補充第十八集團軍及新四軍的槍械、彈藥、被服、糧秣及衛生、通訊、交通器材；

---

① 原載《團結抗戰，反對內戰》。此複案1940年8月中擬定，9月初曾提交中國國民黨中委張沖先生轉遞。嗣因正值談判作戰地區問題，故暫行擱置未轉，而蘇北衝突便起，此案遂一擱至今。此說明系《團結抗戰，反對內戰》一書的編者所加。

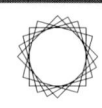

（3）請依擴軍成例，先行補充十八集團軍及新四軍一批槍彈器材（請領表另附）以便繼續作戰。

5. 周恩來關於調整作戰區域及游擊部隊辦法之提議三項①（1940年9月）

一、擴大第二戰區至山東全省及綏遠一部。
二、按照十八集團軍、新四軍及各地游擊部隊全數發餉。
三、各游擊部隊留在各戰區劃定作戰界線，分頭擊敵。

二、1942年10月至1943年3月的兩黨談判

1. 毛澤東關於國共合作中我之鬥爭方針問題給周恩來的指示②（1942年9月8日）

恩來同志：

19日電昨日閱悉，又接5日電，茲覆於下：

一、林彪見蔣時，關於我見蔣應說我極願見他，目下身體不大好，俟身體稍好即可出來會見，不確定時間。如張文伯願來延則歡迎他來延一敘，如此較妥。

二、我們與民主政團及地方軍人的合作，應服從於國共合作，國共合作是第一位的，決定性質的，其他合作是第二位的，次要性質的，如果二者發生矛盾，應使第二位服從第一位，這是基本原則，必須堅持。

三、目前似已接近國共解決懸案相當恢復和好時機，對於國民黨壓迫各事，應極力忍耐，不提抗議，以求懸案之解決與和好之恢復，並請注意。

四、我西安辦事處已於3日接辦公廳通知，4日接三十四集團軍通知邀林彪前往，現正交涉飛機，準備日內動身。

毛澤東

---

① 原載《團結抗戰，反對內戰》。
② 原載《中共中央抗日民族統一戰線檔選編》（下冊），中央統戰部，中央檔案館編，檔案出版社，1984年9月。

2. 毛澤東致蔣介石信①（1942年12月1日）

介公委員長政席：

前承寵召，適染微恙，故派林彪同志晉謁，嗣後如有垂詢，敬乞隨時示知，自當趨轅聆教。鄭委員延卓兄來延宣佈中央德意，惠及災黎，軍民同感。此間近情，已具告鄭兄，托其轉陳，以備採擇。鄭兄返渝之便，特肅寸箋，藉致悃忱，敬頌勛祺不具。

毛澤東　謹上
三十一年十二月一日

3. 何應欽呈報蔣介石關於1942年12月24日林彪周恩來向張治中所提要求四項之原文及研究意見②（1942年12月31日）

林周要求原文：

一、黨的問題：在《抗戰建國綱領》下取得合法地位，並實行三民主義，中央亦可在中共地區辦黨辦報。

研究意見：

（一）目前中共黨員號稱六十萬，依估計當亦不下四十萬，其分佈于前方及潛伏後方之組織，已如十二月二十七日，聯發字第八三九號鑒呈附件之一附圖第四，此外尚有潛伏於黨政軍各機關之內者，如准其取得合法地位，則爾後不但對其公開分子之活動難於防制，即對其潛伏分子之防制，彼亦可於受到清查時立即公開，以取得法律上之保障，且其黨既取得合法地位，則不便絕對禁其於前後方各地（尤其是學校），設立機關，吸收黨員，結果將使防制工作完全失效。

（二）中共如不解體，而謂其能實行三民主義絕無此事，查民國二十六年九月二十二日，中共發表共赴國難宣言，內有一條即係願為徹底地實現三民主義而奮鬥，但迄今除曲解三民主義外，並謂國民黨沒有實行三民主義，共產黨才是真正實行三民主義。

（三）所謂「中共地區」一名詞，根本上不能承認，而辦黨辦報更無須中共之許可，假使此點不予注意，即等於承認在中國若干地方尚有第二個政府。

林周要求原文：

二、軍隊問題：希望編四軍十二師，又在軍令方面尚有編後是否即能聽命之問題，至於軍餉之

---

① 原載《中華民國重要史料初編——對日抗戰時期》第五編"中共活動真相"（一）。秦孝儀主編，中國國民黨中央委員會黨史委員會編印。
② 原載《中華民國重要史料初編——對日抗戰時期》第五編"中共活動真相"（四）。秦孝儀主編，中國國民黨中央委員會黨史委員會編印。

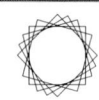

靡費又在其次。

研究意見：

（一）查十八集團軍原只四個師[①]，「新四軍」原只四個支隊，相當於一個師以上，總共不過四個師，而因其自由竄擾自由擴張之結果，以致到處都有奸偽非法部隊，其竄擾地區及人槍數目，如十二月二十七日，聯發第八三九號簽呈附件一之附圖第一和附件二之附圖第一，第二，故目前在軍政方面並非編不編之問題，亦非編多編少之問題，而是編後是否即能收束之問題及編後人事經理教育訓練，尤其是政訓是否即能按中央法令辦理之問題（據張部長面告林周談話時，亦曾談到此問題，據林周表示人事經理仍欲委任包辦，政訓人員並請緩派等語），請按中央軍隊待遇。

（二）二十九年七月十六日中央提示案：「十八集團軍編為三軍六個師三個補充團外再加兩個補充團不准有支隊。」「新四軍編為兩個師」。此項提示，事前原系根據中共要求，而事後並未接受，現在彼等又提四軍十二師之要求，我如允予考慮，即使將來不再作更多之要求，而名義餉款給與之後，彼在軍政上是否即肯收束，在軍令上是否即肯聽命，殊無把握，況現在新四軍番號業已取消，如再准其編為四軍十二師，則無異多予以九個擅自擴軍之工具，一經彼等在渝陷區內加以配置，則此十二個師所分佈之地方，將變成十二軍區，彼等既有正式國軍名義，即可發號司（施）令，並征丁征糧，所有地方合法政府，均難以拒絕，且番號既多，擴充更易，其爾後實力將更漸擴張。

（三）二十九年以前中共部隊所以十分猖獗者，蓋因國軍與民眾均認彼等為國家軍隊未加防備，以致吃虧不小。現在國軍與民眾均知彼等為非法部隊，未為政府所承認，已無法蒙混。若中央再允其要求，而給予正式國軍之番號，則彼又可以逞其欺騙襲擊之故技，恐難免再蹈二十九年以前之覆轍。

林周要求原文：

三、陝北邊區照原地區改為行政區，其他各地區另行改組，實行中央法令。

研究意見：

（一）二十九年七月十六日，中央指示案關於「陝甘寧邊區」問題決定：「區域：為陝省綏德、米脂、吳堡、葭縣、清澗、延安、延長、延川、保安、安定、安塞、甘泉、富縣及定邊、靖邊兩縣之各一部，甘肅之合水、環縣及慶陽之一部，以上共十八縣（內定邊、靖邊、慶陽不完整）。名稱：改為『陝北行政區』，其行政機關稱為『陝北行政區公署』。隸屬及管轄：陝北行政區公署，暫隸屬行政院，但歸陝省府指揮，又區內各縣由該區公署直接管轄，不再設中間機關。」此案亦經中共事前同意，事後並未接受。目前除上述十八縣外，在南面：佔有淳化、邑、輝縣，即所謂囊形地帶，但縣城均在我乎。西南面：佔有正甯、寧縣、鎮原之各一部（鎮原縣城在我乎）。西北面：有鹽地之一部。北面：佔有橫山、榆林之各一部（縣城在我手中）。東北面：占有神木，府谷之各一部（縣城在我手中）林周所謂「原地區」當係包括上述現占地區而言。除「陝甘寧邊區」外，其他各地之非法政治組織已如十二月二十七日聯發第八三九號簽呈附件一之附圖第二。

---

① 此處所說四個師，疑為三個師之誤。

（二）查目前情況與二十九年作提示案時應有不同，當時因國際環境關係，對中共重在羈縻，現則中共絕對不能造反，我如能解決即解決之，如其時機未到，則不妨使其停止於非法地位，留待將來之解決，已無再事遷就予以法律根據之必要，至所謂「其他各地區另行改組」云云，「改組」二字，更絕對不能承認，蓋所有非法組織只有取消並無改組，否則隨時非法建立，改不勝改將不知伊於胡底也。

林周要求原文：

四、作戰區域：原則上接受中央開往黃河以北之規定，但現在只能作準備布置，戰事完畢保證立即實施，如戰時情況可能（如總反攻時）亦可商承移動。

研究意見：

查開往黃河以北之命令，乃系一作戰命令，並非分割疆土，戰後軍隊即須復員，再開往黃河以北有何用處，且此項命令久未遵行，已失時效，應即取消，藉使將來分散制裁，更易收效，至所謂「如總反攻時，亦可商承移動」，應明告彼等，軍令絕對尊嚴，隨時依情況而頒發之命令，必須絕對遵行，立時行動，絕無所謂商承。

4. 周恩來關於向張治中提交中共四點意見致毛澤東並中央書記處電[①]（1943年1月）

毛主席並中央書記處：

自得中央指示後，我同林彪同志於上月 24 日找張治中談，告他四點：

一、共黨合法化，國黨可到中共區域辦黨辦報，共同實行三民主義。

二、擴編為四軍十二師。

三、邊區依現有區域改為行政區，直屬中央，改組華北地方政權實行中央法令。

四 戰區原則上接受開往黃河以北之規定，但目前只能作（做）準備工作，保證戰後完全做到。情況許可時（如反攻）可磋商部隊移動事宜。

（一）我們同時聲明如認為這些條件可談，即請委員長指示林師長留此繼續談，如認為相差太遠，則請委員長指示他的具體方針，交林師長帶回延安商量。並聲明只能如此做，並非要討價還價。張治中逐條記下，答應報蔣。後我們問張本人意見，他表示第四條最困難，同時說為什麼軍隊不可實行中央化。我們當加以解釋。

（二）31 日早，張治中電話告我：他們已開小組會議。認為條件距離太遠,所提四條好象（像）哀的美敦書，並說未做決定，他未告蔣（其實一定事先報蔣，蔣未發表意見，要他們先討論的。據調查 30 日晚蔣先確定開幹部會議後，要張治中開小組會，聞他現在正草擬一種對付我們包括

[①] 原件存中央檔案館。

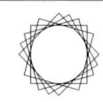

軍事、政治、經濟、文化各部門的戰略計畫，估計要求必很高）。

（三）我於去年 12 月 14 日根據中央發言人談話及指示，將國共問題在辦事處黨員大會中作了一個報告（提綱將以分電告），估計國共問題目前還在兩可之間：即相機解決或拖。此估計已證明是對的。

（四）現在我們準備待張治中提出條件，如能接近即繼續談判，如無法談判，林師長攜條件回延。

恩來

5. 何應欽簽呈蔣介石與中共談話要點草案[①]（1943 年 4 月 2 日）

一、關於黨的問題，依照《抗戰建國綱領》第二十六條之規定。

二、關於「陝甘寧邊區問題」：

（一）區域：為陝省之綏德、米脂、吳堡、葭縣、清澗、延安、延長、延川、保安、安定、安寨、甘泉、富縣及定邊、靖邊兩縣之各一部（定邊縣城不在內，靖邊縣城在內），甘省之合水、環縣及慶陽之一部（縣城在內）。以上共十八縣（內定邊、靖邊、慶陽不完整）。

（二）名稱：改為「陝北行政區」，其行政機關稱為「陝北行政區公署」。

（三）隸屬及管轄：「陝北行政區公署」，暫隸屬行政院，但歸陝西省政府指導，又區內各縣由該區公署直接管轄，不再設中間機關。

（四）組織：區公署設主任一人，其詳細組織，由政府以命令定之，縣以下之行政機構，一律不得變更。

（五）政令：區內政令，一律遵照政府現行法令辦理。

（六）人員：區內主任，由中央簡派，其所轄各縣縣長之任免，依照各省通例辦理。

附記：

（一）在綏德設軍事委員會辦事處及駐軍。

（二）其他各地區所有之非法行政組織，一律撤銷，由各該政府派員接管，恢復其原有行政系統及區劃。

三、關於 18AG[②] 問題：

（一）18AG 編為兩軍六師（每軍三師，每師三團）及一獨立旅（二團制），不准另設支隊或其他名目，改編後按照國軍待遇，各級政工人員，應由中央派定之。

---

① 原載《中華民國重要史料初編——對日抗戰時期》第五編「中共活動真相」（四）。
② 「18AG」即第十八集團軍的英文縮寫。

（二）18AG 改編後，應遵守下列各條：

1.絕對服從軍令。

2.人事經理按照陸軍法規辦理，經費採實費經理制，以軍為單位，直接向各地軍需要局請領。

3.對所屬官兵待遇，須照中央規定餉章轉發，不得有挪用情事。軍隊教育，應依照中央頒布之戰時教育綱領及各種教育法令實施，軍事委員會隨時派員點驗校閱。

4.18AG 之作戰任務，由軍事委員會隨時以命令定之。

5.在各戰區自行成立之武力，一律取消，由軍事委員會責成各戰區遣散之。

6. 蔣介石致毛澤東信[①]（1943 年 6 月）

潤之先生：

去臘鄭延卓委員回南，接奉手示，以無便友來延，故稽延未複。茲周、林二同志回延之機，特奉數行，以伸悃忱，如能駕渝惠晤，尤為欣慰，未盡之意，已囑周、林二同志面達，恕不贅述。順頌時祉。

蔣中正　手啟

三、1944 年 5 月至 9 月的兩黨談判

1. 毛澤東關於國共關係問題給董必武的電報[②]（1944 年 2 月 4 日）

必武同志：

世電[③]悉。觀察今年大勢，國共有協調之必要與可能，而協調之時機，當在下半年或明年上半年。但今年上半年我們應做些工作。除延安報紙力避刺激國民黨，並通令各根據地採謹慎步驟，

---

① 原載《中華民國重要史料初編——對日抗戰時期》第五編「中共活動真相」（一）。
② 原件存中央檔案館。
③ 世電，指 31 日電。

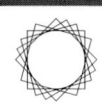

力避由我啟釁外,擬先派伯渠於春夏之交赴渝一行,恩來則準備於下半年赴渝。上月郭參謀見我,要求林、朱、周赴渝,我即以林、周或可先後赴渝答之。郭又提及何白皓電①、西北軍事二點,我則答以談判可以何白皓電為基礎,反攻時胡宗南部與邊區部隊,可按比例開赴前方。我並告郭:我黨擁蔣抗戰與擁蔣建國兩項方針,始終不變。另據探息,調統局以已得延安同意派中央社分社駐延並有不日來延之說,此事全屬片面意旨,如有人詢你時,你可否認之。關於伯渠赴渝事,今日另有線電覆你。

毛澤東
丑支午②

2. 國民黨中央秘書處為林伯渠來渝發給出席中央常務委員會會議人員的極機密特件——林伯渠來渝後我方應付對策③(1944 年 3 月)

一、奸偽一切決策操之在毛澤東,則林此來所能代表於中共者,將一如周恩來等,但林以偽邊府主席名義前來實有利於奸偽對外之宣傳。

二、奸偽目前黨政軍各方面均感苦悶,所謂豐衣足食政策必在安定局勢下求之。奸偽在現狀下一切動盪不寧,故藉機謀求國共間關係之緩和,林之此來似有謀相安一時之意義。

三、奸偽野心在逐步奪取政權,欲其放棄既擁之武裝及侵佔割據之地盤,真正服從軍令政令,勢不可能。如此林之來此,可視為奪取政權過程中之一種步驟。

(一) 對林本人之應付:

1.即電西安會報,飭注意林到西安後之活動,並派員隨車來渝,注意其在途次之動態與表現。

2.到渝後藉招待之名指定住所,派憲兵擔任警衛,藉以監視其行動。

3.發動與林過去有友誼關係之黨國同志與之來往以感動之,使其表示願意脫離延安。

4.派精通外語及有政治修養之幹部充任對林招待,經常隨之出入。

5.控制其與外人接近,其與外人談話,事先須予以勸導,發言不得違背國家民族之立場。

6.請其到中正校講話,摘要發表並予以評論。

7.運用各黨派對我抱好感之人士與林談話,表示勸告中共放棄軍權政權,以謀國家之統一。

(二) 對渝地奸偽:

1. 普遍注意渝地奸偽動態。

---

① 皓電,指 19 日電。
② 丑支午,指 2 月 4 日午時。 國民黨中央執行委員會檔案,原件存南京中國第二檔案館。此文系國民黨中央執行委員
③ 會秘書處發給出席常委會議人員研討的方案。

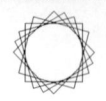

2.注意外人對林來渝之輿論及活動。
3.注意各黨派人士對林來渝之輿論及活動。
4.注意新華日報對林來渝事之宣傳計畫，予以針對應付。
5.加緊注意爭取奸偽工作。
（三）對奸偽整個問題：
1.原則上似可改取緩和辦法，逐步令其交出軍權政權，使其易於接受實行。
2.對奸偽過去一切非法行為似可由黨國元老中適當人與之作友誼談話方式一一詰詢，令其解釋並令為國遠謀，站在國家至上民族至上之立場，中共問題應如何謀得徹底解決，令林提供具體意見。此項意見，酌量予以發表。

3. 陳佈雷草擬對林伯渠來渝談判所採取的根本態度[①]（1944年3月14日）

中央對林之來此所應取之根本態度如下：
一、中央之對案應注重其宣傳性，而並不期待其成功。
二、中央於談商之整個過程，均應有宣傳之方法與步驟。
第一，關於對案：
（一）在大的原則上堅持，俾中外人士易於理解。
（二）對具體細目表示無不可以商量之態度。
依此二原則中央對案之綱目或當如左：
1. 行政系統之完整
（1）改正其現有各種特殊行政組織，以合於中央所定之編制。
（2）在其軍事力量所及之區域，必須貫徹中央之政制與法令。
2. 軍事系統之統一
（1）軍隊必依中央之編制。
（2）作戰區域必依中央之指定。
（3）作戰行動必依中央之軍令。
3. 黨的組織與將來之地位，肯定的指示兩點：
（1）中央無意於其黨的組織之取消。
（2）憲政時期共黨可與各黨派有同等地位。

[①] 此文係陳佈雷為國民黨中常會起草的《林祖涵來渝事件應付之要點》的第二部分。標題為編者根據內容所加。摘自國民黨中央執行委員會檔案（一）、（三），原件存南京中國第二檔案館。

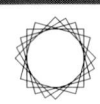

第二，關於宣傳：

（一）消息之發布

1. 林祖涵到渝之消息：

（1）由中宣部長在外國記者招待會上宣佈簡短消息。

（2）中文報紙載此談話。

2. 重慶應有一二家報紙提出對林氏此來之希望論調。

3. 在談商已有不成之見端時，應再由中宣部在招待外國記者席發佈消息（但若《新華日報》披露談商不能成就時，扣留其消息，而先由中宣部發佈「如中共以大局為重，此次談商必有適當之結論」之樂觀消息，以混亂《新華日報》之報導）。

4. 在林祖涵來渝時，應披露具體細目均可商決之消息，暗示中共不能接受國家紀綱完整之原則，蓋中共此時必屢舉煩瑣節目訴苦也。

總之，此次談商要注重宣傳性，故中央對提案發消息，皆須注重中外人士之易於理解，其肯定者必十分肯定（如共黨的存在等），其否定者必明白否定（如其軍事政治割據等），均須鮮明將黨與政與軍三項劃分開來，即軍事力量不得紊亂，行政系統黨的問題又不牽連軍事問題。

鐵城先生道鑒：弟今晚不克出席，特托陶希聖兄前來列席，並略陳弟與陶君研究後之意見，以備採擇，敬請鑑察為荷　　祗頌

勳綏

弟陳佈雷　草
三月十四日

4. 蔣介石為準備對付林伯渠來渝談判的訓詞[①]（1944年3月15日）

對林祖涵來渝之準備事項

一、對林祖涵來渝後，談話次序與日程，皆應事先排定，妥為準備應付。至談話要點，我方應首先提出之最重要者，為軍政軍令之統一，中共方面必須遵守。彼如承認此點，則我方更應具體舉出中共過去與目前種種破壞軍政軍令統一之行動事實，指明其錯誤之所在，要求其以後切實改正，以試探其態度究竟如何？我方與之談話，應始終堅持此項原則，而各負責人員每次與林祖涵談話情形與談話內容，可逐日予以公開發表。

二、在軍事方面，如中共對於吾人所提軍政軍令統一之原則，果能誠意接受實行，則我中央

---

① 此文係蔣介石對國民黨中央要員的訓詞《關於外籍記者赴延安及林祖涵來渝之準備注意事項》的第二部分。標題為編者所加。摘自國民黨中央執行委員會檔案，存南京中國第二歷史檔案館。

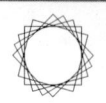

對彼方所要求增編軍隊，發給軍餉軍械諸事，皆可寬予考慮。即如彼如要求軍隊擴編為三個軍，可允其增至兩個軍，不過編制員額既經規定之後，即應嚴格遵守，以後非奉政府命令，不得擅自擴充。至其所需糧餉軍械等，亦可酌予增加，但須按照核定之實在編制發給。又該集團軍所屬各部隊今後之人事、經理與訓練等，皆應遵照中央所定法令規章辦理，例如各級參謀人員應由軍令部委派，各級訓練人員應由軍訓部委派，而各級經理與軍需人員，亦必須恪遵軍需獨立制度，由軍政部管轄任免，務將其所有軍餉，由經理人員直接發給其官兵。至該集團軍各級部隊長副，彼方如有適當人選保請委任時，最高統帥部當可照委。又該集團軍如欲保送人員前來西安或桂林軍官幹訓團受外籍教官技術之訓練，只要照規定手續，中央均可以照辦。

三、在政治方面須首先提出者，即為政令統一之維持。此一原則，必須貫徹。凡國民政府所頒行之一切法令規章，今後中共方面必須切實遵守，不得違反。彼如承認此點，則我方更應具體舉出中共過去與現在種種破壞政令統一，違反國家章則制度及禁止商民入陝北營業與傳教之事實，指明其錯誤之所在，要求其必須誠意改正。如彼方果能依此作（做）到，則於地區範圍方面，或可如中共往日要求之範圍酌予照辦。但所有縣之行政組織與地方自治之設施，皆應遵照中央所規定之法令制度辦理，尤其對於新縣制之實行，教育之設施，均須遵照中央規定實施，對於役政糧政之舉辦，亦不得稍有防（妨）礙與阻撓，至於地方行政人員，如中共方面有所保薦，中央可予委任。

總之，此次林祖涵之來渝，我方與之談判，所持軍事與政治之根本要求，兩相比較，政治方面可酌予放寬一步，但於軍事方面之軍政軍令與紀律三者，必須堅持絕對之統一，要求其嚴格遵守，而不容有絲毫違反。

此外，熊秘書長式輝所說對國際宣傳中共反動之真相應注意之三點：（一）說明中共之國際性，使歐美人士明瞭其陰險可怕，實不同於歐美各國之共產黨。（二）指出中共系百分之百地實行共產主義。其所謂奉行三民主義者，純系掛羊頭賣狗肉之偽裝。（三）切實說明中共軍隊完全為烏合之眾，實不堪一擊，其到處招兵買馬，添購槍炮，無非欲藉數量之擴充，以補品質之低劣。舉此事實，以造成外籍記者對中共知其如何可忍，而無足重視之心理。對此三點，皆可詳予研究。

此外，今日中共軍隊之實力究有幾何，亦應切實調查，精確統計，以便劃一宣傳。根據現有之材料估計，中共裝備齊全之部隊，最多不過 8 萬槍支，至其自稱在淪陷區各地之游擊隊，乃其片面誇大之宣傳，不足為據。

希依照以上所說各點，並參照中央秘書處與國際宣傳處以及特種會報所擬各事項綜合研究，並決定具體辦法，切實準備，以便分別實施。

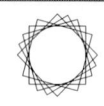

附　：陳佈雷致吳鐵城函

鐵公秘書長大鑒：

　　15日官邸會之指示記錄 茲將核定者遵諭抄錄一份,送請察(查)閱祈機密存查為荷。

祗頌

　　大安

弟　陳佈雷

三月十七日

5. 林祖涵關於國共談判的報告①（1944年9月15日）

各位先生：

　　國民參政會主席團要我報告國民政府派張文白、王雪艇兩先生與中共中央派本人雙方談判的經過,本人對此感到十分興奮。

　　國共兩黨關係應該公平合理的調整,在現政治情況下為十分緊要的事情,不僅參政會同仁注意這一問題,全國人民也十分關切。我今天要報告的就是我們與張、王兩先生四個月來談判的過程。在這個過程中,大致有七個重要文件,主席團已印發各位,可請參考。

　　這次談判,本人從延安出來,抱著滿腔熱誠（忱）,希望能夠解決問題,並很高興在西安,與張、王兩先生不期兩晤。我們的談判在原則上存在著很大的距離,雖然我們的談判尚未最後決定,但四個月來,還無結果可以報告。

談判的重要問題

　　我們所要求於國民黨中央的,第一個是全國實行民主政治的問題。在今天民族敵人正深入國土,抗戰尚在艱巨時期,必須全國軍民團結一致,必須全國人民都動員起來,才能堅持抗戰與爭取抗戰勝利。日寇是一個工業發達的國家,它是有力量的,它正在我國境內作最後掙扎,我們必須重視這一嚴重形勢。中國有四萬萬五千萬人民,戰勝日寇的力量是有的,不過沒有團結起來,沒有充分地發動起來,今天非常迫切需要將這全部力量團結起來,發動起來。用什麼方法來團結全國力量,來發動全國力量呢？我們認為應該在抗戰中實行民主政治,只有民主政治才能團結全國一切力量,動員全國一切力量,以拯救我們民族國家的災難。我們主張實行三民主義,《抗戰建國綱領》和中共提出的《十大綱領》,這三大綱領真正實行,就能團結全國力量。

---

① 原載《新華日報》,1944年9月17日。

蔣委員長在抗戰初期曾說過：「地無分南北，民無分老幼，無論何人皆有守土抗戰之責。」我黨中央在抗戰初期就主張實行民主，動員人民，實現全面全民的抗戰；不應該是政府和軍隊片面抗戰。我們對立即實施民主以增強全國團結抗戰力量的意見，抗戰以來是一貫如此主張，這次談判也是這樣提出來的。

其次，我們從國共兩黨關係上說，希望解決一些懸案。這些懸案主要是有關軍隊、政權與黨三方面問題。我們在敵後抗戰八年，軍事政治形勢有很多變化。在抗戰初期，當時八萬紅軍，政府只承認編了三個師，奉命出動，渡河入晉作戰，並得到最高統帥部的命令，要我們組織些敵後遊擊挺進隊挺進敵後作戰。我們自己看來，幾年來在敵後艱苦作戰做得還好。十八集團軍、新四軍在晉、冀、察、熱、綏、遼、魯、豫、蘇、皖、浙、鄂、粵等省敵人佔領區作戰，粉碎了許多偽組織，建立了許多抗戰政權，使青天白日滿地紅的國旗能夠飄揚在敵人後方。我們經過七年的作戰，正規軍已增加到四十七萬七千五百人，並組織了民兵二百二十萬人。我們要求政府先給我們五個軍十六個師的番號。同時我們在敵後已建立了十五個抗日根據地，人民選舉了自己的政府，管轄了八千八百萬人口。我們希望政府承認這些抗日民主政權，管理和指導這些抗日政權。在黨的方面，我們要求政府給中共以公開合法的地位，對其他黨派也是如此。我們希望政府撤銷對陝甘寧邊區政府的軍事封鎖與經濟封鎖，使邊區的人員商旅能夠有行動、交通、往返上的自由。

談判的重要分歧

我們黨向政府與國民黨中央提出了這樣的意見，國民政府曾有一個提示案給我們，張、王兩先生要我們照中央提示案來辦理。但這兩者中間的差別距離很大，以至談判到今毫無結果。本人現在僅略舉幾個較大的分歧之點來加以說明。

首先從軍事問題來說。中共所領導的在敵後作戰的正規部隊四十七萬七千五百人，八年來在異常艱苦的敵後環境，堅持與發展了華北、華中、東南敵後三大戰場，抗擊了絕大部分侵華日軍與偽軍，並成為將來總反攻的先鋒部隊。為了準備反攻的需要，政府應當獎勵它、增強它，首先應該全部編成四十七個師才是合理。西安談判時我提出請求政府暫編六軍十八個師；張、王兩先生表示礙難接受。我黨中央六月四日提案請先給五軍十六師的番號，而政府仍不願答應，只允許編四軍十個師。

特別是政府提示案中的編餘部隊「限期取消」及已編者「限期集中」兩點辦法，未能顧到抗戰需要與敵後游擊戰爭的環境。因為這些部隊是敵後不願當亡國奴的人民組織起來保衛家鄉的抗日武裝，他們正是執行了蔣委員長「地無分南北，民無分男女，人人皆有守土抗戰之責。」的號召，限期取消等於不要敵後人民抗戰，把敵後游擊區再交給敵人，這自然是不應該的。

再從對敵後民選地方政府的分歧之點來看。敵後的各抗日政府，全是民權主義性質的。我們在敵後各抗日根據地除漢奸外，一切人民和抗日團體均享有一切自由和權利，政府由人民選舉，

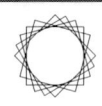

領導著敵後人民團結一致，堅持抗戰，是有很大成效的。我們要求國民政府承認這些敵後解放區民選政府為其所管轄的地方政府，而中央提示案則要取消。這是從抗戰利益上不可理解的。

再次，關於黨派的公開合法地位，與人民言論、集會、結社、身體自由的保障等問題，依目前情形而論，並未見有何改善。我們略舉幾例來談：言論自由問題。政府已表示言論尺度放寬，在實際上我們敵後近幾個月來打了不少大勝仗，攻克了很多縣城，這戰報每月呈送軍令部，始終未能發表，送《新華日報》也是被扣；再如人民身體自由，政府自八月一日宣佈實行保障的規定，但是實際上，我們一再要求釋放葉挺將軍，他既非共產黨員，去新四軍更為政府所勸請，不應該拘禁他。我們要求釋放自香港淪陷返粵被捕的廖仲凱（愷）先生的公子廖承志。此外還有許多政治犯身囚監中，我們也要求釋放，但都未能做到。

七年前的"四項諾言"我黨信守不渝

還有，張、王兩先生給本人的信中也曾責備我黨不實行「四項諾言」，這一點也要加以說明。我們去年十二月曾在延安開會認真檢查，檢查結果，更證明我黨對四項諾言確實完全做到了，信守不渝。譬如拿第一條：「孫中山先生的三民主義為中國今日之必需，本黨願為其徹底實現而奮鬥」來說，我們對民族主義之實行表現在努力抗戰，齊心合力打擊日寇，以及對邊區境內各民族平等地位的尊重上面；我們對民權主義的實行，表現在邊區和敵後各根據地民選政府，實行三三制，保障人民言論、集會、結社、身體等一切自由上面；我們實行民生主義，正表現在陝甘寧邊區軍隊和機關的生產運動，減輕人民的負擔，由前年二十萬擔公糧減到今年只徵十六萬擔，我們不把公家的負擔，全部壓在老百姓頭上。第二條：「取消一切推翻國民黨政權的暴動政策及赤化運動，停止以暴力沒收地主土地的政策」，七年來我們堅守不渝。在農民與地主的關係中，我們是一方面保證交租交息，一方面實行減租減息；我們幫助私人工業的發展，並發展合作社，做到公私兼顧，公私兩利。我們也早已實踐了諾言，從無也從未曾想過要推翻國民黨政權的事情。第三條：「取消現在的蘇維埃政府，實行民權政治，以求全國政權之統一」，這在各抗日根據地已經切實在實行民權政治，我們並不曾另立中央政府。我們只要求政府承認陝甘寧邊區與敵後各抗日民選政府為它所管轄的地方政府。我們是贊成統一的，中國也必須統一，但統一必須是民主的統一。第四條：「取消紅軍名義及番號，改編為國民革命軍，受國民政府軍事委員會之統轄，並待命出動，擔任抗日前線之責」，我們對此也是實行已久，我們的軍隊在敵後艱苦作戰的成績就是證明。我們的部隊幾年來從未得到粒彈一飽的接濟，而仍堅持敵後戰爭，擁護國民政府和蔣委員長。凡此事實都足以說明我們已經實踐了諾言。張、王兩先生曾指責我們立法監察的不獨立。但是我們在司法方面已做到切實保障各階層人民的人權、財權和地權等等；我們完全依靠人民來執行彈劾政府。所以我們那邊絕少貪污瀆職事件發生。

雖然雙方的距離還如此遠，可是本人可以再度聲明：中國共產黨是一貫堅持團結抗戰方針，耐心的期待政府觀點的改變。

談判經過真相

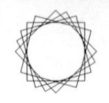

現在，本人再來說明一下自西安到重慶與張、王兩先生談判的經過。自從國民黨十一中全會決議對國共關係採取政治解決方針以後，我們在延安，聽到了很高興，非常贊成。因為自民國二十九年新四軍事件後，兩黨關係很僵，我是參政員，也因封鎖而不能出來。我們請軍委會駐延聯絡參謀打電報出來，表示我們願來重慶，繼續談判，經政府複電同意後，本人因負邊區政務，尚需佈置春耕關係，直到四月底才能動身。在西安與張、王兩先生一共會談五次。本人初見張、王兩先生，主要先請示政府的政治解決究竟是如何解決法？以及向他們報告邊區情形。張、王兩先生一再要我提出具體問題來談，我當時提出以本年三月十二日國父誕辰日周恩來同志的演說作談判基礎，張、王兩先生不贊成。他們提議先談軍事及邊區問題，我認為也可以。因先報告了中共領導下軍隊的數目，並問中央可以答應給我們編多少？張先生要我講。我說請先給六個軍十八個師；張、王兩先生認為太多，只同意四個軍十二個師。以後會商幾次，到最後一次會面時談話，商定將歷次會談雙方意見整理成紀錄，雙方簽字，各報告其中央，由兩黨中央作最後決定。當時我就照我們雙方原先約定的首先在這紀錄上簽字，但張、王兩先生未簽。紀錄系綜合雙方意見而成，張、王信裡說只是我個人意見，顯然不是事實。

到重慶以後，我黨中央即來電報提出二十項意見，由我於五月二十二日交張、王兩先生，請其轉陳國民黨中央。張、王先生認為有些條件這樣提法無異宣佈國民黨罪狀，不肯接受。本人為尊重張、王兩先生意見起見，向我黨中央請示，將二十條改為十二條，其餘八條改為口頭要求，由本人於六月五日送交張、王兩先生。張、王兩先生同時將政府提示案交給我，但對我黨中央提案則不允收轉，一直爭執到六月十五日，才覆信稱已轉呈政府，但解決辦法仍照政府提示案不能變更，談判遂呈僵局。

當時國民黨中央宣傳部部長梁寒操先生曾對外國記者發表談話說，談判停頓，中共要覺悟才好。有記者跑來問我，我於七月二日有談話發表在《新華日報》，表示我黨的態度是只要對於抗戰團結與促進民主有利，我們都可商量。七月二十六日，梁部長又發表不合事實的談話英文稿，我黨周恩來同志于八月十三日曾發表談話，說明談判並無結果，並解釋此事責任並非在我。但我黨中央仍希望談判能有結果，曾來電請張、王兩先生赴延安繼續談判。張、王兩先生說此事可以商量。兩黨談判的經過情形大致如此。

挽救危局準備反攻應採急救辦法

最後，我應當聲明：中國共產黨很盼望把問題解決，我們所提的意見都是正確的合理的，希望政府能一切從抗戰民主團結利益出發，接受我們的合理要求。現在日寇正在作垂死前的掙紮，我們中國的抗戰要保持今天的國際光榮地位，要打敗日寇，要得到永久和平，都不能坐待盟友的奮鬥，需要更靠我們自己的努力，需要團結與動員全國的力量，才足以停止敵人的進攻及準備力量配

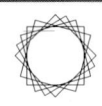

合盟邦的反攻。我們認為,挽救目前抗戰危機,準備反攻的急救辦法,必須對政府的機構人事政策迅速來一個改弦更張。這幾天參政員諸先生的各項詢問,也正說明了我們政府的機構人事到政策都有很多毛病,不能適合今天抗戰的要求。因此我坦白地提出,希望國民黨立即結束一黨統治的局面,由國民政府召集各黨各派,各抗日部隊,各地方政府、各人民團體的代表,開國事會議,組織各抗日黨派聯合政府,一新天下耳目,振奮全國人心,鼓勵前方士氣,以加強全國團結,集中全國人才,集中全國力量,這樣一定能夠準備配合盟軍反攻,將日寇打垮。

6. 張治中關於國共談判的報告[①]（1944年9月15日）

一

關於中共問題商談的經過,國民參政會諸位先生要求提出報告,治中奉命代表政府,只把這一次商談經過,簡明扼要,報告如下:

在本年1月間,據軍事委員會派在十八集團軍之聯絡參謀郭仲容給軍令部子筱電,說:「本月16日毛澤東先生約談,表示目前中共擬于周恩來、林祖涵、朱德總司令中擇一或三人同行到渝,晉謁委座請示,並囑報告請示可否。」2月2日,軍令部復郭聯絡參謀一電:「朱、周、林各位來渝,甚表歡迎。來時請先電告。」嗣接郭聯絡參謀2月18日電:「毛澤東先生談,中共決先派林祖涵先生赴渝。」至4月間,又接郭聯絡參謀來電,謂據朱德、周恩來、林祖涵先生說,林定4月28日起程。中央據報後,5月1日派治中和王世傑先生到西安與林祖涵先生作初步會談。我們與林先生同于2日先後到達西安,計自5月4日至11日,在西安會談五次。會談中關於林先生表示的意見,都記錄下來,作成一個記錄,送給林先生看過以後,經林先生增減修改,當面交給我們,並簽字於記錄上面。當時林先生詢問我們可否也在上面簽字,我們以為這是林先生所提出或同意我們一部分的意見,自只應由林先生簽字。至於中央的意見,我們當於返渝請示之後,正式提出。現將林先生簽過字的記錄原文錄下:

自5月4日至同月8日會談中所表示的各項

（一）關於軍事者

1. 第十八集團軍暨原屬新四軍之部隊,服從軍事委員會之命令;2.前項部隊之編制,最低限度照去年林彪所提出四軍十二師之數;3.前項部隊經編定後,仍守原地抗戰,但須受其所在地區司令長官之指揮,一俟抗戰勝利後,應遵照中央命令移動,以守指定集中之防地;4.前項軍隊改編

[①] 原載《大公報》,1944年9月16日。

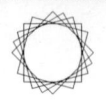

後，其人事准由其長官依照中央人事法規呈報請委；5.前項軍隊改編後，其軍需照中央所屬其他軍隊同樣辦法，同等待遇。

（二）關於陝甘寧邊區者

1. 名稱可改為陝北行政區；2.該行政區直隸行政院，不屬陝西省政府管轄；3.區域以原有地區為範圍（附地圖〈略〉），並由中央派員會同勘定；4.該行政區當實行三民主義，實行《抗戰建國綱領》，實行中央法令，其因地方特殊情形而需要之法令，可呈報中央核定施行；5.該行政區預算，當逐年編呈中央核定；6.該行政區及第十八集團軍等部隊，經中央編定發給經費後不得發行鈔票，其已發之鈔票，由財政部妥定辦法處理；7.該行政區內，國民黨可去辦黨辦報，並在延安設電臺，同時國民黨也承認中共在全國的合法地位，並允許在重慶設電臺，以利兩黨中央能經常交換意見；8.陝甘寧邊區現行組織，暫不予變更。

（三）關於黨的問題者

依照《抗戰建國綱領》之規定，予中共以合法地位，停捕人、停扣書報、開放言論、推進民治，立即釋放因新四軍事件而被捕之人員及一切在獄之共產黨黨員，如廖承志、張文彬等，並通令保護第十八集團軍及新四軍之軍人家屬。

（四）其他

1.中共表示繼續忠實實行「四項諾言」，擁護蔣委員長領導抗戰，並領導建國，國民黨表示 願由政治途徑公平合理的解決兩黨關係問題；2.撤除陝甘寧邊區之軍事封鎖，現在對於商業交通，即先予以便利；3.敵後游擊區的軍事政治經濟問題，服從國民政府及軍事委員會的領導，一切按有利抗戰的原則去解決。

林祖涵
五月十一日

附 ：去春林彪師長所提四條

1. 黨的問題，在《抗戰建國綱領》，取得合法地位，並實行三民主義，中央亦可在中共地區，辦黨辦報；2.軍隊問題，希望編四軍十二師，請按中央軍隊待遇；3.陝北邊區照原來地區改為行政區，其他各地區另行改組，實行中央法令；4.作戰區域，原則上接受中央開往黃河以北之規定，但現在只能作準備布置，戰事完畢，保證立即實施， 如戰時情況可能，——如總反攻時——亦可商承移動。

二

因林祖涵先生已有具體意見表示，我們遂於5月17日同林祖涵先生回重慶。當時中央正要開十二中全會及全國行政會議。雖在百忙之中，仍然將在西安談話經過及林祖涵先生所表示意

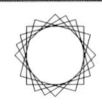

見，報告中央，由中央考慮解決此項問題之具體方案。於 6 月 5 日約林祖涵先生晤面，即將《中央對中共問題政治解決提示案》文件一種，面交林祖涵先生，其原文如下：

三十三年 6 月 5 日中央對中共問題政治解決提示案

茲以林代表祖涵在西安所表示之意見為基礎，作以下之提示案：

（一）關於軍事問題

1.第十八集團軍及其在各地之一切部隊，合共編為四個軍十個師，其番號以命令定之；2.該集團軍應服從軍事委員會命令；3.該集團軍之員額，按照國軍通行編制（由軍政部頒發），不得在編制外另設縱隊支隊或其他名目，以前所在者應依照中央核定之限額取消；4.該集團軍之人事，准予按照人事法規呈報軍政部；5.該集團軍之軍費，由中央按照國軍一般給與規定發給，並須按照經理法規辦理，實行軍需獨立；6.該集團軍之教育，應照中央頒行之教育綱領教育訓令實施，並由中央隨時派員校閱；7.該集團軍之各部隊，應限期集中使用，其未集中以前，凡其在各地區內之部隊，應歸其所在地區司令長官整訓指揮。

（二）關於陝甘寧邊區問題

1.該邊區之名稱，定為陝北行政區，其行政機構稱為陝北行政公署；2.該行政區區域，以其現在地區為範圍，但須經中央派員會同勘定；3. 該行政區公署直隸行政院；4.該行政區，須實行中央法令，其因地方特殊情形而需要之法令，應呈請中央核定實施；5.該行政區之主席，由中央任免，其所轄專員、縣長等，得由該主席提請中央委派；6.該行政區之組織與規程應呈請中央核准；7.該行政區預算，逐年編呈中央核定；8.該行政區暨十八集團軍所屬部隊駐在地區，概不得發行鈔票，其已發之鈔票應與財政部妥商辦法處理；9.其他各地區，所有中共自行設立之行政機構，應一律由各該省政府派員接管處理。

（三）關於黨的問題

1. 在抗戰期內依照《抗戰建國綱領》規定辦理；在戰爭結束後，依照中央決議，召開國民大會制定憲法實施憲政；中國共產黨與其他政黨，遵守國家法律，享受同等待遇；2.中國共產黨，應再表示忠實實行其「四項諾言」。

在中央提示案面交林祖涵先生之後，並經聲明中共如將以上辦法實行後，則中央對於撤去防護地區之守備隊，可予考慮，並可恢復該地區與其鄰地之商業交通，及中共人員違法被捕者，亦可從寬酌予保釋。林先生隨從口袋內取出一函，附有《中國共產黨中央委員會向中國國民黨中央執行委員會提出關於解決目前若干急切問題的意見》文件一份，交與我們閱看，其原文如下：

中國共產黨中央委員會向中國國民黨中央執行委員會提出
關於解決目前若干急切問題的意見

國共兩黨合作抗戰已歷七年，中共謀國之忠誠、抗敵之英勇、執行三民主義、實踐「四項諾言」，擁護國民政府及蔣介石先生抗戰建國，始終如一，均為有目所共見。惟目前抗戰形勢，極為嚴重，日寇繼續進攻，而國內政治情況與國共關係，尚未走上適合抗戰需要之軌道。為克服目前困難，擊潰日

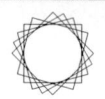

寇進攻，並認真準備反攻起見，中共方面認為，惟（唯）有實行民主與增強團結一途。為此目的，中共希望政府方面，解決以下緊急萬分的問題。這些問題，有關於全國政治方面者，有關於兩黨懸案方面者，茲率直臚陳如下：

一、關於全國政治者

（一）請政府實行民主政治，保證言論、出版、集會、結社及人身之自由；（二）請政府開放黨禁，承認中共及各抗日黨派的合法地位，釋放愛國政治犯；（三）請政府允許實行名副其實的人民地方自治。

二、關於兩黨懸案者

（一）根據抗日需要、抗戰成績及現有軍隊實數，應請政府對中共軍隊，編十六個軍四十七個師，每師一萬人。為委曲求全計，目前至少給予五個軍十六個師的番號；（二）請政府承認陝甘寧邊區及華北根據地民選抗日政府為合法的地方政府，並承認其為抗戰所需要的各項設施；（三）中共軍隊防地，抗戰期間維持現狀，抗戰結束後，另行商定；（四）請政府在物質上，充分接濟十八集團軍及新四軍。自1940年以來，政府即無顆彈片藥分錢粒米之接濟，此種狀況，請速改變；（五）同盟國援助中國之武器、彈藥、藥品，應請政府公平分配於中國各軍，十八集團軍及新四軍，應獲得其應得之一份；（六）請政府命令軍政機關，取消對於陝甘寧邊區及各抗日根據地的軍事封鎖與經濟封鎖；（七）請政府命令軍事機關，停止對於華中新四軍及廣東游擊隊的軍事攻擊；（八）請政府命令黨政機關，釋放各地被捕人員，例如皖南事變時，被俘的新四軍官兵葉挺等，廣東的廖承志、張文彬等，新疆的徐傑、徐夢秋、毛澤民、楊之華、潘同等，四川的羅世文、車耀先、李椿、張少明等，湖北的何彬等，浙江的劉英，西安的宣俠父、石作祥、李嬴國志士，請予恢復自由，以利抗戰；（九）請政府允許中共在全國各地辦黨辦報；中共亦允許國民黨在陝甘寧邊區及敵後各抗日民主邊區辦黨辦報。以上各條謹舉其主要者。中共方面誠懇希望我國民政府，予以合理與盡可能迅速之解決。誠然西方反希特勒鬥爭，今年可勝利，東方反攻日寇，明年必可開展，而且日寇正大舉進攻，威脅抗日陣線。若我國共兩黨不但繼續合作，而且能對國內政治予以刷新，黨群關係予以改進，則不特于目前時局大有裨益，且於明年配合同盟國舉行大規模之反攻，放出堅固之曙光。願我政府實利圖之。

中共中央代表　林祖涵
民國三十三年六月四日

此時我們曾對林祖涵先生說：上次5月22日先生所提出之二十項，因內容與在西安所表示的意見出入甚大，未便接受，當經先生收回。此次所提出之十二項，項目雖較前減少，但內容並未改變，本不能接受。惟不欲過拂先生的意思，僅允留下，但不能轉呈。當時林先生亦說就留在你們兩位處參考亦好。

三

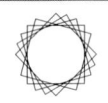

到了 6 月 6 日，我們接到林祖涵先生的來信，對於中央提示案，提出兩點聲明：第一，認為提示案與中共 6 月 4 日正式提出的意見，相距甚遠，除將提示案報告中共中央請示外，並請將中央提出的十二條，轉請中央作合理解決；第二，對於提示案開頭所說的：「以林代表祖涵在西安表示之意見為基礎」一語，認為與事實經過不符。他認為西安的記錄是「最後共同作成的初步意見」，他同意「約定各自向其中央請示，再作最後決定。」因此，他還是希望中央考慮中共最近正式提出的意見。我們當即在 6 月 8 日回林先生一封信，就他所聲明的兩點，提出答覆：第一，林先生 6 月 5 日交來的函件，因為前後出入太大，曾經聲明未便轉呈，林先生最後說：「就留在你們兩位處參考也好」，所以當時僅允留下，但仍聲明不能轉呈；第二，在西安談話中記錄下來經過林先生增減修改，另自繕清再行簽字的意見，我們回來以後，已經轉呈中央。所以中央提示案，就以林先生的意見為基礎，並且儘量容納了林先生的意見，希望林先生能夠完全接受。

四

6 月 11 日，又接到林先生來信，他對我們 6 月 8 日的回信，認為「有兩點甚難理解」：第一，說我們已承認他是中共代表，就不應該不把中共正式提出的意見轉報中央，而只片面要求他個人接受中央提示案 他個人如何能夠作主；第二 他承認 6 月 5 日面交的中共所提的十二條，誠與西安商談的意見「略有」出入，但中央提示案和西安商談的意見亦有出入，他認為這種談判過程中的出入，雙方都有，不足為異。他現在已經將中央提示案電告中共中央，我們就不應該拒絕將中共正式提出的意見，轉呈中央請示。

其實林先生說不能理解的兩點，事實是很顯明的。正因為林先生是中共的代表，所以他所表示的意見，當然可以作算的。至於中共隨後所提的十二條，內容與林先生的意見大有出入，而且中共對於服從軍令政令的根本觀念，並無表示，只是提出片面的要求，所以我們當時鄭重聲明不能轉呈，是不難理解的。但我們因為希望問題早日得到解決，尤不願大家因此發生誤解，所以仍將林先生交來的十二條轉呈中央政府。隨奉中央指示，以「中央 6 月 5 日已以提示案交林代表轉達中共，凡中共意見，中央政府所能容納者，該提示案已儘量容納，希望中共方面接受。」

6 月 15 日，我們就將中央的指示，函達林先生，並申述此次商談之基本精神，須本統一國家軍令政令之原則，為改善現狀，增強團結的前提。而中共所提十二條的內容，對於如何實行中央政府的軍令政令，和改善措施、整編部隊各點，均未提及。至於整編部隊的數字，在西安時我們說可能的數字是三軍八師，現在中央提示案決定為四軍十師，比較我們所說的數字還增加了兩師，可見中央盡量遷就的意思。

五

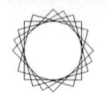

　　6月15日我們回覆了林先生的信以後,經過十幾天,中共方面對於中央提示案仍無答覆。至7月3日,林先生約我們會面,口頭提出,對中央提示案有兩點商量:第一,關於政治問題,希望中央將「民主」尺度放寬;第二,關於軍隊問題,希望按五軍十六師擴編。同時又說,延安有電報,歡迎你們兩位到延安商談。當時我們就說明:關於民主問題,政府已在採取各種措施,促進民主政治之實現,例如廢止圖書事先強制審查辦法,嚴令後方各省完成縣參議會之設置,及中央即將公佈保障人民身體自由的法令,和其他正在擬議中的很多關於民主的措施,不必列舉。至於軍隊擴編數目的問題,中央現在正在勵行精兵政策,儘量地緊縮單位,對於中共的要求,已經盡最大限度來容納,如果拿抗戰初期國軍數額和現在增加數額來做一個對比,就可以瞭解中央委曲求全的苦衷。最後我們認為像這樣談下去,有點像故意拖延。似乎應該將中央提示案作一個全面確切的答覆,來做具體商討的基礎;不宜再在口頭上空言往返,討價還價,徒增枝節。並表示,如在重慶能得到結論之後,我們可以考慮去訪問延安的問題。

六

　　7月13日,林先生又來會面,當時他又請中央對他們所提的十二項有所「指示」,而對於中央交給他們的提示案如何答覆問題,他並未提及。當時我們以林先生所提各項問題過去多已經加以說明,殊不必加以辯駁,僅答林先生:來意已明,我們再另訂期商談而散。

七

　　到了7月23日,林祖涵先生又來一信,內容仍係問及我們對他所提十二項的意見,是否已請示答覆,並請我們到延安去。
　　7月25日,我們再與林先生見面,對於他所提十二項內列各項問題,在口頭上曾有較詳細之解釋,並告之中央所提出之提示案,即係中央具體意見,乃中共延久未予答覆;並且我們曾說中共如此態度,很像有意拖延,不願意來解決這個問題。

八

　　我們在這個期間,曾繼續研究這個問題,並且考慮在上一次口頭答覆之後,應該再有一個書面答覆,才比較具體,又於8月5日同林祖涵先生見面一次,曾說明我們預備將上一次口頭答覆的意見,變成一個書面答覆,同時並等你們對中央提示案有確實答覆之後,那時我們再考慮進一步商談,和是否去延安的問題。在此次談話之後,於8月10日根據前意見寫成一信,送給林祖涵先生,其要旨如下:
　　從5月3日在西安晤面起,已逾3月,由6月5日面交中央提示案以後,亦兩月餘,迄未得

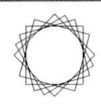

中共切實答覆，殊出初料之外。此次政府提示案之內容，不但對去歲林彪師長所請求各款，幾已全部容納，即對先生在西安表示之意見，亦已大部容納，中共既表示擁護團結與統一，請即促其接受。

關於中共之十二條意見，第一至第三條，政府提示案中，已剴切申示：在抗戰期內厲行中共及一切黨派所已接受之《抗戰建國綱領》；在抗戰結束後一年內實行憲政，予各黨派以同等地位。意義明晰而具體。若於申示以外，標舉若干毫無邊際之抽象文句，徒為異日增加糾紛。現在中央政府已定之政策，在依抗戰進展、勝利接近與夫社會安定，逐漸擴大人民自由範圍，促進地方自治；一方面政府希望中共接受提示案後，隨時提出關於厲行《抗戰建國綱領》之意見，並積極參加參政會及憲政實施協進會之工作，期彼此觀點逐趨一致，國家真正統一團結，可以實現，此為政治解決之根本意義。

十二條中關於軍隊編制、數額、軍隊駐地、軍餉、軍械者四條。十八集團軍原來編為三師，現在允許擴編為四軍十師，在政治厲行精兵政策裁減單位之時期中，自屬委曲求全之至。關於軍隊駐地，提示案一面指示集中使用之原則，一面規定在集中之前整訓指揮系統，實已面面兼顧。至於軍餉，則已規定與國軍享受一律待遇；軍械則政府當隨時依需要與所負之任務為合理之分配。

十二條中要求政府承認「陝甘寧邊區」及「華北根據地民選抗日政府」之一條，在陝北邊區問題，政府提示案中已提出十分寬大之辦法，至其他任何地區之行政機構，自當依照提示案，由各該管省政府接管，以免分歧。

其他尚有若干要求，或則與事實不符，或則與事理不合，均已向先生口頭說明，茲不贅述。

九

以後接到林祖涵先生8月30日來函，以奉中共之命答覆我們8月10日的去信，大意是：

（一）認為我們8月1日的信上，含有責備中共無理拖延的意思，係完全不合事實與錯誤的見解。因為政府提示案與中共所提之書面十二條與口頭八條，原則上相距太遠，並舉出：1.提示案對於實行民主政治，承認各黨合法，釋放政治犯等一字未提；2.編制的數目和編制外軍隊的取消及軍隊集中使用；3.只要求邊區政府實行中央法令，而不提實行三民主義，不承認現行各項設施與法令；4.取消敵後抗日根據地的人民選出之民主政府等，承認為距離太遠的事實。

（二）認為根本解決問題的障礙，由於中央政府與中共及「全國廣大人民」的觀點，有著很大的距離；因為政府始終不願意立即實行三民主義和民主制度。

（三）希望中央政府在解決全國政治問題與國共關係問題上，應把整個民族的利益放在第一；應從有利全國抗戰、有利促進民主的觀點出發。後面又重複提到上面已經列舉過的政治問題、軍隊問題和邊區及華中、華南、華北各抗日根據地等問題，重申第一項各點所持的態度，同時擴大了許多範圍。

（四）申述中共始終忠實執行四項諾言，忠實實行三民主義，堅持民主團結與政治解決的方

針，證明中共不願使談判破裂。

我們看了林先生 8 月 30 日來信之後，使我們感到詫異，其中所舉各項情形的真實性，究竟到如何程度？想各位都會有一個很確當的判斷，用不著多加說明。我們是奉命商談具體問題，從去西安到現在，已經把問題愈談愈遠了。所以遠的原因，諸位從以上的檔裡，可以看得出，我們不能不引為惋惜。但是我們並不能絕望，為了使中共方面，能夠確實地明瞭我們的意思，所以隨後就複了一信（9 月 10 日）。大意是：

申述中央政府命我們與先生商談，在求全國之真正統一，亦即求中共切實履行「四項諾言」，切實擁護全國政權的統一，如先生所說中共始終執行「四項諾言」，則中共對各地國軍何致有許多侵犯之事實？中央何致今日尚須令我們與先生商談服從軍令政令等問題？

中央命我們與先生商談統一，原為未來之憲政與整個三民主義的實現，樹立強固的基礎。關於民主政治乃黨派問題，中央提示案已有剴切條文，我們 8 月 10 日函內復有詳細的申說，何以說是「一字不提」？來函所說的中共在邊區及敵後各抗日根據地徹底實行了三民主義，又說在中共的一切地區內，一切人民和抗日團體，均享有一切自由和權利，但有許多事實，迫著我們否認。即如民主與自由，國父遺教，欲以五權分立為民主的正軌與人民自由的保障。中共區域內可有司法權與監察權獨立的事實？中共區域內的人民乃至共產黨員，可有言論自由，身體自由的保障？我們前函希望對於民主自由等問題，勿提出毫無邊際的抽象要求，並請中共隨時與中央政府、國民參政會以及憲法實施協進會等切實商討各項問題的解決辦法，不惟至當，且屬必要。

說明來函所提種種問題，早已一一奉告，其中一點，即中央提示案對於去歲林彪師長和最近先生在西安所提意見，已經「大部容納」，確系絕對事實。但先生依然強調「距離太遠」，可是距離遠的原因，不外是因中共的要求與時俱增：先生在西安所提的較去年林彪師長所提的多，中共提的十二條又較先生在西安所提的多，此次來函又於十二條以外，加上所謂「口頭八條」。要求即與時俱增，距離乃不能不遠。例如陝北邊區和所謂「其他抗日根據地」的問題，林師長所提為「陝北邊區照原來區改為行政區，其他各地區，另行改組，實行中央法令」；先生在西安簽字的檔，並未列入「其他抗日根據地」；中共所提十二條，則要求承認「陝甘寧邊區及華北根據地民選抗日政府」；先生來函則更以「陝甘寧邊區政府及華北華中華南敵後各抗日根據地民選抗日政府」的承認為言。此種逐漸變化，逐漸擴大要求的情形下，倘商談不能接近，其責任究在誰方？

說明中央政府與國民黨決不將一黨一派的利益置於國家民族利益之上，切望中共能夠同守此旨。

最後說到，只要于事實有益，我們赴延安一節，亦所樂從。茲問中共能否派負責代表來重慶解決本問題，並派何人代表偕返重慶。

十

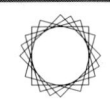

　　這一次商談的經過和來往有關檔的重要內容,一一報告如上。今日中共問題,為了國家統一團結及爭取抗戰勝利,建國成功,全國的人民,都熱切希望早日得到合理的解決。我們受中央政府之命,負著商談的任務,當然更抱著最大的熱忱和希望。中央政府所求的,只為軍令與政令的統一。必須如此,乃能有確實的團結,乃能以舉國軍民一致的力量,打擊敵寇;更必須如此,乃能有利於抗戰建國。在這一個大前提之下,中央政府無不根據事實,委曲求全,儘量容納中共的意見,這在中央提示案上,都可以明白看出來的。至於民主自由問題,中央政府一向重在實事求是,實在去做,不欲徒托空言。在《抗戰建國綱領》原則之下,如開放言論,保障人民自由,擴大民意機關職權,都在著著進行;今後自仍本此方針,繼續致力,使戰爭結束之後,能夠順利推行憲政。那時候,黨的問題,自然可以解決。現在中共方面,雖然還沒有接受中央提示案和實行遵守國家軍令政令的表示,但是我們希望中共當能本諸團結抗戰的真義,以事實和行動來踐履諾言,實現國家真正的統一。中央政府決不變更政治解決的方針,而且竭誠期待中共修正其所持的觀點,早日解決這一問題,以慰全國同胞的期望。因知諸位先生對這一問題之關切,特來報告關於本問題商談經過,並鄭重說明中央政府的態度和願望,還請諸位先生賜教。

四、1944年11月至1945年2月的兩黨談判

1. 中國共產黨中央委員會主席毛澤東致美國總統羅斯福函[①](1944年11月10日)

羅斯福總統閣下:

　　我很榮幸地接待你的代表赫爾利將軍,在三天之內,我們融洽地商討一切有關因結全中國人民和一切軍事力量擊敗日本與重建中國的大計,為此:我提出了一個協定[②],這一協定的精神和方向,是我們中國共產黨和中國人民八年來在抗日統一戰線中所追求的目的之所在,我們一向願意

---

① 原載《國共談判文獻》(二)。
② 指美國總統羅斯福私人代表 1944 年 11 月 8 日至 10 日訪問延安,與中共中央主席毛澤東通過商談提出的協定草案,毛澤東在協定草案上簽了字。

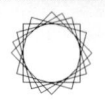

和蔣主席取得用以促進中國人民福利的協定，今一旦得赫爾利將軍之助，使我們有實現此目的之希望，我非常高興地感謝你的代表的卓越的才能和對於中國人民的同情。

我們黨的中央委員會授權我簽字於這一協定之上，並得到赫爾利將軍之見證。

我現托赫爾利將軍以我黨我軍及中國人民的名義將此協定轉達於你。總統閣下，我還要感謝你為著團結中國以便失敗日本並使統一的民主的中國成為可能的利益之巨大努力。

我們中國人民和美國人民一向是有歷史傳統的深厚友誼的，我深願經過你的努力與成功，得使中美兩大民族在擊敗日寇重建世界的永久和平以及建立民主中國的事業上永遠攜手前進！

中國共產黨中央委員會主席　毛澤東
一九四四年十一月十日于延安

附：赫爾利在延安所商定的五條協定草案（1944年11月10日）

中國國民政府、中國國民黨與中國共產黨協定草案

一、中國政府、中國國民黨與中國共產黨應共同工作，統一中國一切軍事力量以便迅速擊敗日本與重建中國。

二、現在的國民政府應改組為包含所有抗日黨派和無黨派政治人物的代表的聯合國民政府，並頒布及實行用以改革軍事政治經濟文化的新民主政策，同時軍事委員會應改組為由所有抗日軍隊代表所組成的聯合軍事委員會。

三、聯合國民政府應擁護孫中山先生在中國建立民有民享民治之政府原則。聯合國民政府應實行用以促進進步與民主的政策，並確立正義、思想自由、出版自由、言論自由、集會結社自由，向政府請示平反冤獄的權利，人身自由與居住自由，聯合國民政府亦應實行用以有效實現下列兩項權利，即免除威脅的自由和免除貧困的自由之各項政策。

四、所有抗日軍隊應遵守與執行聯合國民政府及其聯合軍事委員會的命令，並應為這個政府及其軍事委員會所承認，由聯合國得來的物資，應被公平分配。

五、中國聯合國民政府承認中國國民黨、中國共產黨及所有抗日黨派的合法地位。

2. 國民政府代表王世傑提出的修正國共協議三條[①]（1944年11月21日）

一、國民政府為達成中國境內軍事力量之集中與統一，以期實現迅速擊潰日本及戰後建國之目的，允將中國共產黨軍隊加以整編，列為正規國軍，其軍隊餉項軍械及其他補給與其他部

---

① 原載《國共談判文獻》（二）。

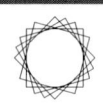

隊受同等待遇。國民政府並承認中國共產黨為合法政黨。

二、中國共產黨對於國民政府之抗戰及戰後建國，應盡全力擁護之。並將其一切軍隊移交國民政府軍事委員會統轄。國民政府並指派中共將領以委員資格參加軍事委員會。

三、國民政府之目標本為中國共產黨所贊同，即為實現孫總理之三民主義，建立民有民享民治之國家，並促進民主化政治之進步及其發展之政策。

除為有效對日作戰之安全所必須者外，將依照《抗戰建國綱領》之規定，對於言論自由、出版自由、集會結社自由及其他人民自由，加以保障。

除政府原提三項原則外，政府並準備實行次列三項辦法：

（一）在行政院設置戰時內閣性之機構（其人數約為七人至九人），俾為行政院決定政策之機關。並將使中國共產黨及其他黨派之人士參加其組成。

（二）關於中共軍隊之編制及軍械補給等事，軍事委員會將指派中國軍官二人（其中一人為現時中共軍隊之將領），暨美國軍官一人，隨時擬具辦法，提請軍事委員會委員長核定。

（三）在對日作戰期間，軍事委員會委員長指派本國軍官二人（其中一人為現時中共軍隊將領）及美國將領一人，為原屬中共軍隊之指揮官。並以美國將領為總指揮，中國將領二人副之。該總指揮官等，對軍委會委員長直接負責。在其所屬戰地之軍令政令，皆須統一於中央。

3. 中國共產黨的複案[①]（此件未注明日期）

一、國民政府為達成中國境內軍事力量之集中與統一，以實現迅速擊敗日本與重建中國之目的，允將國防最高委員會改組為包含所有抗日黨派和無黨派政治人物的代表的聯合的國防最高委員會，並由這個聯合的國防最高委員會決定和頒佈用以改革軍事、政治、經濟、文化的新民主政策，並改組行政院使之成為各抗日黨派的聯合內閣，改組軍事委員會，使之成為各抗日軍隊代表所組成的軍事委員會。

二、中國共產黨對於國民政府之抗戰及戰後建國，決全力擁護之，其一切軍隊應遵守與執行改組後之國防最高委員會及軍事委員會的命令；同時國民政府允將中國共產黨軍隊編列為正規國軍，由聯合國得來物資應被公平分配。

三、國民政府之目標，為實現孫中山先生之三民主義，建立民有、民享、民治之國家，並實行用以促進民主與進步的政策，因此，國民政府承認中國共產黨及所有抗日黨派為合法政黨，釋放愛國政治犯，並在有利於抗戰的前提下確立正義，思想自由、出版自由、言論自由、集會結社自由、人身自由、居住自由，免除威脅自由及免除貧困自由等。

---

① 原載《國共談判文獻》（二），其編者註：正文三條備忘錄三點未提出。

附：備忘錄三條

如國民政府一時不能改組其國防最高委員會及其行政院與軍事委員會，中國共產黨願提出備忘錄三條：

一、中國敵後解放區根據戰爭之需要與人民之要求，將先組成中國解放區聯合委員會，以統一敵後各解放區政府軍事的領導，並使於參加今後的聯合國防最高委員會。

二、為適應目前戰爭最迫切之需要，中國戰場應設立聯軍統帥部，由美國方面的代表擔任統帥，中國所有抗日軍隊，應有負責代表參加此統帥部，以統率在中國戰場的所有抗日軍隊，並負責進行各軍的編制、裝備、訓練和補給。

三、中國共產黨及其軍隊願重申諾言，堅持徹底的抗戰勝利，堅決反對內戰，保證決不向中國任何抗日部隊進行軍事挑釁，並保證在陝甘寧邊區及敵後解放區徹底實行孫中山先生的三民主義，徹底實行民主政治，給一切抗日黨派以合法權利，保證一切抗日人民的人權、政權、地權、政權及言論、出版、集會、結社、信仰、居住之自由。

4. 周恩來與赫爾利會談要點①（1944 年 11 月 13 日晨 9 時）

赫說：10 日晚警報，11 日病了一天，12 日下午 5 點參加蔣送高斯（舉）行茶話（會），遇蔣而未談話。生病中，張、王②來見，吵了一頓，赫將經過及協定③全文告王，王、張問赫為何未定軍隊數目。赫說這是你們的事，只要聯合政府組織起來，數目你們自己可定。那時，周也參加了政府，你們每天早晨都可與周去談，何必要我談。你們談了 5 年了，為什麼不能解決，你們不要騙共產黨。你們說軍隊好，貪污腐化是敵人造謠。毛告訴我，貪污腐化的事，孫夫人、孫科都談過，新聞記者也報導過，我看你們就是這樣的人。你們說共產黨不願團結，我到延安看毛他們都是愛國分子，提出要求，既不是社會主義的，也不是共產的，而是民主的。他們是願團結的，我看倒是你們不願團結。你們不要騙共產黨，欺騙不了的。你們不要將來連我也趕出去。

張、王問赫此檔是否共產黨會向記者發表？赫說不會的，要是發表，就是你們。張、王問為什麼？赫說因為他們相信我啊！

張、王又問為什麼放進國民黨？赫說，這是我提議加入的，並非共產黨提的，如不贊成，就表示你們不願參加，表示你們要分裂。

---

① 原載《國共談判文獻》。
② 「張、王」，指國民黨談判代表張治中、王世傑，以下各材料皆同此。「協定」，指赫爾利在延安與中共中央主席毛
③ 澤東商定並簽訂的《中國國民政府、中國國民黨與中國共產黨協定草案》。

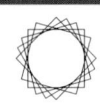

張、王問可否暫緩將此檔送羅斯福，赫說羅現在有二周休養，可緩送。赫告周，實際上已經送了。

赫又向張、王說，各國自己都能合作，為什麼你們中國不能合作？赫問周，懷特會不會知道此事，周告他們絕對不知，他只知赫去並與周同來，也許他會猜一些，但無任何內容。赫說我們要保證不向外發表，我與你與毛要站在一起，以便鬥他們。周告以很好，我絕不會同外人說，《新民報》昨日新聞說我拒絕發表政治談話可以為證，且我昨日遇見我的老校長，他問我，我也拒絕談此內容。赫告周，英國政府提議要在中國劃分勢力範圍，但美國政府反對此事，美國（是）主張中國團結的。周說甚好，你們副總統華萊士在中國也說美國反對均勢。

赫又告周，張、王今日上午11時會來，下午5點半蔣與赫會面。赫說蔣對你印象是好的，說周是誠實人。

赫說，你等了幾天了，故約你來一談。周說我在西安事變後出來活動等了八年了，等幾天不算什麼，毛及我黨中央派我來，就是謀全國團結的，我們可經常保持接觸。

赫說，我正在讀蔣的昨日演說，他說國民黨已改組了七次很好，應改組了，蔣是想好的，下邊的人是壞的，要去掉一些。

（周與董商定延安協定、赫周談話保持絕對秘密，以便拉緊赫。）

5. 周恩來與赫爾利談話記錄①（1944年11月21日上午11時半）

按：赫爾利將軍係於18日（星期六）下午過黃山，19日（星期日）與國民政府主席蔣介石會談，20日（星期一）返寓，21日上午王世傑與張治中赴赫爾利將軍寓所商談。周恩來至赫寓，王、張就未去，遂先至赫爾利辦公室（同時又是臥室）稍候。故此次談話系在赫氏辦公室舉行。

互相問好後，赫爾利將軍即謂，剛才他們提了一個建議，有中文原件，也有英文譯件，你要曉得和他們多難談通。關於承認共產黨合法地位一點，他們堅持這是違反孫逸仙的原則，我說孫逸仙已經死了，現在是團結中國的問題。接著赫爾利即以英文朗誦國民黨方面建議。畢。赫爾利復謂：在你們所提案中，我認為最重要者，是承認共產黨的合法地位，以及參加決策機關。他們認為承認共產黨合法地位乃是違反孫逸仙的原則，我已經爭過了。他們也不願你們參加中樞機構，因為這是神經中樞，一切軍隊調動和外國援華物資的來源和分配，都要經過這裡。我說正要共產黨參加中樞機構。譬如民主黨的政府也有共和黨參加。參加之後，才能懂得，然後能批評，以便糾正缺失。周問：這個提議是否王、張兩位寫的。赫爾利答：不是，這是蔣委員長那邊的人寫的。赫爾利又謂：你們的確可靠，我告訴你們的話，從未傳播出來，又回到我的

---

① 原載《國共談判文獻》（二）。

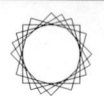

耳朵中來。這邊人太多了，一點事情大家都知道。我星期天和蔣談了三點鐘。他說共產黨要搞掉他，我說沒有的事，共產黨所要求的是團結，他們要求團結比你們更迫切。我企圖去掉他們的恐懼心理。他們恐怕你們只要插進一個腳趾，就會把他們擠掉。我說你們的恐懼只是表示你們的弱點。赫爾利續稱：我的目的實際是羅斯福的意見，是要造成一個強大的中國，即是令中國來控制亞洲。民主世界好象（像）一個汽車有四個輪子，缺了一個就不可以。我們既不幫助國民黨要打倒共產黨，也不幫助共產黨來打倒國民黨。如果中美合作，以美國的生產能力，加上中國人口，那就無敵於天下了。赫爾利續稱：這個建議（指國民黨的建議）你當然要徵求毛澤東的意見，方法有兩個：一個是你用電報通知延安，往返磋商，我覺得不好；第二個方法就是看你的意見如何，如果你認為毛澤東有同意的可能，你可以先同王博士和張將軍商談，然後一同飛延。還有你們的董同志也可以參加。我和他們說過這個談判，是你們中國的事情，不該一切都要我這個美國人來辦，我老了，我也疲倦了。周問：蔣主席對於聯合政府的態度如何？赫爾利將軍稱：啊，這件事情已經過去了。我同蔣談到聯合政府，蔣說你要我的政府改名字。這是新政府，不但一切要變，連外交官都要從新加委。我說，聯合政府的意思是聯合的行政機構。蔣仍然說：你要我改名字，那末（麼），連中國都要改成聯合的統一的中國。我說不是要中國改名字，是要中國真正的統一。赫爾利續稱：總之，他們是怕你們插進一個腳趾，就把他們擠掉。我叫他們不要怕，不要像聖經上所載大衛德王喪子之後所說的話，不可避免的恐懼終於到來了。他們認為我從延安回來以後，就被共產黨包圍了，所說的都是共產黨的話。周問：對於國民黨方面建議要我們參加軍事委員會做委員這件事，我有兩個意見：軍事委員會的委員都是掛名的，不但沒有實權，而且從不開會，馮玉祥和李濟深就是例子。而且我自己做過政治部的副部長，知道得很清楚。此其一。其次，只要共產黨參加軍事委員會而不參加政府，你知道，蔣委員長一切命令列事，因而我們仍然不能參加決策。赫爾利答稱：關於第一點，我不知道，據他們告訴我，可以有實權。關於第二點，據蔣委員長告訴我，他允許你們參加政府，但不願寫在這個建議上。周問：對其他黨派的合法地位是否承認，赫爾利答：蔣委員長只肯承認共產黨的合法地位，不願承認其他黨派的合法地位。赫爾利又稱：這個建議也許是個基礎。我原來不知道實際情形，所以在延安時，毛澤東提出意見之後，我也添上一大堆。現在他們這個建議，也許是個基礎。談至此，魏德邁將軍敲門而入，互相問好後，魏氏即辭出。周謂：我回去研究這一文件再與董老商量，然後在未見王、張兩氏之前，再與赫爾利將軍一談。赫爾利將軍說：好，今天下午有時間再見。

6. 周恩來、董必武與赫爾利談話記錄①（1944年11月21日下午4時半）

　　互相問好後，步入客廳就座。周稱：首先，應向赫爾利將軍的辛勤工作，深致謝意。至於聯合政府是赫爾利將軍所贊成的，我們黨願在這個基礎上求得中國的團結，戰爭的勝利和戰後的建設，國民黨所提出的這個協定草案，是沒有回答這一基本要求的。因此，我們表示不能同意和不能滿意於這一協定的精神。但為著戰爭的勝利，中國的團結，同盟國的合作，我們一方面仍堅持聯合政府的主張，並願為實現這一主張而奮鬥到底；另一方面我們很感謝赫爾利將軍代表羅斯福總統的好意，很願從這協定上找到可以磋商的根據，以便為實現聯合政府的主張，找到可以經過的橋樑和必要的準備。這是我和董必武同志商量得來的意見，我們願意將有些意見提出，請教於赫爾利將軍。赫爾利將軍答稱：很好，請你提出。周說：第一個問題，赫爾利將軍是否仍同意我們為實現中國團結必須以組織聯合政府為前提的主張？赫爾利將軍答稱：我不能使用同意的字眼，因為我不是談判的當事人，我只是見證人。我認為你們聯合政府的主張是適當的，但我並不處在同意的地位。周問：你是否認為聯合政府是合理的、是民主的。赫爾利將軍答：毫無疑問是民主的。但你們的原提案也有可以改動之處。要國民黨參加簽字一點，是我加上去的，如果他們要去掉，我也毫不在乎。至於「聯合」的字樣，他們一定不接受。我的意思是要你們獲得協定，我們是準備幫助你們的，成百架飛機的東西等著幫助你們，但是沒有這一協定，我就無法幫助你們。如果我同意你們，那就等於美國政府承認共產黨，這樣一來，他們就可以要我回家，因為我不能在一個國家內，同時承認兩個政府，所以我只能勸你們和政府取得協定。周說：第二個問題，參加政府，是否說我們只能處在觀察者的地位，而不能有實權。赫爾利將軍答稱：是的，參加政府並不等於有實權，但事在人為，譬如我們的議會的議員，有的能夠控制議會，有的不過坐食而已。周問：參加政府，是否說，我們可以要求改革政策。一次提議不聽，再次提議。赫爾利將軍答稱：當然如此，你們可由此求得政策的改革。周稱：第三個問題，過去軍事委員會的委員是掛名的，這次要我們參加，怎樣才能使用委員的權力。赫爾利答稱：這次委員應該行使權力，而且能夠行使，因為軍事委員會將成為最高統率機關，有國民黨參加，有共產黨參加，也有美國方面參加。今天下午王世傑博士再來會談，我告訴他：你說過去軍委會委員無權，他也同意必須使其有權。周問：赫爾利將軍對於促使軍委會委員能夠行使權力問題，是否有更進一步的意見？赫爾利將軍答稱：最好設置一個同盟國的統帥，你們難於受國民黨的指揮，國民黨也難於受你們的指揮，有一個同盟國的統帥，便能以公平的態度，指揮雙方。赫爾利將軍續稱：王、張兩人怕負責，怕成立協定，怕錯。王世傑說自己是一個自由主義者，但他自己沒有意見，總問我的意見如何。周稱：還有一件事情要問，國民黨今天不肯承認其他黨派的合法地位，將來是否有承認其合法地位的可能？這些黨派是抗日的，抗日就該承認。赫爾利將軍答：蔣只肯承認共產黨的合法，不肯承認其他黨派。他說一旦承認，則黨派紛起，在抗戰期間

---

① 原載《國共談判文獻》（二）。

期間要管軍事，管不了這多政治。他說承認的時候沒有到。我看目前只是初步階段，將來可以承認。蔣對我這樣說：「我老了，我死了之後，要留下一個統一的民主的中國。」我告訴他：如果你不承認其他黨派，共產黨卻要求承認，那末（麼），這些黨派都會跑到共產黨那邊去。周稱：為了把國民黨方面建議和你的意見趕快報告延安，我想用最有效的辦法，就是趁這班飛機到延安去，原機打轉，只花兩天工夫，你看如何？赫爾利答稱：很好。但我要勸你們趕快參加政府，你們一步一步地幹，咬東西不能一口咬掉，要一口又一口才能咬掉。還有聯合統帥問題，蔣問我，甚麼人來幹，我說我來幹。蔣說，你不要當大使嗎？我說我若當大使，也可以找出適當的人來幹。還有一件事，你在走之前，最好見一見王博士和張將軍。飛機我給你安排。周謂：最好快一點。赫爾利將軍稱：約明天上午 11 時見。周、董告辭說：好，明天再見。

7. 周恩來、董必武與王世傑談話記錄①（1944 年 11 月 22 日上午 11 時）

按：美國羅斯福總統代表赫爾利將軍曾於昨日下午對周、董宣稱：將於今日上午十一時約國共雙方代表就其寓所會談。以故，本日上午周、董如約於十一時到達赫爾利寓所。王世傑已先到。外交部部長宋子文亦到。

互相問好後，外交部長宋子文首先聲明「我今天不是作為代表而參加的，僅僅由於赫爾利將軍的邀請，幫助解決中美言語的困難。」接著赫爾利將軍宣稱：「我很高興你們雙方代表都到了，國共問題本來是中國人的問題，應當由你們自己解決，我不能作為當事人。而且我所說的話也太多了。今天我不說話，讓我聽一聽你們的話。」王世傑博士接著發言：今天我首先要感謝赫爾利將軍，為了我們的談判問題，而不避麻煩。國共問題本來是中國人的問題，應當解決。但這個問題是一個大問題，只能逐漸想辦法。我想知道恩來先生有什麼意見。周宣稱：我很高興在赫爾利的幫助下，有這樣一個機會來解決國共問題。赫爾利將軍這樣大的年紀，辛苦工作，非常可感。國共問題本來是中國人的事，但已達到這個程度，必須請外國友人加以幫助，我仍然感謝他們的盛意。再者，我也很高興會見我的朋友宋子文先生。正因為宋先生王先生和我們都是老朋友，所以，我準備直接地並坦白地來談這個問題。我這次代表中共中央出來談判，目的在實現民主的聯合政府，以謀全國團結，抗戰勝利和友邦合作，而國民黨方面的協定草案，則沒有這個精神，我們是不同意和不滿意的。但由於中國人民的需要，友邦的好意，抗戰反攻的急迫，我們一方面仍堅持聯合政府的主張，並願為之繼續奮鬥，另方面我們也願從我們協定和你們協定當中先找到共同點，來作（做）初步的解決，以為民主的聯合政府作準備步驟，這是我和董必武同志個人的意見，因此，我須向你們請教第一個問題，我要請教王先生的是黨派合法問題，這是政府建議中所提到的，政府

---

① 原載《國共談判文獻》（二）。

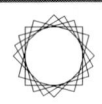

第四章 國共兩黨在重慶的重大談判

準備採取何種措施,使黨派合法。

王世傑先生答稱:現在政府還沒有具體考慮這個問題,並無具體計畫。但我想有一兩點意見是可以說的,第一點,政府在採取任何措置之前,必然與各黨派協商,以便取得同意。第二點,目前是戰爭期間,所以要在不妨礙進行戰爭的範圍內,允許各黨派的合法地位。

周問:其他黨派是否也允許合法。

王答稱:其他黨派包括在內。

赫爾利將軍問:你不是說過,不承認其他黨派的合法地位嗎?

王答稱:那是說,不放在國共之間的協定上面。

周說:好,現在我有第二個問題,根據政府的建議,足以表示國民黨並不準備放棄一黨專政,王先生的意見如何?

王答稱:這首先是一個法律問題。在法律上,目前無從宣佈廢止黨治。因為訓政是載在建國大綱和國民黨黨綱上面的。中央委員會無權廢止,必須有更大的會議才行,就是蔣先生要廢止也不行,我們黨員會說他違法。不過政府在實際上並非不準備容納黨外人士。

周接著問:如果邀請中共代表參加政府,請問這種代表是用觀察者的性質,還是有職有權?

王答覆:這一點我不能具體答覆,因為沒有討論。　但我個人意見這個問題要依據法律,再者假使毛先生與蔣先生當面談判合作,這個問題不是沒有辦法解決。

赫爾利將軍對宋部長說:子文,你聽見沒有!這是代表的性質問題,究竟有權無權?

宋子文答:聽見了。

周宣稱:我的第三個問題是關於參加軍委會的問題。過去有許多軍委會委員,只是掛名的,不但沒有職權,而且並不開會。如果共產黨代表參加軍委會,其實際職權如何,王先生是否能夠見告?

王答稱:現在軍委會委員會每星期至少開會一次,有時兩次。

周插入一句:這是會報,不是開會。

王續稱:會報與開會相差無幾,會報做了決議,不就等於開會。此其一。軍委會人數少,是有權的機關,同時軍委又是作戰機構,不是參政會,並不由多少票數來決定,意見提出,只要委員長裁可,就可實行,此其二。第三點,我可以說,如果中共參加軍委會,其職權決不會比其他委員少。

周說:我們要提醒王先生一句,會報不是開會。譬如馮玉祥和李濟深將軍就從沒參加開會。

王稱:會報仍然是會議。一二委員缺席,不能說不開會。同時軍事委員會委員被派為戰區司令長官也不來開會。

赫爾利將軍問:做了前線司令長官豈不是喪失了軍委會委員之權。

王對此問題未作答,但謂不能由於一二委員缺席,就說將來中共代表參加軍委會委員,也會如此。

267

周宣稱：第四個問題是指揮問題。現在，我們要把國共雙方的軍隊結合起來作戰，假使將來美軍登陸，那就有三方面的軍隊，這就引起指揮問題。不知政府是否考慮到設立聯合統帥問題？具體的即指美國統帥問題。

王答稱：我對軍事佈置，實在不知道，張治中將軍沒有來。原先有設立聯合國統帥的建議。你們是知道的，至於是否有進一步的考慮，我的確不知道。

周宣稱：我的問題完了，看王先生有什麼意見？

王說：今天赫爾利將軍要我來，我事前還不知道和你們碰頭。我希望今天講的，雙方都不要洩露。

周說：我們最守秘密，子文先生知道。

董老說：請放心。

宋子文說：我和恩來先生在西安事變中所談的話，至今八年，還未洩露出去。

王續稱：我希望恩來先生回去和毛先生商量，要給我們這裡願意搞好的人以幫助。這句話只能在這裡說，在外邊我是不說的。雙方意見當然相左，如果得到你們幫助，當然有益於問題的解決。

赫爾利將軍說：我在延安時，毛主席告訴我，他們擁護蔣主席，要求實行三民主義，並建立民主的統一的中國。這個和你們一樣，你們也擁護蔣主席，實行三民主義，建立民主的統一的中國。我覺得你們要互相信任，你們都是中國人，許多主張相同，團結起來，就能戰勝日本。我堅信共產黨是幫助你們的。

王稱：這一點很重要。昨天政府的三案差不多把延安方案中的大部分放進去了。我們當然要民主，但不能說一切限制都沒有，因為今天是在打仗。希望你回去商量，作出答覆。現在我想問兩個問題。第一個問題，周先生，你看，大概的結果如何。第二個問題，請毛先生和蔣先生見面的事，據周先生的觀察如何？

周答稱：第一個問題很簡單，我們主張聯合政府，也就是民主政府，我們仍要為這個民主政府而奮鬥。我們認為只有民主政府才能求得根本的解決。你們目前尚不接受這個政府，我和董必武同志商量，要想從雙方的建議中，找出共同點，以便求得為達到這個民主政府的初步解決，同時也為民主政府奠定準備工作。第二個問題也很簡單。毛澤東很願出來，他曾同軍事委員會駐延安的聯絡參謀及赫爾利將軍說過他很願出來，但他出來須能夠解決問題，而不是為了辯論，現在民主政府問題不能解決，所以還不是他出來的時候。

宋子文說：現在要統一，如不聯合一致，不但不成其為四強之一，連國家也不像國家了。

周問：雪艇先生你對發表文件的技術問題怎樣？這完全是我個人問的。

王答稱：我看不必外國形式，好象（像）締結協定一樣。我的意見是用雙方發表的形式，如民國二十六年九月二十六日的那種形式或其他形式。

周說：我個人意見，這僅是個人的意見，是否採取兩黨締約，由政府接受的形式。

王說：我也是個人意見，或用兩黨的形式，或用政府與黨派的形式，都好商量。

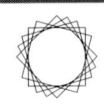

王問：恩來先生，你此次回延，是否要見一次委員長？

周答稱：我恐怕時間來不及。我告訴過赫爾利將軍，我不願延宕，趕快去延安一趟。

宋說：如果蔣主席約見，請雪艇先生用電話通知恩來先生好了。

王說：好。

周說：我想董必武同志這次可以回去一趟了，因為他已一年在外，應該回去一看。

王說：好，等一會，我向委員長說。

赫爾利將軍說：很好，希望大家取得協定，這兩天大家討論得太緊張了，今天下午七時半請大家來此吃一頓安靜的晚飯。大家說：好。至此互相告別。上午會談，遂告結束。

8. 周恩來、董必武與蔣主席談話的要點[①]（1944年11月22日下午5時半）

相互問好後，周說來時毛朱向其致意。蔣問毛朱好後，並說希望其來重慶。周答，毛朱都希望來，但總要問題先得到解決。蔣首先說當日上午在赫爾利處會談，王世傑已向其報告，希望周此次回去一趟能得到延安方面的答案，做到大家重新合作。周說，王先生也將政府方面提出的三條經過赫爾利將軍交給我了。我們對於聯合政府的主張，是仍堅持的，並願為它奮鬥到底。但須聲明，民主聯合政府是指政府的性質，並非要改國民政府的名稱。現在國民黨不肯接受民主政府的主張，而提出另外三條，我這次回去，要與我黨中央商量，看是否可以找到為實現民主政府的一個共同點來做準備步驟。蔣說，好，我們革命黨，就是為著實現民主的，我做的就是民主，不要要求，我自會做的。如果要以要求來給我做，那就不好了。人家說我不民主，我不願辯駁。但政府的尊嚴，國家的威信，不能損害。你們有什麼話可以說，去年你回去前，沒能說清楚，引起誤會，反倒不好。周便說，為得說清楚，我應該聲明，對三民主義國家及實行三民主義的元首，是應該尊重的，但政府並非國家，政府是內閣，政府不稱職，是應該調換的改組的。提到要求，一個政黨總有自己的要求，當著形格勢禁，不能向政府直接要求時，只有向人民公開說話。蔣說，是的是的。董接著說，聽赫爾利說委員長願做華盛頓，很高興。目前不僅未實行憲政，就連訓政時約法也未實行，請委員長督促政府實行才好。蔣唯唯。王世傑當即說希望董早日回渝。

[①] 原載《國共談判文獻》（二）。

9. 周恩來和赫爾利的談話① (1944年12月2日上午7時45分)

互相問好後,周稱:因返延飛機有了一星期多的耽擱,我已在此耽擱期間內,將政府方面所提的建議三條電告延安,並已得到毛主席的復電,聲明三點:第一點,政府方面所提建議三項與我們在延安的五條協定距離太遠,我們認為聯合政府與聯合軍事委員會是解決目前時局問題的關鍵,這既不能獲得蔣委員長的同意,因此也就無法挽救時局。第二點,毛主席謂,國民黨的態度至今未變,國民黨宣傳部長梁寒操三天以前尚在記者招待會上宣稱:中國目前所需要者只是軍令統一,至於黨派合法問題,須留待戰後一年再講。第三點,根據目前形勢,我黨中央必須召開會議,再行討論,因此,毛主席告我留在延安開會,不隨原機打轉。

赫答稱:請你告訴毛主席,梁寒操的講話,不能算數,他根本不懂委員長的意思,委員長說過,他願意現在承認共產黨的合法地位。我希望你們把問題快點解決,因為我們決定最近就派飛機到北方去運兵,並計畫為你們運送軍火。王世傑、陳誠、宋子文、張治中這幾個人繫在一起,都能作(做)事。孫科差不多每天都到我這裡來,他被稱為國民黨的左派,現在國民黨中同情你們的人多起來了。我希望你們參加進來,這不過是第一步。請你告訴毛主席,務必參加進來,你們是同我們美國政府合作,只要我們合作,我們就能逐步改組政府。

周說:也許我們之間對於聯合政府的提議有不同的瞭解,參加並無實權,並非聯合政府,這就是關鍵的所在。

赫說:我知道,這不是聯合政府,這只是參加政府,但是你們並非毫無所得,第一,你們參加政府,我已向委員長提議,要你們參加行政院,不僅參加軍事委員會。第二,你們得著合法地位。第三,你們能與我們合作。第四,你們將得到接濟,以及聯合的統帥。你們參加一隻腳進來,一口咬不下,不防(妨)做三口四口咬。國民黨已經僵化了,失卻彈性,你們進來,大有作為。你們還不瞭解你們自己的強大,你們一進來,是可以作(做)事的。有人說,蔣這個人是不會改的,也許進一步,就要退兩步。我說:如果你們進來,而能擁護蔣,把事情弄好,蔣就沒有再退的理由。現在國際局面不好,英、法、比、荷組織了一個委員會,仍是帝國主義政策,要收復原有的殖民地,蘇聯看見這個局面,也許要在滿洲華北有所作為,目前謠言,新疆兵變是你們幹的,我不相信。羅斯福對這個局面很焦灼,來過電報催我,我是主張民主的,我願意一個在西方的共和國與一個在東方的共和國密切合作。還有,我誤了一件事,我把毛主席致羅斯福總統的函件,交給外交公文送達,至今未到,總統有電查詢,今天我打電報復總統,說毛澤東願意與總統合作。我們現在有一個計畫,就是以美國軍隊,你們的軍隊和國民黨的軍隊,聯合起來打仗,挽救目前局勢。我們要求調在緬甸作戰的中國軍隊,蒙巴頓不高興,我也不在乎。魏德邁將軍現在已獲得所必需之物資,甚至14航空隊也可能放在他的指揮之下。前幾天包瑞德上校和我談過,他對我這樣說:如果我們把共產黨拉進來,而能挽救目前局勢,那就證明我是

---

① 原載《國共談判文獻》。

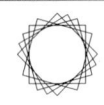

對的,你也是對的,你就做了一件特殊的事情。但是,共產黨不能像一頭羔羊待在重慶,好像走進屠場而束手待斃。我說,共產黨應當自己當心自己,好像我們在重慶當心自己一樣。總之,共產黨是與美國合作,以求改進目前局勢。

周說:赫爾利將軍這番好意我當然要報告毛主席。

赫說:很好,你願意在延安呆好久就呆好久,不過仍請早來。我叫飛機在延安等你。你要等多久時間?

周答:這倒不必,時間很難說,等出來時,再派飛機。

談至此,互相告別,並約再見。但赫仍下令包瑞德上校要飛機等幾天。

附 :周恩來向赫爾利提出的問題

一、所謂軍事援助的可能性及目前的內容可否見告?
二、對中國援助的計畫可否見告?
三、所謂聯合指揮,國民政府有否承認可能?
四、假使國民黨完全請客,一切編制和裝備可否由美軍直接行使?
五、在談判中,美軍觀察組還可做更多的事否?

10. 周恩來致赫爾利信[①]（1944年12月28日）

赫爾利將軍閣下 :

包瑞德上校來延,獲悉閣下對於毛主席12月22日致閣下之電,因電文弄錯,致發生誤會,甚為遺憾。詳情已託包上校面達,茲不贅述。

關於國民政府有無可能接受我們提議的建立民主的聯合政府方針,來進行談判問題,我們不願再繼續抽象的探討,我們特提出下列意見,請閣下轉致有關方面,以覘其有否決心實現民主和團結。我們認為國民政府果欲向國內外表示其與民更始之決心,應先自動地實行:一、釋放全國政治犯,如張學良、楊虎城、葉挺、廖承志及其他大批被監禁的愛國志士;二、撤退包圍陝甘寧邊區及進攻華中新四軍華南抗日縱隊的國民黨大軍;三、取消限制人民自由的各種禁令;四、停止一切特務活動。誠能如此,則取消一黨專政,建立根據人民意志的民主的聯合政府的可能性,方得窺其端倪。閣下代表美大總統,兩月來對於中國之抗戰、民主與團結,已盡最大努力,今於吾人之提議,當願力促其成也。

---

① 原載《國共談判文獻》。

專此奉告,並致我的敬意於閣下及魏特邁將軍。

周恩來　謹啟
1944 年 12 月 28 日

11. 周恩來由延安抵渝向記者發表重要談話[①]（1945 年 1 月 24 日）

（本報訊）周恩來同志昨日抵渝,記者前往詢其意見,隨發表談話如下:去年十一月,我曾和赫爾利將軍由延飛渝。彼時我奉我黨中央之命,與國民政府當局,商談具體實現聯合政府問題,不幸竟被拒絕,致無結果而回。現又經過月餘,時局日趨嚴重,為著動員與統一中國人民一切抗日力量,配合同盟國戰勝日本侵略者,並為挽救當前危機起見,急須（需）與政府及各方商討建立民主的聯合政府之具體步驟。此次來渝,即系本此方針,代表我黨中央,向國民政府、中國國民黨、中國民主同盟提議,召開黨派會議,作為國事會議的預備會議,以便正式商討國事會議和聯合政府的組織及其實現的步驟問題。我認為除此並無別途可以動員和統一全中國人民的力量,擊退敵人的進攻,配合盟國的反攻;也並無別途可以挽救目前的危機。至於其他一切頭痛醫頭腳痛醫腳的敷衍,不管其形式如何,決然無補於事。目前全國人民所期望於國民政府的,實為立即廢除一黨專政,成立民主聯合政府與聯合統帥部,承認一切抗日黨派的合法地位,取消一切鎮壓人民自由的法令,廢除一切特務機關,停止一切特務活動,釋放政治犯,撤退包圍陝甘寧邊區和進攻八路軍新四軍的軍隊,承認中國解放區一切抗日軍隊及一切民選政府的合法地位等等,甚望政府當局速加採納。

---

① 原載《新華日報》,1945 年 1 月 25 日。

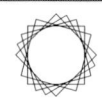

五、1945年7月至10月的兩黨談判及10月至11月的繼續談判

1. 中共與赴延六參政員會談記錄①（1945年7月4日）

來延安六人與中共方面同意下列兩點：
一、停止國民大會進行。
二、從速召開政治會議。
中共方面之建設：
　　為著團結全國各黨派及無黨派代表人物，共商國事，以便在民主基礎上動員、統一與擴大全中國人民的一切抗日力量，配合同盟國最後戰敗日本侵略者，建立獨立、自由、民主、統一與富強的新中國起見，並在國民政府停止進行不能代表全國民意的國民大會之條件下，中國共產黨同意由國民政府召開民主的政治會議，並提在召開前須確定下列各點：
　　一、政治會議之組織：由中國國民黨、中國共產黨、中國民主同盟三方面各自推出同數之代表及由三方面各自推出三分之一（其數等於每一方面代表數）並經他方面同意之無黨派代表人士共同組成之。
　　二、政治會議之性質：
　　（一）公開的。
　　（二）平等的。
　　（三）自由的。
　　（四）一致的。
　　（五）有決定權的。
　　三、政治會議應議之事項：
　　（一）關於民主改革之緊急措施。
　　（二）關於結束一黨專政與建立民主的聯合政府（由各黨派及無黨代表人物參加的舉國一致的政府。）
　　（三）關於民主的施政綱領。
　　（四）關於將來國民大會之召集。

---

① 原件存南京中國第二歷史檔案館。赴延六參政員，是褚輔成、黃炎培、冷禦秋、傅斯年、左舜生和章伯鈞。六參政員訪問延安的時間是1945年7月1日至6日。

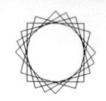

四、政治會議召開以前釋放政治犯。

五、為使政治會議順利進行起見，在政治會議召開前，應由各方面先作預備性質的協商，以便商定上述四點及其具體內容。

2. 蔣介石、毛澤東往來電文六件（1945年8月）

一、蔣介石致毛澤東未寒電①（8月14日）

萬急，延安
毛澤東先生勳鑑：

　　倭寇投降，世界永久和平局面，可期實現，舉凡國際國內各種重要問題，亟待解決，特請先生克日惠臨陪都，共同商討，事關國家大計，幸勿吝駕，臨電不勝迫切懸盼之至。

蔣中正　未寒

二、毛澤東致蔣介石未銑電②（8月16日）

重慶
蔣委員長勳鑑：

　　未寒電悉。朱德總司令本日午有一電給你，陳述敝方意見，待你表示意見後，我將考慮和你會見的問題。

毛澤東　未銑

三、蔣介石致毛澤東哿電③（8月20日）

延安
毛澤東先生勳鑑：

　　來電誦悉，期待正殷，而行旌遲遲未發，不無歉然。朱總司令電稱一節，似於現在受降程序未盡明瞭。查此次受降辦法，系由盟軍總部所規定，分行各戰區，均予依照辦理，中國戰區亦然，自未便以朱總司令之一電破壞我對盟軍共同之信守。朱總司令對於執行命令，往往未能貫徹，然事關對內妨礙猶小，今於盟軍所已規定者亦倡異議，則對我國家與軍人之人格將置於何地。朱總司令如為一愛國愛民之將領，只有嚴守紀律，恪遵軍令，完成我抗戰建國之使命。

---

① 原載《中央日報》，1945年8月16日。
② 原載《新華日報》，1945年8月21日。
③ 原載《中央日報》，1945年8月21日。

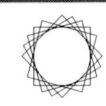

抗戰八年，全國同胞日在水深火熱之中，一旦解放，必須有以安輯之而鼓舞之，未可蹉跎延誤。大戰方告終結，內爭不容再有。深望足下體念國家之艱危，憫懷人民之疾苦，共同戮力，從事建設。如何以建國之功收抗戰之果，甚有賴於先生之惠然一行，共定大計，則受益拜惠，豈僅個人而已哉！特再馳電奉邀，務懇惠諾為感。

蔣中正　哿

四、毛澤東致蔣介石未養電① （8月22日）

重慶
蔣委員長勛鑒：

　　從中央社新聞電中，得讀先生複電，茲為團結大計，特先派周恩來同志前來晉謁，希予接洽，為懇。

毛澤東　未養

五、蔣介石致毛澤東梗電② （8月23日）

延安
毛澤東先生勛鑒：

　　未養電誦悉，承派周恩來先生來渝洽商，至為欣慰。惟目前各種重要問題，均待與先生面商，時機迫切，仍盼先生能與恩來先生惠然偕臨，則重要問題，方得迅速解決，國家前途實利賴之。茲已準備飛機迎，特再馳電速駕！

蔣中正　梗

六、毛澤東致蔣介石敬電③ （8月24日）

特急，重慶
蔣介石先生勛鑒：

　　梗電誦悉。甚感盛意。鄙人亟願與先生會見，共商和平建國之大計，俟飛機到，恩來同志立即赴渝晉謁，弟亦準備隨即赴渝。晤教有期，特此奉覆。

毛澤東　敬

---

① 原載《新華日報》，1945年8月24日。
② 原載《中央日報》，1945年8月25日。
③ 原載《大公報》，1945年8月26日。

3. 中共中央關於同國民黨進行和平談判的通知① (1945年8月26日)

　　日寇迅速投降，改變了整個形勢。蔣介石壟斷了受降權利，大城要道暫時（一個階段內）不能屬於我們。但是華北方面，我們還要力爭，凡能爭得者應用全力爭之。兩星期來，我軍收復大小五十九個城市和廣大鄉村，連以前所有，共有城市一百七十五個，獲得了偉大的勝利。華北方面，收復了威海衛、煙臺、龍口、益都、淄川、楊柳青、畢克齊、博愛、張家口、集甯、豐鎮等處，我軍威震華北，配合蘇軍和蒙古軍進抵長城之聲勢，造成了我黨的有利地位。今後一時期內仍應繼續攻勢，以期盡可能奪取平綏線、同蒲北段、正太路、德石路、白晉路、道清路，切斷北甯、平漢、津浦、膠濟、隴海、滬甯各路，凡能控制者均控制之，那（哪）怕暫時也好。同時以必要力量，儘量廣占鄉村和府城縣城小市鎮。例如新四軍佔領了南京、太湖、天目山之間許多縣城和江淮間許多縣城，山東佔領了整個膠東半島，晉綏佔領了平綏路南北許多城市，就造成了極好的形勢。再有一時期攻勢，我黨可能控制江北、淮北、山東、河北、山西，綏遠的絕大部分，熱察兩個全省和遼寧一部。

　　現在蘇美英三國均不贊成中國內戰，我黨又提出和平、民主、團結三大口號，並派毛澤東、周恩來、王若飛三同志赴渝和蔣介石商量團結建國大計，中國反動派的內戰陰謀，可能被挫折下去。國民黨在取得滬甯等地，接通海洋和收繳敵械、收編偽軍之後，較之過去加強了它的地位，但是仍然百孔千瘡，內部矛盾甚多，困難甚大。在內外壓力下，可能在談判後，有條件地承認我黨地位，我黨亦有條件地承認國民黨的地位，造成兩黨合作（加上民主同盟等）和平發展的新階段。假如此種局面出現之後，我黨應當努力學會合法鬥爭的一切辦法，加緊國民黨區域城市、農村、軍隊三大工作（均是我之弱點）。在談判中，國民黨必定要求我方大大縮小解放區的土地和解放軍的數量，並不許發紙幣，我方也準備給以必要的不傷害人民根本利益的讓步。無此讓步，不能擊破國民黨的內戰陰謀，不能取得政治上的主動地位，不能取得國際輿論和國內中間派的同情，不能換得我黨的合法地位和和平局面。但是讓步是有限度的，以不傷害人民根本利益為原則。

　　在我黨採取上述步驟後，如果國民黨還要發動內戰，它就在全國全世界面前輸了理，我黨就有理由採取自衛戰爭，擊破其進攻。同時我黨力量強大，有來犯者，只要好打，我黨必定站在自衛立場上堅決徹底乾淨全部消滅之（不要輕易打，打則必勝），絕對不要被反動派的其（氣）勢洶洶所嚇倒。但是不論何時，又團結，又鬥爭，以鬥爭之手段，達團結之目的；有理有利有節；利用矛盾，爭取多數，反對少數，各個擊破等項原則，必須堅持，不可忘記。在廣東、湖南、湖北、河南等省的我黨力量比華北、江淮所處地位較為困難，中央對於這些地方的同志們深為關懷。但是國民黨空隙甚多，地區甚廣，只要同志們對於軍事政策（行動和作戰）和團結人民的政策，不犯大錯誤，謙虛謹慎，不驕不躁，是完全有辦法的。除中央給予必要的指示外，

---

① 原載《毛澤東選集》第四卷。

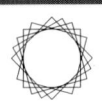

這些地方的同志必須獨立地分析環境，解決問題，衝破困難，獲得生存和發展。待到國民黨對於你們無可奈何的時候，可能在兩黨談判中被迫承認你們的力量，而允許作有利於雙方的處置。但是你們絕對不要依靠談判，絕對不要希望國民黨發善心，它是不會發善心的。必須依靠自己手裡的力量，行動指導上的正確，黨內兄弟一樣的團結和對人民有良好的關係。堅決依靠人民，就是你們的出路。

總之，我黨面前困難甚多，不可忽視，全黨同志必須作充分的精神準備。但是整個國際國內大勢有利於我黨和人民，只要全黨能團結一致，是能逐步地戰勝各種困難的。

4. 美國駐華大使赫爾利離渝赴延迎接毛澤東時發表的聲明[①]（1945年8月27日）

余現赴延安，曾獲蔣主席同意與充分贊許，以及應中國共產黨主席毛澤東之邀請，餘將陪同毛氏及其隨員來渝，並在渝與蔣主席以及國民政府作直接商談。余現赴延安，至感愉快，吾人曾不斷作一年以上之努力，以協助國民政府消除內爭之可能性。在此一爭論上衝突之因素至夥，但吾人始終能獲得雙方之尊重與信賴，此實為吾人感覺愉快之來源。

5. 毛澤東在重慶機場向記者的談話[②]（1945年8月28日）

本人此次來渝，系應國民政府主席蔣介石先生之邀請，商討團結建國大計。現在抗日戰爭已經勝利結束，中國即將進入和平建設時期，當前時機極為重要。目前最迫切者，為保證國內和平，實施民主政治，鞏固國內團結。國內政治上軍事上所存在的各項迫切問題，應在和平、民主、團結的基礎上加以合理解決，以期實現全國之統一，建設獨立、自由與富強的新中國。希望中國一切抗日政黨及愛國志士團結起來，為實現上述任務而共同奮鬥。本人對於蔣介石先生之邀請，表示謝意。

---

① 原載《中央日報》，1945年8月28日。
② 原載《新華日報》，1945年8月29日。

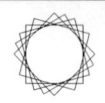

6.《新華日報》關於蔣介石歡宴毛澤東的報導（1945年8月30日）

　　中國共產黨中央委員會主席毛澤東同志及周恩來、王若飛兩同志，於前日（二十八日）抵渝後，晚八時半即赴蔣主席在山洞官邸所舉行的歡宴，當晚留宿山洞林園。毛澤東、周恩來兩同志，因旅途勞頓，昨日（二十九日）在林園休息一日。前晚蔣主席的歡宴席上，到有赫爾利大使、魏德邁將軍和張群、王世傑、邵力子、陳誠、張治中、吳國楨、周至柔、蔣經國諸先生。席間蔣主席和毛澤東同志曾相繼致詞，並幾次舉杯互祝健康，空氣甚為愉快。

　　中央社訊：毛澤東、周恩來、王若飛三氏，二十八日抵渝後，當晚下榻林園，二十九日上午，張部長治中與三氏晤談。下午蔣主席接見晤談。晚間三氏又和張部長治中、王部長世傑、張主席群、邵秘書長力子作長時間談話。

原載《新華日報》，1945年8月30日

7.1945年9月2日至10月5日國共兩黨代表談判實錄[①]（節錄）

一、毛澤東談話記錄（9月2日）

　　談話時未作任何筆錄，以下係傑[②]於晤談後自行記錄，談話時毛、周、王[③]均在座，但談話完全由毛氏主持。
　　（一）政治會議問題
　　毛氏之主張如下：
　　1. 此次雙方商談有結果時，由政府與其他黨派人士，亦非正式與之交換意見。
　　2. 交換意見後由蔣主席約集其他黨派人士及其無黨派者若干人（名額及人選可由蔣主席酌定）與政府及中共代表開一會議，以極短之時間通過政府與中共所商談之結果。此一會議，即可名之為政治會議。該會議亦不必常開，以後有必要時，始再召開。
　　（二）國民大會問題
　　毛之意見如下：
　　國民大會問題，如政府堅持舊代表必須有效，則中共不能與我方成立協議，但中共可不因是而不出席國民會議。

[①] 本材料是當時國共雙方代表商談記錄原文，均存南京中國第二歷史檔案館。此標題為本書編者所擬，下同。
[②] 即王世傑。
[③] 即毛澤東、周恩來、王若飛。

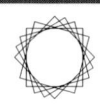

（三）自由問題

毛氏完全贊同下列文字（其大意系予①所擬）「抗戰結束後，關於身體、信仰、言論、出版、集會、結社等事當給予人民以一般民主國家人民在平時所享有之自由，現行法令當依此原則分別予以廢止或修正。」

（四）關於政黨問題

毛氏表示謂應予各黨仍以合法地位，但亦不反對制定政治結社法，惟謂結社不宜受限制。

予謂小黨林立，法國之覆轍可為鑑戒，彼謂中國情形不致蹈法國覆轍。

（五）關於釋放政治犯問題

毛氏謂應列入共同聲明之文字中。

予謂此事政府準備自動辦理，恐不願列入共同聲明，至何人宜釋放。彼可酌提人名於政府。

（六）關於所謂「解放區行政」問題

予謂此事政府至多恐只能作下列之然諾：「收復區（予不贊同『解放區』名詞）內原任抗戰行政工作人員，政府可依其工作能力與成績酌量使其繼續為此地方服務，不因黨派關係而有所歧視。」

毛氏對以上意見未提異議，惟續詢對等區內之地方民選團體將如何處置？予謂制度恐不可分歧。

（七）關於中共軍隊問題

1. 毛氏謂中共軍隊須改編為四十八師。

予拒絕討論，只請注意者兩點：十二師之數系中央尚未裁軍時所定之數，中央最近數月已裁去八十餘師。

2. 軍隊指揮問題

毛氏表示謂宜以北平行營給予中共將領，俾秉承蔣委員長之命，指揮中共在山東、江蘇、河北、熱、察、綏等地方之軍隊。

予謂此不可行。中央軍事委員會中或可有中共將領參加。

（八）受降問題

〈原稿缺失〉

二、中共代表周恩來、王若飛提交國民黨的會談方案（9月3日）

9月3日午後五時半，周恩來、王若飛提出談話要點：

（一）確定和平建國方針，以和平團結民主為統一的基礎，實行三民主義（以民國十三年第一次代表大會之宣言為標準）。

（二）擁護蔣主席之領導地位。

---

① 即王世傑。以下本文中所有「予謂」的「予」均係王世傑自稱。

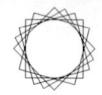

（三）承認各黨派合法平等地位並長期合作和平建國。
（四）承認解放區政權及抗日部隊。
（五）嚴懲漢奸，解散偽軍。
（六）重劃受降地區，參加受降工作。
（七）停止一切武裝衝突，令各部隊暫留原地待命。
（八）結束黨治過程中，迅速採取各項必要措施，實行政治民主化、軍隊國家化、黨派平等合作。
（九）政治民主化之必要辦法：

1. 政治會議即黨派協商會議，以各黨派代表及若干無黨派人士組織之，由國民政府召集，討論事項如下：

（1）和平建國大計。

（2）民主實施綱領。

（3）各黨派參加政府問題。

（4）重選國民大會。

（5）復員善後問題。

2. 確定省縣自治，實行普選，其程式應由下而上。

3. 解放區解決辦法：

（1）陝甘寧邊區、山西、山東、河北、熱河、察哈爾五省主席及委員由中共推薦。

（2）綏遠、河南、安徽、江蘇、湖北、廣東六省由中共推薦副主席。

（3）北平、天津、青島、上海四直轄市由中共推薦副市長。

（4）參加東北行政組織。

4. 實施善後緊急救濟。

（十）軍隊國家化之必要辦法：

1. 公平合理整編全國軍隊分期實施，中共部隊改編為十六軍四十八個師。

2. 重劃軍區、實施征補制度，中共軍隊集中淮河流域（蘇北、皖北）及隴海路以北地區（即中共現駐地區）。

3. 保障整編後各級官佐。

4. 參加軍事委員會及其所屬各部工作。

5. 設北平行營及北平政治委員會，由中共推薦人員分任。

6. 安置編餘官佐。

7. 解放區民兵由地方編作自衛隊。

8. 實行公平合理之補給制度。

9. 確定政治教育計畫。

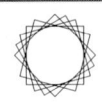

（十一）黨派平等合作之必要辦法：

1. 釋放政治犯。

2. 保障各項自由，取消一切不合理的禁令。

3. 取消特務機關（中統、調統等）。

8. 中共中央關於毛澤東赴渝期間國共兩黨談判情況的通知① （1945 年 9 月）

一、中共中央書記處關於和國民黨談判情況的通知（9月13日）

各中央局、分局、區黨委：

關於與國民黨談判問題，通知如下：

（一）我們與國民黨初步交換意見的談判，已告一段落，國民黨毫無誠意，雙方意見相距甚遠，談判將拖延一時。

（二）蔣對具體問題表示：政府法統不容紊亂，軍政令必須統一，國大要速開，舊代表有效，但可增名額，容納各方，容納各黨派參加政府，對黨派合法問題將制定政治結社法。不主張似法國的多黨狀況。對釋放政治犯及大赦均不同意，只允我提名單釋放若干。特務不能取消。

（三）關於兩黨關係的重要問題：對軍隊只允編十二個師，需完全服從命令，按指定地區集中。對解放區民主政府，則表示含糊。對參加受降、停止進攻、反對利用偽軍等，則避而不答。

（四）蔣表面上對毛周王②招待很好，在社會上造成政府力求團結的氣象。實際上對一切問題不放鬆削弱以致消滅我的方針，並利用全國人民害怕與反對內戰心理，利用其合法地位與美國的支持（保障美國在遠東對蘇聯的有利地位），使用強大壓力，企圖迫我就範，特別抓緊軍隊國家化問題。因此在談話態度上只要求我們認識與承認他的法統及軍令政令的統一，而對我方則取一概否認的態度。

書記處　申元③

---

① 原載《中共中央檔選集》第 15 期。
② 指毛澤東、周恩來、王若飛。
③ 申，是 9 月；元，是 13 日電報代號。

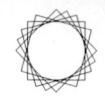

二、中共中央關於和國民黨談判的第二次秘密通知（9月26日）

各中央局、分局、各區黨委：

關於重慶談判情況，第二次秘密通知如下：

（一）在最近的繼續談判中，除軍隊允許增加幾個預備師，特務機關可不再捉人殺人，政治犯可釋放一部分外，基本上無任何進展，即起草聯合公報事，亦為蔣所阻，談判乃遭受挫折。三星期來，我方調子低，讓步大（允逐步退出隴海路以南），表示委曲求全，彼方乘機高壓，破壞聯合公報。因此我方政治上處於有利地位，一切中間派均為我抱不平，認為我們已做到仁至義盡，同情我們主張（提議各黨派參加談判），談判將堅持原定方針轉入第二階段。

（二）彼方方針是拖延談判時間，各級準備內戰，利用敵偽及美國幫助，控制華北、華中及東北大城要道，建都北平，強迫中共接受其反動條件，否則，以武力解決。但是彼方困難很多，美國人民反對直接支持中國內戰，使美政府政策受限制，蔣兵力不夠，利用敵偽，政治上不利，內部矛盾太多，蘇聯的態度及我們強大力量，更使之頭痛。

（三）毛主席在渝安全。

中央　申宥①

9. 蔣介石提出對中共談判要點②（1945年9月4日）

（三十四年九月四日上午九時於德安里官邸）

中共代表昨（三）日提出之方案，實無一駁之價值。倘該方案之第一、二兩條具有誠意，則其以下各條在內容上與精神上與此完全相矛盾者即不應提出。我方可根據目前余③與毛澤東談話之要點作成方案，對中共提出，必要時可將雙方所提方案，一併發表，並隨時將兩方談話情形、作成紀錄。通知美國與蘇聯大使，余日前與毛澤東談話要點如下：

一、軍隊問題。關於中共軍隊之編組。去年張（文白）王（雪艇）兩氏與中共代表林伯渠在西安商談時，已允予整編為八個師至十個師。嗣後余因顧念事實，復于去年冬國民參政會議席上允予編組為十個師至十二個師。現在抗戰結束。全國軍隊，均須縮編，情勢已不相同，但余之諾言，仍為有效。不過此十二師之數乃中央所能允許之最高限度。

二、至於軍隊駐地問題，可由中共方面提出具體方案，經雙方商討決定。

三、解放區問題。中共方面所提解放區，為事實所絕對行不通者。吾人應本革命者精誠坦

---

① 宥，是26日的電報代號。
② 此要點系蔣介石向國民黨代表的指示，原件存南京中國第二歷史檔案館。
③ 余，即蔣介石。下同。

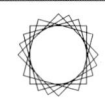

白之精神與態度來解決此一問題。只要中共對於軍令政令之統一，能真誠作（做）到，則不僅各縣行政人員中央經過考核可酌予留任。即省行政人員，如主席中央亦必本用人惟（唯）才之旨，延引中共人士參加。

四、政治問題。目前談話中，毛澤東詢余對此一問題，如何解決。余答以現在戰事完結，擬改組國防最高委員會為政治會議。由各黨各派人士參加，共同參與政治。至於中央政府之組織與人事，刻因國民大會即將召開，擬暫不變動，一俟國民大會集議，新政府產生之時，各黨派與無黨派人士均可依法參加中央政府。但中共方面如現在即欲參加中央政府，中央亦可予以考慮。

五、國民大會問題。毛澤東氏復詢及國民大會將如何召開？余答以已經當先之國民大會代表，仍應有效，中共方面如欲增加代表，則除已當選者外，可以酌量增加名額。

10. 同國民黨談判期間中共中央與赴渝代表團的往來電文① （1945 年 9 月）

一、中共中央關於確定向北推進向南防禦的戰略方針致赴渝代表團電（9 月 17 日）

丙丁②：

東北為我勢必爭，熱、察兩省必須完全控制。紅軍在東北現已開始撤退，據說在十二月初將撤完，內蒙紅軍即將撤退，已三次要求我接防德王府、百靈廟一線。傅作義尚未遇到我之打擊，胡宗南在敵人掩護下完全可能進入平津，冀東尚有偽滿軍五個旅及本地偽軍共約五萬人，華北、華中、山東偽軍尚多。在此情況下，我之戰略部署須立即加以考慮。我們有以下意見，請考慮示覆。

（一）冀察晉軍區（除冀東外）的現有力量，只能對付傅作義及將來北平方面對於張家口的威脅及鞏固現在地區，不能再有大的力量加強與保障熱河和冀東，更無力進入東北。

（二）為了完全控制與鞏固熱河和冀東，對付平津唐山一帶將來頑軍對於熱河的威脅，我們必須在冀東、熱河控制重兵，除現在派去東北部隊外，並須屯集至少五萬軍隊在冀東，以備紅軍撤退時能搶先進入東北。因此，現在必須立即計畫調集十萬至十五萬軍隊到冀東（冀東富足可以屯兵並開闢熱河工作）、熱河一帶。否則將會來不及，對東北與熱河的控制，均將沒有保障。

（三）為了實現這一計畫，我們全國戰略必須確定向北推進，向南防禦的方針。否則我之主力分散，地區太大，處處陷於被動。因此，我們意見，新四軍江南主力部隊立即轉移到江北，並調華東新四軍主力十萬人到冀東，或調新四軍主力到山東，再從山東冀魯豫抽調十萬人至十五萬人到冀東熱河一帶。而華東根據地則以剩餘力量加以擴大去堅持。

---

① 原載《中共中央檔彙集》第 15 冊。
② 丙丁，是中共赴渝代表團的代號。

（四）為了加強冀熱遼地區工作，應即成立冀熱遼中央局，派高崗、富春、康生等去工作，並須組織強有力的軍事指揮機關，以陳毅或林彪或徐向前去擔任，無此領導機關負責，鞏固熱河是不可能的。

（五）我們已決定再從延安派一千三百個幹部到東北並將炮兵學校（約一千人）開到東北去。但延安各機關學校如果只留領導機關在延，其餘幹部全部出動的話，尚可派出各種幹部四五千人，這些幹部可以大批派到冀熱遼去工作。但中央書記處現只留三人，如中央再派人出去（現洛甫、康生、高崗、富春均迫切要求出去），則政治局留延者，也是少數。但為了工作，許多人是應出去工作的，是否可組織一特殊的中央領導主持全域。

甲乙[①]申筱[②]二十三時

二、赴渝代表團關於向北推進向南防禦的戰略部署等給中央的複電（9月19日）

甲乙：

（一）完全同意筱電所提戰略部署，蘇南、浙東、皖南主力迅速即開，冀東屯兵五萬，並成立冀熱遼中央局及軍事領導機關，人選請你們考慮。

（二）解放區代表會、工青婦代表會，均延期開，多數代表派出工作，但留少數人主持籌委。

（三）建議由政治局成立決議，在此工作緊張時期內，全權委託書記處及中央主席及代主席，行使政治局職權。

丙丁　十九日午

三、赴渝談判代表團關於目前的宣傳方針問題致中共中央電（9月25日）

甲乙：

為配合目前情形，我們主張在宣傳上採取以下方針：

（一）繼續要求國民黨真正實行民主，批評其違犯民主的各種措施。要求國民黨結束黨治，重選國大代表，釋放政治犯。又要求成立聯合政府。批評的態度暫時不要太尖銳。

（二）堅決要求政府：反對敵偽漢奸在簽降後仍繼續進攻中國解放區及在其他各地屠殺人民，反對任何利用敵偽、聯合敵偽的政策。

（三）堅決要求政府：承認解放區的人民政權與人民軍隊，以實踐政府實行民主還政於民的諾言。解放區軍隊是中國軍隊國家化的與民主化的模範，民主的軍隊，是民主的政府之必要部分，不可分離的。這暗示國共談判，中國共產黨雖已作（做）到仁至義盡之重大讓步，但因國民黨政府之堅持反民主、反團結方針，已經遭遇到困難，但必須避免發表談判具體內容。

（四）希望美國政府與輿論界同情中國人民之和平民主團結事業，重視中國人民之意見。

[①]　甲乙，是中共中央的代號。
[②]　筱，是17日的電報代號。

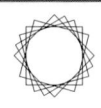

以上各項,請自即日起以各種方式,經過延安與張家口新華社,英文書面與口頭廣播及《解放日報》加以宣傳,特別是反對利用敵偽漢奸繼續進攻一項,希望材料儘量詳細、具體、確實,並儘量供給重慶。

丙丁　二十五日

四、中共中央關於目前形勢與部署致赴渝談判代表團電（9月26日）

丙丁：

宥電悉,談判既如此,我們只有堅決執行原訂計畫。

（一）熱察蘇、蒙軍已得令暫緩撤退,並要我籌三個月糧食及補充冬衣,允我接收承德、平泉、赤峰等城。我已在張家口及其周圍集中兵力約四萬人,已控制天鎮、陽高、興和、尚義、商都、柴溝堡之線,又攻克懷來,伸至南口一帶。傅作義在受我打擊後,已折回豐鎮、集寧一帶。據聶[1]電我尚須半個月準備,方能向集甯、豐鎮之頑攻擊。估計在一個月內可結束平綏戰役,聶部主力即可轉向平北冀東或使用打胡[2]。張垣勝利品清查結果:有子彈五百萬發 炮二十一門,炮彈八萬發,步槍只有三千支,餘為進佔部隊機關取去。

（二）太行、太嶽我軍已攻克長子、潞城、襄垣、屯留、壺關,正圍攻長治,閻[3]從白晉路派三個師來援,正準備打擊中。估計上黨戰役十天可結束,即可將主力轉至同蒲、正太線對付胡宗南部。在邢臺、沙河以北至高邑、內邱段鐵路,我已控制,可能阻止頑軍從新鄉北進。

（三）魯中、魯南主力正集結泗水、鄒縣、滕縣之線,配合新四軍一部及湖西部隊控制津浦一段,在十天之內亦可集中完畢。

（四）黃克誠率三師四個旅三萬五千人,決十月一日起身,十月十日到蒙陰地區待命,繼續向冀東前進。山東已從膠東抽兩個師,渤海一個師,在一星期內起身到冀東。萬毅部及肖華、吳克華五個大團三個小團在前進及渡海中。林彪、蕭勁光今日由冀魯豫起身去冀東,約一個月可到。陳毅直去山東。林楓及黃永勝、張秀山等,二十天內可到古北口乘車去東北。其餘部隊和幹部亦正在起身。估計在一個月內我可在冀東集中八萬到十萬人,各方布置妥當,在兩個月之後有把握進行作戰。現各地均甚緊張並已動作起來,但更快則不可能。

甲乙　申宥

五、赴渝談判代表團同意中共中央軍事部署的複電（9月28日）

甲乙：

（一）宥電悉,布置很對,照調度可完成勝利條件。

（二）在津浦南段、中段、北段、膠濟中段、同蒲北段,請指定專門部隊各佔領盡可能占之

---

[1] 聶,指聶榮臻,時任晉察冀軍區司令員兼政治委員。
[2] 胡,指胡宗南,時任國民黨第一戰區司令長官。
[3] 閻,指閻錫山。

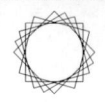

一部分，或兩三縣，如同冀魯豫佔領邢臺、沙河、內邱、高邑之線一樣。如能切實做到，對爭取受降及阻頑北進，極有利，對談判亦有利。

丙丁　儉①

11. 國民黨對九月三日中共提案之複案②（9月5日）

對 9 月 3 日周、王③兩先生談話要點之答覆。

第一項

和平建國自為共同不易之方針。實行三民主義亦為共同必遵之目的；至民主與統一必須並重。民主固為統一的基礎，統一亦必為民主的基礎。

第二項

擁護蔣主席之領導地位，承明白表示，甚佩！

第三項

各黨派在法律之前平等，本為憲政常軌，今可即行承認，曾承說明「平等非均等」與「長期合作和平建國」之旨，甚佩。

第四項

「解放區」名詞應成過去。雪艇④先生曾謂政府至多只能作下列之然諾：「收復區內原任抗戰行政工作人員，政府可依其工作能力與成績酌量使其繼續為此地方服務，不因黨派關係而有所歧視。」餘等甚贊同。

第五項

此在原則上絕無問題。惟懲治漢奸必依法律行之。解散偽軍亦須用妥慎辦法，以免影響當地安寧。

第六項　參加受降工作，在已接受中央命令之後，自可
考慮。

第七項

一項武裝衝突自須即行停止。惟（唯）中央部隊不能專賴空運。在必要時，中共軍隊不應阻止其通過。

第八項

此條僅舉原則，自無問題。

---

① 儉，是 28 日電報代號。
② 原件存南京中國第二歷史檔案館。
③ 指周恩來、王若飛。
④ 即王世傑。

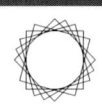

第九項

一、政治會議之組織。或如蔣主席與毛先生所談：「現在戰事完結，擬將國防最高委員會改組為政治會議，由各黨派選任人員參加，共同參與政治。」或如毛先生與雪艇先生所談：「由蔣主席約集其他黨派人士及無黨派者若干人（名額及人選可由蔣主席酌定）與政府及中共代表開一會議，以極短之時間通過政府與中共所商談之結果。此一會議，即可名之為政治會議。該會議亦不必常開，以後有必要時，始再召開。」可再商談決定。至其討論事項，似可不必預為規定。關於國民大會問題，蔣主席曾謂：「已選出之代表應有效，但其名額可使之合理的增加和合理的解決。」毛先生曾表示「如政府堅持舊代表必須有效，則中共不能與政府成立協議，但可不因是而不出席國民大會；」吾人可再繼續商談，並依據以提出於政治會議。

二、在此原則上甚同意，惟（唯）希望不以此影響國民大會。

三「解放區」問題已如第四項所答覆。中共對於其抗戰卓著勳勞且在政治上有能力之同志，可提請政府決定任用；蔣主席與毛先生談：「只要中共方面對於軍令政令之統一，能真誠作（做）到，則不僅各縣行政人員，中央經過考核可以酌予留任，即省行政人員如主席，亦必本用人惟（唯）賢之旨，延引中共人士參加」；其指示極為明白，倘必指定由中共推薦某某省主席及委員，某某省市副主席等，則即非「真誠作（做）到軍令政令之統一。」希望以革命者精誠坦白之精神與態度，解決此一問題。

四、此為政令統一必然應辦之事。

第十項

一、關於軍隊整編問題，蔣主席已與毛先生面談：「現在抗戰結束，全國軍隊均須縮編，情勢已與去歲國民參政會開會時不同。但餘當時所作可將中共軍隊編為十個師至十二個師之諾言。仍然有效，必當負責做到。」；全國軍隊縮編情形，亦迭由文白、辭修諸先生面告，故十二個師在中央實已為可允許之最高限度，務望著重考慮。

二、中共軍隊駐地問題。可由中共方面提出方案，討論決定，於依令編組後實施。

三、四、六、八、九均無問題。其詳細辦法，倘中共有意見，均可提出商談。

四、北平行營主任，不宜規定中共推薦，北平政治委員會之設置，更不相宜。

五、七只能視地方情勢，有必要與可能時，酌量編置，不宜作一般之規定。

第十一項

一、政府準備自動辦理，中共可將應釋放之人提出名單。

二、雪艇先生曾提出文字：「抗戰終結後，關於身體、信仰、言論、出版、集會、結社等事項，當給予人民以一般民主國家人民在平時所享有之自由。現行法令當依此原則，分別予以廢止或修正。」已得毛先生贊同。

三、此項可贊同恩來先生面談之意，只辦情報。嚴禁有逮捕拘禁等行為。

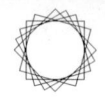

12. 政府與中共代表會談紀要[①]（1945年10月10日）

　　中國國民政府蔣主席於抗戰勝利後，邀請中國共產黨中央委員會主席毛澤東先生，商討國家大計。毛先生於八月二十八日應邀來渝，進見蔣主席，曾作多次會談；同時雙方各派出代表，政府方面為王世傑、張群、張治中、邵力子四先生，中共方面為周恩來、王若飛兩先生，迭在友好和諧的空氣中進行商談，已獲得左列之結果，並仍將在互信互讓之基礎上，繼續商談，求得圓滿之解決。茲特發表會談紀要如下：

　　一、關於和平建國的基礎方針：一致認為中國抗日戰爭，業已勝利結束，和平建國的新階段，即將開始，必須共同努力，以和平、民主、團結、統一為基礎，並在蔣主席領導之下，長期合作，堅決避免內戰，建設獨立、自由和富強的新中國，徹底實行三民主義。雙方又同認蔣主席所倡導之政治民主化，軍隊國家化及黨派平等合法，為達到和平建國必由之途徑。

　　二、關於政治民主化問題：一致認為應迅速結束訓政，實施憲政，並應先采必要步驟，由國民政府召開政治協商會議，邀集各黨派代表及社會賢達協商國事，討論和平建國方案及召開國民大會各項問題。現雙方正與各方洽商政治協商會議名額、組織及其職權等項問題，雙方同意一俟洽商完畢，政治協商會議即應迅速召開。

　　三、關於國民大會問題：中共方面提出重選國民大會代表，延緩國民大會召開日期及修改國民大會組織法、選舉法、和《五五憲法草案》等三項主張；政府方面表示：國民大會已選出之代表，應為有效，其名額可使之合理的增加和合法的解決，《五五憲法草案》原曾發動各界研討，貢獻修改意見；因此雙方未能成立協議。但中共方面聲明：中共不願見因此項問題之爭論而破裂團結，同時雙方均同意將此項問題，提交政治協商會議解決。

　　四、關於人民自由問題：一致認為政府應保證人民享受一切民主國家人民在平時應享受身體、信仰、言論、出版、集會、結社之自由，現行法令，當依此原則，分別予以廢止或修正。

　　五、關於黨派合法問題：中共方面提出：政府應承認國民黨共產黨及一切黨派的平等合法地位；政府方面表示：各黨派在法律之前平等，本為憲政常規，今可即行承認。

　　六、關於特務機關問題：雙方同意政府應嚴禁司法和員警以外機關，有拘捕、審訊和處罰人民之權。

　　七、關於釋放政治犯問題：中共方面提出：除漢奸以外之政治犯，政府應一律釋放；政府方面表示：政府準備自動辦理，中共可將應釋放之人提出名單。

　　八、關於地方自治問題：雙方同意各地應積極推行地方自治，實行由下而上的普選，惟政府希望不以此影響國民大會之召開。

　　九、關於軍隊國家化問題：中共方面提出：政府應公平合理地整編全國軍隊，確定分期實施計畫，並重劃軍區，確定征補制度，以謀軍令之統一。在此計畫下，中共願將其所領導的抗日軍

[①] 原載《新華日報》，1945年10月12日。

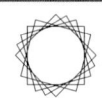

隊由現有數目縮編至二十四個師至少二十個師的數目,並表示可迅速將其所領導而散布在廣東、浙江、蘇南、皖南、皖中、湖南、湖北、河南(豫北不在內)八個地區的抗日軍隊著手復員,並從上述地區逐步撤退應整編的部隊至隴海路以北及蘇北皖北的解放區集中;政府方面表示:全國整編計畫正在進行,此次提出商談之各項問題,果能全盤解決,則中共所領導的抗日軍隊縮編為二十個師的數目可以考慮。關於駐地問題,可由中共方面提出方案,討論決定。中共方面提出:中共及地方軍事人員應參加軍事委員會及其各部的工作,政府應保障人事制度,任用原部隊人員為整編後的部隊的各級官佐,編餘官佐,應實行分區訓練,設立公平合理的補給制度,並確定政治教育計畫;政府方面表示:所提各項均無問題,亦願商談詳細辦法。中共方面提出:解放區民兵應一律編為地方自衛隊;政府方面表示:只能視地方情勢有必要與可能時,酌量編置。為具體計畫本項所述各問題起見,雙方同意組織三人小組(軍令部、軍政部及第十八集團軍各派一人)進行之。

十、關於解放區地方政府問題:中共方面提出:政府應承認解放區各級民選政府的合法地位;政府方面表示:解放區名詞在日本無條件投降以後,應成為過去,全國政令必須統一。中共方面開始提出的方案為:依照現有十八個解放區的情形,重劃省區和行政區,並即以原由民選之各級地方政府名單呈請中央加委,以謀政令之統一;政府方面表示:重劃省區變動太大,必須通盤籌畫,非短時間所能決定。同時政府方面表示:依據蔣主席曾向毛先生表示,在全國軍令政令統一以後,中央可考慮中共所薦之行政人選,收復區內原任抗戰行政工作人員,政府可依其工作能力與成績,酌量使其繼續為地方服務,不因黨派關係而有所差別。於是中共方面提出第二種解決方案:請中央於陝甘寧邊區及熱河、察哈爾、河北、山東、山西五省委任中共推選之人員為省府主席及委員,於綏遠、河南、江蘇、安徽、湖北、廣東六省,委任中共推選之人為省府副主席及委員(因以上十一省或有廣大解放區,或有部分解放區),於北平、天津、青島、上海四特別市,委任中共推選之人為副市長,于東北各省容許中共推選之人參加行政。此事討論多次後,中共方面對上述提議,有所修改,請委任省府主席及委員者,改為陝甘寧邊區及熱察冀魯四省,請委省府副主席及委員者,改為晉綏兩省,請委副市長者改為平、津、青島三特別市。政府方面對此表示:中共對於其抗戰卓著勤勞,且在政治上具有能力之同志,可提請政府決定任用,倘要由中共推薦某某省主席及委員,某某省副主席等,則即非真誠做到軍令政令之統一。於是中共方面表示:可以放棄第二種主張,改提第三種解決方案,由解放區各級民選之政府,重新舉行人民普選,在政治協商會議派員監督之下,歡迎各黨派、各界人士還鄉參加選舉,凡一縣有過半數區鄉已實行民選者,即舉行縣級民選,凡一省或一行政區有過半數縣已實行民選者,即舉行省級或行政區級民選,選出之省區縣級政府,一律呈請中央加委,以謀政令之統一。政府方面表示:此種省區加委方式乃非謀政令之統一,惟縣級民選加委,可以考慮,而省級民選須待憲法頒佈,省的地位確定以後,方可實施,目前只能由中央任命之省政府前往各地接管行政,俾即恢復常態。至此中共方面提出第四種解決方案:各解放區暫維現狀不變,留待憲法規定民選省級政府實施後,再行解決,而目前則規定

臨時辦法，以保證和平秩序之恢復。同時中共方面認為可將此項問題，提交政治協商會議解決。政府方面則以政令統一，必須提前實現，此項問題久懸不決，慮為和平建設之障礙，仍亟盼能商得具體解決方案。中共方面表示同意繼續商談。

　　十一、關於奸偽問題：中共方面提出嚴懲漢奸、解散偽軍；政府方面表示：在此原則上自無問題，惟懲治漢奸要依法律行之，解散偽軍亦須妥慎辦理，以免影響當地安寧。

　　十二、關於受降問題：中共方面提出：重劃受降地區，參加受降工作；政府方面表示：參加受降工作，在已接受中央命令之後，自可考慮。

中華民國三十四年國慶紀念日於重慶
王世傑　　張　群　張治中　邵力子
周恩來　　王若飛

13. 中共中央關於雙十協定後我黨任務與方針的指示①（1945年10月12日）

各局並轉區黨委：

　　雙十節國共協定今日公布。這一協定奠定了和平建國基礎，並為全國人民爭取了許多民主權利（當然還只是寫在紙上的東西），取得了我黨和國民黨平等的地位，這些都是此次談判的重要成就。但有下列各點希望注意：

　　一、和平基本方針雖已奠定，但暫時許多局部的大規模的軍事衝突仍不可避免，除粵、鄂、豫、浙及蘇南等地頑軍正在向我進攻外，沿平漢、津浦、同蒲、正太等路頑軍正在向我大舉進攻，爭奪北寧、膠濟、平綏三路的戰鬥亦將到來，我方必須提起充分注意，戰勝這些進攻，絕對不可鬆懈。

　　二、由於上述原因，解放區問題未能在此次談判中解決，還須經過嚴重鬥爭，方可解決。這個極端重要的問題不解決，全部和平建國的局面即不能出現。

　　三、解放區軍隊一槍一彈均必須保持，這是確定不移的原則。在談判中，我方提出四十三個師，是對彼方現有二百六十三個師的七分之一。後來彼方提出編整國防軍計畫擬編一百二十個師，故我方答應到那時可以編為二十個師，也是七分之一。目前偽軍未解散，敵軍未繳械，解放區問題未解決，談不到編整部隊問題。即將來實行編整時，我方亦自有辦法達到一槍一彈均須保存之目的。過去中央指示各地擴大軍隊整編主力計畫，繼續執行不變。

　　四、為表示讓步，取得全國同情起見，我方答應退出浙東、蘇南、豫鄂等八地，這是因為在和平局面下這些地區不可能保持。但對當地人民是一大犧牲，須作妥善之解釋及適當之處置。

---

① 原載《中共中央檔彙集》第15冊。

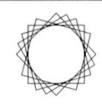

但在鄂豫目前仍照中央原定方針辦理。廣東則執行分散長期堅持計畫不變。

五、東北問題未在此次談判中提出,我黨一切既定計劃照樣執行。

中央
十月十二日

14.《大公報》關於毛澤東飛返延安的報導[②](1945年10月12日)

　　(本報訊)毛澤東、王若飛兩氏,偕隨員七人,已於昨晨由張部長治中陪送飛返延安,周恩來氏仍留重慶,繼續商談。毛氏應蔣主席之邀於八月二十八日來渝,共商團結大計,雙方代表 連續接談共經四十餘日,已於本月十日成立協議,其歷次談話紀(記)錄要點,並經雙方代表王部長世傑、張部長治中、邵秘書長力子、周恩來、王若飛兩氏,於當日午後六時在上清寺桂園張部長寓所客廳中簽字。簽字時間系臨時決定者,故無其他人員或新聞記者在場參觀;此歷史性之一幕□因時間倉促,未及攝影留念。周恩來氏當時未帶圖章,故複于晚間十時許在桂園 補行手續,於是此國家團結商談之檔始告完成。十日午後六時許毛澤東氏亦在桂園,但未參與簽字儀式,後經王、張、邵三氏邀至客廳內看閱文件,並互道辛勞。毛氏旋由蔣主席邀往山洞官邸談話,並下榻該處,於昨晨再度與蔣主席聚會談話後,九時許辭別,由張部長治中陪往九龍坡機場。各方歡送人員於十日晚接到通知,飛機將於七時起飛,故皆淩晨趕至九龍坡,最早者為軍政部陳部長,於晨六時四十分即抵機場,直等到九時三十分,始見毛氏等乘車馳來。其他到機場歡送者尚有邵秘書長力子夫婦、黃副部長少谷,張司令鎮,康處長澤,民主同盟主席張瀾、郭沫若、章伯鈞、茅盾及中外記者等七十餘人。毛澤東、周恩來、王若飛、張治中諸氏到達機場後,毛氏與歡送者一一握手道別,在機場負勤務之憲兵亦未例外。中外記者則紛紛趕上前去拍照訪問。毛氏只對記者們說了兩句簡單的話。記者問:毛先生認為這次重慶之行有價值嗎?毛氏答 :有很大的價值。又問 :對於團結及國家的前途樂觀嗎?毛氏答:很樂觀的,但前途也有很多的困難。說畢即沖出記者的包圍,與鬢髮蟠然的張瀾氏握手攀談。張氏感情上 十分激動的(地)向毛氏說:等民主、團結、統一實現的時候,我還要到延安來訪問你的。毛氏行到機前立定後,向到場的歡送者說:「諸位朋友,謝謝你們的盛意。」張部長治中遂即勸促 毛氏登機之先並將周恩來氏推到飛機的扶梯上,後又拉了回來,大笑著說:「怎麼你也想走!」 張部長真是顯得十分年青而愉快。毛氏遂與周氏握手後登機,立在機門向下張顧了好一會,似猶不勝依依。嗣張部長、王若飛偕隨員等陸續登機。飛機遂於九時四十五分起飛。於是,毛澤東氏便向重慶揮手告別了。

---

② 原載《大公報》,1945年10月12日。

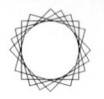

15. 雙十協定簽訂後國共雙方代表繼續會談記錄[①]（1945年10月20日—11月17日）

一

時間：十月二十日下午四至七時

地點：重慶中山四路德安裡第103號

出席者：張群、王世傑、邵力子、周恩來、王若飛

張群：今天請商談政治協商會議之人數，名額分配與候選人之提出。政治協商會議參加分子，原定分四方面，各為九人，嗣經協議，國民黨方面願減少一人，共產黨方面減少二人，以此三名增加於協力廠商面，使各黨各派能盡量參加。張表方氏且已擬定十二人之名單，計青年黨三人，國社黨二人，第三黨一人，救國會二人，職教派與村治派各一人，純同盟分子二人。但青年黨不願接受民主同盟之分配，要求單獨成一方面，名額平等，幾經商議亦要求能參加六人。

周恩來：青年黨此種要求，毫無理由。該黨一方面爭多加名額，一方面對奔走團結最力之左舜生亦摒諸會外，殊失和平團結之旨，倘青年黨可以增加名額，則我等各黨派皆可加倍。

王世傑：政治協商會議表決之方式，如採取多數表決，則多方面人數之分配，關係甚大，如果採取協商一致方式，則參加名額之多寡，實無關重（緊）要。

周恩來：我方讓出名額，目的在求團結，使各黨派各得其所，如青年黨要占六名，則其他黨派即不得其平，勢將紛起爭執，與我等讓出名額之目的，完全相反。

邵力子：青年黨方面根本不同意民主同盟主席張表方氏所擬之名單，因民主同盟分子，有以政團參加者，有以個人參加者，而青年黨人士之加入民主同盟者反係少數。

張群：現總名額已定，應參加之各方面亦已定妥，其人數之分配，即請蔣主席決定如何？

周恩來：青年黨要求增加名額，我方不能同意，即令請蔣主席決定，亦徒增加其困難。

王世傑：各方面人數之分配，只能求其持平，大體不差，如要各方皆能滿足，殊難辦到。

周恩來：所謂「持平」不過是一原則，尚須有具體辦法，始行得通。如青年黨要占六人，國社黨三人，則所餘之三個名額，對救國會、第三黨、職教社與村治派將如何分配？

邵力子：為便於分配計，可否就總人數增加一名？

王世傑：青年黨之所以要求單獨成立一方面，是由於該黨人士之自尊心理使然，即彼等惟（唯）恐分配名額過少為社會所輕視。該黨此種心理，吾人誠不能不加以考慮。

張群：青年黨確有此心理，此項要求增加名額，系經過其黨內幹部會議所通過，吾人應予注意。

王若飛：政治協商會議各方面人數之分配，須顧及現時政治環境，須就各黨各派在實際政

[①] 原件存南京中國第二歷史檔案館。

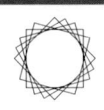

治上之比重決定之，青年黨常以第三大黨自居，自以為其地位應優於民主同盟與其他黨派，但此種觀念，純然為其本身主觀之看法，社會人士是否如此認定，殊為問題。我方始終認為除國共兩大黨以外，其他黨派概可包括於民主同盟為協力廠商面。而人數之分配，可就十二名中協商之。今青年黨不願參加民主同盟協商，此種態度，必不能取得全國人民之贊同。

王世傑：關於人數之分配，如果其他黨派能自動協商一致，則我等兩方面無不同意，但青年黨既已反對參加民主同盟協商，我等遂不便有所勉強。餘意政治協商會議既由國民政府召集，則名額分配，只要雙方原則同意，即可請政府決定。

張群：青年黨既不願參加民主同盟協商，則盼兄等能體諒當前困難，即由政府分別與之協商定奪。

王若飛：如分別協商，則請維持原定名額，協力廠商面之各黨派，只能就九人中分配。

王世傑：我們可以設法促成青年黨與民主同盟間之協商，決定名額之分配，如果彼等無異議，則我兩方皆可贊同。

周恩來：如青年黨非要求六人不可，則原定協力廠商面之名額已增到十五人，是我兩方讓出之名額，全為青年黨所有，我方不能同意。

王世傑：出席會議之總人數與各方面名額之分配，能由各方協商一致固佳，否則只須（需）大體商定，即可由政府分別接洽，請各方面提出人選名單，再依照秩序圈定之。而不能強求各方面，皆能百分之百的滿足。

張群：青年黨原來要求單獨成一方面，名額平等，後經協商，自願減為六人，就該黨之歷史地位而言，此項名額，可以贊同，否則似難令其折服。

周恩來：如青年黨堅持六人，則我方決不願讓，仍請維持原定各方面九人之協議，而於總人數中酌量增加。

張群：如此總人數增加為三十九人矣。

周恩來：此亦為一解決之辦法。

王若飛：如果青年黨可以單獨成一方面，則國社黨、第三黨、救國會等等，將紛起效尤，糾紛更多，如將第四方面——無黨無派之人士原定參加會議之名額核減，而增加於協力廠商面，以遷就青年黨，則我方絕對反對。

王世傑：關於其他各黨各派名額之分配，我可再與各方分別商談，冀成立協議。至於無黨無派之人士之銓選，必須真為無黨無派者始可當選。又會議決議方式與程式問題，既沒有最少數之保障，仍然不失協同一致之精神。

張群：關於覆議問題有何意見？

周恩來：我不贊成覆議之規定，致使政治協商會議成為類似普通議會之性質，而主張協商一致之方式，如一決議案送請政府執行有困難時，可再提新案。

張群：今天所談關於政治協商會議各項，可以歸納成一結論：（一）本會議之性質，為憲政

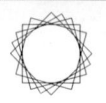

實施以前政府以外之協商機構。（二）本會議組成分子之名額總數規定為三十七人。（三）本會議以國民政府主席為主席，會議之舉行由主席召集之。（四）本會議之職權，在討論和平建國方案與國民大會問題。（五）本會議表決方式，對程式問題之表決須過半數，其他議案可先經小組會審查，再提出大會討論，以五分之四為表決；有出席六人以上之提議，主張該議案須經用全體一致方式表決時，應採取全體一致方式表決。如經兩次表決均不能全體通過，其反對者不超過五人，仍應作為通過。

周恩來：政治協商會議應設秘書長一人，由國民黨任之，另設副秘書長二人，即由會員兼任。

張群：可設秘書長一人，秘書若干人，不必設副秘書長。

王世傑：秘書長之名義可否改為秘書主任，即由國民參政會副秘書長雷震擔任。

張群：關於社會賢達之人選，各位有何意見？

周恩來：前次赴延安之國民參政會訪問團中無黨派者為王雲五、胡政之、傅斯年諸位皆可入選，又遷川工廠工業界人士亦可酌量選入。

張群：我們曾經提出過王雲五、胡政之、傅斯年、范旭東、吳蘊初、邵從恩、郭沫若、錢新之諸人。現范已逝世，工業界推薦李燭塵、胡厥文等五人均可考慮。

周（恩來）王（世傑）王（若飛）邵（力子）無異議。

張群：中共出席政治協商會議人選名單，何時可以提出？

周恩來：我擬俟解放區問題與國民大會問題商得眉目，再回延安開會推選。

張群：兄等對此兩項問題有何新意見？

周恩來：擬俟明日商談時，再加說明。

二

時間：三十四年十月二十一日午後五時至七時半

地點：重慶中山四路德安裡第 103 號

出席者：張群、王世傑、邵力子、周恩來、王若飛

張群：我昨日曾與青年黨負責人洽談，勸其不必爭執名額，促成政治協商會議早日召開。繼與民主同盟張表方氏談話，彼之態度甚好，彼認為青年黨即不願參加民主同盟協商，自可由政府與之分別協商，倘能於總人數三十六名中，成立協議固善，否則即增加一二名額亦無不可。至於除青年黨以外彼所提出之名單，甚願皆參加。似此情形，兄等所謂其他黨派將籍口青年黨增加名額而紛起爭議，已無此顧慮。名額分配問題，已獲得解決。

王世傑：關於政治協商會議各項，大體已成立協議。余極盼將來於會議期中———一週或旬日，毛潤之先生能來渝出席，兩兄回延安時，務希為我等竭誠敦請。

周恩來：張表方氏既已同意出席，青年黨方面亦表示願意讓步，則我等所定政治協商會議總人數為三十七人可以成立協議。

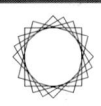

王若飛：昨日岳軍兄自張表方氏處辭出時，餘繼至訪張，彼表示如青年黨還要爭名額，則其他黨派必紛起爭執，故為尊重表方兄努力團結之精神，應轉告青年黨不可再有爭議。

張群：關於政治協商會議出席人數，名額分配，協商決定如下：總人數共三十七人，國民黨八人，共產黨七人，協力廠商面民主同盟六人，青年黨五人，第四方面無黨無派九人。其人選由各方面提出請政府核定聘請之。

周（恩來）王（若飛）當表示同意。

周恩來：在政治協商會議召開以前，對於各種問題，事先應用具體商談，文白兄上次表示政治協商會議最急切的工作，在對國民大會之舉行，務期於十一月十二日能下召集令，但與國民大會有密切關係之解放區問題必須先商得眉目。

王世傑：政治協商會議所應討論者，為和平建國方案與國民大會問題。恩來兄所謂解放區問題與軍事問題，皆包括在此兩大議案之內。餘意可將此等問題，分為會內討論與會外協商兩種，如國民大會問題乃全國各黨派所共同關懷須共謀解決者，可提付會內討論。其他如解放區問題與中共軍隊問題，則可於會外由我兩方繼續商談，求得解決。此等事如不在會外商得一致，即令提出會議，亦難得到結果。

周恩來：如將解放區與整軍問題列入會外討論，恐有妨政治協商會議之進行。我主張於政治協商會議未召開以前，對此等問題，雙方能商得眉目，以便我返延安時報告中共中央。又如進軍問題，刻下事態甚為嚴重。現在中央大軍北進者為數已達七十餘萬人，而我方預定從廣東、湖北等地撤退之軍隊有已陷於無法撤退之境，凡此事態皆須協商臨時辦法以謀解決。

張群：在最近數日中如能商談結果，因為吾人最所期望。萬一倉促間不能成立協議，仍可由恩來兄攜回延安重加考慮，並早日推出代表，俾政治協商會議能如期舉行。

周恩來：上次毛先生臨去時曾謂對解放區等問題，希望雙方能商得眉目，以便政治協商會議之召開。余之留在重慶，即系為此。但商談迄今尚無頭緒，余回延安，甚感難於覆命。因解放區問題與國民大會問題有連帶關係，據報載中央現正在我解放區之平、津、冀、察等省市進行國民大會選舉，此事即足增加糾紛。

邵力子：關於國民大會問題與兄等所稱之解放區問題——純屬地方行政問題，應分開討論，不可混合一談，否則愈滋糾紛。

周恩來：中央為何不就解放區幾省加委民政廳長，再責其督辦國民大會代表之選舉？

張群：兄等對國民大會之代表，盡可提出名單，協商解決，不必將解放區與國大代表選舉混為一談。

周恩來：如解放區問題不解決，而仍進行選舉，是無異迫我方承認魯、冀、察、熱等省市中央所委任之政府。

王世傑：抗戰剛告結束，瘡痍未複，如依兄等主張要實行普選，則糾紛愈甚，必致引起國民之反感。

張群：恩來兄之意是欲將上次公報中未解決之事項在此數日中繼續努力商談，期求解決，始便返延安覆命。但如萬一在此數日中仍不獲商得一致，恩來兄是否仍回延安？政治協商會議，是否仍照原定計劃舉行？而將未決事項，於會外協商，或竟如兄等之意見，逕交政治協商會議討論？

周恩來：依我預定計劃 將未決諸事項 先能商得眉目 即便返延。至兄之假定 我不能置答。

王世傑：我等不可將政治協商會議之召開與最近二三日中商談有無結果相牽連。換言之，對未決事項，儘管盡力商談求其協調，但不必因此而拖延政治協商會議之召開。

張群：余等希望恩來兄依照原計於本月二十四日返延安，對未決諸事重加考慮，對中共代表人選，迅作決定。俾政治協商會議能於十一月一日開會首先商討國民大會問題，期於十一月十二日下召集令。

王世傑：關於國民大會事，到了十一月十二日，倘仍不能成立協議，則政府不能不為適當之處置。

周恩來：僅決定國民大會開會日期尚易，如要將一切有關問題一併解決，恐難辦到。我仔細考慮上次公報中，未解決之事有三：（一）國民大會問題，（二）解放區問題，（三）軍事小組應商決之問題。三者互相關連，事先皆應協商一致，再提付政治協商會議討論始可。如蔣主席所示將一切問題全盤解決 以安定人心。現因問題尚未商得頭緒 而到處向解放區進軍事態嚴重。如閻錫山之於山西，繼續進兵至三百餘裡，最近十三師幾全軍複（覆）滅。又如傅宜生進軍平綏線已屬不對，胡宗南所部自隴海路南段已進到石家莊。彼等所部如再前進，勢必引起軍事衝突。再如李延年部之進軍泰安 李品仙部之進駐津浦南段 孫仿魯部雖進軍稍緩亦逐漸向前移動，凡此有引起衝突之危險，故我方要求中央停止進軍，恢復交通，而其他地方我軍正在撤退者則要求停止進攻。

王世傑：兄所謂「停止進軍」係指八月十日敵人無條件投降以前之狀況而言，抑係指敵人投降後之現狀而言，請具體說明。

周恩來：自敵人宣布無條件投降以後，我兩方軍隊，皆有前進，但自雙十商談公報發表，相約停止前進，維持現狀以後，即不應有違約束，否則，我方迭已讓步，如中央軍再前進，必致引起內戰。

王世傑：所謂「恢復交通」究何所指？如中央軍經過中共軍隊所佔領之交通線（僅系經過 而不攻佔），中共軍隊是否阻止？

周恩來：如受降地區規定，則中央軍可以經過各重要交通線，但非為增援兵力，引起內戰。

邵力子：所謂恢復交通，系中央方面所提出，希望中共接受實行者，此點如不作（做）到，則不僅妨礙受降工作之進行，而且加深人民之痛苦。

周恩來：總之軍事上「停止前進」「重劃受降區」與「恢復交通」「解散偽軍」四者互相關連， 必須商得臨時辦法，先行解決，然後再協商其他整軍與駐地事項。其次為解放區問題。中央對

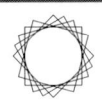

於我方所提新案既不同意,而主張省不變動,僅承認我方縣以下之組織,其實問題正在省之一級。今中央如欲派員接收我解放區之各省,則如最近雲南省府改組之例,勢必憑恃兵力,然此決非和平統一之道。因此對於省之一級,可否設一臨時辦法,即各邊區政府仍然存在,中央在解放區所委之各省政府,亦仍照舊,將來再依法舉行民選。倘此項辦法仍不獲贊同,則可藉國民大會代表選舉之機會,同時依照中央法令辦理省參議會及縣以下各級行政與自治組織之選舉,將來到了憲政時期再實行省自治。如此,即可使「中央領導」與「地方民意」相接近,而民主與統一,亦得以一貫相通相得益彰。

王世傑:兄所謂「停止前進」「恢復交通」「解散偽軍」「重劃受降區」四者在原則上,皆可商量,只要兄等誠心誠意,努力協調,即不難從容談得結果。惟所謂「停止前進」與「恢復交通」二項,其具體意義,請兄再說得明確一點。

邵力子:談到軍事問題,憶及朱德總司令前次通電,態度詞意均甚失當,嗣後雖經毛潤之先生之解釋,然外間仍謂朱毛在唱紅黑臉。因此為正視聽計,可否請朱德再電表明態度,一切願以國家為重,服從軍令與政令之統一,服從蔣主席之命令,如此,則一切問題均易解決。蓋蔣主席已一再說明,只要軍令政令統一,中共之事無不容易辦理,此事想請恩來兄于返抵延安時,與朱毛一商或先以電報商談亦可,倘此事能夠作(做)到,則對於此次團結之協商有莫大裨益。

周恩來:請朱德發表一電,或無問題,但是否此電發表以後,一切問題即可解決?

王世傑:此意甚好,盼能實行,惟「停止前進」與「恢復交通」二語,必須有具體確切之說明,所謂「恢復交通」是否僅指軍事交通而言?如果指軍事交通言,則凡中央軍經過各交通線,只要不對中共軍隊射擊,奪占中共軍隊即不能阻止。

周恩來:此與「重劃受降區」有關,必須受降地區規定妥當恢復交通問題始可解決。

張群:兄所謂臨時辦法,不過前次所商維持現狀之辦法而已,且仍不離軍事與政治兩大問題,如軍隊數目與駐地確定,則所謂停止前進,軍事衝突皆無問題。又如解放區倘並非即軍隊駐地,軍隊不干涉政治,則所謂解放區之政治問題,亦極易解決。故我等如撇開軍隊與政治問題不談,而專談恩來兄所提之臨時辦法,事實上恐決無成立協議之可能。

三

時間:三十四年十月二十二日午後八時
地點:青年路國民參政會
出席者:張群、王世傑、邵力子、周恩來、王若飛
張群:恩來兄所稱「停止前進」與「恢復交通」請提出商討。
王世傑:所謂「停止前進」與「恢復交通」兩句用語,應有明確之定義,即便討論。余意臨時辦法可以規定:「彼此相互約束無論在任何地點不相攻擊。中央為了受降與復員須經過中共軍區,只要不攻佔中共已佔領之地方,中共軍隊即不得加以阻擾或襲擊。」

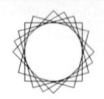

周恩來：兄意前半段我同意，後半段所謂中央軍經過中共軍區，恐難免發生衝突。事實上，現在淪陷區許多縣份皆受中共軍之包圍，此等地帶，應請中央劃定為中共軍之受降地區，始稱公允。故此一問題解決辦法不出二途：(一)規定雙方停止攻擊，各就原地不動，期於此十餘日中迅謀雙方軍事問題之解決；(二)規定受降區，各自執行，不得相犯。

王若飛：現在我方最不滿意者：(一)美國軍隊不斷在華北沿海登陸。美國空軍大量運輸中央軍隊開入解放區，為數已達七十餘萬人。(二)利用敵偽軍隊作前鋒進佔城鎮與交通線，以便中央軍之前進，且中央軍進駐一城一鎮或一個車站時，因為糧秣之徵集，勢必擴大佔領，如此，雖然不發生衝突，亦不可能。故此等行動，皆非設法糾正不可。

張群：此事有兩個解決辦法：(一)治本，迅速解決中共軍隊之整編與駐地問題。然此應由軍事小組負責商談，而葉劍英兄應請早日來渝，以便進行。(二)治標，即雪艇兄所提之辦法，為避免衝突，應由雙方努力約束所部，但中央軍隊必要進軍時，須將所經過路線與目的地事先通知。中央軍通過各交通線，並不進佔中共軍隊所在地區，中共軍隊即不得妨礙其通過。余意治本辦法，一時或不易協商一致，但治標辦法應可做到。

周恩來：兄所謂必要時中央須進軍，即不妥當。余意倘能由何敬之總司令下令華北一帶敵軍集中幾個大城市，如平津、青島、濟南等城市，再由中央派員受降，則一切問題都不致發生。現在敵軍不但未集中投降，而且仍在擴占地區，繼之而進者為中央軍隊，事態實甚嚴重。

張群：根本大計，莫如迅將中共軍隊駐兵地區劃定，則所謂避免衝突，重劃受降區等事皆不成問題矣。

王若飛：余意中共軍包圍之敵軍地區應由中共軍受降，不必遠從他處調中央軍前往，如此，衝突即可避免。

周恩來：余所謂臨時辦法不過在雙方問題未獲根本解決前，暫時維持和平與安定人心之辦法，其要點（一）在全面避免衝突（二）在中央運兵平津等地數額應有限制，以免中共感受威脅。

王世傑：昨天力子兄之提議請朱德總司令發表通電，正式表示中共軍隊今後願意服從蔣主席之命令，嚴守軍令政令之統一，兄等可否迅予轉達實行？

邵力子：余尚有一點意見補充，即除通電之外，最好請朱即來重慶一行，則一切軍事問題，必易協商解決。

王世傑：兄等所提臨時辦法不外：(一)互相停止衝突，(二)停止進軍，恢復交通。但重要交通線，中央必要進軍時，其地點人數，應事先通知，中共軍隊不得加以妨礙。

周恩來：現在華北僅有六大交通線，如皆由中央佔領，則我解放區即無法存在。

王世傑：中央軍經過各交通線，並非進佔中共解放區。

王若飛：現在美軍已登陸華北，中央軍亦已到達不少，足免維持受降秩序，而中央尚須繼續進軍，殊令人難於索解。

王世傑：中共軍隊今日既未能服從軍令政令之統一，則中央部隊在華北受降各地區者如為

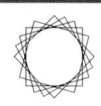

數過少，深恐為中共軍所攻擊、消滅。

邵力子：故問題即在中共軍隊能否聽命令，倘能服從最高統帥之命令，則一切事皆解決矣。

周恩來：岳軍兄所談治本辦法，必須將解放區與整軍問題先商得眉目始可積極進行。

張群：兄所謂對解放區之新辦法，請重述一遍。

周恩來：即對解放區之村、鄉、縣行政區各級，皆實行民選，中央對民選之政府承認加委。

張群：此種民選系根據何項法令，由何人監督？

王世傑：在兄等所謂解放區中，有中央委任且行使職權之鄉、鎮、區、縣，又將如何選法？

周恩來：比如山西，倘閻白川能同意我方普選之方法，即可在山西全省一律實行民選。否則，僅我解放區之縣份實行亦可，此等縣份與行政區經過普選產生之政府，即請中央承認加委。此不過為憲政實施以前之臨時辦法。

張群：恩來兄之意見，是否即下列三點：（一）縣議會等重選加委，（二）縣及各行政區之行政官吏民選加委，㈢各邊區政府仍舊候憲政實施期屆，再行依法改選。

周恩來：余所謂處置解放區之臨時辦法，即係如此。

邵力子：依中共之意見，即為陝甘寧邊區仍舊維持，其邊區政府與邊區各縣參議會等皆實行民選，而由中央承認加委。

王若飛：不僅陝甘寧邊區如此，即冀、魯、熱、察四省完全為中共之解放區，亦皆應如此辦理。

王世傑：兄等不能說在敵人降服後，凡中央委任人員尚未到達之地區皆為中共之解放區。

張群：解放區一名詞實為不妥，兄等毋寧說中共佔領區較為明顯，如謂中共佔領區仍維持現狀，則問題根本未解決，殊非辦法。

周恩來：如不贊同維持現狀，則不如大刀闊斧就有關各省市由中共提出省市政府負責人名單，請中央承認加委。

王若飛：此即我方始終願于蔣主席領導的大前提之下，提出之辦法，以求得國家的統一。

四

日期：十月二十三日下午五時

地點：重慶中山四路德安裡第 103 號

出席者：王世傑、張群、邵力子、周恩來、王若飛

王世傑：據陳部長說：上次山西之政府軍與十八集團軍發生激烈衝突，政府軍損失甚大，此事影響甚惡！故目前我等極（亟）待商量者，為如何停止互相進攻及恢復交通之問題。軍事方面盼能迅速成立小組會議，以便商討。我仍主張昨天之辦法，在政府軍通過交通線而不襲擊中共軍隊，不佔領中共地區的原則下，中共應停止破壞交通，並停止向中央軍進攻。

周恩來：陳部長停止互相攻擊的主張，事實上決行不通。即如現在孫舫魯向河北，閻百川向大同，胡宗南向石家莊前進，傅作義部且已渡過了漳河。凡此諸路，不僅為線的前進，而且為面的

前進。而上述地區，在衛長官時代，即已劃歸第十八集團軍作戰，現在中央軍向此區域前進，我方又不能撤退，則衝突自然無法避免了。

王若飛：現在前方的交通線，無一路不在我軍控制之下，大多數車站亦由我軍佔領，中央軍如必前進，則一定要將我軍趕走。如此，當然要起衝突。

王世傑：停止前進必須是雙方的。不能只要中央軍不前進，而你們又可任意行動，任意占領地區。據兄等所說：在八月十四日以前，中共只占八十餘縣，而昨天又說已占三百餘縣，此非中共軍隊之前進而何？中共可以前進，何以中央軍反而不能前進？其次，兄等說：車站多數在中共手中，我認為不能佔領許多車站，且中共不應將國家之車站據為己有，尤不應阻止中央軍之前進。我們現在商談，雙方必須確保休戰之態度，始可獲得結果。如照我們昨日之意見作（做）到，則至少二三十日內可無大的衝突發生。

周恩來：長江以南之我軍，雖已佔領若干車站，現皆自動撤退。若華北地區亦要我軍撤離交通線，則決不能辦到。

王若飛：政府之意在接收重要都市與交通線後，代替敵人以控制我方，然後與我方談判，此我方將領深感不滿者。

張群：葉參謀長可否提早來渝？

周恩來：葉參謀長即來，於事亦無大補。

張群：臨時辦法究竟不能解決問題，我們要求問題之根本解決，則必須瞭解問題之真實性，葉參謀長如能早來，與軍事方面商談，自不無補益。因軍事問題不早日解決，雙方軍隊之行動皆有許多不便。如中共在廣東、福建、浙江之部隊既未改編，擅自行動，亦為前進。如兄等所言，政府究竟准其前進，抑不准其前進乎？

周恩來：如只討論臨時辦法，則我方可與陳部長商談，現在北方各大城市受降之軍隊，大部分皆已由空運到達，我方在北方四省以外所佔領之地區，亦已自動撤退，故事實上我方已停止前進、停止攻擊，如能商得一臨時辦法，約束雙方，則軍事上之嚴重局面，必可緩和矣。

張群：關於軍事方面之詳細情形，我等尚不大明瞭，俟詢明後，再與兄商談。

邵力子：中共軍隊如真正能國家化，服從政府之命令，則一切皆無問題。委員會曾命令朱總司令停止前進，而朱總司令公然違抗。此種態度如不改正，則問題實不易解決。

張群：余以為我等商討之各個問題，似可同時進行。如政治協商會議，大體已經決定，即可進行召集。軍事問題可交軍事小組討論。解放區問題，過去我等曾多次商談，似可另行成立一個小組，由內政部長參加，繼續討論。如此分別進行，似可縮短商談時日，而我等五人之商談，亦可結束矣。

周恩來：對於解放區與國民代表大會問題，我方已提出辦法，而未蒙採納，現在應請政府方面提示方案（我意政府最好頒佈一臨時法令，將國大代表與地方自治問題一併解決。）。

邵力子：兄等可否照岳軍先生之意見，改變計畫，暫時不必回延，一方面將此間商談情形，電

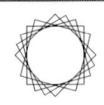

知毛先生,一方面俟我等請示蔣主席,並與陳部長商談後,再行決定行止?

周恩來:我等留渝之目的,原想對解放區問題商得眉目,再行回延報告,請岳軍先生明天請示主席,俾知結果如何,以便報告延安如何?

張群:可以!

五

時間:三十四年十月二十六日
地點:重慶中山四路德安裡第 103 號
出席者:王世傑、張群、邵力子、周恩來、王若飛

張群:在敵人投降以後,中央與中共軍隊所發生之軍事上的糾紛,陳部長曾與我詳細言之,並指出長治、泰安及綏東、晉北,情形更為嚴重。目前我等曾向蔣主席報告商談經過,並請示今後商談之重點,綜括蔣主席與軍事當局之意見,主張:(一)交通必須恢復。(二)在鐵路線以外,中共得指出現已佔領之區域,暫維現狀。(三)希望葉參謀長早日來渝與軍政軍令兩部組織小組會議,商談中共軍隊駐地問題。其次,我等並希望軍事以外之其他問題,如政治協商會議之召開等,亦能同時進行,以表現吾人積極解決問題之精神,關於此點,蔣主席實抱深切之期望。

周恩來:關於我方與中央軍隊衝突之情形,余亦曾與辭修(陳誠)先生談過。本來我方在上次發表商談紀錄以前,即希望對於全盤問題求得解決,故當時中央雖已向解放區進兵,然我等期望政治民主化,軍隊國家化之問題能商得結果,尚預料問題之演變不致十分嚴重,無如現在此種問題均未獲得答案,而中央仍不斷進兵。於是,問題乃至趨複雜,愈形嚴重。中央如不立時停止進兵,而必欲佔領所有之交通路線,勢必與交通線上之我軍發生衝突,此即是戰爭。我方在敵人投降之時,曾要求分區受降,但中央不許。截至現在,我方仍不能受降,一如我方之軍隊皆為非法之軍隊,中央之視我軍,曾日本軍隊之不若,日本軍隊今日在中國境內,尚得保持武器,受命維護交通,而中共軍隊則須退出交通線,揆諸情理,寧可謂乎?現在傅宜生在平綏路已占我八城,胡宗南沿正太路推進,已抵石家莊,劉伯承在該線所佔領之城市,一一讓出。劉伯承如以宣傳為能事,亦未嘗不可發表出漂亮如傅宜生之電報,將事實公諸於國人。乃為團結著想,並未聲明。即《新華日報》今日所登之消息,亦系新華社十七日發出而迫至今日始行發表者。總之,在現在的情況之下,解放區問題未得解決,受降區沒有重劃以前,自我方視之:中央之進兵,即為進攻。而我方之破壞交通,以阻止中央軍之進行,乃為當然之事。故 此問題甚簡單,交通當然應恢復,但必須于和平狀態之下,始能恢復。若中央必欲武裝佔領交 通線,而將我方驅出於交通線之外,那便是戰爭。

王世傑:政府此次未劃定區域由中共受降,此乃由於中共軍隊過去不服從政府之軍令,不 接受政府所給予之任務。兄等所謂政府歧視中共軍隊,曾日本人之不若,中共方面或有此種心理。

然自反面言之：兄等自謂平綏、同浦、平漢、津浦、隴海各線，久在中共軍隊包圍之中。然在敵人投降以前，凡此諸線，因四通八達，日本軍隊任意所之。今茲日本投降，而鐵路反遭破壞，中央進兵反遭阻礙，此豈非中共之視中央軍亦日本人之不若乎？餘等考慮問題要當平心靜氣，為雙方設身處地。兄等現在所恐懼者，為中央軍通過交通線時，即佔領交通沿線中共所佔領之地區，向中共進攻。若政府保證不佔領中共之地區，不攻擊中共之軍隊，於此原則之下，兄等可考慮恢復交通之辦法乎？

　　王若飛：恢復交通甚易，只要中央不進兵即可辦到，進兵與進攻是一件事，而不是兩件事。

　　張群：兄等如能將地區劃定，則予可擔保政府軍隊決不致進入中共所佔領之地區。

　　王若飛：我方若提出地區則必須包括交通線。

　　周恩來：中共軍隊退出交通線後，政府是否將在交通線上駐紮軍隊？

　　張群：政府為維持交通線之治安，當然須駐紮相當數目之軍隊，即過去亦有路警之設置。

　　周恩來：如鐵路非穿城而過，離鐵道數裡之城市，如已為中共所佔領，是否亦應退出？

　　王世傑：可以不必退出。

　　周恩來：在一二月以內，政府當局準備派多少軍隊往華北？如此無限制的派兵用意何在？

　　王世傑：政府軍隊北進者，現在事實上僅賴空運，為數極為有限，縱令中共不再破壞交通，一二月內恐尚不能將已破壞之道路完全修復，如何能運輸大量之軍隊。若問「是何用意」，則中共現在向綏東集中十餘萬軍隊又是何用意？總之，我等雙方必須確立信心，在合理的原則之下——即政府的軍隊不向中共軍隊進攻，不佔領中共已佔領的城市，我想總可求得一暫時解決之辦法。

　　周恩來：在不進攻，不佔領的原則之下，我方似可同意。

　　王若飛：恢復交通之目的在避免內戰，而避免內戰的唯一途徑，即是停止進兵。

　　王世傑：如兄所說，凡過去敵人佔領之地區，即應由中共佔領，而中央軍便不能入境了，兄等不可以為中央乃我之人之中央（指政府代表）。亦為我等全體之中央，否則《新華日報》何能在重慶出版？中共何能在重慶活動？此種心理，皆因缺乏互信而發生。余意我等為安慰國民之期望，即訂一暫時之辦法，在一二月中維持交通於不斷，亦可稍緩現在緊張之空氣，而於此期中，其他問題亦可商得解決矣。

　　邵力子：為使中共方面放心，我意交通之恢復，尚可分為二期：第一期先恢復最重要之道路，次要者為第二期恢復。

　　王世傑：現在之政治趨向民主與統一，中央若以力量寄於武器，則必失人民之信仰；反之，中共若以力量寄於武器，亦必失全國之人心。

　　張群：中央軍隊開入收復區，此乃當然之事，不能考慮。在中央軍通過鐵道，不向中共占領區進攻的原則之下，如何可以恢復交通，避免衝突，請恩來兄提出一書面的對案，如何？

　　周恩來：此事須向延安請示後，方能提出書面對案。

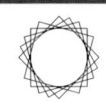

六

時間：三十四年十月三十日午後五時
地點：重慶中山四路德安裡第103號
出席者：王世傑、張群、邵力子、周恩來、王若飛

周恩來：我將蔣主席之意見電達延安後，昨天已得覆電如次：

（一）為堅決避免內戰，迅速恢復交通起見，中共方面提議：

1.停止進兵、進攻、進佔；

2.停止利用敵偽；

3.在八條鐵路線（平綏、同浦、正太、平漢北段、隴海東段、津浦、膠濟、北甯西段）上，雙方均不駐兵；

4.政府方面如需向平津、青島運兵須經過協商。

（二）軍事小組只能在上述問題之原則決定後，方得擬具具體方法，否則無權解決此事。

（三）如萬一問題不能於事先商得協議，中共方面不反對先開政治協商會議，但開會時，必須先行解決避免內戰恢復交通問題。

（四）在回延安前須向政府方面先行問明關於國民大會的意見。

張群：政府向東北運兵，是否亦須經過協商？

周恩來：電文中未提到東北，但政府運往東北之軍隊，聞皆系利用海運。

張群：海運用船隻不敷，容量有限，大部仍賴陸運，鐵路線如不駐兵，治安如何維持？

周恩來：鐵道治安可列入行政的範圍，由員警維持之。

張群：員警由何方組織？並負責指揮？

周恩來：可由路局組織指揮之。

王世傑：進攻、進佔之外，復提出進兵，是何意義？

周：進攻、進佔皆由於進兵，故停止進攻，必先停止進兵。

王世傑：有的地方尚有敵人佔領下，而未經收復者，如雙方停止進兵，是否即令敵人長期占領下去？

周：當然不如此，且此種情形甚少。

王世傑：余意進攻、進占之外，不必再加進兵一條，因進兵乃軍隊之行進，亦即軍隊之行動，政府與中共之軍隊，皆不能無行動。且敵人在投降以前，所佔領之地區，政府軍隊責任所在，自應前往收復。所難者在第四項——政府進兵須經過協議。但既有第四項之提出，則第一項進兵之規定，更屬不必要矣。政府如在本問題未解決以前，先開政治協商會議時，兄等是否須回延安一次？

周恩來：須回延安。

王世傑：此四項辦法俟我方經過鄭重研究後，再請兄等商談。

七

時間：民國三十四年十一月十五日下午五時
地點：重慶中山四路德安裡
出席者：張群、邵力子、王世傑、周恩來、王若飛

岳軍先生問：已否接收延安電報？

周恩來答：延安方面贊成召開政治協商會議，本人擬回延安一次。代表名單，約二十日左右可確定，其人選除本人及王若飛先生外，董必武先生將參加，其餘尚未定。本人擬提早於後天（指十七日）動身，約一星期後，偕延安代表一同來渝。

岳軍先生：本人亦須回成都一次，但我們離渝時期，商談仍可進行，未知十二月一日召開協商會，時間來得及否？

周恩來：在本月內召開亦可。

王若飛：下月一日也好。

周恩來：已催董必武先生返國，本人已於十七日返延安，二十五日即可回渝。

王若飛：協商會議可於十二月一日召開。

雪艇：似應有充分時間，以備通知各代表參加，否則恐在國外代表不能如期趕到。

周恩來：董必武來電稱，有飛機即來渝，措詞甚肯定。

岳軍：現在任何人均不忍再打仗，我們很誠懇地希望：

（一）不論目前有任何困難，即使打仗，我們的商談仍須繼續進行。

（二）軍事小組亦應同時進行，希望葉劍英先生來渝會商，能設法解決若干問題。

（三）將來政治協商會開會，我們也仍然可以繼續商談，請以此意轉達毛先生，希望能共同作最後努力，以期達成和平統一之目的。

王若飛：吾人終須和平的、統一的。

岳軍先生問：請問延安最近有無新的意見。

周恩來答：張先生之意見，本人完全同意。吾人亦認為必須和平統一，以後無論如何困難，必須從和平協商中找出路，政治問題須待協商，決不能單憑打仗解決，現在與抗戰以前情形不同，時局變化很大，不允許我們再事拖延，總應該想辦法求解決，打仗久了，實在不成話。以後不論軍事單獨討論與政治進行協商，都應該想出多種方法以求解決，未知政府對「避免內戰」「解放區政權」「敵偽受降」「國民大會」「政治協商會」及「外交」（甚至對美）等問題，如何想法？希望在座諸位先生多多發表意見，以便轉達延安方面加以商討。本人認為美國在華北出兵，使事態更加嚴重，並非吾人妄加批評，即美國人自己亦評判。現在內戰情形，即因此日趨嚴重，今天不妨對此問題提出談談，本人甚希望多多聽到政府意見。

邵力子先生：關於避免內戰問題，我以為彼此應先有互信精神，政府決不願有內戰，事實甚為

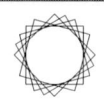

明顯。過去延安對於國民大會及整軍會議都曾疑慮其為準備下討伐令，現在必已明瞭這種疑慮與事實完全不符，中央所提停止軍事衝突，恢復交通辦法，本為避免內戰而發。中央對於停止進佔進攻，本早同意，只對於延安方面所要求停止進兵問題，原則雖可同意，但須有條件。

周恩來：條件如何？

力子先生答：例如北甯路運兵，純為接收東北，維持地方治安，決無其他意圖，所以這一方面的進兵是必須的。至於延安最近所提中央軍隊自進佔區撤退一節，進佔區的名稱極難同意，範圍尤難確定。政府並沒有發動全面出擊的情事，如果不談「佔領區撤退」問題，其他即可商談，請君等即向延安請示，我等亦將與軍事當局磋商。

岳軍先生：北甯路事實上已在衝突中，此關係東北問題甚為重大。

周恩來：延安意見，鐵路線停止進兵必須包括北甯路，並須知道是否雙方軍隊均自鐵路線撤退。

力子先生：東北地區甚大，倘不去一兵將何以維持地方治安，以在事實上決（絕）難辦到，或者可以希望在接收完畢後，以後再增兵。

岳軍先生問：延安對東北問題有何意見？

周恩來答：未奉到具體指示，甚希望東北能成為民主之實驗地區。

岳軍先生問：是否中共擬向東北發展？

周恩來答：東北過去未經過（國民）黨治。

岳軍先生問：對接收東北問題有無意見。

周恩來答：政府接收淪陷區，我們不能反對。

岳軍先生：但山海關衝突的原因即在於此北為民主平等實驗區。

岳軍先生：請雪艇先生就外交的看法作一說明。

雪艇先生：我沒有特別的意見。

力子先生：吾人應聲明，中央決無拉美國人參加內戰之意。

周恩來：日軍甚馴服，投受降工作不若想像之困難，並需要點與線均駐兵，現在美軍之行動既與原定計劃不符，又未顧及吾人已在該地之情況，以致日軍永不能受降。魏德邁將軍曾語謂美國準備給中國軍隊以五十師之裝備，而美在華之剩餘軍火物資，又將讓與中國，此乃以武器助打內戰，我們不能不加批評。倘今後美軍繼續增加，軍火源源而來，則情勢將愈嚴重，明顯與美國所定政策不相符合。

岳軍先生：今天所提問題應當再考慮，或再請示。關於解放區問題，個人意見認為不致完全不承認事實與功勞，解決的方法就橫的方面來講，應求單位之減少，就縱的方面講，或者即用人事調整機構。對於此問題，雙方意見確有距離，吾人應盡最大努力，縮小範圍，不太堅持，以求解決，此乃個人所想到的意見，特提供君等考慮。

周恩來：我們最須（需）知道政府同意停止進攻，是否為全面的，以及鐵路線是否雙方撤退？所以有最後四點的提出。

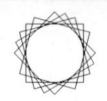

力子先生：中央並未做打你們的準備，你們最後所提四點實在無從討論。

周恩來：最後所提四點，皆係根據所發生的情勢。

力子先生：停止軍事衝突必須就雙方面想法，你們最後所提四點，純係片面責難之詞，實在無從討論，要講責備對方的話，我們也可以提出許多材料，此類問題最好我們不必再提。

周恩來：倘照原來所提四點實行，中央能接受否。

力子先生答：並非不能接受，乃須附有條件，例如鐵路線完全不駐兵，則無以維持地方治安，實際上難辦到。津浦南段與北甯路西段尤不必爭持。

周恩來：津浦路南段即系徐州以南，將來中共軍隊撤退，須（需）要經過該地，且與清剿計畫有關，不能不爭。現在清剿情勢甚為嚴重，必須全面停止進攻。此外，如停止利用敵偽問題，雙方意見似亦有距離。

岳軍先生：中共所說利用敵偽，政府絕無此意，蔣先生以何總司令對偽軍至今未加委任，用意如何，當能明瞭。此等事似不必形於筆墨。鐵路線撤兵問題，倘尚有困難，吾人可再加研究，但本人認為北甯路線原為受降區，中共不應阻止進兵。

雪艇先生：為使政治協商會議確實能解決問題，本希望毛先生能來重慶與蔣先生負責共同進行。自毛先生回延安後，空氣雖日益惡化，目前似已無毛先生再來可能，但吾人應盡力緩和一般空氣（一）應下令暫時不打，（二）應暫時不罵。倘能維持三、四星期之平靜，則惡化空氣，自能轉趨緩和。毛先生亦可再來渝。即使第一點倘有問題，第二點又不易做到，毛先生不能來，但我們是可以去談的。本人認為「和平建國」應為彼此之願望，今後國內政治不能再有磨（摩）擦。否則對內對外均極不利，而對外問題困難尤多。欲免除軍事行動及政治磨（摩）擦，其合理辦法應以「政績競賽」代替政治磨（摩）擦，以能力信仰維持統一，以後彼此應各就原崗位，充分表現工作成績，不相妨礙。須知在破壞之下，不能談建設，吾人已流過不少血，面臨民窮財盡之境，應先求和平，然後始能建設，此乃個人之感想，請君等轉達毛先生，請其重新考慮一切，期能共同踏上真正和平建設之道路。

周恩來：王先生意見本人甚為贊同，必當轉達毛主席。惟關於「政績競賽」之建議，若長期合作，必須有具體辦法，其先決條件又須重提「施政綱領」問題，在憲法未公佈前應協商如何起草，如何公布綱領，全國民選也應在協商之內。倘能在憲法公佈以前，草訂共同方案，非但可以停止內戰，亦可達到長久合作之目的。

雪艇先生：今後競賽工作，決不能用你趕我，我趕你的方式，應妥訂合理方案，以免雙方力量相互消滅，否則無從談到建設。現在社會上一般人對吾人等商談，已不甚重視，空氣一天一天惡化，毛先生更不能來，希望以後能漸漸緩和，以利商談工作之進行，否則時間過久，將更困難，或竟無希望。

王若飛：「政治協商會議」召開辦法，希望交給一份帶回延安。

岳軍先生：協商辦法當檢送一份，在周先生回延安前，可再定時商談一次。

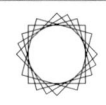

（七時五十分散）

邵力子先生核定稿，葉實之記錄。

八

時間：民國三十四年十一月十七日下午五時

地點：重慶中山四路德安裡

出席者：張群、邵力子、周恩來、王若飛

岳軍先生問：君等對東北問題有何意見。

周恩來答：上次已經談過，關於東北問題，延安方面並無具體指示，惟東北為未經實施黨治之地方，吾人甚希望將來能使其自由發展，平等民主化，以作他省模範。

岳軍先生：東北環境甚為複雜，倘不能即予處理，則人民又將受到痛苦。今日我們不妨自由發表意見，現在重點是北甯路運兵問題，究竟有何辦法，以求解決。

周恩來：關於北甯路運兵問題，與整個軍事是有關聯的，本人認為可提之方案為：

（一）先停止軍事，然後再談其他各種問題。

（二）先從政治上作總解決，然後軍事服從政治。

吾人不能一面打一面商談，希望各位提供解決方案。關於東北問題，事實上自熊先生回來後，中央所得消息甚多，而延安方面所知者甚少，中央對東北情形，雖感覺困難與顧慮，相反的說，中央在華北利用敵偽，其情形亦甚複雜，華北日軍至今多未繳械，且聞已允其技術人員參加軍隊內工作，即炮兵、工兵、坦克兵等，亦均可作為技術人員。此後人數武器必然增多，均將用以打我，華北情勢已因此而更嚴重。魏德邁在上海招待記者席上說及鐵路計畫，據稱唐山到秦皇島將有軍事行動，而津浦、平漢等路，將責成日軍保路及修路。岡村寧次現在仍留用無線電，忙於指揮日軍工作，關於偽軍無限制的收編，現在就地取餉，人民已不堪其苦。

岳軍先生：周先生所說並不是根本問題，此間各報記載中共也收編過日軍二千人。

周恩來：外間曾傳說收編二萬人，但共軍受降日軍，從來無此大量數目，本人所說者，乃係現象，均與根本問題有關，停戰仍為根本問題，希望能有辦法解決。這幾天山洞軍事會議情形甚為緊張，且已定有布置，張先生諒必曾參加。

岳軍先生答：山洞舉行者乃會報，而非會議，我們應找根本問題來商討。

周恩來：根本問題在停戰，請問中央之全面剿共計畫會停止嗎？

岳軍先生：整軍會議閉幕後各長官隨便談談，以聽取工作報告，乃常有之事，將來即使雙方已打，我們也仍要繼續進行商談即希望不打也。因為要避免打，所以應該努力來從商談中求解決。本人日來所想和平途徑，不外三種方案，希望能揀最近的途徑去做（一）我們繼續商談；（二）由政治協商會商談；（三）政治協商會及我們商談同時進行。周先生此次回延，關係甚為重要，請將我們的意見，詳盡地轉達毛先生。本人認為解放區問題，不外由縱的橫的兩方面去作解決，橫的方面

應從縮小範圍與減少單位方面去研究，同時並於縱的方面想解決辦法，似不必專用一種辦法求解決。關於省的問題，留待政治協商會議後解決亦可，今日不一定要作具體決定。現在大關鍵在所謂「解放區」問題，有了解決辦法，則軍隊駐區等問題，均可迎刃解決。

周恩來：解放區乃大關鍵，倘政治要求有辦法，則軍事可能服從，惟軍事停止，究竟能做到若何程度，不進兵是否包括不運兵。本人認為倘不停止運兵，則一月後隴海路恐將發生大戰。甚至同浦、平漢等鐵路線亦將有大戰事，我們認為中央所謂停止進攻乃暫時的，現在剿匪行動甚為積極，此後是否能夠全面不運兵。

岳軍先生：昨日《新華日報》登載中央發動五十六個軍二百萬人參加作戰，此乃不可能之事，昨日本人曾面詢陳誠將軍，彼稱尚不知道。因為你們對此等事，日在研究之中，所得資料或有不同，周先生所談情形與我們所知者距離甚遠，使我不能答覆。吾人想來不會打，故商談。本人因為商談關係而未回成都，不管情形如何，我們仍應商談，要知停戰決非不可能之事，箭雖在弦，並未射出。現在重要的是如何尋找解決辦法。你們集結大軍，希望打通平綏路，倘平綏和北甯兩路平靜得下，停戰事即可解決。

周恩來：平綏路無大軍，僅平漢路軍隊多一點，你們也在秦皇島集有大軍。

岳軍先生：因北甯路未能通過，故滯留有軍隊，但亦未集結大軍。

王若飛：請提避免戰事辦法。

力子先生：我們所提停止衝突，恢復交通方案，即是謀全面停戰的辦法，以後所提六點，實際上即系商討延安答覆的四點，倘能繼續商談，而延安新提出的四點，片面的要求可以不提，專求解決原來所談的恢復交通案，我想一定可以獲得有效的停戰辦法。

岳軍先生：根據前案，北甯路必須除外。

力子先生：吾人或可提出保證到東北去的軍隊決不回兵進佔古北口，並希望東北接收完畢以後，北甯路軍隊不再增加，倘須增加時由雙方先行協商。

王若飛問：請問中央對東北在政治上如何做法？

岳軍先生答：中央早決定因地制宜的方針。

力子先生：中央既決定各黨派平等合作的原則，在東北亦必照此原則去做，將來國共兩黨均可在和平合作的情形下面公開活動。但目前接收工作尚未完竣，似以雙方均不活動為宜。總裁及組織部，均決定東北黨部暫時不派人去。吾人很希望東北將來能成為我國和平經濟建設的樂園，允其與盟邦蘇聯永久和平親睦，倘能在東北做到胡適之先生所說「美國與加拿大間不設防」的辦法，那就更好。但中央現在不派兵住東北，則維持地方治安大有困難。

岳軍先生：依本人所想，東北地位甚關重要：第一，東北應與蘇聯合作；第二，東北經濟關係特別重要，否則敵人拿去後，可用為發展國防軍需重工業；第三，東北淪陷已十餘年，現各省廳長均未發表，僅派省主席辦理接收事宜，以留伸縮餘地。吾人應利用其經濟基礎，以助國家之建設。遼吉熱區中共已在活動，在你們認此為必然之事，但也應與我們合作，東北即為失地收回

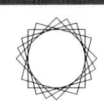

者，吾人應加愛護與寶貴，倘再加以破壞，實覺太可惜。此事君等是否可以設法解決，應加研究。

周恩來：希望中央派代表去東北辦理接收時，顧及東北人民，將來東北應發展為和平模範區。

岳軍先生：中央去東北的軍隊，完全是為維持地方治安，人數有限，決無其他用意，對於處理若干問題，事先均經熟商後而執行者。

周恩來：去東北接收大員均與党有關，幾以黨為先而接收後似仍為黨政齊一的辦法。

岳軍先生：不能認為接收人員即是党，更不能說黨即政府，政府即黨。

力子先生：政府有決心結束黨治，所以要提早召集國民大會，並積極辦理地方自治。東北戶籍調查，一向辦理得很好，將來辦理人民選舉甚易著手。我們希望周先生此次回延安後，將我等近日正式商談與自由談論的一切經過情形，轉達毛先生。倘周先生在延安須多耽擱幾日，請即來電，我們或可與王先生繼續商談。

岳軍先生：今日對東北問題，全盤都談了，請回至延安後作整個檢討，大的問題在如何合作，不能照共產黨你打倒我，我打倒你的辦法。

力子先生：將來東北可作為和平合作區。

王若飛問：將來東北是否與其他省份一樣，實行地方自治。

力子先生答：地方條文或有不同，但遵照遺教，全國各省都應該實行地方自治的。

王若飛：東北未經党治，應實行地方自治。

力子先生：我個人另有一點意思，想隨便談一談。我們所談的問題，最後必須求得和平解決，全國人民現在對此問題盼望很急，倘若我們自己能商定辦法，那是最好，萬一仍想不出好辦法，聽說赫爾利大使，即將回渝，是否仍可以請其從旁斡旋，同時亦邀彼得羅夫參加，藉以增進雙方的信心。

王若飛：赫爾利太不公正。

周恩來：赫爾利每次來渝，必罵我們一次，雖然罵了以後，態度有時又轉好，但彼之言論似為其個人之主張，而非代表美國之真意。

岳軍先生：赫爾利大使本不是職業外交家，自己也承認這點，要知純粹外交家亦不會去延安，此純為美國人士一種助人之公理心。商談乃我們自己的事，倘自己有辦法解決，那是最好。君等此次回延安後，請代為多多致意，本人原早應回成都工作，因有和平的信念，故留此參加商談。君等應知我方倘無誠意，本人決不肯參加商談，希望共同盡力，以期達到和平之路。

力子先生：今天談話，兩方面情緒很好，希望周先生能早日回渝，並與參加政治協商會議的各位先生同來。（七時三十分散）

邵力子先生核定稿，葉實之記錄。

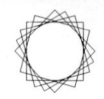

16. 雙十協定簽訂後政府與中共代表繼續會談協定[①]

政府與中共代表之商談，自雙十節簽發會談紀要以後，雙方復自十月二十日起，在友好和諧空氣中，連續舉行多次商談，對於各項問題，獲得相當協議，茲分誌如下：

一、關於政治協商會議，一致認為，為協商當前國事實有盡速召開之必要。經分別與有關各黨派洽談，雙方並幾度詳商，已就會議名額，代表人選及會議之組織，職權，召集辦法等項問題，商得具體一致之意見，現只俟中共代表推選到渝即可集議。

二、關於解放區問題，政府於維持政令統一之原則下，極盼與中共能商得具體解決方案。中共方面乃提出臨時辦法：即各邊區政府暫維現狀，中央在解放區所委各省政府，仍舊進行。省之行政與自治俟憲政時期開始，再依法解決。目前即藉國民大會代表選舉之機會，由中央頒布法令同時辦理省參議會及縣以下各級行政自治組織之選舉。政府方面認為，國民大會代表選舉，不可與解放區問題混為一談，免滋紛擾。縣級以下民選行政自治組織之加委，原已允可考慮，各邊區政府仍維現狀，即非解決問題之道，尤與政令統一相悖。

三、關於避免軍事衝突問題

政府方面於二十六日奉蔣主席指示三點提出商談：

（一）鐵路交通必須恢復。

（二）中共軍隊撤退鐵路線以外，其已佔領之區域，暫維持現狀。

（三）中共軍事代表葉劍英應請早日來渝，進行軍事小組會議，商談中共軍隊整編及駐地問題。

中共代表將此三點電達延安請示，於二十九日提出答覆四點：

「（一）為堅決避免內戰，迅速恢復交通起見，中共方面提議 1.停止進兵、進攻、進佔 2.停止利用敵偽 3.在八條鐵路線（平綏、同蒲、正太、平漢北段、隴海東段、津浦、膠濟、北甯西段）上雙方均不駐兵 4.政府方面如需向平津青島運兵，須經過協商。

（二）軍事小組只能在上述問題之原則決定後，方得擬具具體辦法，否則無權解決此事。

（三）如萬一問題不能於事先取得協議，中共方面不反對先開政治協商會議，但開會時，必須先行解決避免內戰，恢復交通問題。

（四）在回延安前，須向政府先行明關於國民大會意見。」

政府方面根據中共複案加以研究，復於三十一日提出答覆六點：

「為避免衝突迅速恢復交通起見，茲提出辦法如下：

（一）雙方下令所屬部隊暫各駐守原地，不得對他方進攻。

（二）中共在各鐵路線之部隊，移駐鐵路幹線十公里以外，中央對此等移撤地點，除由路局員警維持鐵路秩序外，不另派兵駐守。

（三）由國民參政會組織交通監察團，推派參政員會同當地公正人士赴各鐵路線檢查，隨時

---

① 原件存南京中國第二歷史檔案館。此材料題目系本書編者所擬。

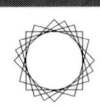

將事實真相提出報告。

（四）中央軍隊如在平綏、同浦、正太、膠濟、平漢北段、隴海東段、津浦北段各鐵路線有運輸之必要時，共同協商定之。

（五）雙方當盡一個月內對中共軍隊駐兵地區及其整編等事商定根本辦法，以利和平建設。

（六）政治協商會議仍照預定計劃，立即召開。」

中共方面覆電達延安請示，於十一月八日提出四點答覆：

「為有效地停止內戰，應請國民政府軍事委員會首先下令所屬部隊，實行下列四事：

（一）全面停止向解放區進攻。

（二）從進佔區全部撤退。

（三）從八條鐵路線撤退。

（四）取消各地剿匪命令，保證以後再不進攻各解放區。」

政府方面認為中共所提此四事，對政府三十一日之複案未為明確之答覆，無從商談，而主張依中共原來之建議，將此事提付行將召開之政治協商會議討論。

17. 國共兩黨繼續談判期間中共中央與周恩來、王若飛往來電文[①]（1945 年 10 月—11 月）

一、中共中央關於同國民黨繼續[②]談判的條件致周恩來、王若飛電（節錄）（10 月 22 日）

除偽軍、受降、解放區三大問題必須提前解決外，國大會期至早只能在明年雙十，否則，華北、東北民選代表無法到會。除國民黨統治區代表應當重選外，華北、東北及陝甘寧邊區代表必須民選。

軍事問題必須先談國民黨軍隊如何縮編，方能談到解放區軍隊縮編問題，至少兩黨軍隊縮編案同時商談，並且不先解決偽軍、受降、解放區三大問題，談不到軍隊縮編問題。

---

① 摘自中央檔案館《中央文件彙集》1945 年（下冊）。
② 原題的繼續二字，係本書編者所加。

二、周恩來、王若飛關於避免內戰實現和平四項臨時辦法致中共中央電①（節錄）（10月26日）

近日來國民黨因恢復交通動員輿論，今日會談，王、張、邵②又傳達蔣③的意見：

（一）採取臨時辦法恢復交通，中共部隊離開鐵路線（城市不在內），中央軍得自由運兵護路和保證不向中共部隊駐地進攻。

（二）下月初開政治會議，會內討論與會外協商同時進行。

王世傑表示，無論如何要想出辦法避免內戰。他提出中央軍不進攻解放區的保證。

我們提議向國方提出下列解決案：

1. 立即停止武力進攻。

為堅決避免內戰，以實現和平建國基本方針，應定如下臨時辦法：

2. 國民黨軍隊立即停止向解放區進兵。

3. 恢復各鐵路一般情形，鐵路線上不得駐兵（城市不在內）。

4. 國民黨軍事在八條鐵路（平綏、同蒲、正太、隴海東段、平漢北段、津浦、膠濟、北寧）上有運兵必要，須要雙方協商。如上述臨時辦法不得協議，須提交政治協商會議解決。政治協商會議，首先須解決停止內戰，解放區及國大問題。如同意，即進行開會之準備。

三、中共中央對周恩來、王若飛10月26日電報的複電（節錄）（10月29日）

（一）同意宥電所述辦法。

（二）除平、津、青外，八條鐵路（加上熱河路、滄石路、白晉路、道清路為十二條）不得駐國民黨軍隊，平、津、青八路須駐一部。

（三）立即停止內戰，撤退各區進攻軍隊。

（四）東北、華北、蘇北、皖北及邊區實行孫中山民選地方自治，不得委派人員。

（五）同時請向各界說明政府所謂和平民主都是騙人的，實際已經發動了全國規模的內戰，雙十協定不過是廢紙。政府急於要開政治會議之目的，是強迫各黨承認舊代表及籌備登基大典。

四、中共中央給周恩來、王若飛的指示電（節錄）（11月3日）

華北、東北、蘇北、皖北及邊區全部，歸人民自治（孫中山主張），僅平、津、青三地可暫駐一部中央軍，將來亦須退出。其他各地中央軍已到者須退出，未到者停止前進。閻錫山、傅作義必須免職，民選各省省政府。華北、東北各設政治委會，統一管理各省，中央政府不得違

---

① 原題為周恩來1945年10月26日致中共中央電，現題為本書編者所擬。
② 即王世傑、張群、邵力子。
③ 即蔣介石。

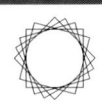

背自治原則派遣官吏，已派者須取消。東北問題現在就應提出。華北各地敵偽受降全部歸我。華北各路交通，待敵偽繳械，蔣軍退出後，由民選的政治委員會負責恢復。目前不能恢復，這是由於敵軍未繳械，敵偽未殲滅，與蔣軍發動內戰所致。這些問題解決後，我方負責恢復，現在絕對不可能。應公開承認破壞鐵路是為受降滅偽制止內戰，絕對必要，毫無不好。又蔣軍侵占各縣續退出。請警告蔣方，如華北各地受降不歸我方，我方是絕對不答應的。東北由東北人民自治軍保護治安，中央不得開入，否則，引起內戰由彼負責。

五、中共中央關於傅作義、閻錫山發動內戰，重選國大代表及召開政治會議辦法日期等給周恩來、王若飛電[①]（節錄）（11月3日）

傅作義、閻錫山發動內戰，各以5萬以上軍隊進攻我解放區，我方發動反攻，具有充分理由。如誣我方發動內戰，我方將發表蔣介石酉皓[②]致胡宗南電及其他各項內戰文件。

國大代表必須重選，時間必須推遲至一年以後，否則我方堅決反對。政治會議開會辦法，開會日期等項，你們商定初稿，待回來討論後表示最後意見，出席代表要那時才能考慮。

六、中共中央關於宣傳與談判方針問題給周恩來、王若飛的指示[③]（節錄）（11月7日、8日）

美國政策，深堪注意。友人意見，值得考慮。但在美蔣堅決進攻方針下，我們無法退讓，只有自衛一法。東北方面，山海關三日已打響，第五師在美軍支持下由秦皇島進攻，事先要求我軍退出山海關及離開鐵路線，當地我軍沒有接受，彼即攻擊，被我擊潰。瀋陽得失，決於作戰結果。如我能在本月內殲滅其首先進攻的兩三個師，取得集結兵力整訓後備之時間（需要兩個月），並在爾後能根本殲滅其進攻力量，則東北可能歸於我有，那時讓國民黨插一隻腳，很好講話。目前可以不公開自治軍及全盤自治的宣傳與要求，但戰爭是不可避免的。如果作戰不利，蔣得瀋陽、長春，則我方只能獲得邊境二等地方。即使如此，也要用戰爭才能解決。洮南、龍江、佳木斯等地，也不是談判可以獲得的。

中央軍退出華北一點，談判時可以提得恰當些，宣傳與談判可以有些不同，但華北問題的解決同樣取決於作戰。目前的談判，彼方全為緩兵之計，並無誠意解決問題，彼方一切佈置均為消滅我黨。我方宣傳弱點甚多，你提出的意見是很對的，應當採取「哀者」態度，應當照顧中間派，不要劍拔弩張，而要仁至義盡；但是總的情況，我處內線，彼處外線，我是防禦，彼是進攻，再過一時期，各方均會看得清楚。目前談判方針，在不束縛手足，使將來不好說話的條件之下，可以保留伸縮餘地。請你全盤考慮，寫出一個詳細條文，並加分析告我，以便研究成熟，再向彼方提出。

[①] 原題為中共中央1945年11月3日致周恩來王若飛電，現題為本書編者所擬。
[②] 皓，是19日的電報代號。
[③] 原題為中央關於宣傳與談判方針問題給中共赴渝談判代表團的指示。現題為本書編者所擬。

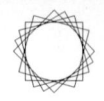

上電未發,接戌①電,我們意見完全一致,即照來電辦理,今日新華社發表國民黨軍隊百餘萬向我進攻的詳細番號,當有利於揭破彼方之欺騙。

七、周恩來、王若飛關於談判與宣傳問題向中央的報告②(節錄)(11月7日)

(一)延、渝兩地揭發美軍率領國民黨軍進攻北戴河、山海關後,白宮馬上發表魏德邁聲明說:「如蔣請美軍打中共,他將拒絕。」但同時他又說:「美軍任務,仍為助蔣運兵、受降及運日俘。」此間擬再給以圓滿說明,運兵、護路、受降,必不能與打中共分開,秦皇島、北戴河即為例證。請再給這類材料。對美人及其政策的批評,宜取嚴格態度,批評宜真誠。如延安廣播評其說謊,此二字用在基督國家等於罵其無人格,最易生反感。延、渝兩地英文稿都譯為不合事實,很好。但國民黨仍可靠中文稿挑撥之。外記者已有不滿反映,請令宣傳者注意。

(二)現時宣傳為轉入主動,已以有效停止內戰為運動中心,恢復交通已被掩蓋下去。故今日談判決強調此點,要求「政府負責向其所屬部隊立即命令,實行下列四事:1.全面停戰;2.從解放區撤退;3.從八條鐵路線撤退;4.取消各地剿匪命令,保證以後不再進攻。」因政府既已發動進攻,必須由其負責下令取消,前令代後令,否則無法停戰。國方絕不能接受,於是我可發表蔣之申筱原電,胡宗南養電及我們緊急提議,以明責任。這樣既轉了彎,且操主動,而對國內外宣傳也被我抓著題目了。這是第一步。過兩天,我們再提第二步全面解決辦法:即停攻、撤兵、受降、解偽、駐兵、自治、交通等問題,同時提出,便可使大家易於瞭解接受。

(三)各方對政治會議的希望仍大,在拖到一定時期後,恐會失理。討論停止內戰問題仍應列為議程,並藉以難國民黨。

(四)十一月十二日就到,我已提出在內戰停止條件下,國大至早於明年雙十節開。如連延期都得不到協議,即行宣佈,則一切責任及嚴重後果,全由國民黨負之。

18. 王世傑日記摘抄③(1945年8月—11月)

一、8月27日

近日中共以未能參加受降(即未能分潤敵軍槍械)復以「內戰」相威脅。蔣先生三電毛澤東,促其來渝商和平建國大計。毛氏突又應允來渝。蓋中蘇條約成立後,中共之勢力益孤(實際上

---

① 戌,是11月;虞,是7日的電報代號。
② 原題為中共赴渝談判代表團關於談判與宣傳問題向中央的報告,現題為本書編者所擬。
③ 選自臺北出版《王世傑日記》(1945年)第5冊,中央研究院近代史研究所,1990年。

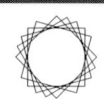

蘇聯或已暗中促使中共與中央政府妥協）。今日蔣先生乃令張文伯偕同赫爾利大使飛延安，表示歡迎毛氏來渝之意。

二、8月28日

午後，毛澤東、周恩來抵渝。晚間蔣先生設宴款待。予及張岳軍張文白、邵力子被指定為談判人。

三、8月29日

午後五時至七時半，予等四人與周恩來作初步商談，先商定此次應行解決之問題。

四、8月30日

午後續與周恩來商談政治及軍事解決之方案。

五、8月31日

予決定赴倫敦出席五外長會議。因中共問題大致可望成立協議，予將不參加到底，又似無妨也。午後續約周恩來商談「政協會議」設置問題及中共軍隊問題。

六、9月1日

晚間續與周恩來商談，彼此意見未能接近。

七、9月2日

晚間蔣先生與毛澤東面談，謂中共軍隊可改編為十二師。毛未答。

八、9月3日

午前予續與毛澤東商談，毛要求改編中共軍隊為四十八師。予謂不可能。

九、10月10日

午後予與張治中、邵力子、周恩來、王若飛等簽字於中共談判之公告。（稱為《政府與中共代表商談紀要》），定十二日發表。晚間予與毛澤東復長談，促其於返延後來渝續商參加政治協商會議。

十、10月21日

今日與周恩來、王若飛續談，張嶽軍自蓉來渝出席。周等謂國共軍隊之大衝突一觸即發，

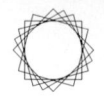

應請政府停止「進兵」。實則中共對山西閻錫山軍已大加攻擊。

十一、10月24日

連日與周恩來商談，側重（一）政治協商會議名額與人選問題（已商定）；（二）恢復交通，避免衝突辦法。

十二、10月27日

予與岳軍等向中共代表周恩來等提議，只要中共不阻撓鐵路交通，則在交通線以外之中共佔領區域可暫維現狀，一面另商根本解決辦法。周等允電延安請示。

十三、11月1日

午後與周恩來等續商，避免內戰恢復鐵路交通辦法。周等堅持在各鐵路線，中共及政府均不駐兵。

十四、11月2日

午後予及岳軍、力子與周恩來、王若飛續商談停止軍事行動辦法，但周等顯無息兵之誠意，中共之目的顯於蘇軍自東三省撤退前，進佔熱、察、綏及東北之大部區域。

十五、11月10日

今日午後與周恩來、王若飛續談停止戰事。予提議雙方先下令停止進攻。周等不贊成，謂須中央軍先行退返原防，交回其所謂「進佔」地區。

十六、11月11日

午後張瀾（民主同盟）等邀嶽軍、力子及予與周恩來等談商如何停止內戰。張等主張立即召集政治協商會議，予贊同，周等謂仍須候延安之回示。

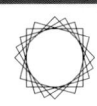

六、1945 年 12 月至 1946 年 1 月的兩黨談判

1. 中共中央給董必武、王若飛的指示① (1945 年 12 月 1 日)

一、蘇方在東北態度已甚為明顯,目前所取步驟,既便嚴拒美軍入滿,又便我方談判和發展,故張公權②找董老商談是必然結果。

二、我方宜就此種時機,再開談判之門,並開政治協商會議。望復張公權並告王、邵③:長春、瀋陽駐兵 2 萬,以 1 萬經北甯路開入瀋陽可以商量,但必須先實行雙方停攻、停占(暫不 提退出侵佔區)、停運,以便我方代表團來渝重開談判。

三、代表 5 人及隨員準備 6、7 號赴渝,望告邵於 5 號派大飛機來。

四、望董老找邵、王懇談,我們代表中擬放入候補中委廖承志,並提議以葉挺為無黨派代表,最好國方先放,免致開會時發生爭論。如國方答應立刻釋放,以不做代表為請,我們方可讓步。

2. 中共代表致國民黨代表信(節錄)④ (1945 年 12 月 27 日)

鑑於前次會議,雙方關於停止內戰的條件之爭執,迄無結果,故中共代表於此次會開始,特向政府方面,先行提無條件停止內戰的辦法三項,以孚國內外人士殷切之望,以利政治協商會議之進行。

一、雙方下令所屬部隊,在全國範圍內均暫各駐原地,停止一切軍事衝突。

二、凡與避免內戰有關之一切問題,如受降、解除敵軍武裝、解散偽軍、停止利用敵偽、駐兵地區、恢復交通、運兵及解放區、收復區等問題,均應於軍事衝突停止後,經和平協商方法解決。

三、為保證第一項辦法之徹底實現及第二項辦法之順利進行,應在政治協商會議指導下,組織全國各界內戰考察團,分赴全國發生戰事區域,進行實地考察,隨時將事實真相提出報告,並公佈之。

---

① 摘自中央檔案館《中央文件彙集》(下冊)。
② 即張嘉璈。
③ 王,即王世傑,邵,即邵力子同。
④ 摘自中央檔案館《中央文件彙集》(下冊)。

3. 國民黨政府代表複文①（1945 年 12 月 31 日）

一、停止國內各地一切軍事衝突，並恢復鐵路交通。
二、因國內軍事衝突及交通阻塞等事，與我國對盟邦所負之受降及遣送敵俘等義務有關，所有與停止軍事衝突恢復鐵路交通及其他與受降有關事項，由政府派代表一人，中共派代表一人，會同馬歇爾將軍從速商定辦法，提請政府實施。
三、由國民參政會駐會委員會推定公正人士五人，組織軍事考察團，分赴全國發生衝突區域考察軍事狀況、交通情形，以及其他與國內和平恢復有關事項，隨時將事實真相，提出報告並公佈。政治協商會議成立時，亦請其推定公正人士參加。

4. 政府代表與中共代表關於停止國內軍事衝突及恢復交通的協議②（1946 年 1 月 5 日）

政府代表張群、王世傑、邵力子，中國共產黨代表周恩來、董必武、王若飛、葉劍英，對於停止軍事衝突、恢復交通問題，經過幾度商談，交換意見，曾於一月五日獲得一致的協議。茲因停止軍事衝突命令業已發佈，特補發其全文如下：
一、停止國內各地一切軍事衝突，並恢復一切交通。關於停止衝突及恢復交通之命令，依第二條之規定商定之。
二、因國內軍事衝突及交通阻塞等事，與我國對盟邦所負有之受降及遣送敵俘等義務有關，故應由政府與中共各派代表一人，會同馬歇爾將軍從速商定辦法，提請政府實施。
三、由國民參政會駐會委員會及政治協商會議各推國共兩黨當事人以外之公正人士八人，組織軍事考察團，會同國共雙方代表，分赴全國發生衝突區域考察軍事狀況、交通情形，以及其他與國內和平恢復有關事項，隨時將事實真相，提出報告並公佈之。（中央社消息）

---

① 原載《新華日報》，1946 年 1 月 1 日。
② 原載《新華日報》，1946 年 1 月 11 日。

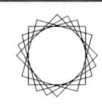

5. 政府代表與中共代表關於停止國內軍事衝突及恢復交通的命令和聲明[①]（1946年1月10日）

政府代表張群與中共代表周恩來，關於停止衝突、恢復交通商定辦法，會同聲明，已由雙方分別向所屬部隊頒發下開命令：

「中華民國國軍及共產黨領導下之一切部隊，不論正規部隊、民團、民兵、非正規部隊或游擊隊，應即實行下列命令：

一、一切戰鬥行動，立刻停止。

二、除另有規定者外，所有中國境內軍事調動一律停止，惟對於復員、換防、給養、行政及地方安全必要之軍事調動，乃屬例外。

三、破壞與阻礙一切交通線之行動必須停止，所有阻礙該項交通線之障礙物，應即拆除。

四、為實行停戰協定，應即在北平設一軍事調處執行部，該執行部由委員三人組成之，一人代表中國國民政府，一人代表中國共產黨，一人代表美國。所有必要訓令及命令，應由三委員一致同意，以中華民國國民政府主席名義經軍事調處執行部發佈之。」

雙方並聲明下列規定，亦經同意，並載入會議記錄內：

（一）上開停止衝突命令第二節，對國民政府在揚子江以南整軍計畫之繼續實施，並不影響。

（二）上開停止衝突命令第二節，對國民政府軍隊為恢復中國主權而開入東北九省，或在東北九省境內調動，並不影響。

（三）上開停止衝突命令第三節內所雲之交通線，包括郵政在內。

（四）茲同意國民政府軍隊在上項規定之下調動，應每日通知軍事調處執行部。

雙方並聲明軍事調處執行部之一切協定，建議及指示，只涉及停止衝突所引起之直接問題。

美國參加軍事調處執行部，僅為協助中國委員實施停止衝突命令。

軍事調處執行部內設置執行組，包括若干官兵足敷實地監察詳細辦法之任。

軍事調處執行部各委員得各（個）別設置通訊線，足保迅速而無阻礙之通信。

軍事調處執行部先設于北平。（中央社消息）

[①] 原載《新華日報》，1946年1月11日。

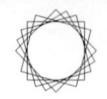

6. 中國共產黨中央委員會關於停止國內軍事衝突的通告①（1946年1月10日）

中國共產黨各級委員會、中國解放區各部隊首長、各級政府同志們：

　　本黨代表與國民政府代表，對於停止國內軍事衝突之辦法、命令及聲明，業已成立協議，並於本日公佈在案，凡在共產黨領導下之一切部隊，包括正規軍、民兵、非正規軍遊擊隊，以及解放區各級政府，共產黨各級委員會，均須切實嚴格遵行，不得有誤。

　　全中國人民在戰勝日本侵略者之後，為建立國內和平局面所作之努力，已獲得重要之結果。中國和平民主新階段即將從此開始。望我全黨同志與全國人民密切合作，繼續努力，為鞏固國內和平，實現民主改革，建立獨立、自由、和平、富強的新中國而奮鬥！

中國共產黨中央委員會主席　　毛澤東
中華民國三十五年一月十日
（新華社延安一九四六年一月十一日訊）

7. 政府代表與中共代表關於建立軍事調處執行部的協議②（1946年1月10日）

前　言

　　國民政府代表張群、中國共產黨代表周恩來，共同議定並經國民政府核准，設一軍事調處執行部，實行關於停戰之協定。

任　務

　　軍事調處執行部應實行業經商定之停戰政策。本執行部為增訂必需之附屬協定，俾停戰命令之實施更為有效，得為各種建議。此項建議包括解除日軍武裝，恢復各項交通線及配合移送日軍至海岸線，以便遣返之各項措施。經三委員一致同意之正式訓令，以中華民國政府主席名義發佈之。

組　織

　　軍事調處執行部設委員三人，各有表決及互商權，其中一人代表中國國民政府，一人代表中國共產黨，一人代表美國，美國代表被邀請充任主席。

　　本執行部內設立一執行組為推進工作之機構，該組包括若干軍官與士兵，足資實地監督履

---

① 原載《新華日報》，1946年1月12日。
② 摘自世界知識出版社《中美關係資料彙編》（第一輯），世界知識出版社編印，1957年。

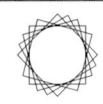

行協定及呈送各項報告之用。國民政府及中國共產黨在執行組內,應有同等人數。

執行部應設置必需之秘書人員以資工作。

房舍與給養

國民政府以適當之居住及辦公房舍,供應執行部,並供其膳食。整個執行部之安全,由當地當局負責。其辦公室住所及設備之直接保護,視其需要之情形及經同意後,由雙方軍隊各派少數警衛擔任之。

地　點

軍事調處執行部先設於北平。

程　序

軍事調處執行部,以國民政府、中國共產黨及美國三方面執行者之地位,推動其工作。
三委員各有表決權,一切事宜,均須經三人一致通過。
軍事調處執行部,以中華民國國民政府主席名義,發佈必要之正式命令、指示及訓令。
執行組每日應繕具報告,由各委員分送其首長。
軍事調處執行部之工作,經過執行組進行之。
執行組主任,由美國軍官擔任之。
執行組監督向有關部隊發佈及傳達一切命令、指示及訓令。
執行組得設立分站,必要時應派遣監察及報告小組,俾實行政策與協定。國民政府、中國共產黨及美國各得在軍事調處執行部所在地,維持其獨立之通訊線。

有效期間

軍事調處執行部繼續存在,並執行其工作,直至中華民國國民政府主席或中國共產黨中央委員會主席,經向對方作適當之通知後,廢止之時為止。

張群　周恩來
1946年1月10日簽於重慶

8. 三人會議就軍事調處執行部的組織機構問題致蔣介石備忘錄①（1946年1月10日）

關於停戰的指令經閣下與毛澤東主席贊同後，致使軍事調處執行部有義務立即進行工作。軍事調處執行部為了方便和加速工作起見，應使其組織愈小愈好。

業經被任命為軍事調處執行部的美國委員羅勃遜先生最初攜帶的隨員不得超過四人，即政治顧問一人，副官一人，錄事一人及翻譯一人。

在白羅德上校指揮之下的執行小組，必須包括必要的人員，以便在危險地區設置各個分部，維持交通，供應必需的辦公處所及室內需要等等。執行組的美國部分于開始時，計畫中大約將包括美國軍官二十六人，士兵六十八人及中國籍的雇員三十人。

附件即是白羅德上校擬訂的執行組美國部分的組織形式。情勢急迫，請閣下派遣一個規模相仿的組織，作為執行組的國民政府部分的人員。

白羅德上校將於1946年1月11日去北平成立軍事調處執行部，並集合美國方面的人員。

羅勃遜先生於1946年1月13日可準備就緒，啟程前往。如果國民政府方面的委員與中共方面的委員能準備同時啟程，則最為便利。馬歇爾將軍將以其私人專用的飛機C-54供應使用。

軍事調處執行部與執行組的人員，應立即組織起來。國民政府方面與共產黨方面的人員，至少在開始時，雙方各不得超過軍官四十人與士兵九十人。在這些人員到達之前，準備給予適當的便利是非常重要的。因此，建議凡參加執行組的人員應按照預定計劃，於1月15日開始到達北平，至少有半數人員應於1月19日到達北平。其餘人員到達北平的日期，至晚不得遲過1946年1月26日。同樣的備忘錄正在遞送至毛澤東主席。

張群　周恩來　馬歇爾
1946年1月10日於重慶

9. 行政院關於轉發軍委會在國共兩黨商定停止衝突恢復交通辦法後頒發的命令給重慶市政府的訓令②（1946年1月15日）

令重慶市政府

准軍事委員會本年一月十日及十一日子蒸子真子尤令一亨三次代電開：我政府代表與中共代表對於停止衝突及恢復交通，業經商定辦法，並予公佈，同時頒發下列之命令：一、一切戰鬥行動

---

① 摘自世界知識出版社《中美關係資料彙編》（第一輯）。
② 摘自重慶市政府檔案。

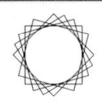

立即停止。二、除下列第五項附註另有規定者外，所有中國境內軍事調動一律停止。惟對於復員、換防、給養、行政及地方安全必要軍事調動乃屬例外。三、破壞與阻礙一切交通線之行動，必須停止，所有阻礙該項交通線之障礙物，應即拆除。四、為實行停戰協定，應即在北平設一軍事調處執行部，該執行部由委員三人組成之，一人代表中國國民政府，一人代表中國共產黨，一人代表美國，所有必要訓令及命令，應由三委員一致同意，以中華民國國民政府主席名義，經軍事調處執行部發佈之。五、附註（一）本命令第二節，對國民政府在長江以南整軍計畫之繼續實施並不影響。（二）本命令第二節，對國民政府軍隊為恢復中國主權而開入東北九省或在東北九省境內調動並不影響。（三）本命令第三節內，所雲之交通線，包括郵政在內。（四）國民政府軍隊在上項規定上之行動，應每日通知軍事調處執行部。六、上開命令，應自即日起開始實行，遲至本年一月十三日下午十二時止，務必在各地完全實施。以上六項除分令外，請即轉飭所屬遵照。等由，除分令外，合行令仰遵照轉飭所屬恪切遵行，並將實施情形具報為要。此令。

10. 重慶市參議會籲請國共兩黨停止內戰給重慶市政府的快郵代電[①]（1946年2月11日）

重慶市政府：

竊自抗戰勝利以來，舉國人民期得休養生息，從事建國復興之大業，乃因國內戰事不停，迄未得恢復正常狀態，往感中央曾頒停戰命令，中國共產黨亦曾提出停戰主張，卒未能消弭兵災，良深惋惜。國民大會之召集，其始原冀共產黨代表之加入及大會閉幕後仍從事於和平調處，此實一般人民之所影響也。月前中央提出四項條件，並擬派員前往延安複未生效，以致和平之門重閉，戰雲彌漫，舉國惶然，影響所及，物價飛騰，百業凋敝，哀鴻遍野，民不聊生，非從速停戰無以解此倒懸，應請中央採納輿情，以最大之忍耐力完成和平，並請共產黨顧全民命，放棄武力，博取人民同情，謀政治上之改進，其他各黨各派與夫各地民意機關，均望一致主張促成和平，庶免兵連禍結，曠日持久，陷國家於萬劫不復之境地。禍福轉瞬，間不容髮，披瀝陳詞，萬祈昭鑑。

重慶市參議會議長鬍子昂、副議長周懋植。丑、真。印。

[①] 摘自重慶市政府檔案。

11. 關於軍隊整編及統編中共部隊為國軍之基本方案①（1946年2月25日）

第一條　統帥權

第一節　中華民國國民政府主席為中國陸海空軍最高統帥，最高統帥經由國防部（或軍事委員會）行使其統帥權，本協定所提及之各集團軍總司令、各軍軍長、各補給區主任，均應經由國防部（或軍事委員會）向最高統帥呈送報告。

第二節　最高統帥有任免所屬軍官之權，但在整編軍隊過程中，遇必須撤免中共所領導單位之任何一司令官，或其他職位之任何一共產黨軍官時，最高統帥應指派政府內資深之共產黨代表所提名之軍官以補其缺。

第二條　職責與許可

第一節　陸軍之主要職責，在戰時為保衛國家，在平時為訓練軍隊，陸軍可用以鎮壓國內騷亂，惟（唯）須受下節之限制。

第二節　當國內發生騷亂，經該地省主席向國府委員會確證當地局勢已非地方員警及保安部隊所能應付時，國民政府主席以最高統帥之資格，經由國府委員會之同意，可以使用陸軍，以恢復秩序。

第三條　編　制

第一節　陸軍包括由三個師所組成之各軍，各該軍配置直屬部隊之人數，不得超過其總兵力15%。至十二個月終了，全國陸軍應為　·〇八師，每師人數不得超過一萬四千人，在此數內，由中共部隊編成者計十八個師。

第二節　全國將劃為八個補給區，區設主任一人，向國防部（或軍事委員會）負責，在各該區擔任以下職責：

一、辦理駐紮各該區內軍隊之補給營舍及薪餉事宜；
二、辦理由各該區內被裁併各單位所收聚之武器及裝備之貯存修理及分發事宜；
三、處理供應各該區內之編餘官兵，並處理供應還鄉及其他目的地之過境編餘官兵；
四、處理供應並初步訓練在各該區內接收用以補充各部隊之新兵；
五、補給在各該區內之軍事學校。

各補給區主任對於駐紮其區內之軍隊，並無指揮權與管轄權，尤不得干涉或借任何方式影響民政民事。

各軍軍長應派其個人代表駐于其部隊所在地之補給機關內，以保證其所轄部隊之需要，獲

---

① 摘自世界知識出版社《中美關係資料彙編》（第一輯）。

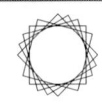

得完全而迅速之補給。

各區每兩個月應舉行會議一次，由區主任主持，該區內各軍軍長及師長或其指派之代表均須參加。國防部（或軍事委員會）亦應派遣代表參加，以傳達國防部（或軍事委員會）之指示。所有補給情形及有關事項，均應提出討論。

第四條　復　員

第一節　本協定公佈後十二個月內，政府應將其九十師以外之各部隊復員，中共應將其十八師以外之部隊復員，復員應立即開始，並大致每月裁撤總復員人數十二分之一。

本協定公佈後三個星期內，政府應擬具所保留九十師之表冊及最初兩個月部隊復員之次序。在同期內，中共應擬其部隊之詳細表冊，說明其性質、兵力、武器、旅以上司令官之姓名及單位之駐地，此項報告，並須包括所擬保留十八師之表冊及最初兩個月部隊復員之次序。上項文件表冊，均應送交軍事小組。

本協定公佈後六星期內，中共應向軍事小組送交所擬復員各部隊單位之全部表冊，政府亦應送交同樣表冊。

軍事小組一俟接到上列各項表冊檔，應即製成實施計畫送雙方批准，經批准後，上項文件表冊及實施計畫，即由該組呈報國防部（或軍事委員會）。

第二節　復員各部隊之武器及裝備，可用以補充所保留之各部隊，對於此類轉移之詳細報告，應由軍事調處執行部呈報國防部（或軍事委員會）。此項剩餘物資，依據國防部（或軍事委員會）之指示貯存之。

第三節　為避免因復員而引起之普通困難及不法情事，政府及中共應於初期各自供應其編餘人員之補給，並處理運輸及就業之諸項問題。政府應盡速接辦以上事宜之統一管理。

第四節　在上述十二個月之時期完畢後之六個月內，政府軍應更縮編為五十師，中共軍應更縮編為十師，合計六十師，編為二十軍。

第五條　統編與配置

第一節　在本協定公佈後之十二個月內，應編成四個集團軍，每集團軍包括政府軍一個軍，中共軍一個軍，每軍三個師。各該集團軍編成之次序如下：於第七、第九、第十、第十一個月各編成一個集團軍，各集團軍之參謀人員，政府與中共軍官應各占半數。

第二節　在十二個月終了時，各軍之配置應如下述：

東北——五個軍（每軍三師）全部屬政府軍，各軍軍長由政府軍官充任；中共軍一個軍（三個師）由中共軍官充任軍長——共計六個軍。

西北——五個軍（每軍三師）全部屬政府軍，由政府軍官充任軍長——共計五個軍。

華北——三個軍（每軍三個師）全部屬政府軍，由政府軍官充任軍長。四個集團軍各包

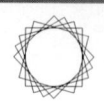

括政府軍一個軍及中共軍一個軍（每軍三師），內中兩個集團軍總司令由政府軍官充任，兩個集團軍總司令由中共軍官充任——共計十一個軍。

　　華中——九個軍（每軍三師）全部屬政府軍，由政府軍官充任軍長，中共軍一個軍（三個師），由中共軍官充任軍長——共計十個軍。

　　華南（包括臺灣）——四個軍（每軍三師）全部屬政府軍，由政府軍官充任軍長——共計 四個軍。

　　第三節　在十二個月以後之六個月內，上節所述之四個集團軍，應更編為獨立之六個軍，內中四個軍各包括政府軍一個師，中共軍兩個師，兩個軍各包括政府軍兩個師，中共軍一個師，以後集團軍即應取消。

　　第四節　　在次六個月即第十八個月終了時，各軍之配置應如下述：

　　東北——一個軍包括政府軍兩個師，中共軍一個師，由政府軍官充任軍長，四個軍（每軍三師）全部屬政府軍，由政府軍官充任軍長——共計五個軍。

　　西北——三個軍（每軍三師）全部屬政府軍，由政府軍官充任軍長——共計三個軍。

　　華北——三個軍每軍包括政府軍一個師，中共軍兩個師，由中共軍官充任軍長；一個軍包括政府軍兩個師，中共軍一個師，由政府軍官充任軍長；兩個軍（每軍三師）全部屬政府軍，由政府軍官充任軍長——共計六個軍。

　　華中——一個軍包括政府軍一個師，中共軍兩個師，由中共軍官充任軍長　；三個軍（每軍三師）全部屬政府軍，由政府軍官充任軍長——共計四個軍。

　　華南（包括臺灣）——兩個軍（每軍三師）全部屬政府軍，由政府軍官充任軍長——共計 兩個軍。

第六條　　保安部隊

　　第一節　　各省應有權維持一與其人口比例相當之保安部隊，但其總額不得超過一萬五千人，當省內普通員警顯然無法應付局勢時，該省主席即有權使用此項保安部隊，以鎮壓騷亂。

　　第二節　　保安部隊之武裝，應以手槍、步槍及自動步槍為限。

第七條　　特別規定

　　第一節　　軍事調處執行部

　　根據三十五年一月十日三人會議所簽協定而設立之軍事調處執行部，應為本協定之執行機關。

　　第二節　　統一之制服

　　整編後之中國軍隊，應採用顯著而劃一之制服，以供中華民國陸軍官兵之著用。

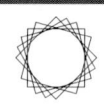

第三節　人事制度

樹立妥善之人事制度，凡陸軍軍官之姓名、階級及職掌，均載入統一之名冊內，不得以政治關係而有歧視。

第四節　特殊武力

本協定生效後，政府及任何政黨或派系組織，不得保持或以任何方式支援任何秘密性和獨立性之武力。

第五節　偽軍及非正規軍

所有受日本之直接或間接主使而在中國成立之軍隊，以及政府或中共以外之個人或派系所保持之一切軍隊，應盡速解除武裝並解散之。第八條第一節所述之實施計畫內，應規定執行本節之具體方法，並限期完成之。

第八條　一般規定

第一節　本協定經蔣委員長及中共毛澤東主席批准後，軍事小組應即擬具關於執行本協定所載各種條款之詳細計畫，包括各種進度表、規章及具體步驟，送呈核奪。

第二節　雙方諒解並同意：上述詳細計畫須規定復員應於最早日期開始，補給區之組織應逐漸成立，軍隊之統一編組之詳細程式，應根據第五條所規定之辦法實施。

雙方同時諒解並同意：在最近過渡期內，政府及中共均應負責維持其軍隊之良好秩序與補給，並保證各該軍隊對於軍事調處執行部所頒發之命令，立即絕對遵行。

政府代表　張治中
中共代表　周恩來
顧　　問　馬歇爾
中華民國三十五年二月二十五日於重慶

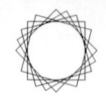

第五章　政治協商會議

一、召開政協會議辦法和會員名單

1. 行政院秘書處轉發召開政治協商會議辦法及會員名單給重慶市政府函[①]（1946年1月17日）

「准政治協商會議秘書處函，以轉奉主席交下召開政治協商會議辦法文一件暨政治協商會議會員名單一份，請由院轉知等由，奉諭『轉行』。相應抄附原辦法及原名單各一份，函請查照，並轉知所屬各機關」為荷。此致
重慶市政府 附召開政治協商會議辦法一件會員
名單一份。

　　　　　　　　　　　　　　　　　　　　　　　　秘書長

附件一：國民政府召開政治協商會議辦法（1946年1月）

一、國民政府為在憲政實施以前，邀集各黨派代表及社會賢達共商國事起見，特召開政治協商會議。
二、本會議名額定為三十八人。
三、本會議協商之範圍如下：
（一）和平建國方案。
（二）國民大會召集有關事項。

[①] 摘自重慶市政府檔案。

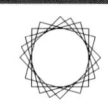

四、本會議開會時，以國民政府主席為主席，主席因事不能出席時，由主席指定會員一人為臨時主席。本會議之集會由主席召集之。

五、本會議為審議案件、草擬計畫及工作報告等事項，於必要時得設分組委員會。前項分組委員會委員及召集人，由主席臨時指定之。

六、本會議商定事項，須由本會議主席提請國民政府實施。

七、本會議設秘書處，置秘書長一人，由本會議主席指派酌置秘書、幹事及書記，由秘書長派充之。

附件二：政治協商會議會員名單（1946年1月）

（國[①]）　孫　科　吳鐵城　陳佈雷　陳立夫　張厲生　王世傑　邵力子　張　群
（共[②]）　周恩來　董必武　王若飛　葉劍英　吳玉章　陸定一　鄧穎超
（青[③]）　曾　琦　陳啟天　楊永浚　餘家菊　常乃德
（民[④]）　張　瀾　羅隆基　張君勱　張東蓀　沈鈞儒　張申府　黃炎培　梁漱溟　章伯鈞

（無派[⑤]）　莫德惠　邵從恩　王雲五　傅斯年　胡　霖　郭沫若　錢永銘　繆嘉銘　李燭塵

2. 政治協商會議分組人員名單[⑥]（1946年1月16日）

一、改組政府組
　召集人：王世傑　羅隆基
　參加人：王世傑　陳立夫　王若飛　陸定一　曾　琦　余家菊　羅隆基　沈鈞儒　王雲五　傅斯年（十人）

二、施政綱領組
　召集人：張厲生　董必武

[①] 即中國國民黨。
[②] 即中國共產黨。
[③] 即中國青年黨。
[④] 即中國民主同盟。
[⑤] 即無黨派人士。
[⑥] 原載《新華日報》，1946年1月16日。

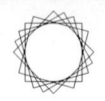

參加人：陳佈雷　張厲生　董必武　王若飛　常乃德　楊永浚　張申府　黃炎培　李燭塵　郭沫若　傅斯年（十一人）
　三、軍事組
　　召集人：胡　霖　張東蓀
　　參加人：張　群　邵力子　周恩來　陸定一　陳啟天　楊永浚　張東蓀　梁漱溟　繆嘉銘　胡　霖（十人）
　四、國民大會組：
　　召集人：曾　琦　鄧穎超
　　參加人：吳鐵城　張厲生　董必武　鄧穎超　曾　琦　余家菊　章伯鈞　梁漱溟　邵從恩　錢永銘（十人）
　五、憲法草案組：
　　召集人：傅斯年　陳啟天
　　參加人：孫　科　邵力子　吳玉章　周恩來　陳啟天　常乃德　羅隆基　章伯鈞　傅斯年　郭沫若（十人）

3. 政治協商會議綜合委員會委員名單① （1946年1月24日）

　一、中國國民黨：王世傑　吳鐵城
　二、中國共產黨：周恩來　董必武
　三、中國民主同盟：章伯鈞　張東蓀
　四、中國青年黨：陳啟天　曾　琦
　五、無黨無派：王雲五　傅斯年

4. 政協憲草審議委員會各方委員及會外專家名單② （1946年2月8日）

　　政治協商會議曾決議設立憲草審議委員會，以便根據該會議擬定的修改原則，並參酌憲政期成會修正案，憲政實施協進會研討結果及各方意見，匯總製成《五五憲草修正案》提供國民

---

① 原載《新華日報》，1946年1月24日。
② 原載《新華日報》，1946年2月8日。

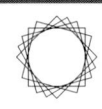

大會採納。現悉該會委員人選,現已由各方面推出,並公推會外專家十人,共計三十五人,其名單如下:

一、政府方面:孫　科　王寵惠　王世傑　邵力子　陳佈雷
二、共產黨:周恩來　董必武　吳玉章　秦邦憲　何思敬
三、青年黨:曾　琦　陳啟天　餘家菊　楊永浚　常乃德
四、民主同盟:張君勱　黃炎培　沈鈞儒　章伯鈞　羅隆基
五、無黨派方面:傅斯年　王雲五　胡　霖　莫德惠　繆嘉銘
六、會外專家十人:吳尚鷹 林 彬 戴修駿 史尚寬 樓桐蓀 吳經熊(以上六人為《五五 憲草》原起草人,大部分並曾參加憲政實施協進會工作) 周 覽 李中襄 錢端升 周炳琳(以上四人為參政員,曾參加憲政期成會及憲政實施協進會工作)

蔣主席指定孫委員科為該會召集人。此項名單,現已通知各委員,並定十四日下午三時, 假國民政府舉行第一次會議。

二、政治協商會議召開經過

1.《新華日報》關於政治協商會議開幕式的報導[①]（1946 年 1 月 11 日）

政治協商會議 昨(10 日)晨十時正式假國府禮堂開幕。出席各黨派和社會賢達代表:孫科、王世傑、張群、吳鐵城、陳立夫、陳佈雷、張厲生、邵力子、周恩來、董必武、葉劍英、吳玉章、王若飛、陸定一、鄧穎超、張瀾、沈鈞儒、張東蓀、梁漱溟、羅隆基、黃炎培、章伯鈞、張申府、曾琦、陳啟天、楊永浚、餘家菊、常乃德、邵從恩、胡霖、郭沫若、傅斯年、繆嘉銘、王雲五、李燭塵、錢永銘等共三十六人,莫德惠、張君勱未及趕到出席。

大會開幕儀式極為簡單,蔣主席由禮堂側門入場,默念國父遺囑後,就開始致詞。蔣主席致詞前,宣佈停止衝突的協商已得結果,停戰命令即可發表,掌聲四起,會場情緒驟增歡愉氣氛。蔣主席致詞後,周恩來同志、曾琦、沈鈞儒、邵從恩逐一致詞,詞極懇切,洋溢對國家人民所負的責任

---

① 原載《新華日報》,1946 年 1 月 11 日。

感。到十一點半致詞完畢。最後,由秘書長雷震報告上次茶話會所提出和已經決定的幾種事情,並宣佈第二次會議定於今日下午三時舉行,隨即散會。

昨晨第一次會議,會議雖儀式簡單,但因該會任務的重大,為全國人士所密切注意,新聞記者,到會旁聽甚為踴躍,會場中七架開麥拉,鎂光閃閃,攝錄各種鏡頭,外籍記者因趕往採停戰消息,群集馬歇爾特使寓所,靜候佳音,到停戰協定成立消息傳出,拍完電報,才趕來參加。

本市消息:蔣主席十日晨出席政治協商會議致開會詞,致詞之前,首先說:本人很愉快地向諸位宣佈,停止衝突的辦法已經商妥,停止衝突的命令即可發布。(鼓掌)。繼宣讀開會詞,詞畢,主席繼宣稱:現在我還要乘此機會向各位宣佈政府決定實施的事項:

人民之自由:人民享有身體、信仰、言論、出版、集會、結社之自由,現行法令,依此原則分別予以廢止或修正。司法與員警以外機關,不得拘捕、審訊及處罰人民。

政黨之合法地位:各政黨在法律之前一律平等,並得在法律範圍之內,公開活動。

普選:各地積極推行地方自治,依法實行由下而上之普選。

政治犯:政治犯除漢奸及確有危害民國之行為者外,分別予以釋放。

2. 蔣介石在政治協商會議開幕式上的開幕詞[①]（1946年1月10日）

各位先生:

今天政治協商會議開幕,本席代表國民政府向各位致誠摯之歡迎,同時也願乘此時機,陳述我個人對會議的期望,至於政府的方針,我在元旦廣播詞中已經詳盡說明,不再重述。

今天到會的各位會員,有半數以上,都曾參加過歷屆的國民參政會,因此,我在今天很自然地聯想到國民參政會的成就。參政會到今天,已是第四屆,而民選的成份(分),逐漸增加,現在由選舉產生的參政員,已占總額的三分之二。歷屆參政會對國家的貢獻,不一而足,而最重要的,就是共同一致擁護抗戰到底的國策。儘管參政員中間,在政治上的立場和見解各有不同,而對於國家民族安危存亡所系的根本大計,其主張則是全體一致、始終一貫的。我們所以能持久抗戰、獲得勝利,這是一種主要的力量。現在我們抗戰已告勝利,我們中國對這次世界大戰中的任務,正如其他聯合國一樣,「要贏得勝利,並且要贏得和平」。所謂贏得和平,就一般的說,是要確實保持勝利的成果,建立世界和平的秩序,永絕侵略戰亂的根源。而在我們中國來說,尤其要緊接著抗戰的勝利,以舉國一致的努力,排除萬難,以謀國內秩序的安定和建國工作的進行。

本會議召集的目的,是邀集各黨派代表和社會賢達來共商國事。我們所要商討的,是國家由

---

① 原載《新華日報》,1946年1月11日。

第五章　政治協商會議

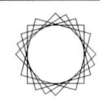

戰時過渡到平時,由抗戰進到建國的基本方案,也就是怎樣集中一切力量,增強一切力量,以開始建國工作的問題。我們八年抗戰,死者為國犧牲,生者備嘗痛苦,唯一的目的,就是在保障民族的生存,排除建國的障礙,以求得這一個復興建設的良機。現在抗戰既已勝利戰束,建國工作就應該立即開始,我們中國必須實行三民主義,已為全國所公認;中國必須成為統一、民主而強盛的國家,更是世界所切望。所以我們一方面努力促成國民大會的如期召集,民主憲政的及早實施,同時,我們要在國民大會召開以前,集思廣益,群策群力,來消除一切足以妨礙意志統一、影響安寧秩序和延遲復興建設的因素,以充實我們建國的力量,加速我們建國的進行。政府召集本會議的旨趣,就在於此。本會議的使命與任務,也就在於此。

　　我們過去因為進行著生死存亡的抗戰,一切的措置與法令,都著重於適應軍事的要求。抗戰結束以後,我們的工作應該是「善後為先,建設第一」,許多戰時法令,已經在陸續廢止或修改。今後政治上和社會上一切的設施,都要儘量納之于正常的軌轍,加強法治的精神,以立憲政的基礎。參加本會議的各位先生對於此點,一定是具有同感的,如有意見,深望儘量陳述,政府無不可以考慮採納。但是我們必須注意國家社會現實的狀況,總要使過渡期間不發生困難或紛亂,使國家根本不至於動搖,以期順利推行憲政,而使建國工作得以圓滿進行。

　　本會議雖然不是由人民選舉而產生,但各位先生熱心國事,關切民主,一定能體察人民真正的願望,認識人民迫切的要求。國父有言:「國家之基本在於人民」,所以人民的要求與國家的需要,必然是符合的。依本席的觀察,今天我們人民最迫切的要求,是求安定,求復興,求國家的統一、進步與繁榮,以增進他們的生活,最低限度也要求他們的生活有障礙,使他們得以安居樂業,使他們的自由不受侵害。對於這一點,政府當然要負責盡職,以滿足人民的願望,解除人民的痛苦,保障人民的自由。同時,本會議所要充分商討的,也就要以這些最迫切的要求為基礎,來確定我們當前的國事。我們中國必須實現民主,這是我們國民革命一貫的宗旨,也是這次艱苦抗戰的目的,但在國民大會沒有召集、憲政沒有實施以前,人民真正的意志,還沒有充分表達的途徑,我們大家的責任,卻是十分的沉重。政府這次召集本會議,只有責任和義務的觀念,絕沒有自私和得失之見。政府對於本會議的決定,只要有利於國家的建設,有裨於人民的幸福,有助民主的推進,無不傾誠接納。同時,我個人在會議開始的今天,要對各位貢獻下面幾點意見:

　　第一、要真誠坦白,樹立民主的楷模。我們這一次會議,當然不是為各黨派解決自身問題的會議,而是為共商奠定建國基礎的會議。我們各人對於國事的見解和政治上的主張,必不能絕對相同,或許是距離甚大,但是我希望各位在鞏固國本的共同認識之下,都能充分坦白地提出主張,不必有所隱諱或保留。我們正可借此熱烈討論的機會,從各種不同的見解中發現共同的途徑,從相互的諒解中,增進我們的合作精神。唯有坦白,才見得真誠。也唯有犧牲成見,擇善而從,才能成立合理而有益的決心。應主張的就積極主張,該讓步的,應不惜讓步。我們要以這一次為民主精神的試驗,也要以這一次為養成民主風度的嚆矢。我們希望本會議能始終保持諒解與和

333

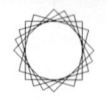

諧，不希望發生任何停頓和波折。

第二、要大公無私，顧全國家的利益。我們的諒解與讓步，有一個共同的旨歸，這是國家民族的利益為先，而黨派或個人的得失為後。在國家民族整個利益之前，所有黨派或個人部分的成見，應無不可以犧牲，無不可以讓步。為了成立有效的決議，有時候撤銷我們的提案，比之堅持我們的主張，更有偉大的價值。這樣才見得我們謀國的公忠，才能使這次會議有確實的成就。

第三、要高瞻遠矚，正視國家的前途。我們在舉行會議的中間，有三件事，大家要牢記在心，一是抗戰期中，軍民犧牲的壯烈，二是我們同胞流離痛苦，渴望解救的迫切，三是我們國家過去蒙受憂患的深重和民族前途安危禍福的不可預知。所以我們這一次會議，是要集中力量，而決不可分散力量。是要造成團結，而決不可破壞團結。是要扶助政府，增強政府，而決（絕）不是要削弱政府。是要開闢建國的前途，促使我們國家的進步，而決不可以使國家停滯在百事落後的地位，甚而至於造成國家的退步。只要我們能認識這幾個要點，而後我們國家乃可以邁進於民主建設的大道，為世界友邦所尊重。各位先生，本席對於這一次會議，是具有充分的信心。我深感我們過去國民參政會的精誠合作，已經贏得抗戰的勝利。我因此同樣深信，這一次會議的成就，必能推進建國的工作，保持勝利的成果，以贏得和平。世界輿論所矚望，人民殷切的祈求，都集中於我們這一次政治協商會議，謹以十分的誠意，禱祝本會議的成功。

現在，我還要乘此機會向各位宣佈政府決定實施的事項：

一、人民之自由：人民享有身體、信仰、言論、出版、集會、結社之自由，現行法令，依此原則分別予以廢止或修正。司法與員警以外機關，不得拘捕、審訊及處罰人民。

二、政黨之合法地位：各政黨在法律之前一律平等，並得在法律範圍之內，公開活動。

三、普選：各地積極推行地方自治，依法實行由下而上之普選。

四、釋放政治犯：政治犯除漢奸及確有危害民國之行為者外，分別予以釋放。

3. 中國共產黨代表周恩來在開幕式上致詞[①]（1946年1月10日）

主席、各位先生們：

适才蔣主席宣佈了政治協商會議的開幕，我謹代表中共代表團向政治協商會議致詞：

政治協商會議主要的是各抗日黨派的協商會議，為使會議的範圍擴大和比較完備起見，更邀請無黨無派的社會賢達參加。這次會議是中國人民和民主人士多年以來所期待的，經過政府及中共代表在抗戰勝利後的會談中加以確定了。現在由國民政府主席召集，並在此宣佈開幕，我們願致其慶賀之忱。這樣的政治協商會議，在中國的政治歷史上還是創舉。尤其當舉國一致要求迅速

---

① 原載《新華日報》，1946的1月11日。

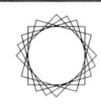

結束訓政，積極籌備憲政的過渡期中，這個會議更負有嚴重的歷史任務。照預先商定的會議內容，雖僅有兩大項，但在此過渡期中，和平建國方案及國大憲法問題，卻關係中國民族和國家今後的命運重大，全中國乃至全世界人民都寄以極大的希望。我們中共代表團本此認識，願以極大的誠意和容忍，與各黨代表及社會賢達，共商國事，努力合作。

中國目前現況之不滿人意，是毋庸諱言的。尤其是抗戰勝利後，緊接著不幸的國內戰爭，使中國人民、世界盟邦的政府和人民，都關心此事，並要求迅速結束內爭。中共是當事人的一方面，此次代表團前來陪都，首先提出無條件停止內戰，經二十多天的呼籲和奔走，經政府代表的共同努力，尤其是經我們盟邦馬歇爾將軍的贊助，最後賴蔣主席的遠見和決心，使全中國和全世界所關心的內戰，在今天雙方下令停止了（大鼓掌）。十八年內戰慘痛的經驗，人民的痛苦，使我們今天在先烈的昭示之下，在中山先生遺像之前，應痛下決心，不僅在今天下令停戰，而且要永遠使中國不再發生內戰（大鼓掌）。我們中共代表團是帶著這種信念和決心來參加會議的。並望以此努力，告慰全國人民。

軍事衝突停止了，才能很好地談到政治解決。政治解決就是要實現和平建國的方針。國共雙方在《雙十會談紀要》中，已經承認在和平、民主、團結、統一的基礎上，並在蔣主席領導之下，長期合作，堅決避免內戰，建設獨立、自由和富強的新中國，徹底實現三民主義。雙方又同認政治民主化、軍隊國家化及黨派平等合法為達到和平建國必由之途徑。政治協商會議，就要請各黨代表及社會賢達，一起來訂出如何實現政治民主化、軍隊國家化及黨派平等合法的方案，並在此過渡期中，我們提議要在共同綱領的基礎之上，實現各黨派，無黨無派代表人士合作的舉國一致的政府。於此，人民權利和黨派合作，更是目前急迫待決的問題。方才聽到蔣主席關於保證人民權利四項的公佈，我們表示歡迎這個公佈，並願為實現這四條權利而奮鬥。

有了和平團結的局面，有了民主統一的基礎，中國才能進行真正的人民普選和民主憲政，也才能有真正的農業改革和工業建設。

由於百年來中國人民的民族獨立，民主自由的運動，和以孫中山先生為代表為領導的志士仁人的犧牲奮鬥，到今天，使我們才得看見了新中國的曙光。尤其是八年抗戰，中國人民更有了空前的民族覺醒和民主要求，中國抗戰軍民又流了血，盡了力，而全世界也正處在為人民的民主和持久的和平而奮鬥的歷史關頭，我們遭遇此千載一時的良機，只有急起直追，迎頭趕上，去掉一切落伍陳腐和不合時宜的制度和辦法，依賴人民，依靠人民，實現民有、民治、民享的政治。中國的民族和國家，才能在聯合國中不愧為五強之一，也才能有助於世界的持久和平和國際合作。

我們希望各黨代表和社會賢達，對人民負責，對國家負責，一定要使這個會議的歷史任務達到成功。我們也知道，在成功的道路上，一定會遇到困難，碰到波折，但只要我們為中國和平、團結、民主、統一而奮鬥，我們相信困難是可以克服而且能夠克服的。

預祝政治協商會議的成功。（鼓掌）

4. 中國民主同盟代表張瀾在開幕式上致詞①（1946年1月10日）

主席、各位代表：

今天政治協商會議開幕，這不只是全國人民注意的一件事，這是全世界人士注意的一件事。這個會議的成功或失敗，不止關係國家的命運，的確可以影響到全世界的前途。我們想我們今天到會的全體會員，必定一致感覺我們今天的責任是十分重大，我首先代表中國民主同盟全體出席會員向會議表示，願以真誠坦白的態度，至公無私的決心，和衷共濟的精神，來與諸位會員共同擔負這個重大的責任。

這個會議雖然是以黨派的代表占多數，我相信各位代表都承認這次會議的目的，不是黨派的利益，而是國家全體人民的共同利益；具體些說，這個會議的目的是：怎樣謀取國家自身的和平，以保障遠東以及全世界的和平；怎樣建立中國國內的民主，以奠定遠東及全世界的民主。今日在座全體會員，儘管政治主張各有不同，但我們的目的，我們求國內的和平、求政治的民主，這目的都是相同的。因為在大目的相同之下，仍有見解的不同，所以這個會議才有它的需要與效用。因為只有政治見解的差別，而大目的仍舊一致，所以我們又相信這個會議決定有其光明的前途。

這次會議的目的，既然是國家和平與民主，我就願代表中國民主同盟的出席會員，在這個目標上向會議貢獻幾點意見。和平與民主是相輔而行相依為命的兩件事，但在步驟上，一定要先有和平而後才能實現民主，今天主席在致辭中，首先宣佈和平談判已告成功，這真是舉國歡迎的消息。我們相信這不是暫時的和平，而是中國永久的和平。和平是會議成功的先決條件，永久的和平是中國建國的先決條件，這就是我們今天的第一個請求。至於談到民主，我們今天沒有過高過遠的希望，我們認為今天全國老百姓所要求的，只是那些做人的起碼的各項基本自由權利，不過老百姓要的不是字面上與紙面上的自由權利，他們要的是事實上真實的自由。今天聽到主席在致辭後的負責聲明，知道最近政府既已有所決定，這是我們要致無限的歡欣的。我們相信今後人民的自由，必可得到切實的保障，以符我們人民的要求。

其次，經過這八年的抗戰，老百姓是顛沛流離，是家破人亡，全國大多數的人民，今天是無飯可吃，無衣可穿，無家可歸，這些問題不立（力）求解決，我們卻從事政爭黨爭，這無論是當權或在野的黨派，內心都應感覺罪過。我們認為當前復員與救濟這些問題，比較制憲行憲問題還要迫切，我們願與會員諸公共同先來解決這些問題。

至於實行開放政權，制定共同綱領，召開國民大會，以及制定憲法，實行憲政等等問題，當然是國家走上民主正軌的許多立待解決的問題，我們中國民主同盟對這些問題有一貫的主張，卻沒有任何的成見。解決這些問題，我們著重這幾點：

第一，不能違反人民的普遍願望；

---

① 這篇致詞系沈鈞儒在會上代讀。原載《新華日報》，1946的1月11日

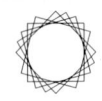

第二，不可辜負盟友協助的好意；

第三，方案實行的時候，必出之以至誠，守之以自信。

關於解決上列問題的詳細辦法，我們願本互讓的原則，在會議中求得公平合理的結果。

總之，今天我們出席這個政治協商會議，我們不止應該向全國國民負責，而且應該向八年抗戰的死難先烈負責，先烈們用鮮血性命換來的抗戰勝利，換來的民族生存，換來的國家獨立，我們沒有摧毀它、破壞它的權利，今天我們只有努力，奠定國家永久和平，建立國家真實民主的基礎，才對得起死難的先烈，對得起全國的人民。今天我們就本著這樣的責任心，追隨主席及會員諸公，共同努力，以求會議的成功。

5. 中國青年黨代表曾琦在開幕式上致詞[1]（1946年1月10日）

主席、各位先生：

今天本會議開幕，本席謹代表青年黨同志，簡單說幾句話。剛才聽見蔣主席開幕詞，宣佈停止軍事衝突的決定，以及四種重要政治措施，表示非常欣慰。這次的盛會，集朝野於一堂，為民國以來所罕見，我們對於政府當局之虛懷，和在野各黨之熱忱，都不勝其敬佩之感。回憶「七七」事變發生以後，政府始則有廬山會議的召集，繼則有國防參議會的召集，隨後更有國民參政會的召集，這些會議的召集，都是朝野協力的表示，所以我們「抗日統一陣線」堅固如泰山之不可動搖，強寇因此而擊退，抗戰因此而勝利。可見朝野合作，確有明效大驗。現在抗戰告終，建設開始，又有政治協商會議之召集，我們希望由此而渡到憲政階段，構成建國統一陣線，期以三十年完成名實相符的近代國家。但要達到這個目的，必須朝野合作，一德一心，同舟共濟，以「合作抗戰」的精神，來合作建國，尤須彼此相見以誠。古人說：「不誠無物」，這確有至理。我想要把國家納入正軌，惟（唯）有實行政治民主化與軍隊國家化；而欲達此目的，必須大家實行「開誠佈公，集思廣益，循名核實，激濁揚清」十六個字。僅以此貢獻于大會諸先生，並祝本會議順利成功，完全達到民主團結和平建設目的。

6. 社會賢達代表邵從恩在開幕式上致詞[2]（1946年1月10日）

主席、諸位先生：

今天從恩承無黨無派諸位會員委託，來說幾句話。剛才聽到主席的開幕詞，大家很欣慰，

---

[1] 原載《中央日報》，1946的1月11日。
[2] 原載《中央日報》，1946年1月11日。

又聽到周先生、曾先生、沈先生分別致詞，大家都很滿意。關於政治協商會議的意義和辦法，剛才主席和諸位先生致詞，都已說到了，我們還有什麼話可說。不過，我們八個人感覺到諸位先生的話，是從上面看到下面，我們要說的話，都是從下面看到上面，這是稍微有些不同。今天政治協商會議產生在國家不幸事件之中，由於這不幸事件的發生，才有這次會議，雖然參加會議的代表，不過寥寥數十人，但實際上是全國人民以至盟邦所非常注意的，正是萬目睽睽，十目所視，十手所指，異常嚴重，尤其是四萬萬無告的同胞，眼巴巴望著我們這次會議的成功，這種情形是值得我們深切的認識。外面有人說，你們這次會議，只許成功，不許失敗，如果失敗，使人民失望，盟邦失望，將來如何演變，還堪設想嗎？所以非成功不可。但是成功兩個字應該怎樣解釋？所謂成功，是指國家成功、民族成功，不是一黨一派或是個人的成功，要是一黨一派或個人成功，反轉來就是國家不成功；只有國家成功，才能使一黨一派或個人都跟著成功，成功的界限應該在這些地方。所以，由於過去的事實的演變，才有今天的會議。今天大家認定會議非成功不可，而成功要有成功的條件，今天兄弟不能具體來說。在這次會議之中，大家當然要認真協商，不過今天也可以說一個大概，今天要說的是在精神方面。第一點，就是希望國共兩方面乃至各黨派，我們各個人應該反省，要反省的事情很多，就最近這些事來說，究竟為什麼有這一次內戰？我們看到《雙十會談紀要》第二條明明寫著竭力避免內戰，可是墨蹟未乾，就打起來了。試問：這次內戰中，人民死亡多少？國家財產損失多少？還有對外的名譽信用以及國際地位損失到什麼地步？我們反省一下，所得的是個人的，都是虛的，所失的是國家的，都是實在的。從恩今年七十五歲，扶病來此，今天是垂涕而道，我們國家這幾年來始終誤在一個「黨」字，並不是黨誤，而是黨之偏而誤。古語曰：「無偏無黨，王道蕩蕩，無黨無偏，王道平平，無反無側，王道正直。」中國幾千年來沒有黨，近來有了黨，似乎不入黨不行，黨是可以有的，而不能偏，偏了就失了黨的作用。兩黨醞釀又醞釀，不能調和就發生內戰。參政會同仁苦心調停五六年 總想調和大家的意見。去年七月因為政府將要召開國民大會，中共又另有辦法，我們以為召開國民大會是政府要還政於民，卻不能因還政於民，反使人民受苦受難，所以我們無論如何請政府緩開國民大會，由國共兩方面互相商討，才有先召開此次政治協商會議的辦法。卻不料在遲遲商討之中，又告破裂，我們站在國家立場上來看，不能不說是最大的遺憾！

今天好了，前線的戰事停止了，雙方臨崖勒馬，就是表示兩黨的愛國心，本著這種愛國心，即可使國家前途發生一種希望。我們想想過去這種歧途走不通，內而害了老百姓，外而盟邦為我躊躇，我們的敵人看到歡喜，以後大家就要「誠」，要「信」，如果向裡是一套，外面是一套，就是「不誠」；說是今天是一套，明天是一套，就是「不信」。過去人民心裡都留有這種遺憾，國家所以不能統一，所以不能團結，便在這裡。要是這種心理不打破，這回一切事情仍然不能解決，就是解決了也不能持久，所以，誠和信是解決國事的基本精神。

其次，各黨各派要互相諒解。我沒有到過外國，但聽見人家說，各國的政黨乃至有許多政黨，其中必有一個保守性的政黨，國家沒有保守性的政黨，國家基礎隨時會動搖；又聽見說，必有一個進

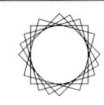

步性的政黨，國家沒有進步性的政黨，政治一天天要退化。這兩種政黨看來相反，而是相成，並且相互為因，有如兩個輪子，同一方面，一天天向新的路上前進。人家說的外國政黨，有此趨勢，反過來看看中國好象（像）也如此。我不敢說國民黨是信守，但國民黨執政多年，從艱難辛苦中到了今日，這種經歷就會有點保守心理，國民黨方面的保守，就是要鞏固國基，沒有保守，國家基礎便要動搖，不可收拾；我不敢說中國共產黨是進步，但是一切作風，總是向著進步方面走，假若說國民黨可以代表中國的保守黨，共產黨可以代表中國的進步黨，但人家有保守，有進步，是一推一拉，國家便有了進步，我們則不能相反，反而相消，國家的人才有限，象（像）我們這樣無謂犧牲，是國家的不幸。

此外還有兩黨，一是中國青年黨，以國家主義之精神，實行民主，這可謂保守性之中而有進步性；一是中國民主同盟，我看了他們的黨綱，是以民主為主，而不忘各階級利益，在進步性中而有保守性。國共兩黨有如柱石，其他各黨就是橫樑，但是我們今天柱石和橫樑，並沒有成為一個很完全的體系。至於無黨無派，有在文化界的，有在經濟界的，有在政治界的，我並不能代表各位先生，開會時他們當有寶貴的意見發表，從恩從鄉間來，就把鄉間老百姓的意思貢獻主席，貢獻諸位先生之前。說的雖是空論，但大家如能有諒解精神，到正式會議中，就有許多事情容易解決，這個舊的觀念不打破，那就不敢說，從恩內本著良心，上看到國家，下看到百姓，本此三者來貢獻意見，報效國家。

7. 政治協商會議決議案[①]（1946年1月31日通過）

政府組織案

一、關於國民政府委員會

中國國民黨在國民大會未舉行以前，為準備實施憲政起見，修正國民政府組織法，以充實國民政府委員會，其修改要點如下：

（一）國民政府委員名額定為四十人（內有五院院長為當然委員）。
（二）國民政府委員由國民政府主席就中國國民黨內外人士選任之。
（三）國民政府委員會為政府之最高國務機關。
（四）國民政府委員會討論及決議之事項如下： 1.
立法原則；
2.施政方針；

---

① 原載《中央日報》，1946年2月1日。

3.軍政大計；
　　4.財政計畫及預算；
　　5.各部會長官及不管部會政務委員之任免暨立法委員、監察委員之任用事項；
　　6.主席交議事項；
　　7.委員三人以上連署提出之建議事項。
　（五）國民政府主席對於國民政府委員會之決議，如認為執行有困難時，得提交覆議，覆議時如有五分之三以上委員仍主張維持原案，該案應予執行。
　（六）國民政府委員會之一般議案，以出席委員之過半數通過之。國民政府委員會所討論之議案，所有涉及施政綱領之變更者，須有出席委員三分之二之贊成始得議決。某一議案如其內容是否涉及施政綱領之變更發生疑義時，由出席委員之過半數解釋之。
　（七）國民政府委員會每兩周開會一次，必要時主席得召集臨時會。
二、關於行政院方面者
　（一）行政院各部會長官均為政務委員，並得設不管部會之政務委員三人至五人。
　（二）行政院不管部會之政務委員及部會長官，均可由各黨派及無黨派人士參加。
三、其他
　（一）在憲法實施前，國民參政會人數應否增加，職權應否提高，由政府斟酌情形定之。
　（二）中央及地方行政機關之用人，應本惟（唯）才惟（唯）賢之義，不得有黨派之歧視。
附註：
　（一）國民政府主席提請選任各黨派人士為國府委員時，由各黨派自行提名，但主席不同意時，由各該黨派另提人選。
　（二）國民政府主席提請選任無黨派人士為國府委員時，如所提人選有為各被選人三分之一所反對者，則主席須重新考慮，另行選任之。
　（三）國府委員名額之半由國民黨人員充任，其餘半數由其他各黨派及社會賢達充任，其分配另行商定。
　（四）行政院現有部會及擬設之不管部會政務委員總額中，將以七席或八席，約請國民黨以外人士充任。
　（五）關於國民黨以外人士擔任之部會數目，於會後繼續磋商。

國民大會案

一、民國三十五年五月五日召開國民大會。
二、第一屆國民大會之職權為制定憲法。
三、憲法之通過，須經出席代表四分之三同意為之。
四、依選舉法規定之區域及職業代表一千二百名照舊。

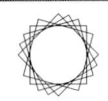

五、臺灣、東北等新增各該區以及其職業代表共一百五十名。

六、增加黨派及社會賢達代表七百名，其分配另定之。

七、總計國民大會之代表為二千零五十名。

八、依據憲法規定之行憲機關，於憲法頒佈六個月內，依憲法之規定選舉召集之。

和平建國綱領案

國民政府鑒於抗日戰爭業已結束，和平建設應即開始，為邀集各黨派代表與社會賢達舉行政治協商會議，共商國事，以期迅速結束訓政，開始憲政，特制定本綱領以為憲政實施前施政之準繩，並邀集各黨派人士暨社會賢達參加政府，本於國家之需要與人民之要求，協力一心，共圖貫徹，綱領如下：

一、總則

（一）遵奉三民主義為建國之最高指導原則。

（二）全國力量在蔣主席領導之下，團結一致，建設統一自由民主之新中國。

（三）確認蔣主席所宣導之「政治民主化」、「軍隊國家化」及黨派平等合法，為達到和平建國必由之途徑。

（四）用政治方法解決政治糾紛，以保持國家之和平發展。

二、人民權利

（一）確保人民享有身體、思想、宗教、信仰、言論、出版、集會、結社、居住、遷徙、通訊之自由，現行法令有與以上原則抵觸者，應分別予以修正或廢止之。

（二）嚴禁司法及員警以外任何機關或個人有拘捕、審訊及處罰人民之行為，犯者應予懲處。政府已公佈之提審法，應迅速明令施行。

（三）保證婦女在政治上、社會上、教育上、經濟上地位之平等。

三、政治

（一）當前國家設施，應顧及全國各地方、各階層、各職業人民之正當利益，保持其平衡發展。

（二）增進行政效能，應整飭各級行政機構，統一並劃清權責，取消一切駢枝機關，簡化行政手續，實行分層負責。

（三）建設健全之文官制度，保障稱職人員，用人不分派別，以能力、資歷為標準，禁止兼職及私人援引。

（四）確保司法權之統一與獨立，不受政治干涉，充實法院人員，提高其待遇與地位，簡化訴訟程式，改良監獄。

（五）屬行監察制度，嚴懲貪污，便利人民自由告發。

（六）積極推行地方自治，實行由下而上之普選，迅速普遍成立省、縣（市）參議會，並實行縣長民選。邊疆少數民族所在之省、縣，應以各該民族人口之比例，確定其實行選舉之省縣參議員名額。

（七）自治縣政府，對於其轄區內之國家行政，應在中央監督指揮之下執行之。

（八）中央與地方之許可權，採均權主義，各地得採取因地制宜之措施，但省、縣所頒之法規，不得與中央法令相抵觸。

四、軍事

（一）軍隊屬於國家，軍人責任在於衛國愛民，確保軍隊編制之統一與軍令之統一。

（二）軍隊建制應適合國防需要，依民主政治與國情改革軍制，實行軍黨分立，軍民分治，改進軍事教育，充實裝備，健全人事、經理制度，以建設現代化之國軍。

（三）改善徵兵制度，公平普遍實施，並保留一部分募兵制度，加以改善，俾符合高度裝備軍隊之需要。

（四）全國軍隊應按照整軍計畫切實縮編。

（五）籌備編餘及退役官兵之複業與就業，保障殘廢官兵之生活，撫恤陣亡將士之遺族。

（六）限期遣送投降日軍回國，對於偽軍之解散，遊雜部隊之清理，應妥訂辦法，迅速實施。

五、外交

（一）遵守大西洋憲章、開羅會議宣言、莫斯科四國宣言及聯合國憲章，積極參加聯合國組織，以確保世界和平。

（二）根據波茨坦宣言，肅清日本在中國之殘餘勢力，並與同盟國共謀日本問題之解決，防止日本法西斯軍國主義勢力之再起，以保障東亞之安全。

（三）與美、蘇、英、法及其他民主國家敦睦邦交，遵守條約信義，並致力於經濟文化之合作，以共策世界之繁榮與進步。

（四）本平等互惠之原則，迅速與有關各國訂立通商條約，並改善僑胞之地位。

六、經濟及財政

（一）遵照國父實業計畫，制定經濟建設計畫，歡迎國際資本與技術之合作。

（二）第一期經濟建設原則，應予徹底實施，凡有獨佔性之企業及私人資力所不能舉辦者，劃歸國營。其他企業一概獎助人民經營之。本此原則，對於現行設施加以檢討與改進。

（三）為促進中國工業化，由政府定期召開全國經濟會議，邀集對發展經濟建設有關之各方面社會人士，吸收民間意見，以決定政府之措施。

（四）防止官僚資本之發展，並嚴禁官吏利用其權勢地位，從事於投機、壟斷、逃稅、走私，挪用公款與非法使用交通工具。

（五）積極籌畫增修鐵路、公路，建設港灣，興修水利及其他工程，並資助住宅、學校、醫院及其他公共機關之建築。

（六）實行減租減息，保護佃權，保證交租，擴大農貸，嚴禁高利盤剝，以改善農民生活，並實行土地法，以期達到耕者有其田之目的。

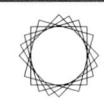

（七）厲行荒山造林植草，保持水土，發展畜牧，整頓並發展農村合作組織，加強農事試驗研究工作，利用現代設備及方法，治蝗除蟲以扶助人民之生產。

（八）實行勞動法，改善勞動條件，試行勞工分紅製，舉辦失業工人及殘廢保險，切實保護童工、女工，並廣設工人學校，提高工人文化水準。

（九）迅速制定工業會法，使經營工業者得有單獨之組織，並本勞資協調精神，將有關工廠管理法規，加以檢討與改進。

（十）財政公開。厲行預算決算制度，緊縮支出，平衡收支，劃分中央與地方財政，收縮通貨，穩定幣制，並公佈內外債之募集及用途，由民意機關監督之。

（十一）改革稅制，根絕苛雜與非法攤派，歸併徵收機構，簡化稽徵手續，以資產及收入定累進稅則，並厲行國家銀行專業辦法，扶助工農事業之發展。

（十二）徵用逃避及凍結之資產，以平衡預算。

七、教育及文化

（一）保障學術自由，不以宗教信仰政治思想干涉學校行政。

（二）積極獎進科學研究，鼓勵藝術創作，以提高國家文化之水準。

（三）普及國民教育與社會教育，積極掃除文盲，擴充職業教育，以增進人民之職業能力，充實師範教育，以培養國民教育之師資，並根據民主與科學精神，改革各級教學內容。

（四）在國家預算中，增加教育及文化事業經費之比率，合理提高各級學校教師之待遇及其養老年金，資助貧苦青年就學與升學，設立科學研究文藝創作之資金。

（五）獎勵私立學校及民間文化事業，並補助其經費。

（六）獎勵兒童保育事業，普及公共衛生設備，並積極提倡國民體育，以增進國民健康。

（七）廢止戰時實施之新聞、出版、電影、戲劇、郵電檢查辦法，扶助出版、報紙、通訊社、戲劇、電影事業之發展。一切國營新聞機關與文化事業，均確定為全國人民服務。

八、善後救濟

（一）迅速恢復收復區之社會秩序，徹底解除人民在淪陷時期所受之壓迫與痛苦，制止收復區物價之高漲，嚴懲接收人員之貪污行為。

（二）迅速修復鐵路、公路，恢復內河沿海航業，協助因抗戰而遷徙之人民還鄉，如有必要時，並為其安頓住所與職業。

（三）妥善運用聯合國善後救濟物資，以賑濟戰災。分配醫藥，以防治疾疫，供給種子、肥料以恢復農耕，由民意機關與人民團體協同主管機關推進其工作。

（四）迅速整理收復區之工廠礦場，保障原有產權繼續開工，使失業工人恢復工作，並謀敵產逆產之合理處置，使後方對抗戰有貢獻之廠家參與經營。

（五）迅速治理黃河，並修築其他因戰事而破壞及失修之水利。

（六）政府停止兵役及豁免田賦一年之法令，應由各級政府切實執行，嚴禁變相徵發之行為。

九、僑務

（一）對海外各地受敵人摧殘而失業之僑胞，應協助其復業，並對其居留國內之眷屬生活，予以救濟。

（二）協助歸僑返回原地，便利其復產復業。

（三）恢復並協助海外各地僑胞之教育、文化事業並獎助僑胞子女回國就學。

附註：

（一）凡恢復區有爭執之地方政府，暫維現狀，俟國民政府改組後，依施政綱領政治一項第六、第七、第八三條之規定解決之。

（二）地方參議會、律師公會及人民團體代表會同組織人民自由保障委員會，經費由政府補助之。

（三）關於公民宣誓及公職候選人之考試，應依民主國家之通例，即予改訂。

（四）行政院所設之最高經濟委員會，應參加民間經濟專家及有經驗之企業家為該會之委員，共策進行。

（五）建議政府撤銷硝磺管制。

（六）查明在抗戰期間由下游遷至後方之工廠，因戰事結束停止失業之工人，其遣散費用由政府酌量補助。

（七）在戰時於兵亂中有所貢獻各工廠，政府應繼續收購其成品，並儘量收購其器材。

（八）修正出版法，將非常時期報紙、雜誌、通訊登記管制辦法，管理收復區報紙、通訊社、雜誌、電影、廣播事業暫行辦法，戲劇電影檢查辦法，郵電檢查辦法等，予以廢止，並分別減輕電影、戲劇音樂之娛樂捐與印花稅。

軍事問題案

一、建軍原則

（一）軍隊屬於國家，軍人責任在於衛國愛民。

（二）軍隊建制應依國防需要，並按照國家一般教育及科學與工業之進步，改進其素質與裝備。

（三）軍隊制度應依我國民主政治與國情實行改革。

（四）改善徵兵制度，公平普遍實施，並保留一部分募兵制度，加以改善，俾符合高度裝備軍隊之需要。

（五）軍隊教育應依建軍原則辦理，永遠超出於黨派系統及個人關係以外。

二、整軍原則

（一）實行軍黨分立

1.禁止一切黨派在軍隊內有公開的或秘密的黨團活動，軍隊內所有個人派系之組織與地方

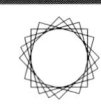

性質之系統,亦一併禁止。

2.凡軍隊中已有黨籍之現役軍人,于其在職期間,不得參加其駐地之黨務活動。

3.任何黨派及個人不得利用軍隊為政爭之工具。

4.軍隊內不得有任何特殊組織與活動。

(二)實行軍民分治

1.凡在軍隊中任職之現役軍隊,不得兼任行政官吏。

2.實行劃分軍區,其區域之範圍,應儘量使與行政區不同。

3.嚴禁軍隊干涉政治。

三、實行以政治軍辦法

(一)在初步整軍計畫完成時,即改組軍事委員會為國防部,隸屬于行政院。

(二)國防部長應不以軍人為限。

(三)全國軍額及軍費應經行政院決議,立法院通過。

(四)全國軍隊應受國防部之統一管轄。

(五)國防部內設一建軍委員會,負建軍計畫及考核之責(此委員會由各方人士參加)。

四、實施整編辦法

(一)軍事三人小組應照原定計劃盡速商定中共軍隊整編辦法,整編完竣。

(二)中央軍隊應依軍政部原定計劃,盡速於六個月內完成其九十師之整編。

(三)上兩項整編完竣,應再將全國所有軍隊統一整編為五十師或六十師。

(四)軍事委員會內應即設置整編計畫考核委員會,由各方人士參加組織之。

憲法草案

一、組織審議委員會

名稱:憲草審議委員會。

組織:委員名額二十五人,由協商會議五方面每方面推五人,另外公推會外專家十人(參考憲政期成會及憲草實施協進會名單)。

職權:政協會設憲草審議委員會,根據協商會議擬定之修改原則,並參酌憲政期成會修正案,憲政實施協進會研討結果及各方面所提出之意見,匯綜(總)整理,製成五五憲草修正案,提供國民大會採納(如有必要時得將修正案提出協商會議協商)。

時間:以兩個月為限。

二、憲草修改原則

(一)國民大會:

1. 全國選民行使四權,名之曰國民大會。

2. 在未實行總統普選制以前,總統由縣級省級及中央議會各級機關選舉之。

3. 總統之罷免，以選舉總統之同樣方法行使之。

4. 創制複決兩權之行使，另以法律規定之。

附註：「第一次國民大會之召集方法，由政治協商會議協議之」。

（二）立法院為國家最高立法機關，由選民直接選舉之，其職權相當於各民主國家之議會。

（三）監察院為國家最高監察機關，由各省級議會及各民族自治區議會選舉之，其職權為行使同意、彈劾及監察權。

（四）司法院即為國家最高法院，不兼管司法行政，由大法官若干組織之，大法官由總統提名，經監察院同意任命之，各級法官須超出於黨派以外。

（五）考試院用委員制，其委員由總統提名，經監察院同意任命之，其職權著重於公務人員及專業人員之考試，考試院委員超出於黨派以外。

（六）行政院：

1. 行政院為國家最高行政機關，行政院長由總統提名，經立法院同意任命之，行政院對立法院負責。

2. 如立法院對行政院全體不信任時，行政院或辭職或提請總統解散立法院，但同一行政院長不得再提請解散立法院。

（七）總統：

1. 總統經行政院決議，得依法頒佈緊急命令，但須於一個月以內報告立法院。

2. 總統召集各院院長會商，不必明文規定。

（八）地方制度：

1. 確定省為地方自治之最高單位。

2. 省與中央許可權之劃分依照均權主義規定。

3. 省長民選。

4. 省得制定省憲，但不得與國憲抵觸。

（九）人民之權利義務：

1. 凡民主國家人民應享受之自由及權利，均應受憲法之保障，不受非法之侵犯。

2. 關於人民自由，如用法律規定，須出之于保障自由之精神，非以限制為目的。

3. 工役應規定于自治法內，不在憲法內規定。

4. 聚居於一定地方之少數民族，應保障其自治權。

（十）選舉應列專章，被選年齡定為二十三歲。

（十一）憲草上規定基本國策章，應包括國防、外交、國民經濟、文化教育各項目。

1. 國防之目的在保衛國家安全，維護世界和平，全國海陸空軍須忠於國家，愛護人民，超出於個人地方及黨派關係以外。

2. 外交原則本獨立自主精神，敦睦邦交，履行條約義務，遵守聯合國憲章，促進國際合作，確保世界和平。

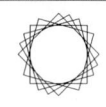

3.國民經濟以民生主義為基本原則，國家應保障耕者有其田，勞動者有職業，企業者有發展之機會，以謀國計民生之均足。

4.文化教育應以發展國民之民族精神、民眾精神與科學智慧為基本原則，普及並提高一般人民之文化水準，實行教育機會均等，保障學術自由，致力科學發展。

註：以上四項之規定，不宜過於煩瑣。

（十二）憲法修改權屬于立法、監察兩院聯席會議，修改後之條文應交選舉總統之機關複決之。

8.《新華日報》關於政治協商會議閉幕式的報導[①]（1946年2月1日）

政治協商會議已於昨晚八時舉行閉幕式。昨日（一月三十一日）上午國大問題分組與綜合小組舉行聯席會議，協商解決國大問題，至下午二時，卒獲協議。至此，政協全部五項議程，已先後皆達協議。國民黨中央常委會於昨午三時舉行會議，加以通過。

下午六時召開政協第十次大會，到代表三十七人，由蔣主席親任主席，討論各分組所起草的各議程報告，以起立表決，全部順利通過。在討論第二項議程和平建國綱領分組報告時，黃炎培氏發言，強調人民自由權利問題，為了使綱領中規定的人權有保障，不至流於像過去的成為具文計，希望「人民自由保障委員會」能趕快成立，大家來發起，並推出幾個召集人來進行。民主同盟方面擬推沈鈞儒先生為召集人之一。張厲生先生繼起主張這問題不在會內討論。隨之董必武同志即聲明，保障人民自由權利委員會希望能很快成立，中共代表團決定將全體加入為發起人。李燭塵氏則呼籲真正切實做到硝磺統制，以利化學工業之發展。

在討論第四項議程憲草報告時，召集人莫德惠說明憲草審議委員會委員尚未推出。傅斯年代表認為憲草修改的最大收穫是吸收了民主精神，引為極可欣喜，但對省制省憲與省區問題以及立法監察委員選舉法等問題，提出意見。黃炎培主張傅斯年的意見記錄下來，交將來審議會參考。並主張在憲草報告第十一條第四項文化教育一條中，應加「與民生主義配合」數字。一並交審議會參考。

蔣主席於議程討論完畢後聲明二點，一是憲草分組報告中所列《憲草修正案》提供國大採納，對這「採納」二字並非接受，特作解釋。第二，施政綱領應不分界限黨派地區，全國一律實施。隨之大會於掌聲中結束。閉幕式跟著開始，由蔣主席、周恩來及張君勱、曾琦、莫德惠等代表各黨派及社會賢達發言。致詞完畢，大會即正式圓滿閉幕。和平民主統一團結之基已奠，今後全國人民須要更進一步努力奮鬥，以求其實現。

---

① 原載《新華日報》，1946年2月1日。

9. 蔣介石在政協會議閉幕式上的閉幕詞[①]（1946年1月31日）

諸位會員：

政治協商會議開會以來，經過二十餘天熱烈的討論，已經完成其應有的任務，今天宣告閉會了。本人以職務羈身，不能每次都來和諸位交換意見，甚覺抱歉！回顧這二十餘天中間，諸位會員無論在分組會商或全體大會，都能開誠佈公，大家本著互尊、互信、互助、合作的精神，實事求是地尋覓各種問題合理的解決，使本會始終在祥和協凋（調）空氣之中，獲得圓滿的成就，尤為本會議最可寶貴的收穫。本人虔誠希望，這種公忠坦白的精神，能夠永遠保持下去，大家不爭意氣，不重私見，只是一心為著國家，為著人民，而共同協力，則本會議的一切決定，必可順利執行。今後無謂的政爭，必可徹底化除，和平建國的目的，必可迅速達成，對於未來憲政實施的前途，也必能因此而愈顯光明。這是今天閉幕之頃，本人十分愉快的感想，應該特別提出來向諸位表示感慰。

原來我們國民革命的目的，是在完成三民主義的建設，造成獨立自由統一的民主國家，尤其要團結奮鬥，來達成和平建國的目的。至於國民革命的對象，對外是在排除帝國主義的侵略，對內是在打倒封建割據的勢力。以往推翻帝制、掃蕩軍閥、和此次八年抗戰，兢兢業業，艱苦奮鬥，惟（唯）一的目的，無非是求獨立求統一，先除去民主的障礙，以促成民主制度的實現，到現在掃除革命障礙，奠立民主基礎的工作，已經初步成功，我們當前唯一重要的問題，只是如何確保統一，如何建立民主。換句話說，也就是如何實現三民主義的問題。我們要知道，必須有確實的統一，才有真正的民主可言。我相信：我們國內，此後不會再有私有的武裝軍隊，分立的地方政權，來妨礙政令與軍令的統一，否則無論如何高唱民主，而事實上所表現出來的必是各行其是的假民主，甚至完全是反民主的行動。這樣的假民主永遠不能走上民主憲政的大道，而且永遠要為民主政治的障礙。因此我們為了實現真民主，真統一起見，和平團結兩個條件實在是我們當前最迫切的需要，國父臨終遺囑：「和平奮鬥救中國」，我個人和國民黨的同志，始終是服膺這個崇高遺訓。除了對於割據的軍閥和侵略的日本，不得不用武力對抗之外，其他對於國內一切問題，不論遭遇任何嚴重形勢，總是抱定忍讓為國的決心，不惜委曲求全尋求政治解決的途徑，縱使不得已而有軍事衝突，也只是被動的防衛，決不採取主動的行動，這因為我們認定，我們的國力、民力，只可從安定中求保養，再禁不起任何戰禍的摧殘。所以每在危機一發之間，都能化乖戾為祥和，並且任何齟齬的意見，也都能融和一致，恢復到和平團結。從這種經過事例，尤其是抗戰以來八年間的事實，國人皆所共知，毋待贅述。這就是我們今日所主張的統一民主和平團結的精神所在，而這次政治協商會議，就是一本統一、民主、和平、團結的四大原則而進行。所以各種議案都有可信可行的決定，我要坦白地說一句：這實在是我們中國五十年來國民革命的精神所孕育陶鑄而成的結果，足使飽經憂患痛苦而急須（需）休養生息的全國同胞，感覺到無上安慰。希望我們大家要

[①] 原載《中央日報》，1946年2月1日。

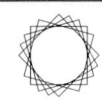

把這四大原則,永遠奉為我們的信條,永遠照著這個信條共同遵守,共同努力,才可安慰為革命抗戰而犧牲的軍民先烈,才不致辜負全國人民的期望。

本會議開會之日,政府即頒佈全國停止軍事衝突,恢復交通的命令。政府代表與中共代表並公佈了一月五日所協議的辦法,同時公佈了命令內容的全部與其附屬規定的四項條款,以示一致遵行的決心。本會議開會的第二天,政府代表與中共代表並向會議詳細報告,因此本會議就能夠專心致志來研究和平建國與促進憲政的各種方案。本會議所決定的各項方案,本人雖然不能每次出席參加,但是時時刻刻都在注意和研究,覺得各項方案的內容,都是大家竭誠洽商的結晶。我敢代表政府先行聲明,政府必然十分尊重。一俟完成規定手續以後,即當分別照案實行。本人認為各案之中,要算《和平建國綱領》為各種方案的基本之中心,因為此案從總則、人民權利、政治、軍事、外交、經濟及財政、教育及文化、善後救濟、僑務等九章的各條規定,均屬異常完備,確合時代要求,充滿了統一性,充滿了民主性,實在是渡到憲政時期最適宜的綱領。我們有了這個綱領,由中央以至全國各地方的政府,由各黨各派與社會領導人士以至全國各地的同胞,都有了共同遵守的準則,尤其參加本會議的各黨各派,對於這個綱領,既是大家共同商討,共同議定,而且就要參加政府來共同執行。我們對全國同胞必須守信義負責任,自身先從事實行動方面有切實遵行的表現,並且必須貫徹其全國性,使能普遍的實現。

我以為有兩件事,我們必須特別注意和鄭重聲明:

第一,本綱領既經規定「確保人民享有身體、思想、宗教、信仰、言論、出版、集會、結社、居住、遷徙、通訊之自由」,所有現行若干戰時法令,於此原則有抵觸的,中央當然要修正廢止,同時我相信中共軍隊駐在地之內,自必同樣遵守這個綱領,解除現有的一切限制。至於在教育文化方面,又規定了「保障學術自由,不以宗教信仰政治思想干涉學校行政」,這一條對於我國教育文化的發展與求學青年良好環境的養成,更是十分重要。今後自由的保障,全國無論任何地方,當然只有合於本綱領的一種法令,不應再有任何歧異和特殊的辦法。那麼今後各個政黨的活動,以至對政治的競爭,盡可依照國家統一法令應有的合法權利和手續,公開組織,公開進行,決不應該再有使用武裝暴動,或者在各地秘密組織的行為,否則即是喪失政黨的本質,破壞了民主的精神,不但違反了本綱領,而且阻撓了憲政進程。我們如果要不愧為民主國家的政黨,必須革除自民元以來所有政黨過去一切不良現象,才有建立現代國家的希望。

第二,本綱領軍事一章,對於軍隊國家化的宗旨與規定,極為切實。另外還有一個經過軍事組協商而更詳細的軍事方案,我想我們既然迫切需要和平與統一,則綱領的軍事部分,實為鞏固和平完成統一的最大要素。政府對於軍隊整編問題,早經有所決定,已在著手實施,旬前軍政部林次長並已向本會議詳細報告,將來還要按照綱領與方案的規定繼續推進。至於中共方面的軍隊整編,自然也要依照綱領與方案切實整編。本來軍政軍令的統一,為立國必需的基本條件,這不僅全國飽經痛苦同胞所一致要求,也是各黨派所一再聲明,認為不可否認的原則。

现在协商会议已有结果，纲领方案均经商定，我们当前最急要的任务，就是要使全国所有军队不分党派，不分地区，都能听命于政府，一律受政府的指挥，以达到纲领所定军令军政和军制统一的标准。这一点，我敢确信是人同此心，心同此理，而决没有例外的。唯有这样确实做到，才能符合建国的要求，才能安慰人民的渴望。否则不仅大家参加政府没有意义，而且和平团结，也将没有基础，反而增加了国家的危机与政府内部的纠纷。这当然不是国家民族所需求，也决非各位会员和各政党忠诚谋国的本意。上面所说两点，确是本纲领能否全面贯彻的试金石，果能彻底做到，则全国各地秩序立刻可以安定，复员工作亦可以顺利完成，而本纲领其他的各章各条亦无一不可迎刃而解，完满实施。这是本会同仁无可推诿的职责。今天我以最恳挚的悃忱，特别提起大家的注意，同时我个人誓必忠实信守这个纲领，更必督责我们各级军政人员恪切遵守，即使有时难免无心错误或者督察不周，只要大家说明指出，无论我本人或是我的部属，都无不诚恳接受，切实改正。我常常说：「要求自由，必先了解自由的本质，不可只顾个人的自由，而侵犯别人的自由；崇尚民主，必先修养法治的习惯，不可专责别人守法，而自己则处处置身于法外。」我这几句话，实在是鉴于我国社会对于自由与民主观念的模糊和法治与守法意识的薄弱，认为社会没有安宁，便是国家没有基础，人民不重法治，必使种种罪恶借民主自由之名义而行。因之，我上面几句话，实在是沉痛的呼吁，尤其近年以来，社会上和教育界所表现的这种病态更是深刻而显著，长此不加改进，我们中国将无法自立于现代国家之林，诸位会员想也有同感。现在我们政治协商会议商订了《和平建国纲领》这一个纲领是以保障民主自由为职志，以建立和平统一的法治国家为目的。我们大家为求发挥本会议的实效，开创建国的规模，必须先从我们自身负起转移风气的责任，树立守法行法的精神，以作全国人民的楷模，那才可以完成我们对历史对时代的使命。

最后，我要趁今天会议完成大家聚首一堂的时候，将我多年来蕴蓄在心而没有说的话简单的向各位申述，中正个人从幼年起，对政治是不感兴趣的，平生的抱负和事业是只知献身于国民革命，以期救国救民，自辛亥革命以至于现在抗战胜利，这三十五年之中，所有革命战役，无役不从，艰难困苦，无所不经。自省革命志愿与应尽的革命义务，幸无陨越，对于国家和人民亦已尽了我一分子的天职，略可自慰。今天虽不能说国民革命已经完全成功，但是剷除革命障碍的工作，确已告一段落。自今伊始，国家完全进入建国大业开始的时期了，可是我们国家当此元气凋伤之后，国运前途的危难和建国事业的艰巨，只有比战前乃至战时更加严重，实在不胜临渊履冰之惧，幸而此次政治协商会议，订定了《和平建国纲领》及各种有关问题的方案，建国初基已具，宪政实施有期，今后各党各派的中坚分子以及社会贤达，都参加政府共同负起对国家民族前途的大责，今后建国的重担，既不是国民党一党的责任，更不是中正个人的责任，这一重大的责任，要交托给各位同仁和全国同胞来共同担负。今后中正无论在朝在野，均必本着公民应尽的责任，忠实的坚决的遵守本会议一切的决议，确保和平团结的一贯精诚，督使我们国家走上统一民主的光明大道，以期报答为革命抗战牺牲的先烈，完成国父缔造民国未尽的事功。同时要求各位同仁为国家为人民共

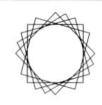

同努力，一本我們在抗戰時期共患難同生死的精神，同德同心，精誠團結，來擔負今後建國的重任，開闢我們國家民族光明燦爛的前途。

10. 中國共產黨代表周恩來在政協會議閉幕式上致詞①（1946年1月31日）

　　政治協商會議今天通過的各項協議，證明了這次會議得到很大的成功，在二十二天協商當中，由於全國人民的期望與督促，由於盟邦的期待，由於各黨各派和社會賢達的共同努力，由於蔣主席的領導，終於使我們這些具有長期性的歷史性的許多問題，得到了政治解決。這些問題的解決，是為中國政治開闢了一條民主建設的康莊大道，而這種解決的方式，也是替民主政治樹立了楷模。

　　雖然這些問題的協議和中共歷來的主張還有一些距離，雖然各方面的見解和認識也有一些距離，但是我們願意承認：這些協議是好的，是由於各方面在互讓互諒的精神之下得到的一致結果。我們中國共產黨願意擁護這些協議，並保證為這些協定的全部實現，不分地區，不分黨派地努力奮鬥。在這些協議當中，我們願意指出：《和平建國綱領》和憲草原則，是使中國走上政治民主化的準繩；軍事協議，是使中國軍隊走上國家化的根據。而把這兩方面——政治民主化，軍隊國家化聯繫起來，就是改組政府的這一協議，我們一致的同意在國民政府的基礎上，在蔣主席領導之下，我們要組成各黨各派社會賢達合作的舉國一致的國民政府，來結束訓政，籌備憲政。有了這些協議，有了民主憲草的原則，於是國大問題就能用政治方法得到合理的解決。

　　這是中國走上和平團結民主統一的開始，值得我們慶倖。我們也懂得建設的開始，必然會遭遇許多困難，但是我們相信本著政治協商會議的精神，一定可以克服這些困難，使中國和平建設真正能夠開始，而創造出中國新的歷史一頁。

　　中國共產黨願意追隨各黨派和社會賢達之後，共同努力，長期合作，為獨立自由民主統一的中國奮鬥到底。三民主義新中國萬歲！

11. 中國民主同盟代表張君勱在政協會議閉幕式上致詞②（1946年1月31日）

　　本人此次自海外歸來，深切知道國際方面期望中國和平統一很切。要知道中國自身負有治國的義務，一個國家在國際上的第一種責任，先要把自身整理好，保持和平與秩序，然後在國

---

① 原載《新華日報》，1946年2月1日。
② 原載《中央日報》，1946年2月1日。

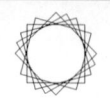

際上成為有能力的分子。如自己不能整理好，天天內亂，如何在國際上盡其應盡的義務。此次協商會已走上和平統一之路，以後不至（致）有內亂，不至（致）內戰，這是中華民國最光明的一條大道。國家事情的解決方式，不外二種：（一）武力，（二）和平。民主同盟方面，極希望和平。就是希望走第二條路。民主政治的實現，不是一天可以完成的，所以以後大家覺得有一二件事情，一二問題對於民主精神似有出入，這是無妨的。我們相信要走上民主階段，首先要保持和平，以逐漸改良方法，求得民意的實現。這樣辦法才會逐漸走民主之路，千萬不要因為一二件事情失敗，就認為民主與自由的失敗。這種看法是很危險的。改良法律，才會使民主政治的基礎確定。主席說：民主政治須善良風氣，善良風氣的養成：第一，使人民衣食豐足。第二，有禮義廉恥，有了禮義廉恥，政爭自然走上軌道，如果天天用武力，內戰不止，人民衣食更為困難，衣食不足，禮義廉恥也就無從實現。所以我們要和平，和平之後才可以統一，才可以民主。此次政治協商會議給大家無上安慰，就是有了和平以後，自然可以民主，不用武力，自然能採用法律的解決，或政治解決途徑。此次協商會成功，既以和平解決，統一與團結的效果，自隨之而來，民意亦隨之實現，走上政治的路線，亦自在其中，所以這一次種種協議，我們民主同盟，不論在朝在野自願竭誠擁護的。

12. 中國青年黨代表曾琦在政協會議閉幕式上致詞[②]（1946年1月31日）

今天政治協商會議閉幕，本席代表中國青年黨致詞：本會議自開會到今天，繼續有三星期之久，除大會討論以外，各種問題，並經小組會議詳細研討，現在已經取得一致協議，而得到圓滿結論。這都是朝野諸賢互讓互助的效果。記得馬歇爾將軍初抵重慶時，在除夕蔣主席歡宴席上曾說過：「今後人類文明的發展與毀滅，系於我們社會與社會，國家與國家間，是否能夠合作，所以我們社會與社會，國家與國家必須要合作瞭解與容忍。」這一次政治協商會議，竟能這樣圓滿的結果，確是由於朝野各方互相瞭解與容忍所致。過去在朝黨與在野黨儼然成為對立的形勢，就是各黨派間也不無隔閡，那是無可諱言的，經過這次協商，彼此因接觸而瞭解，因瞭解而和諧，因和諧而合作，共同攜手，走向民主建國的大道，這是我們認為可以樂觀的第一點。

這一次協商的各種結論，都事關國家大計，為今後全國的治亂安危所繫，從治標問題以至治本問題，大家都能捨小異而就大同，求得共同之點與合理解決。這是我們認為可以樂觀的第二點。

由於各黨各派的和諧精神，與社會賢達的公正態度而產生的以上兩種樂觀的現象，我們確信朝野攜手以促進民主立憲是絕對有把握的。本席常覺得我們論爭有五要：第一要提得出結論，

[②] 原載《中央日報》，1946年2月1日。

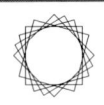

第二要立得起方案,第三要尋得著關鍵,第四要指得出要點,第五要握得住核心。這一次會議所以能有圓滿的結果,本席覺得所有會議同仁都能合乎上述條件,這是我們所最感欽佩的。今後國事還有待於朝野各方的協力,因而許多重要問題還要繼續協商,希望都能夠本著這次會議的和諧精神與坦白態度,共謀全國政治的改進。

本席上次在開幕致詞中,曾以「開誠佈公,集思廣益,循名核實,激濁揚清」十六個字貢獻於大會,經過三星期的協商,可以說前兩句已完全實踐了。至於後兩句,則有待於改組後的政府同心協力,躬行實踐,好比做文章一樣,只做了一半還不能算完篇,必須一氣呵成,做到「毫髮無遺憾,波瀾獨老成」,才不辜負全國人民的熱望。

關於本會議未完成的工作,如憲法草案的審議,《和平建國綱領》的實施,人民自由的保障,軍隊國家化,政治民主化的實現,這些都是本會的未完成的課題,青年黨同志願與朝野諸賢精誠團結,共謀實踐,這是我願意鄭重向大家說明的。

13. 社會賢達代表莫德惠在政協會議閉幕式上致詞[①]（1946 年 1 月 31 日）

今天政治協商會議圓滿成功,德惠等九人代表無黨無派首先表示慶祝之意。剛才聽到主席和各位先生談到民主政治,我以為民主政治最為人尊崇者,莫過於美國。可是美國怎樣得到現在的民主政治?當時它有了八年獨立戰爭,又有華盛頓的領導,並有在野名賢,相與為國,這才建立今天美國民主政治之基礎。我們現在也有八年神聖抗戰,也有英明領導的蔣主席,我們在座各位同仁是否賢達,我想都是不敢自信的,但是這建國的艱難工作,加在我們身上,我們本著此次會議的精神,一德一心,竭盡智慧,使我們中華民國要與美利堅並駕齊驅,不使華盛頓的豐功偉績,專美於前,這個責任我們同仁應當共勉之。

---

① 原載《中央日報》,1946 年 2 月 1 日。

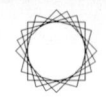

三、圍繞政治協商會議召開發生的流血事件

1.《新華日報》關於大批特務搗亂滄白堂政協會場的報導①（1946年1月17日）

　　在政治協商會議開會的第六天，也是蔣主席在開幕詞中宣佈了人民四項自由的第六天，而國民黨居然驅使大批特務去搗亂政治協商會議代表講演的會場，並作出公然侮辱政治協商會議代表的行動。政治協商會議陪都各界協進會講演會，每晚除請代表講演外，並聽取各界人民的意見。數日以來，情形極為良好，不料昨晚因國民黨特務咆哮會場，使講演會不得不中途散會。協進會擬將昨晚會場情形，函達政治協商會議及各代表，使各代表知道，截止（至）昨晚人民還沒有得到自由，昨晚的講演就是一個例子，這證明人民沒有集會的自由，沒有聽講的自由，連政治協商會議代表也沒有向群眾作講演的自由。

　　政治協商會議陪都各界協進會，昨晚（一月十六日）第四次夜會改在滄白紀念堂舉行，到會群眾有一千多人（在坐（座）的國民黨的特務打手約一百多人不在此數內）。由協進會理事閻寶航主持，介紹張東蓀、郭沫若兩先生講政治協商會議昨日開會情形，在張郭兩氏說話之先，坐中就有特務發出吁吁之聲，聽眾紛紛要求把「耗子」趕出去。

　　張東蓀先生說：人民太苦了，抗戰結束了，要這些軍隊幹什麼，我們要大裁兵，全國軍隊同時公平整編，以後軍隊要成為國防軍，不能再有黨軍。張先生話還未完，台下忽然跳出了十幾條壯漢，指著張先生說：「政府軍隊是國軍，不是黨軍。」幾十條壯漢對著張先生同聲齊喊，他們以打手姿態出現的這種行為，惹怒了張先生，張先生聲色俱厲地說：「是黨軍，是國民黨的黨軍。」除特務外，群眾同聲說：「是國民黨的黨軍，不是國軍。」在群情激怒之下，特務這才不作聲了。

　　接著是郭沫若先生講話，郭先生的話使大家哄堂大笑了好幾次。郭先生說：「今天上午大會是討論軍事問題，想來會場總會是殺氣騰騰，可是今天上午會場一團和氣。」郭先生再笑著說：「倒還不像今晚滄白紀念堂這股殺氣騰騰的樣子。」郭先生續述及民盟、青年黨及中共關於軍事問題方案。

　　當郭先生講到「今後軍隊要為人民服務，不能像現在這樣魚肉人民……」的時候，特務又在台下呼籲作聲，郭先生稍停了一下，他向群眾問一聲，是否願意他自講下去，群眾同聲說：「請郭先生講下去……」然後郭先生摸了摸他的眼鏡，對著他面前的那幾個特務說：「連政府都要來協商，你們何必這樣呢？」

　　因為國民黨特務的挑釁和有計劃的搗亂破壞，講演會就告結束了。

---

① 原載《新華日報》，1946年1月17日。

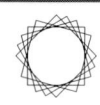

2.《新華日報》關於大批特務再次搗亂滄白堂會場並施行恐嚇的報導①（1946 年 1 月 18 日）

　　大批特務昨（十七日）晚又搗亂政治協商會議代表講演會場，在會場狂呼亂罵，高呼「擁護國民黨，打倒異黨」等口號，搗亂後成群結隊呼嘯而去。其情形比前日更為惡劣。政治協商會議協進會請政協代表講演會，昨晚是第四次，仍在滄白紀念堂舉行，由馮夫人李德全女士主席。原請曾琦、邵力子兩氏講演，因政治協商會議昨天散會較遲，曾琦請李璜代他與會講演，李氏不久以前才由美回國，他報告美國人民對政治都極熱心，一般美人對中國問題都極關懷。人民享有充分的言論集會的自由。他並報告了青年黨在政治協商會議中各項提案的主要內容。他希望政治協商會議能有極大的成功，使中國重新獲得和平民主團結。李氏講完話剛剛離去後。座中特務，群起高呼：「擁護國民黨，打倒異黨」，「掛羊頭賣狗肉，民主你媽個屁，跟老子抬洋包袱的東西……」這時主席馮夫人即說：「請大家守秩序，有意見到臺上來發表。」特務們便對馮夫人出以種種侮辱謾罵詞句，並恐嚇說「再開會，老子要打死你狗日的！」……隨後即高呼「散會，散會！」蜂擁呼嘯而去。其時邵力子適趨（驅）車而至，協進會同仁即到辦公處將昨晚會場情形面告邵氏，聲明根據前昨兩天晚上的情形，證明完全是有組織地進行搗亂，並對在陪都所在地，在政治協商會議開會期間，在人民團結請政治協商會議代表講演的會上，竟有這種妨害人民集會自由的事情，是使人深感痛心的。邵氏斷然否認那些搗亂會場的是國民黨特務。並說他們喊口號也是申述「民意」呀。他勸協進會同仁不要再開會了，他說：「聯合國大會也沒有看見有『聯合國大會協進會』呀！」你們還是休息幾天好。

　　最後，協進會同仁仍向邵氏作許多解釋，並請邵氏今日仍能蒞會講演。

3.《新華日報》關於特務在滄白堂門前包圍毆打兩青年的報導②（1946年1月19日）

　　政治協商會議陪都各界協進會，昨（十八日）晚在滄白紀念堂舉行第五次夜會，請政協代表邵力子、王若飛兩氏講演。主席李公朴宣佈開會後，即請邵氏講演，邵氏聲明他在政治協商會議中是政府及國民黨的代表，因之他對目前社會上對國民黨的幾種認識，作了少許解釋，他希望社會不抹殺國民黨在推翻滿清，進行北伐，對日抗戰的作用。他盛讚孫中山先生容共政策，並承認中共在參與北伐及抗戰中的作用。他希望國事在和諧中獲得解決，並堅信政治協商會議定能獲有成果。

---

① 原載《新華日報》，1946 年 1 月 18 日。
② 原載《新華日報》，1946 年 1 月 19 日。

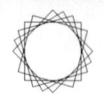

繼即由主席介紹王若飛同志講演，若飛同志說：「政治協商會議為各方所重視，證明了大家對當前存在的國事問題的關心，我們也熱烈地希望政治協商會議能滿足大家這種希望，而且我們也正為此努力。」他說由於各方面的努力與人民的期望，內戰總算停下來了，一切問題可以用政治協商來謀解決，同時蔣主席也宣佈實現人民四項自由。內戰的停止，人民基本自由的獲得，將是保障中國走向和平建國的重要條件。這樣的希望，正展示在我們的面前。接著報告今天政治協商會議進展情形後，若飛同志特別提及在國事問題協商中，互相承認與互相尊重，將是取得和諧團結及解決問題的必要條件。協商中若能永具此精神，則問題將不難求得解決。邵王兩氏詞畢後，聽眾相繼提出問題多端，由邵王兩氏分別予以答覆。至十時半主席宣告散會。

　　昨晚政治協商會議代表講演會後，滄白紀念堂門前，仍一度發生擾亂甚至毆打事情，其時一位在會場發言的青年，剛走出滄白紀念堂門前，即被特務包圍毆打，藉口說他是扒手，該青年當時被打倒臥地，腹部受重傷，另一聽眾上前去扶持受傷青年時，不料也被包圍亂打一通，頭部也被打傷，其時適經邵力子氏折回攔阻，毆打才停止。

4.《新華日報》關於特務在滄白堂會場搗亂並亂扔石子傷人的報導①（1946 年 1 月 20 日）

　　政治協商會議陪都各界協進會第六次晚會昨（十九日）晚仍在滄白堂舉行，到會群眾比往日還多。原請政治協商會議國民黨代表張群、吳鐵城和民主同盟代表梁漱溟三人演講。張群、吳鐵城二氏因事未到。大會主席章乃器先生宣佈開會後，即由梁漱溟先生報告整軍方案。梁氏在報告國共兩方意見之後，提出民主同盟的主張是：軍隊應不屬私人，不屬黨派，不屬地方。並主張在三人小組之外，另成立一委員會，以整編全國軍隊，期能縮編國軍到最低額，並妥籌退伍官兵的就業。這個委員會的任務，直到全國部隊整編完成，並由文人真正管軍的時候為止。在梁氏講演中間，曾有五次被搗亂分子擲石子搗亂。記者親在廣場，見左石階旁第一棵柏樹下，由一身著西裝大衣掛有證章的青年，先擲一石頭作信號，石雨即狂擊會場和房屋，致群眾紛奔而出。但因群眾關心政治情切，隨即退回會場，報告照常舉行。接著就有自稱「提幼稚問題」者數人發問，都經梁氏作答。惟不久狂石又起，並有爆竹聲夾雜其間，並狂呼各種亂七八糟口號而去。當狂石紛飛時，一聞姓青年的左眼受傷。又該會因政協大會休會，也暫行休會，今後並擬妥籌維持會場秩序辦法後，再舉行大會。（政協會議協進會新聞處）

---

① 原載《新華日報》，1946 年 1 月 20 日。

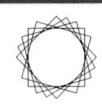

5.《新華日報》關於國民黨軍警憲特非法搜查政協代表黃炎培住宅的報導[①]（1946年1月27日）

中國民主同盟政治協商會議代表黃炎培、張申府二氏居室，於一月二十六日中午，無故被軍警及便衣人員騷擾。政治協商會議猶未閉幕，四項諾言言猶在耳，而政協代表居室公然被擾，一般人民基本自由又安有保障？茲將事件經過及處理情形略誌於次：

事件經過

昨日（二十六日）上午十一時，突來憲兵一人，穿著灰色軍服者一人，佩帶槍枝（支）之便衣一人，由戶籍員警一人率領，並未通知辦事人員，逕至菁園黃先生寓所，聲稱據報黃某藏有槍械，特來搜查。第一句話即說「黃先生的槍在哪裡？」當即守住電話，禁止在菁園值工之練習生李國全與外界通話。一面翻箱倒匣，除將案頭之上海杜月笙來電抄錄外，毫無所獲。並留言聲稱：候黃某返寓時，再來搜查云云而去。當其搜查時，並剝開練習生李國全衣服，露口胸口，以槍口對準其胸，迫令招出「槍在何處」。李國全答以「黃先生沒有槍」，該便衣人員更聲稱要將其抓去。憲警特務等自黃宅出來。聞黃在國府路三百號同盟代表團，即去該處尋找，在門口盤旋很久才去。事後，黃炎培氏即請內政部長張厲生氏同往菁園查明真相。途中因聞中共代表團亦有類似事件發生，張氏即離去。張申府代表之居室，未被搜查，但亦有同上四人前來盤問。

同盟態度

事件發生後，同盟主席張瀾立即召開緊急會議，當決定嚴重交涉，黃炎培代表並致書蔣主席請予查究。二十六日下午，本為綜合小組開會，黃炎培、章伯鈞等趕往參加，說明經過，並提出三點意見：
一、此事關係雖大，但不願妨礙大局。
二、要求政府應予所有政協會員以安全保障。
三、政府應立即頒佈「人權保障法」，徹底保障人權。
當時孫科以主席資格表示道歉，並憤慨地說，這種行為是污蔑國民黨，破壞國府信用，破壞蔣主席領導。政協綜合組各代表均甚憤慨。
民主同盟對於此事件之態度，認為此不僅為黃張兩代表之個人問題，亦非民主同盟問題，而係全國人民基本自由問題。張瀾主席並謂：在全國人民基本自由不能獲得前，一切協議均屬懸空。民主同盟一向特別重視人民基本自由，而今竟有如此事件之發生，誠為不可想像（象）之事。

---

① 原載《新華日報》，1946年1月27日。

6. 軍統渝組就中共及民盟將舉行政協和平勝利大會給渝特區的情報[①]（1946年2月6日）

共產黨及民主同盟等已定於本月十日在臨江路遷川大廈舉行慶祝政協和平勝利大會。屆時對於政府及國民黨之弱點將大肆攻擊及加以宣傳。現渝市市黨部對此事正向吳秘書長鐵城請示對付辦法中。

7. 國民黨重慶市黨部為對付慶祝大會特召開第20次臨時執委會會議記錄[②]（1946年2月8日）

時間：三十五年二月八日上午九時。

出席者：方治、汪觀之、駱繼常、王思誠、徐鳴亞、張兆、龍文治、陳介生。

列席者：劉野樵、樊元彰、朱其瑞、唐毅（東方白代）、李森榮、陳鐵夫、譚澤森、李森普（各科室負責同志一應填入）

主席：方主任委員治。

記錄：曹盛培。

開會如儀。

主席報告：

一、政治協商會議已於日前閉幕，會議經過及成立之各項協議已志各報，茲不贅述。對此次會議結果，本黨同志應強調宣傳之如下：

（一）三民主義為各黨派承認為至高之建國原則；

（二）本黨深受各黨派之推崇，譽為全國第一大黨，並願受本黨之領導共赴建國大業；

（三）本黨總裁已受各黨派之擁護，承認為全國之領袖。惟協議中關於修改憲草一項與遺教所示相去甚遠，本黨同志應堅持三民主義之憲法不容修改。

二、本席曾建議中央召開陪都各界慶祝政協成功大會，以宣傳本黨忍讓為國之苦心及上述各點，未蒙照準。現共黨週邊組織民主建國會等團體，已籌備以陪都各界名義於本月十日在較場口舉行慶祝政協成功大會，或會間將有反動言論及會後將有遊行示威，要脅當局立即改組政府等行動。

[①] 軍統局渝特區檔案。
[②] 摘自重慶市黨部檔案。

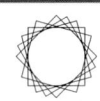

討論事項：
為共黨週邊團體以陪都各界名義籌備召開慶祝成功大會，定期於本月十日上午九時在較場口舉行。如何遏止反動言行以戢邪亂，請討論案。

決議：
一、轉變會議內容：
（一）參加大會主席團並爭取總主席：由本市農、工、商、漁、教育、婦女及自由團體負責人持函向大會負責籌備人交涉，請本市各界人民團體參加主席團，並設法于大會開始時於與會群眾中選出農會理事劉野樵同志為大會總主席。
（二）由本黨擅長辯論之同志參加講演。
1. 發言內容：
（1）三民主義為舉國公認之至高建國原則；
（2）本黨為全國第一大黨，並被公認之領導黨；
（3）蔣主席為全國一致擁戴之領袖；
（4）三民主義之憲法不容修改。
2. 發言技術：於發現反動言論之後即緊接發言予以駁斥。
3. 發言同志〈略〉
二、把握會場情緒：
1. 發動黨團員及社會服務隊隊員共六百名參加大會，遇有本黨同志發言時鼓掌歡迎，並否定大會一切反動之提議；
2. 黨員二百名由本會組織科負責發動；
3. 團員二百名由陳幹事長介紹負責發動；
4. 社會服務隊二百名由徐委員鳴亞負責發動。
三、會場秩序之維持：
請東方督察長派警到場維持秩序，遇有搗亂情事，迅予逮捕人犯。
四、其他：
（一）遴選幹練沉著之同志擔任大會司儀；
（二）控制擴音器；
（三）參加黨團員及社會服務隊隊員應于十日上午八時前到達會場，並環立主席臺前，俾於發生意外時保護主席團之安全。
散會。
國民黨重慶市黨部主任委員方治批示：
密陳中央，不必油印。

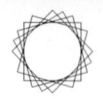

8. 軍統渝組就中共及民盟在較場口召開慶祝政協勝利大會給渝特區的情報① (1946年2月9日)

呈覆中共及民主同盟將召開慶祝政協勝利大會：

查中共及民主同盟召開之慶祝政協勝利大會，原擬假臨江路遷川工廠大廈於十日上午九時舉行，現已改較場口廣場舉行。聞本党同志屆時準備以老百姓聽眾身份登臺講演，以宣傳對付宣傳，予共黨以打擊云。

9. 軍統渝組就市黨部緊急會議指示對付慶祝大會辦法給渝特區的情報② (1946年2月9日)

續報中共及民主同盟籌備之慶祝政協成功大會詳情：

查共產黨與民主同盟等籌備之陪都各界慶祝政治協商會議成功（前報為「勝利」，請更正）大會，已決定於明（十日）晨九時在較場口舉行。現重慶市黨部已於今（九日）晨九時由方治主任委員召集各區書記緊急會議，指示對付辦法，計為：每區發動平均約一千人，其中為黨員及團員、團員組、社會服務隊、黨員組、宣傳隊，互相密取聯絡並規定暗號（明晨宣佈）由市黨部徐鳴亞、駱繼常及中統局黨團科王科長等三人聯合指揮。宣傳隊專門反駁中共及民主同盟代表之講演。至於服務隊及宣傳隊行動，並由軍警憲出動保護。又市黨部領導之教育、漁會、醫生公會、會計師公會、律師公會、婦女協會等十餘人民團體亦均受市黨部指示參加大會主席團，以便以人民身份代表本黨發言，並以劉野樵為主動人。其參加之黨員、團員，規定明晨八時前到達會場云。

10. 軍統渝組就慶祝大會情形給渝特區的情報（一）③ (1946年2月10日)

陪都各界慶祝政治協商會議成功大會，原定於今（十）日晨九時在本市較場口舉行。該大會因事先由市黨部暗中佈置，並策動教育、漁會、醫生（師）公會、會計師公會、律師公會、婦女協會等十餘人民團體將大會會場加以控制，並擬將農會理事會劉野樵推出擔任出席。同時共產黨

---

① 軍統局渝特區檔案。
② 軍統局渝特區檔案。
③ 軍統局渝特區檔案。

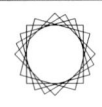

民主同盟方面則欲以陶行知擔任主席，爭取主動權。互相堅持不讓，以致不能在預定之上午九時舉行。延至十時，由黨部方面佈置之呼儀式人員宣佈開會。行禮如儀後，劉野樵及陶行知均爭相報告，陶行知被多人擋住，無法出面；劉野樵正開口報告時，即被育才學校學生首先哄鬧，《新華日報》及社會部勞動協會從中協助，會場秩序頓形紊亂，呼打之聲不絕於耳。《新華日報》人員當被哄散，該報工人二名被打傷由員警帶走，勞動協會之會旗亦被撕毀，各黨派分子遂不敢公開繼續留在會場。其後由市黨部所佈置之台下人員上臺代表參加民眾講演，並通過宣言呼口號，勉強將大會完成。會中邵力子曾趕來參加會，結果亦被多人所包圍，未能上臺講演。至十一時許，即行散會。

11. 軍統渝組就慶祝大會情形給渝特區的情報（二）[①]（1946年2月10日）

由中共及民盟主持之陪都各界慶祝政協會議成功大會，今晨九時舉行。到會有中共及民盟分子沈鈞儒、章乃器、李公樸、郭沫若、茅盾、胡風、陶行知、閻寶航、史良、李德全、曹蕙珍、周恩來等。《新華日報》、育才學校、中國勞動協會、中國經濟研究會均有大批群眾出席。本黨由市黨部主持，由吳人初、劉野樵、李森普等六人參加該會主席團。中統局及市黨部均派黨團員組織社會服務隊及宣傳隊出席對抗。吳人初、劉野樵亦力爭主席團主席之主動地位，並由本黨人宣佈開會作司儀，劉野樵作主席。中共分子見主權已失，乃由李公樸宣佈不開會退出會場，遂秩序大亂。首有李公樸被本黨臺上黨員驅逐下臺，郭沫若（頭部受輕傷）等亦即逃走，而本黨同志仍繼續開會。台下中共分子則大肆搗亂秩序不佳。育才學校學生公然向主席臺沖湧前來，主席臺本黨人員見勢不佳。遂以凳子向下擲去，育才學生等即退下臺。至此章乃器仍向觀眾演講，亦被毆打，勞動協會亦與本黨服務隊同志有衝突。片刻，中共分子均已離去，會場空氣即告平息。主席劉野樵已退走，本黨吳人初為負責人，亦不敢露面，後由司儀以民主方式，希望聽眾上臺自動演講。時邵力子氏到會即被中共分子包圍。嗣由沈鈞儒報告會場情形，乃同伊他去。至十一時許散會。

[①] 軍統局渝特區檔案。

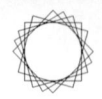

12. 軍統渝組就《民主報》散會號外給渝特區的情報①（1946年2月10日）

政情行字第 21 號
檢呈民主報散會號外一份
將民主報散會之號外一份呈供參考。

附 :《民主報》號外

中華民國三十五年二月十日
下午五時發每份定價四十元
政協成功人民竟無慶祝自由！今晨較場口慶祝
會上暴徒搗亂演成血案強佔會場毆打主席團
郭沫若、李公樸、施複亮、馬寅初及群眾多人受傷

　　本報訊　陪都各界慶祝協商會議成功大會今晨九時半假較場口廣場舉行。到政協代表邵力子、周恩來、莫德惠、郭沫若、沈鈞儒、羅隆基、梁漱溟、李燭塵、張君勱，各方代表李德全、王葆真、胡子昂、章乃器、李公樸、馬寅初、施複亮、徐崇林、史良、劉清揚、曹孟君、葉維民、顧錫章及中外記者、各界人士共約六千餘人。未屆開會時間，即發現少數搗亂分子不遵守會場秩序，在主席臺四周肆意叫囂；臺上亦有不明身份者多人，一面奪占擴音器宣佈開會，一面自行推出一人擔任主席。該籌備會原推定之主席團李公樸等正待上前洽詢，即被臺上預先布滿之暴徒抓住毆打，李氏當即受重傷倒地。政協代表郭沫若及主席團多人上前勸阻，亦被打受傷。一時秩序大亂。台下群眾中間時發現搗亂分子毆打與會群眾，在場軍警、憲兵似亦未敢干涉，受傷失蹤者頗多，參加各團體紛紛退出會場，大會遂無法繼續舉行。
　　又訊　大會籌備會定今日午後三時假中蘇文化協會招待中外記者，報告大會被搗亂經過情形。
　　又訊　邵力子氏於事後到會，慶祝大會主席團李德全等含淚向邵氏報告事件經過。邵氏亦深表遺憾，惟表示渠個人亦無辦法雲。
　　又訊　政協代表郭沫若今日被毆擊，各政協代表甚表憤怒。沈鈞儒等將向當局直接陳訴呼籲制裁。
　　又訊　今晨在慶祝會上當場遭暴徒毆擊以致受傷者甚多，截止（至）發稿時止，記者所親睹者共計十人，內有政協會議代表郭沫若、慶祝大會主席團李公樸、施複亮、馬寅初及勞動協會會員陳培志、冉瑞武、梁永思、顧佐衡，新民報記者鄧蜀生、姚江屏因採訪消息亦被毆輕傷。其餘受傷者尚在調查中。李公樸、郭沫若、施複亮及勞動協會四會員均已送至市民醫院醫治，其中李公樸被毆傷情最重，頭部被鐵器擊破傷口長約兩公分。郭沫若氏額上被打腫，因衛護李公樸

---

① 軍統局渝特區檔案。

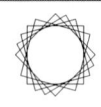

時被推倒地下,胸部被踏,疼痛不已,現正透視肺部中。馬寅初臉部略傷,馬褂被搶去,留在家中休養。

又訊 今午前往市民醫院慰問李公樸等者絡繹不絕。國防動力酒精廠周宗瓊女士當場捐出兩萬元慰勞勞協受傷職工。青年學生多人均含淚送鮮花水果慰問。各界人士對此極為憤慨,咸盼當局應徹查嚴懲行兇者,以維人權。

(詳情請看明日本報)

13.《新華日報》關於特務、暴徒破壞陪都各界慶祝政協成功大會,毆打郭沫若、李公樸等多人的報導①(1946年2月11日)

為著慶祝政治協商會議的成功,昨天(十日)上午九時許,在較場口的廣場上,就站滿了近萬的群眾。來得稍緩的隊伍,站在較後的地方,從他們整齊的行列和鮮明的旗幟上,看出是 中國農業協進會、中國經濟建設協會、中國勞動協會、全國郵務總工會、陪都青年聯誼會、《新 華日報》、國立藝專、育才學校、新出版業聯合總處等等民眾團體,也有許多沒有排隊伍的市民, 男女老少,喜氣洋洋站在那裡,靜候開會。在主席臺上則坐著政協代表沈鈞儒、郭沫若、梁漱溟、羅隆基、曾琦、陳啟天,還有馬寅初先生。其他政協代表邵力子、周恩來、莫德惠、李燭塵、張君勱等也曾先後到達會場。主席團還有王葆真、章乃器、閰寶航、李公樸、施複亮、李德全、劉清揚、史良、曹孟君等人。當還未到開會時間,主席臺的四周一些人就大聲吵鬧起來,要求 迅速開會,同時臺上也突然擠滿了不知來意也不明來歷的人,這些人為首的自稱是重慶市各職 業團體的代表,他們隨身帶來了樂隊、宣言和大會口號,一面奪占了播音器、一面就佔據了主 席台,就此宣佈奏樂開會。為首的幾個人還從口袋中掏出寫著「主席團」的紅布條,自行掛在 胸前,並把一位自稱代表著全中國人口百分之八十的農民,名叫劉野樵的推出致詞,他的講話引 起台下人群一片表示不歡迎的聲音。當原來大會籌備會決定的大會總指揮李公樸先生及主席團 章乃器先生和施複亮先生上前交涉,並提出大家應好好協商,不應妨礙原定的大會秩序的進行 時,突有人高呼「他們擾亂秩序」,於是臺上台下喊打聲就相應而起。早在臺上站著的十幾個特 務暴徒就包圍起李公樸先生,一面打,一面拖下臺去,李先生當被打得頭破血流。郭沫若先生 和原來主席團的一些人去攔阻,也都被打,郭先生的左額被打腫,眼鏡打落在地上,胸部亦被踢。 施複亮先生更被多數特務暴徒拖打,打得遍體鱗傷,馬寅初先生也被打了,準備下午為人證婚 穿的馬褂及長衫也為特務暴徒搶去。沈鈞儒老先生亦被一群暴徒包圍,因有不少青年護送,始 免被毆。主席臺上這些人的毆打,引起台下的群情激憤,大家高呼不要打人。此時留在臺上的

---

① 原載《新華日報》,1946年2月11日。

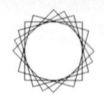

還有數十個特務暴徒，一部分就一躍而跳下主席臺，向群眾中打去，另一部分留在臺上的暴徒，則把臺上的許多長條木凳舉起向人群中亂擲。據記者所見，擲木凳的一個暴徒穿的黑大衣上並綴有銀色小證章。打完就跳下主席臺，裝著沒事混入人群。這批特務身藏鐵器及小石頭，用以亂打手無寸鐵的人民，當時情況慘毒殘忍之至。有幾位新聞記者，在臺上目擊慘狀，想去勸阻，也被毆傷。由於這些特務暴徒在臺上繼續到處擴大行兇，沖向各團體原來排得很整齊的行列，勞動協會的一位職員和三位工友被打重傷。這時邵力子先生剛剛來到，他聽到會場被破壞及發生血案情形，亦表示沒有辦法，旋即離去。莫德惠先生也是遲到，看了這情景很難過，對人說：「難道慶祝政協的成功也要反對嗎？」這時主席臺上為首指揮行兇的幾個人反而含血噴人地宣佈「'中國勞動協會'和陶行知辦的『育才學校』打人，破壞秩序」！一面又說還要繼續開會。台下的群眾目睹特務逞兇，蠻橫暴戾，都悲憤不已，有的更是歎息不止！說這樣下去，中國怎麼得了。隨即大部散去，只剩下了一些看熱鬧的人和二三百特務暴徒。這個變了質的大會在剛打完了人的一群特務暴徒的稀稀落落的掌聲中，又開了下去，沒有人演講，從台下拉上一個人來講，說了很久的話，要點是在於反對政治協商會議的決定，反對修改憲草。散會時，又盜竊陪都各界慶祝政治協商會議成功大會的名義，通過了一個宣言。散會後，又在百齡餐廳招待記者，報告「大會被李公樸指使的特務，及育才學校和中國勞動協會破壞擾亂」的經過。隨即在該處大排宴席午餐。

主席臺上活動的人中，有做主席的劉野樵，是重慶市農會常務理事，此外還有市教育會理事長吳人初，市總工會理事長譚澤森和李森榮、李克愚，還有國民黨市黨部的宣傳科長龐儀山等人。

14.《民主報》關於"較場口事件"中的受傷者的報導①（1946年2月11日）

李公樸　：大會主席團成員。頭部受重傷，傷口約兩公分，流血過多，一時昏暈，腰部亦被踏傷。
郭沫若　：政協會代表。額角胸部受傷。
施複亮　：大會主席團成員。受重傷。
陳培志　：中國勞動協會職員。右眼頭部受傷。
顧佐衡　：黑石子新中公司工人。左頰流血，腰背受傷。
梁永思　：棗子嵐埡陳源記工廠工人。腰部腿部受傷。
冉瑞武　：同前，頭部左太陽穴受傷，流血。
周宗瓊　：國防動力酒精廠經理。受拳擊內傷。

---

① 原載《民主報》，1946年2月11日。

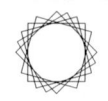

高學逵　：《大公報》記者。輕傷。
姚江屏　：《新民報》記者。牙齒被擊搖動。
鄧蜀生　：《新民報》記者。頭部及身上均被拳擊。
馬寅初　：重慶大學教授。面部受輕傷。
曹　某　：某機關職員。輕傷。
尚有受傷之會眾，正在調查中。

15.《國民公報》關於陪都各界慶祝政協會議成功大會被暴徒搗亂經過的報導[①]
（1946年2月11日）

　　陪都各界慶祝政治協商會議成功大會，昨天上午在較場口舉行，被暴徒搗亂經過如下：八時許籌備處去佈置會場就發現有許多不相識的人佔據主席臺，台下也有幾百人圍著。主席團未到齊，台下就有人鬧開會，並罵聲不絕。
　　章乃器氏先到，被人拉出臺來，問他為什麼不開會，章氏答：「主席團未到齊，總主席應由主席團推選，不能開會。」對方就罵起來「你是什麼東西 誰推選你當主席？」台下有幾十人高呼：「打」！有人掀了他一拳，他只好退避。
　　台下庚即推出農會代表劉野樵充當主席，理由是農民在中國占多數。原來籌備早經推定主席團，但前（九日）晚接到農會等五六個團體來要求參加，並推出數人為主席團，因時間過晚，沒有解決。這時主席團正在協商，忽然劉野樵未經同意，且搶去播音器宣佈開會。由大會沒有聘請的樂隊奏了樂，又唱了黨歌，讀了國父遺囑，劉便開始報告，施復亮氏，打算要群眾公決，合理解決主席問題，請李公樸氏出臺報告。

曠世的醜劇　　外記者拍入鏡頭

　　但是 李氏剛發言 就被暴徒扭住 用鐵錘打破他的頭 血流不止。施氏上前護衛 並高呼　「不可打人，一切事情應該講道理！」但被人指為破壞會場秩序，又說：「有道理到台下去講！」就成為了毆打對象。郭沫若氏也站起來調解，又遭圍打。臺上混亂，台下立刻爬上許多打手，大演全武行。《新民報》記者鄧蜀生、《大公報》記者高學逵，因為出來勸解，臉上也都挨了幾拳。馬寅初氏臉上也被打傷，並且搶去馬褂。國防動力酒精廠經理周宗瓊女士，看見這種情形，憤慨極了，不顧一切挺身出來指斥暴徒，被友人勸阻。劉清揚女士佩戴主席團標記，暴徒也準備打她，但《新民報》記者姚江屏放了信，躲掉了，但姚則挨了一拳。在打得熱鬧時，外記者紛

[①] 原載《國民公報》，1946年2月11日。

紛拍照。結果李公樸被許多青年人圍送出來，送到市民醫院。施復亮由市參議長鬍子昂的公子和另一青年護送下臺，施氏因極度憤慨，回頭訓暴徒說：「好威風，好勇敢，為什麼不去打日本人去！」於是，又被暴徒追擊，幸施氏力大，推開前面的五六人，走到馬路上，但背後遭了無數拳腳，護送他的兩個人也陪同挨打。最後逼進一雜貨店，有兩憲警攔住門口，但暴徒投來板凳，正中頭頂，但施氏用手接住。胡子昂和羅督察員上前勸解，幾分鐘後，施氏才坐了胡氏的車走脫。郭沫若氏突圍出來，走到台口，被幾個暴徒抓住領口又打，幸有憲兵兩人，上前說：「這是政協代表，不能亂打！」由他們保護著出了場。臺上還有羅隆基、張君勱、沈鈞儒三位代表，幸得在人叢中擠出，沒有受傷。

邵力子到會場郭沫若已被毆　李德全垂淚報告經過

隨後，邵力子、周恩來、莫德惠、梁漱溟、李燭塵諸氏都來了，看見臺上紛亂，折回了。邵氏來時，主席團李德全等含淚報告經過，邵氏表示無法且甚遺憾。

同時，在台下勞動協會的工人隊伍，本來到得很晚，站在週邊，但臺上混亂中，仍有人把持播音機，大呼：「開會」。勞協不明情況，進到會場裡層，又遭毆打，且撕毀該會大旗。該會職員陳培志，黑石子興中公司工友顧佐衡，棗子嵐埡陳源記工廠工友梁永思、冉瑞武四人受重傷，當即送往市民醫院。其餘輕傷無數，約計六十餘人。在毆打時，勞協捉住一個暴徒，搜查後當送法院。另外，員警二分局送廟街派出所逮去一人，名李向榮，是兵工廠補習學校學生，他自己說，是被打的人。憲兵隊也逮去二人，是否搗亂分子，尚待查明。

群眾散去有人開會

在暴徒搗亂以後，群眾散去，但佔據主席臺的仍宣稱繼續開會。有兩三個演講，略稱：「政協修改的憲草，政府要實行兩院制，根本違反三民主義，不合國情。所以，政協決議都要不得，應該反對。」又說：「我們擁護國民黨和蔣主席，倘在他的領導下，三兩年內，我們要變成世界上第一等強國，簡直超過美國。」台下因群眾散完，他們自己也秩序紛亂，請邵力子氏演講也遭拒絕，不久就散了會。但在兩分鐘後，臺上又宣讀了一個宣言，台下寥寥數人馬虎通過。

真正的大會流產了，臺上一切桌椅板凳和旗幟等都被暴徒搶去。

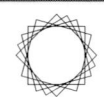

16. 陪都各界慶祝政治協商會議成功大會緊急啟事[①]（1946年2月12日）

　　查本會籌備之初，即函邀重慶市農會、總工會、教育會、商會等團體共同籌備，藉示民間團結合作之至誠，乃該會等當時並未派遣代表出席。迨九日晚間十時始來函，要求參加主席團。本會籌備會，當即表示歡迎。不意，十日晨開會時，教育會代表吳人初、農會代表劉野樵等即破壞開會程式，強佔播音器發言。主席臺上及台下周圍已滿布打手，同時動手毆打主席團李公朴、施複亮等及政協代表郭沫若。台下參加群眾被毆者有：陳培志、顧佐衡、冉瑞武、梁永思等。邵力子先生臨趕到亦無法制止。到會群眾睹此搗亂分子散去，大會遂遭破壞不能進行。依上所述其為有組織之陰謀搗亂甚為顯明。陪都所在竟有此種貽羞國際之醜行，實堪痛心。除請求政府負責查究外特此公告。

17. 陪都各界伸張正義聯合會為較場口血案緊急啟事[②]（1946年2月15日）

　　一、血案之真象（相）。（一）少數無明確職業身份之李公朴、章乃器等假借陪都各界名義，希圖包辦此次慶祝大會。嗣以陪都各合法之人民團體參加致所謀未遂，乃嗾使暴徒搗亂會場，毆傷人民代表，演成血案，故李公樸等實為此案禍首。（二）民主建國會、政治協商協進會等所雇用之糾察及勞動協會育才學校內之暴徒為此次搗亂會場製造血案之兇犯。（三）被毆傷之市農會常務理事，現任市參議員劉野樵，為真正人民團體代表，並系經慶祝政協成功大會負責籌備章乃器所承認，劉到會為民眾所一致公推總主席，不能誣指為"自稱主席"。（四）運輸工人謝雅西為純正工人，無辜被勞動協會擅自拘捕拷打致有生命危險，勞動協會應負刑事責任。
　　二、吾人之要求：（一）立即嚴懲血案主使人章乃器、李公朴、施複亮及其唆使兇手。（二）改組勞動協會並嚴辦其負責人朱學范。（三）解散利用學生逞兇之育才學校。（四）對假借民主名義施行破壞民主之"民主建國會"及假借陪都各界名義之政協協進會應迅予制止其活動。

---

① 原載《民主報》，1946年2月12日。
② 原載《商務日報》，1946年2月15日。

四、反對國民黨六屆二中全會①撕毀政協決議

1. 中共中央情報部關於國民黨各派系對政協反映及我之對策的指示②（1946年2月6日）

各局、各分局、各縱隊：

一、政協閉幕後，改組政府問題正在協商解決，國府委員中，中共擬爭取八人，民盟爭取五人，無黨派四人（郭沫若在內），青年党三人，在行政院內，中共擬爭取一行政院副院長，兩部長，一不管部。

二、政協獲得重大結果後，蘇、英、美、加等外交者均認為成功，蘇友認為目前穩住蔣進行民主化，以孤立反動派是十分正確的政策，民盟及國党民主派均同意我們做法。國民黨內部正在分化中；西西、復興、黃埔軍人、中統、軍統特務分子及戴季陶、何應欽等均堅決反對政協決議。在政協閉幕前後之中常會中，反動派大哭大鬧，朱家驊說系國民黨失敗，穀正綱大哭大鬧說幾十年奮鬥現在完事，陳立夫說政協決定不利國党，鄒魯說對國黨前途不利，吳稚暉說這是政變，當場有人提議要監察院彈劾八代表，也有人說憲草原則是背叛遺教，甚至有人說出威脅蔣的話。在軍人中，陳誠、胡宗南、湯恩伯、何應欽均反對政協決議，最近胡宗南、陳誠均飛上海，據傳彼等在滬與何應欽、王耀武、湯恩伯等舉行秘密會議，擬以京、滬、江、浙為根據地，密謀發動反對政協會議之軍事政變，企圖破壞和平、民主運動。蔣本人在中常會中要主戰派冷靜勿激動，並說問題要解決，國家要和平，需要與黨外人士合作，不能說是國黨失敗。當時蔣單獨約一部分人談話，說國民黨危急，黨人不爭氣，革命精神已失，部隊情況很壞，軍事報告都是假的，美國人所得報告較其屬下報告要好，政協給了國民黨刺激，但希大家勿鬥。張群、張治中、王世傑、邵力子承認國黨內部有困難，但蔣不致再變。孫科說國黨內有人想推翻政協決議，因有蔣在大概不成問題。馮、於等稱讚我們的政治經驗豐富，願支持政協決定，孫科對我方很滿意，認為中共很虛心，對每個問題都很有研究，而且硬軟得當，並說西西這班人不進步，人家是原子彈，他們還是開倒車。

三、根據以上情況，在今後三四個月中，必是劇烈鬥爭時期，不論在停戰整軍、改組政府、憲草審議、國大問題上，我們均須一方嚴密準備全力鬥爭，另方要穩住蔣及國民黨的民主派，

---

① 中國國民黨第六屆二次中央全會於1946年3月1日至17日在重慶召開。這次全會所通過的《對政治協商會議之決議案》推翻了同年1月在重慶舉行的政治協商會議的各項決議。該決議案見本書第一章"遷都重慶期間的中國國民黨"。
② 按中央檔案電報抄寫稿刊印。

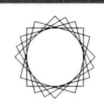

以孤立和打擊反動派。我們一方面要堅持我們的和平民主方針，堅決擁護政協決議並爭取其實現，另一方面要十分警惕，勿中反動派挑撥離間破壞政協決議的一切陰謀。

中央情報部
丑麻

2. 中國共產黨中央委員會發言人就堅持政協會議一切決議發表談話①（1946年3月18日）

國民黨中許多有力人士現正試圖改變政治協商會議的若干原則決定，特別是關於憲法原則的決定。此舉將不能得到中國共產黨、其他民主黨派及廣大人民的同意。政治協商會議的決議是各黨派全權代表共同協議一致同意的結果，凡所決定都切合國家的需要與人民的期望，特別是關於憲法原則的決定，尤得國內外輿論一致讚美，認為非此決不足以奠定國家民主化的基礎。在政協會議中，國民黨代表團人數最多，並由國民政府主席蔣介石親任會議主席，蔣氏曾於一月三十一日閉幕致詞中鄭重聲明，說政治協商會議"所決定的各種方案，本人雖然不能出席參加，但是時時刻刻都在研究和注意，覺得各項方案的內容都是大家竭誠洽商的結晶。我敢代表政府先行聲明，政府必然十分尊重，一俟完成規定手續以後，即當分別照案實行"。現在距該會閉幕之日僅一個半月，國民黨方面忽然對於憲法原則等項決議提出修改意見，實使人們不勝驚異。中國共產黨對於蔣介石與國民黨的諾言，素極重視，對於信守政治協商會議的一切決議，更認為是各政黨政治信譽與國家百年大計所關，因此中國共產黨絕不動搖地堅持政治協商會議一切決議，特別是憲法原則決議，必須百分之百實現，反對有任何修改，並呼籲一切民主人士與全國人民準備為此神聖的任務進行嚴重的奮鬥。

3. 周恩來在中外記者招待會上關於國民黨二中全會的談話②（1946年3月18日）

諸位先生：

在政治協商會議之後召開的國民黨二中全會，我們曾寄以很大的希望，但二中全會的結果實令人失望，因二中全會的決議動搖了政治協商會議的決議。國民黨內為數不少的頑固派利用

---

① 原載延安《解放日報》，1946年3月19日。
② 原載《新華日報》，1946年3月19日。

二中全會通過了很多重要的違反政協決議的議案，這不足為怪，而可怪的是這兩個會議的決議既如此相反，卻都是在蔣主席主持和領導之下通過的。

一、關於保障人民權利問題

在政協開會時，蔣主席曾作了保障人民權利的四項諾言，但在政協開會後，就連續不斷地發生了滄白堂打人、較場口事件、搗毀新華報館、搗亂西安十八集團軍辦事處，一直到搗亂執行停戰決議的北平執行部事件。這許多事件至今沒有一件得到解決。如言論、出版的自由問題，限制言論自由的法令名義上雖已廢止，但實際上仍限制重重，並且採用了極不平等的限制辦法。像中共在北平出版的《解放》三日刊受到非法的禁止。而別的新出版的報紙在上海則得到許可。又如釋放著名的政治犯，除葉挺、廖承志外，不論中共或其他黨派及無黨派被捕的人和青年學生，至今仍毫無消息。現在的政府仍然是國民黨一黨政府，這些違反保障人權的事件，國民黨負有責任，但二中全會對這些問題一字未提，所有決議案中，沒有一個譴責這些妨害人權的罪惡行為。

二、關於改組政府問題

改組政府是件大事，究竟是否結束訓政走向憲政，在此過渡期間成立舉國一致的各黨派合作的政府，二中全會無明確態度。它不僅避開結束訓政不談，反而要把各黨派推選的國府委員拿到國民黨中常會去選任，這是完全違反政協決議的。這不能不令人懷疑到二中全會後將要"恢復"的中央政治委員會的性質，很可能"恢復"到從前指導國民政府的政治委員會去。果如此，國府委員由國民黨中常會選任，中政會又要指導國民政府，這說明政府仍是一黨的政府，決（絕）不是民主的各黨派合作的政府，與政協會議，各黨各派、社會賢達、全國人民以及友邦的期望完全背道而馳。

三、更重要的是關於憲草問題

憲法關係中國今後是民主或仍是一黨獨裁的大問題。政協修改憲草的原則是各黨派及無黨派代表全體起立通過的，對這些原則如有任何變動，一定要經過政協各方代表的一致協議。國民黨中有些人特別指責憲草修改原則不合於五權憲法。我們且不說這些修改原則是在蔣主席主持下，經政協代表（包括政府代表在內）全體起立贊成通過的。即從五權憲法本身來說，五權憲法，第一是主張五權分立，孫先生是反對中央集權於一人或一院的。第二是地方均權，某些權應歸中央，某些權應歸地方，故孫先生主張實行省自治並得制定省憲。可見政協的修改原則是與孫先生的五權憲法原則完全符合的。至於根據這些原則如何規定政府組織，那就要因時間與條件而定，過去的辦法不一定適合現在。如說孫先生遺教的一個字也不能修改，那麼，國民党今天所做的，就違反了建國大綱。根據建國大綱的程式先實行縣自治，然後實行省自治，在全國有過半數省自治後，才可以召開國大，實行憲政。現在政府並沒照這程式做，可見政府的組織程式是可以變動的。雖然如此，我們還是與國民黨協商。為了減少國民黨內主擁民主和平團結統一的人士在其黨內所遇到的困難，最近各方又商得了三個協議，但這種讓步，反而增加了頑固派的囂張。二中全會對於憲草通過了五點修正原則，所增加之兩點半關係至大，其目的就是推翻政協修改憲草的原

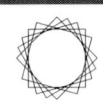

則，不受政協拘束。另外，吳稚暉先生又提出了三點反對意見，立即在二中全會上成為決議。他主張《五五憲草》，政協決議事項，二中全會決議……一併提交國大參考，這是與政協決議完全相反的。按政協規定，只能將憲草審議委員會的修正案提交國大，並無其他，國大代表個人雖自由，但各黨派要負責約束其自己的黨員，使這個民主的憲草得以通過，這樣，包括十年前一黨包辦的舊代表的國大就不是重要的了，重要的還是要保證能通過一個真正民主的憲法，所以在國大問題上，各黨派曾向國民黨作了極大的讓步。但今天，國民党卻想利用各黨派承認的國大，反轉來反對政協決定的憲草修改原則，來動搖民主憲法的產生。這種違反民主的做法，是任何人不能忍受的。

四、國大問題

國大代表中地區代表還未最後確定，國大組織法也還沒有修改，根據政協決議，國大的職權只限於制憲，而憲法要有四分之三的多數才能通過，但國大組織法如再遲遲不改或改而不當，就很有可能被利用，只有三分之二的多數就可以通過決議，來做更多其他不利於民主的事情。這樣，將來的國民大會就會更便於做一党專政的保鏢。

五、整軍問題

在政協會議中，軍政部次長林蔚氏報告。政府軍隊現有三百八十萬，要減到一百八十萬，編為九十個師。但在二中全會中，同一人的報告則說政府軍隊及機關學校現有四百九十萬，將來只減到三百四十七萬，仍編九十個師，這和在政協報告中的數目比較，多出了一百六十七萬。即去掉機關學校，仍然會多出很多，那就是所謂兵工總隊，成為正規軍的後備隊或補充隊。這是違反政協決議和整軍方案中復員計畫的，因這既不能減少國庫開支，且將保持額外的一部分隊伍，完全與復員精神相反。

六、停戰問題

國民黨二中全會在宣言上要求中共部隊即速停止繼續攻襲，但實際上究竟是誰不遵守停戰命令實行繼續攻襲？只要聽到方才林、鄭兩位關於廣東、湖北情形的報告，就很清楚了。在山西，任何人都可看到，太原、大同的日軍到現在還沒有被解除武裝，因為閻錫山氏還在利用他們攻打中共和解放區的軍民。在華北、華中其他地方，繼續進攻和蠶食中共地區的村鎮的事，還在不斷發生。

關於東北的情形，馬歇爾將軍在兩個月前曾提議派遣執行小組去東北調處軍事衝突，當時我們立即贊成，政府卻在最近才同意了這個提議，可是又發生了執行小組的任務問題。我們曾提出了兩個解決辦法：一個是無條件派遣執行小組去，立即停止一切軍事衝突，並調查當地實際情況，把問題帶回來提供三人會議解決。另一個更好的辦法是先在重慶談判關於軍事、政治問題解決的一般原則，然後再派遣執行小組根據已經談好的原則去具體執行。這兩個辦法，都還沒有商得結果。我們向來主張東北的內政與外交問題應分開解決：外交問題，過去一直是政府負責的，現在依然如此；但是內政問題，大家都有責任，必須用政治方法和平解決。這不僅僅是中共

的意見，這也是其他民主黨派和東北人民的意見。

以上所說的絕大部分，都是國民黨二中全會所表現的。國民黨內頑固派有意識地破壞政協整個決議，並不奇怪。但是，親自主持政協的蔣主席，竟使頑固派的要求得在國民黨二中全會中通過，實使我們奇怪。雖然，國民黨二中全會的決議中也有表示要執行政協決議的話，但是容許了上述反政協的決議存在，實際上就等於取消了前一可能。同時，國民黨二中全會的決議又著重於反共，說中共如何如何。中共願堅決實行自己簽了字的停戰協定、政協決議和整軍方案，也願意朋友們善意地（而不是惡意地）來督促我們。但是我們要反轉來問問國民黨朋友，你們一方面要求人家來做，另一方面又把違反政協決議的東西寫在國民黨二中全會的決議上，這不能不說其中包含了欺騙。騙什麼呢？就是想模糊過去。要是在這種情況下，各黨派參加了政府，國大開成，憲法照國民黨二中全會的要求通過，中國不就是「民主」了嗎？！然而這是不可能的！我們不受騙，也決不去騙人民。我們要向人民說真話，談實事，一定要先弄清楚國民黨二中全會的決定是想做些什麼？這不是一個人或一黨的問題，而是要不要欺騙老百姓的問題。我們不能把沒有完全和平對人民說成有了完全和平，還沒有民主說成有了民主，還沒有穩定說成已經穩定。

我們同意馬歇爾將軍說的：中國在今後幾個月內，將是一個極嚴重的時期。照國民黨二中全會決議發展下去，將會更加嚴重，不能像某些國內外輿論那樣的樂觀。但情勢還需要全國人民的努力、友邦的幫助，特別是政協各方代表努力來維護政協決議。

此外，亦如馬歇爾將軍在華府招待記者席上所說：國民黨當權一派，不願把大部分權力交出來。其實政協決議並未要求國民黨交出大部分的權力，只是要求人民能有自由權利，如各黨派在政府中能有充分代表性。現在國民黨無論在中央政府，在各省乃至在國大中，仍占第一大黨地位。可是就是這一點點民主，頑固派還是不願意讓人民享有，只是壓迫和打擊人民與其他黨派的民主運動。而且照杜魯門總統的聲明及三國外長會議公報中所指的內容來看，也可見政協決議還沒有達到那樣的民主要求。現在軍隊整編統編方案是有了，但是組成一個有充分代表性的政府仍未做到，就連政協決定的這樣一點點民主，國民黨還不願實行，還要由國民黨中常會來選任國府委員。

因此，我覺得政協的一切決議不能動搖或修改，這是由五方面代表起立通過的，應成為中國的民主契約。誰要破壞，誰就是破壞今天中國的民主和平團結統一。對三人會議關於停止沖突與軍事小組關於整軍方案的協定，也是一樣的。人權若無保障，就無法改組政府成為真正的民主合作的政府。修改憲草，各黨派如不受約束，如不照五方通過的修改原則製成修正案，國大一定開不好。軍事衝突，若不在全國範圍內停止下來，和平也無保障。我們要求的是一個真和平、真民主、真穩定的中國。

我們願號召全國人民、盟邦朋友、各黨派朋友，一致來擁護並監督政協全部協定的實現。特別希望國民黨內主張民主團結的朋友，在蔣主席領導之下，來糾正和推翻黨內這種反政協的

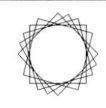

企圖。且這種企圖現在已成為決議，快要實行了。我們應提醒國民黨的朋友，因為國民黨對今天的政治是負有最大的責任的。由於這一緣故，在國民黨二中全會閉幕之後，來做這一聲明，是有必要的。我們不願蒙蔽輿論，而願訴諸輿論。

附：博古答記者問（1946年3月18日）

周恩來同志說完以後，隨即由秦博古同志回答記者詢問。

問：中共對國民黨二中全會決議關於政協部分，是否準備向國民黨提一備忘錄，申明保留權利？

答：中共代表團今午已約國民黨代表于明日（十九日）下午商談上述有關諸問題。

問：中共參政員出席此次參政會[1]否？

答：正在考慮中。

4. 中國民主同盟主席張瀾就國民黨二中全會決議發表談話[2]（1946年3月20日）

政治協商會議會期中，就政府改組問題爭執最久，各黨派堅持最烈者為：一、各黨派自行提出國府委員，由國民政府主席選任，不能提交國民黨中央委員會通過；二、國府委員會必須有決策權與用人權，經協商始獲得國民黨代表的尊重，而達成協議。這次國民黨二中全會決議，把第一點全部推翻，不僅決定各黨派所提國府委員須由國民黨中央委員會選任，並且還通過「如各黨派人選在二中全會閉會前，不能提出名單，則由國府主席提請常委會選任之。」第二點也是加以混淆。國防最高委員會為暫時最高決策與用人機關，其權利（力）移交國府委員會，正是政協各黨派力爭的結果。此點，吳鐵城先生昨日談話，亦已承認，但國民黨二中全會決議中「戰事業已結束，國防最高委員會應即撤銷（銷），恢復成立中央政治委員會，為本黨對於政治最高指導機關。」其行文明明以國民黨的中央政治委員會以代國防最高委員會，任何人讀其原文，只能有此解釋。此種文字最少也表示有意含糊混淆，而其目的無非在維持其國民黨一黨專政的實質與形式，把各黨派參加政府變成請客。所以國民黨二中全會違反政協的決議，我們不能不加以重視。如果這些問題不弄清楚，我們同盟為對國民負責計，不願貿然參加政府。

---

[1] 指1946年3月20日至4月2日在重慶舉行的國民參政會第四屆第二次會議。中共參政員拒絕出席這次會議。
[2] 摘自《中國民主同盟歷史文獻》。

國家圖書館出版品預行編目（CIP）資料

中國戰時首都檔案文獻 · 黨派活動 / 鄭洪泉、常雲平 主編 . -- 第一版 . -- 臺北市：崧博出版：崧燁文化發行, 2019.03

面； 公分
POD 版
ISBN 978-957-735-717-5（平裝）

1.地方文獻 2.政黨 3.重慶市

672.79/201.7　　　　　　　　　　　　108002794

書　　名：中國戰時首都檔案文獻 · 黨派活動
作　　者：鄭洪泉、常雲平 主編
發 行 人：黃振庭
出 版 者：崧博出版事業有限公司
發 行 者：崧燁文化事業有限公司
E - m a i l：sonbookservice@gmail.com
粉絲頁：　　　　　網址：
地　　址：台北市中正區重慶南路一段六十一號八樓 815 室
8F.-815, No.61, Sec. 1, Chongqing S. Rd., Zhongzheng Dist., Taipei City 100, Taiwan (R.O.C.)
電　　話：(02)2370-3310　傳　真：(02) 2370-3210
總 經 銷：紅螞蟻圖書有限公司
地　　址：台北市內湖區舊宗路二段 121 巷 19 號
電　　話:02-2795-3656　傳真:02-2795-4100　　網址：
印　　刷：京峯彩色印刷有限公司（京峰數位）

　本書版權為西南師範大學出版社所有授權崧博出版事業股份有限公司獨家發行電子書及繁體書繁體字版。若有其他相關權利及授權需求請與本公司聯繫。

定　　價：800 元
發行日期：2019 年 03 月第一版
◎ 本書以 POD 印製發行